甘肃省文化资源名录
（第三十七卷）

文化产业、传媒 II

文化艺术服务、文化信息传输服务、文化休闲娱乐服务、
工艺美术品的生产

总　主　编：陈　青　王福生
副总主编：马廷旭
总　校　对：刘玉顺
本卷主编：段翠清

中国书籍出版社
China Book Press

图书在版编目（CIP）数据

甘肃省文化资源名录. 第三十七卷 / 陈青, 王福生总主编; 甘肃省社会
科学院编. — 北京 : 中国书籍出版社, 2018.1
　　ISBN 978-7-5068-6721-4

　　Ⅰ. ①甘… Ⅱ. ①陈… ②王… ③甘… Ⅲ. ①文化遗产—甘肃—名录
Ⅳ. ①K294.2-62

　　中国版本图书馆CIP数据核字（2018）第027825号

甘肃省文化资源名录　　第三十七卷

陈　青　王福生　　总主编
甘肃省社会科学院　　编

责任编辑　牛　超
责任印制　孙马飞　马　芝
封面设计　东方美迪
出版发行　中国书籍出版社
地　　址　北京市丰台区三路居路 97 号（邮编：100073）
电　　话　（010）52257143（总编室）　　　　（010）52257140（发行部）
电子邮箱　eo@chinabp.com.cn
经　　销　全国新华书店
印　　刷　三河市顺兴印务有限公司
开　　本　787毫米×1092毫米　　1/16
字　　数　425千字
印　　张　18.25
版　　次　2018 年 1 月第 1 版　　2018 年 1 月第 1 次印刷
书　　号　ISBN 978-7-5068-6721-4
定　　价　229.00元

前 言

丝绸之路三千里，华夏文明八千年。甘肃是华夏文明的重要发祥地之一，是中华民族重要的文化资源宝库，是国务院认定的"华夏文明传承创新区"。为了保护和传承甘肃恢宏的历史与当代文化资源，使之能够汇总展示给世界，并永久流传，甘肃省从2013年4月启动了全省文化资源普查工作。在甘肃省文化资源普查和分类分级评估工作领导小组组织下，动员全省各市（州）县（区）、31个厅局及省直单位的专业人员，数十位专家学者，历时两年，完成了普查和数据录入工作。对于全省文化资源普查成果，甘肃省社会科学院又经过两年时间整理完善、分类编辑、拾遗补阙、校对编排，现在终于有了《甘肃省文化资源名录》的付梓出版。

《甘肃省文化资源名录》集中展现了甘肃历史悠久、丰富多样的文化资源。甘肃历史文化遗存位列全国前茅，民族民俗文化特色鲜明，现代文化颇具实力。伏羲文化、大地湾文化、马家窑文化、齐家文化、寺洼文化、彩陶文化、周秦早期文化、长城文化、汉简文化、三国文化、五凉文化、敦煌文化、石窟文化、黄河文化等历史文化资源积淀深厚；道教文化、西夏文化、伊斯兰文化、藏传佛教文化等民族宗教文化资源星罗棋布；大革命文化、根据地文化、长征文化、抗日文化、解放区文化等红色文化资源耀眼夺目；工业文化、科技文化、歌舞文化、大众文化等现代文化资源特色鲜明。可以说，文化资源是历代生活在甘肃的华夏儿女留给这块大地的永不磨灭的最辉煌印记。

就甘肃省文化资源的精华而言，截至2017年初，全省馆藏可移动文物为195.84万件，各类不可移动文物16895处。有世界文化遗产7处，全国重点文物保护单位131处，省级文物保护单位556处，国家级非物质文化遗产代表性项目68项。有国家级历史文化名城4座，国家级历史文化名镇7座，中国历史文化名村2座，中国传统村落36个。莫高窟、嘉峪关、伏羲庙、麦积山、炳灵寺、阳关、玉门关、锁阳城、崆峒山、拉卜楞寺、中山桥……，都是甘肃文化的历史见证；敦煌汉简、悬泉汉简、铜奔马、牛肉面、剪纸、花儿、皮影、羊皮筏子、黄河水车……，都是甘肃永恒的文化名片；腊子口、哈达铺、会师楼、南梁……，都是甘肃代表性红色文化遗产；酒泉卫星发射中心、刘家峡水电站、玉门油田、《读者》《丝路花雨》《大梦敦煌》……，都是甘肃之所以为甘肃的鲜明标志；祁连山、雪山冰川、河西走廊，大漠戈壁、高原草原、天池梅园……，都是如意甘肃的生动写照。众多的历史、自然和现代文化资源犹如满天繁星，镶嵌在广袤的甘肃大地上熠熠生辉。

《甘肃省文化资源名录》汇总甘肃省文化资源的精华，完成了打造华夏文明传承创新区的基础工作。《名录》将文化资源分为二十大类，分别是：文物；红色文化；重要历史事件与人物；重要历史文献；民族语言文字；非物质文化遗产；自然景观文化；宗教文化；文学艺术；饮食文化；建筑文化；节庆、赛事文化；文化之乡；地名文化；文化传媒；社科研究；文化类高等教育；文化艺术机构团体；文化产业；文化人才。每类文化资源按属性又分若干子分类，每个子分类都有严格的界定。同时，将文化资源级别分为省级和市州级。省级文化资源是指国务院、国家有关部委、甘肃省政府和省直部门已经明确命名、认定、管理（或委托管理）的国家级和省级文化资源，以及甘肃省文化资源普查办公室评估认定并核定公布、报送备案的文化资源。市州级文化资源是指甘肃省各市州、县级政府及其管理部门已经明确命名、认定、管理的市县文化资源，以及甘肃省文化资源普查办公室评估认定并核定公布、报送备案的市县文化资源。甘肃省内世界级文化资源（遗产）纳入省级文化资源管理范围，暂未认定级别和不需认定级别的文化资源统一纳入市州级文化资源范围。

推出《甘肃省文化资源名录》，对于推进华夏文明传承创新区建设、甘肃文化大省建设、丝绸之路黄金段建设意义深远。《名录》不仅仅记录了甘肃文化资源的种类和数量，也使甘肃文化资源的资源类别、品相级别、蕴藏情况、流布地域、传承范围和衍变情况得以准确和清晰化。通过编辑出版《甘肃省文化资源名录》，形成一个科学完整的文化资源数据库、文化资源研究的学术平台、文化资源传承保护和开发利用的指南，有助于更好地挖掘那些具有世界影响、国家价值、显著特点、唯一仅存、开发潜力巨大的代表性文化资源，为文化资源的有效保护提供科学依据，为重点文化资源找到开发的机遇并重塑生长的价值，为文化产业项目的开发利用提供可靠的参考。所以，《名录》的推出，是甘肃省文化资源普查成果面向世界迈出的第一步，是文化实力助推甘肃转型发展的坚实步伐，它为甘肃省今后对文化资源进行保护传承、专题研究、数字展示、市场开发奠定了基础。

甘肃省社会科学院

2017 年 7 月

目　录

甘肃省文化资源名录

目录

甘肃省文化资源名录

第三十七卷 文化产业、传媒 II

文化艺术服务

0001 润岩美术培训中心

注　册　地：兰州市

主营业务：美术培训

从业人员数（人）：3

销售额（万元）：5

资产总额（万元）：3

0002 百退影视发展有限公司

注　册　地：兰州市

主营业务：秦腔制作

主要产品：《秦腔宝典》

从业人员数（人）：20

销售额（万元）：167.17

资产总额（万元）：413.78

0003 甘肃省新炬龙文化传播有限公司

注　册　地：兰州市

主营业务：文化艺术传播，文化咨询服务，文化产品设计

主要产品：嵌丝珐琅画

从业人员数（人）：2

销售额（万元）：10

资产总额（万元）：200

0004 甘肃东方佳音文化艺术教育中心

注　册　地：兰州市

主营业务：文化办公用品、工艺品、名人字画、演出服饰、舞台设备、IT产品和设备的销售。文化、艺术、语言教育培训

从业人员数（人）：1

资产总额（万元）：50

简　　　介：东方佳音文化艺术教育中心是省属教育机构，分设八拍舞蹈工作坊、青春美术工作室、YOUTH DANCE（青春舞团）等教学部，授课教师均是省内外各大艺术高校教授，各大艺术团体的教师、编导、艺术总监、设计师及文化课优秀教师等，有着丰富的教学经验和实践经验。本中心整合省内各界优势资源，拟打造省内规模最大、专业性最强、管理最完善、教师队伍最优秀的艺术类高考考前教育机构，是集专业舞蹈、美术、表演、音乐、器乐、语言表演、文化课辅导为一体的综合创新型文化艺术教育中心。

0005 兰州创意文化产业园

注　册　地：兰州市

主营业务：文化艺术活动组织、交流、咨询、策划、服务。

主要产品：园区企业的创意创业服务平台和办公场所。

从业人员数（人）：18

销售额（万元）：1911.81

资产总额（万元）：15226.72

0006 兰州栋凯文化产业投资发展有限公司

注 册 地：兰州市

主营业务：投资管理咨询；文化艺术活动策划（不含演出及经纪人服务）、企业营销策划；会务服务、婚庆礼仪服务、摄影摄像服务、家政服务（不含中介）；商务信息咨询；国内各种广告的设计、制作、发布、代理；室内装饰设计；电脑图文设计制作。

主要产品：婚庆、婚纱摄影、影视动漫、租赁设备、工艺礼品、喜庆用品、婚恋交友网、婚庆行业技能培训。

从业人员数（人）：10

销售额（万元）：300

简　　介：兰州栋凯文化产业投资发展有限公司正式注册成立于 2008 年 11 月，其前身为兰州栋凯文化传播有限公司。公司现有文化产业项目投资发展、媒体运营、影视动漫、影像技术工程、"幸福码头"婚恋交友服务中心、婚庆礼仪服务、兰州婚庆文化产业园、品牌推广策划、大型活动、会议会展、产品销售、电子商务、平凉栋凯商贸有限公司及地市分支机构等部门。

0007 兰州柏拉图文化传播有限公司

注 册 地：兰州市

主营业务：婚庆礼仪服务、会议会展服务、摄像服务、资料翻译服务；企业营销策划、品牌推广策划、设计；企业形象设计、广告设计、文化艺术交流策划咨询、教育信息咨询、商务信息咨询。

主要产品：柏拉图西式主题婚庆

从业人员数（人）：15

销售额（万元）：200

资产总额（万元）：40

简　　介：兰州柏拉图文化传播有限公司是一家致力于婚庆产业整合传播、策划、灯光舞美设计及全方位执行于一体的专业兰州婚庆公司。以缔造个性化、时尚化、诗意化的完美特色主题婚礼为己任。主要提供婚礼策划、婚礼定制主题策划、场景布置、舞美灯光、司仪、摄影摄像、化妆、特色花艺、婚车租赁和多媒体制作等全套服务项目。极具创意理念的婚礼策划人员组成了柏拉图婚庆策划的核心团队，我们对中西方婚礼文化精髓的诠释，有着独到的理念与见解。兰州柏拉图婚庆始终坚持质量领先、服务领先、技术领先的经营理念，以创西北最受市场青睐的品牌为目标，完美特色主题婚礼是柏拉图婚庆永远的追求与使命。

0008 兰州三才文化传播有限公司

注 册 地：兰州市

主营业务：影视策划

主要产品：纪录片

从业人员数（人）：5

销售额（万元）：80

资产总额（万元）：100

0009 兰州市金百纳文化艺术传播有限公司

注 册 地：兰州市

主营业务：文化艺术交流

从业人员数（人）：2

销售额（万元）：1

资产总额（万元）：10

0010 甘肃鑫亚文化传播有限公司

注 册 地：兰州市

主营业务：文化艺术交流活动组织策划（不含演出）；旅游文化开发；会议会展组织策划服务；国内各类广告设计、制作、发布、代理；礼仪庆典；婚纱礼服的出租服务

从业人员数（人）：2

销售额（万元）：52
资产总额（万元）：197
简　　介：甘肃鑫亚文化传播有限公司是经兰州市工商局批准，登记注册的股份制公司。公司主要从事文化艺术交流活动组织与策划；会议会展组织策划服务；广告设计、制作、发布、代理，礼仪服务；影视活动策划、旅游文化开发等项目。公司自成立以来，秉承"信为先，赢未来"的文化理念，以独特的创造性，极强的策划、周密的全方位安排、完整的运营体系，多次承接过企业的庆典、晚会的组织及策划，大型晚会的舞台特效策划与实施，并受到了客户的一致好评和认可。

0011　德昊艺术教育中心

注　册　地：兰州市
主营业务：音乐教育、播音主持课、编导课培训
从业人员数（人）：35
简　　介：兰州德昊艺术教育中心是兰州德昊教育机构旗下高考艺术类专业考前培训学校，专业齐全，涵盖了艺术高考领域各个专业学科和方向，已成为甘肃省艺术高考辅导领域的领军学校。开设专业：播音与主持、广电编导、戏剧影视文学、公共事业管理、影视表演、摄影摄像、美术、音乐。中心具有标准教室、多媒体教室、播音教室、画室、琴房、舞蹈教室、宿舍和食堂等齐备的教学设施。实行半封闭式军事化管理，班主任24小时在岗，确保为学生提供一个和谐、舒适、健康安全的学习环境。

0012　北京华图宏阳教育文化发展股份有限公司甘肃分公司

注　册　地：兰州市
主营业务：组织文化交流、出版策划、编辑服务、技术服务、企业形象设计；技术培训。

从业人员数（人）：27
销售额（万元）：540
资产总额（万元）：399
简　　介：华图教育成立于2001年，是北京华图宏阳教育文化发展股份有限公司旗下品牌。经过十几年的发展，华图教育已经发展成一家以公职培训业务为核心，拥有地面培训、教学研发、华图网校、图书出版、砖题库等多个发展平台，集中央和地方公务员招录考试辅导、事业单位招录考试辅导、三支一扶、村官、选调生、军转干、金融招聘、医学考试业务于一体的大型综合性教育机构。截止2014年，华图教育拥有遍布全国的100余家分支机构，更是国内公认的公职培训行业标准制定者及领导者，每年培训学员近百万人次，在全国公职考试培训中占据一半以上市场份额，被誉为中国公职培训行业的第一品牌。

0013　甘肃知还书院

注　册　地：兰州市
主营业务：文学创作、书画交流
从业人员数（人）：8
销售额（万元）：30

0014　兰州金象文化传播有限公司

注　册　地：兰州市
主营业务：庆典活动策划与执行
从业人员数（人）：3
销售额（万元）：30
资产总额（万元）：50

0015　兰州同锐商贸有限公司

注　册　地：兰州市
主营业务：文体用品
从业人员数（人）：2

0016 兰州阳光艺术活动中心

注 册 地：兰州市

主营业务：艺术培训、交流及演出

从业人员数（人）：6

销售额（万元）：1

资产总额（万元）：5

0017 甘肃美音鸟文化艺术传播有限公司

注 册 地：兰州市

主营业务：舞蹈培训

简　　介：甘肃美音鸟文化艺术传播有限公司主要经营：工艺美术品、电子产品的批发零售,文化艺术信息咨询,商务代理。等产品。公司尊崇"踏实、拼搏、责任"的企业精神,并以诚信、共赢、开创经营理念,创造良好的企业环境,以全新的管理模式,完善的技术,周到的服务,卓越的品质为生存根本,我们始终坚持用户至上用心服务于客户,坚持用自己的服务去打动客户。

0018 兰州市城关区华源艺术学校

注 册 地：兰州市

主营业务：音乐、美术培训

从业人员数（人）：4

销售额（万元）：34

资产总额（万元）：84

简　　介：1997 年，由国家文化产业示范基地"甘肃华源文化产业集团"和"中国音乐学院"合作开办甘肃省音乐考级培训工作，十多年来，甘肃考级办以推动社会素质教育为己任，以产业化运营的方式，使考级培训业务迅速覆盖全省，在 14 个市州均设立了考级点，参加人数累计达 10 余万人，目前每年考生达 1 万 7 千多人，成为甘肃同业的领军者，在全国也名列前茅。多年来，甘肃考级办团结了一大批卓有成就的艺术家、教育家和基层教师，共同致力于社会素质教育。春风化雨，润物无声，很多学生通过考级这个平台检验了自己的学习成绩，提高了自己的技能水平。有些考生在国际国内各项比赛中取得了优异的成绩。也有相当一部分考生考入高校深造或者从事专业艺术工作。

0019 甘肃名家书画学校

注 册 地：兰州市

主营业务：书画培训

从业人员数（人）：20

0020 白龙江林业管理局洮河林业局冶力关国家森林公园艺术团

注 册 地：甘南州临潭县

主营业务：文艺创作演出

主要产品：文化下乡、演出，新创歌舞有《森林春晓》、《创造者》、《扎西德勒》等。

从业人员数（人）：40

简　　介：冶力关国家森林公园艺术团于 2001 年挂牌成立，全团演艺人员共计 40 余人，其中主持人 2 名、歌手 8 名，余为舞蹈人员。建团 13 年以来新创歌舞有《森林春晓》、《创造者》、《扎西德勒》等，每年接待性演出 30 余场，文化交流演出 5 至 6 场，公益性演出 3 至 4 场。

0021 临潭县山水冶力关演艺有限责任公司

注 册 地：甘南州临潭县

主营业务：文艺节目编排、演出、文化下乡。

主要产品：文化歌舞演出、宣传。

从业人员数（人）：48

资产总额（万元）：30

简　　介：临潭县冶力关演艺有限责任公司于 2012 年 5 月挂牌成立。现有演艺人员共计 48 名，其中，执行董事 1 名，主持人 2 名，歌手 4 名，其余为舞蹈演员。公司成立以来，新创舞蹈《丰收的喜悦》、《邦锦梅朵》、《吉祥如意》、《在一起》，新编排歌伴舞 3 个，创作新歌 1 首。公司成立以来接待性演出多达 120 多场次，文化交流演艺活动 6 场。配合"千台大戏送农村"活动，开展文化"三下乡"活动 22 场次。

0022 甘肃独印文化传媒有限公司

注　册　地：兰州市城关区庆阳路 105 号
主营业务：文化艺术交流策划、舞台艺术策划、企业形象策划、市场营销策划、企业管理咨询、商务信息咨询（不含证券）、图文设计制作、会展服务、礼仪服务、摄影服务、设计、制作、代理、发布各类广告（不含国家行政许可限制的广告）；工艺品、电子产品（不含卫星地面接收设施）、服装鞋帽、洗涤用品、化妆品、文化用品、五金交电、建筑材料、装潢材料、家具、玩具、日用品、塑料制品的批发零售。

0023 兰州偶然文化传媒有限公司

注　册　地：兰州市城关区火车站东路 123 号
主营业务：文化艺术交流活动策划（不含演出）、企业管理咨询、会务服务、翻译服务、教育咨询；国内各类广告的设计、制作、代理、发布；货物及技术的进出口业务（国家禁止或限定进出口的商品及技术除外）。
主要产品：会务组织，企业形象设计
从业人员数（人）：5
资产总额（万元）：100
简　　介：兰州偶然文化传媒有限公司成立于 2014 年，旗下目前有三个子项目，《中思网》（前身是中国思想论坛，为国内知名的社科综合性网站）；西北偏北读书会，为甘肃首家以阅读分享为主的读书俱乐部；米小夕工作室，为西北首家专注于互联网美工设计的团队。

0024 甘肃锦绣丝绸之路文化传播有限公司

注　册　地：兰州市城关区民主东路 57 号
主营业务：文化艺术交流活动组织策划（不含演出）；设计、制作、代理、发布国内各类广告（国家限制的广告除外）；企业形象设计策划、动漫设计、图文设计制作、会务服务、展览展示服务、公关礼仪服务、摄影服务、影视及广告策划咨询；教育信息咨询服务、商务信息咨询（不含证券）；计算机软硬件技术服务、网站建设与维护服务。

0025 甘肃省歌舞剧院有限责任公司

注　册　地：兰州市城关区东尚东路 2634 号
主营业务：艺术演出
主要产品：《丝路花雨》、《箜篌引》、《悠悠雪羽河》、《天马萧萧》等。
从业人员数（人）：190
销售额（万元）：1546
资产总额（万元）：6354

0026 甘肃黄河韵文化传播有限公司

注　册　地：兰州市城关区雁滩路 2743 号
主营业务：文化艺术交流，企业形象策划，企业管理咨询；各类晚会、会务、比赛、演出活动、展览展示的策划、承接及服务；广告设计、制作、发布、代理，电脑图文设计制作；礼仪服务，摄影服务；销售各类广告、礼仪用品、工艺礼品、电子产品等。
资产总额（万元）：200

0027 兰州青城文化旅游产业有限责任公司

注　册　地：兰州市城关区雁滩路 3188 号

主营业务：旅游文化艺术交流策划、旅游景区的设计策划、会展策划及招商招展；旅游作品的拍摄、制作；旅游商品开发与销售；旅游景区（点）智能化管理系统研发推广；旅游企业形象设计；旅游产业项目投资。

0028 兰州陶加文化发展有限公司

注 册 地：兰州市城关区段家滩路 704 号
主营业务：文化艺术交流策划；文化艺术咨询服务、教育咨询、企业管理咨询、商务信息咨询（以上咨询不含经纪）；工艺美术品、艺术品、家具的设计、代理、销售；装饰设计；会议展览服务；网站设计、制作；图文设计制作；设计、制作、代理、发布各类国内广告；日用百货、机电设备、电子产品批发零售；自营和代理货物及技术的进出口业务（国家限定禁止进出口的商品及技术除外）。

0029 甘肃演艺集团有限责任公司

注 册 地：兰州市城关区皋兰路 8 号
主营业务：文艺演出及大型文艺演出策划、组织承办；舞台美术工程设计制作；灯光、音响设备租赁（不含融资租赁）；文化艺术培训、影剧院营运；国家级和省级非物质文化遗产保护项目的保护与传承；工艺品研制营销；音视频制作（不含影视剧及专题片制作）；广告设计、制作及室内装饰设计、制作；书画艺术品创作销售。
主要产品：灯光、音响设备租赁（不含融资租赁），文化艺术培训、影剧院营运、音视频制作、各类广告、书画艺术品。

0030 甘肃省演出公司

注 册 地：兰州市城关区皋兰路 12 号
主营业务：剧场服务、舞台设备、艺术表演。
销售额（万元）：127
资产总额（万元）：133

0031 甘肃嘉日福休闲文化娱乐有限公司

注 册 地：兰州市城关区皋兰路 33 号
主营业务：文化艺术表演、礼仪策划培训，企业形象、经营销策划，文化娱乐设备及用品、工艺美术品（不含金、银饰品）的生产加工、批发零售。

0032 甘肃省对外文化交流公司

注 册 地：兰州市皋兰路 12 号
主营业务：文化教育科技考察与交流、国际文化学术活动、人才培训、劳务输出、文化艺术品展览、文化娱乐服务、工艺美术品（不含金银首饰品）、文物复（仿）制品、信息咨询服务。

0033 甘肃文博服务中心

注 册 地：兰州市城关区九州大道 230 号
主营业务：文物复仿制品、文物咨询服务、文物保护修复及维修、工艺美术品、会议服务、办公用品、办公家具、电子计算机网络集成服务、软件开发，化工原料及产品（不含危险品）。

0034 甘肃省曲艺团有限责任公司

注 册 地：兰州市城关区东岗东路 2666 号
主营业务：曲艺表演、文化体育活动中心、艺术教学、影剧院经营管理、文化培训、舞台舞美工程、灯光、音响设备租赁、工艺雕刻、陶瓷、制作、乐器、销售。
销售额（万元）：273
资产总额（万元）：224

0035 甘肃省人才交流开发服务中心有限公司

注 册 地：甘肃省兰州市城关区东岗西路 695 号

主营业务：业务外包、劳务派遣、劳务承包、租赁承包；人力资源管理服务业务承包、人力资源业务外包；人事代理、档案托管、人才交流、人才测评、猎头服务；人力资源培训与开发、后勤保障代理服务、保安代理服务、商务信息咨询；投资管理咨询；企业管理咨询；企业营销咨询；企业形象策划；市场调研；摄影服务；资料翻译；礼仪服务；公关活动策划。

0036 甘肃天健文化旅游发展有限公司

注 册 地：兰州市城关区甘南路 66 号

主营业务：旅游项目开发与投资；文化旅游营销活动的策划；展会展览的策划服务；旅游景点景区咨询服务；酒店管理；企业投资咨询及管理服务；商务咨询；广告、图文的设计制作；旅游商品、纪念品研发、销售及代理，文化体育用品、工艺品、针纺织品、建筑装修材料、化工产品、机械设备、五金交电、电子产品的批发零售。

0037 甘肃秦腔艺术剧院有限责任公司

注 册 地：兰州市城关区农民巷 85 号

主营业务：主营：戏曲表演、经营及中介服务。兼营：各类文化、艺术培训及教学，剧场经营管理，演出设施设备租赁。

销售额（万元）：1078

资产总额（万元）：902

0038 甘肃创合时代投资有限公司

注 册 地：兰州市城关区农民巷 2 号

主营业务：文化产业投资、文化艺术交流、文化艺术品收藏；各类媒体广告及大型演出活动的运营；互联网科技、新媒体发展、移动互联网视频；互联网金融咨询服务；体育赛事运营及产业发展；旅游景区和项目开发；新能源产业投资、节能环保产业投资、不动

产中介连锁经营；资本运营、资产管理、资金运作以及中介咨询服务；大型产业园及项目的规划、管理、咨询、策划服务和可研性报告的撰写，以及项目运营和风险管理（国家经营的项目除外）。

0039 甘肃西部国际会议会展有限公司

注 册 地：兰州市城关区农民巷 2 号

主营业务：会议服务；野外拓展；展览展示；广告设计、制作、发布、代理。

主要产品：会议服务

0040 甘肃天珀宏晟文化传播有限公司

注 册 地：兰州市城关区鼓楼巷街道鼓楼巷 89 号

主营业务：文化艺术表演策划、舞台造型策划（不含演出）企业形象策划、市场营销策划、图文设计制作、会务服务、展览展示服务、礼仪服务、摄影服务；网站技术维护服务。

0041 甘肃三军会师影视文化发展有限公司

注 册 地：兰州市城关区鼓楼巷街道颜家沟 83-2 号

主营业务：组织承办各类文艺演出、文化艺术交流、书画展览、商务性会议及庆典活动；影视策划、创作；文化旅游开发建设；观光农业生态园、旅游产品的销售；文化建筑设计装饰、园林绿化工程设计；网站建设信息服务、咨询。

主要产品：电影《大会师》

0042 甘肃康辉会展有限责任公司

注 册 地：兰州市城关区鼓楼巷街道小稍门外 280 号

主营业务：商务会议、会务的接待与服务；礼仪、会展服务及展览展示；舞台设计及制

作；企业形象策划；广告设计、制作、发布及代理；庆典策划；多媒体设计、平面设计、电脑图文设计；商务咨询、企业管理咨询等。

主要产品：公商务会议、会务的接待与服务。

销售额（万元）：62

资产总额（万元）：254

0043 甘肃省京剧团有限责任公司

注 册 地：兰州市城关区正宁路 267 号

主营业务：创作、编排京剧剧目，戏剧表演。

销售额（万元）：94

资产总额（万元）：1858

0044 甘肃飞天华艺文化传播有限公司

注 册 地：兰州市城关区广武门街道大教梁 88 号

主营业务：文化艺术交流

从业人员数（人）：1

销售额（万元）：30

资产总额（万元）：500

0045 兰州天亿文化传播有限公司

注 册 地：兰州市城关区工商行政管理局城关分局

主营业务：文化艺术活动的组织策划、组织展览展示活动、教育咨询、广告制作、发布、古文化研究、商务信息咨询。

从业人员数（人）：3

资产总额（万元）：50

0046 甘肃九方时尚文化传播有限公司

注 册 地：兰州市城关区

主营业务：文化艺术服务，各类时尚艺术活动的策划、创意、运营及制作。

从业人员数（人）：9

销售额（万元）：50

资产总额（万元）：100

简　　介：甘肃九方时尚文化传播有限公司是亚洲模特协会副会长单位、是甘肃省文化产业协会常务理事单位。本机构长期致力于各类时尚艺术活动的策划、创意、运营及制作。长期致力于模特、影视、歌手、舞蹈等艺术人才培训，包装、推广；承办国内外各类模特、影视、歌舞等艺术选拔大赛及各类文艺演出、晚会、时尚发布会等；专业设计制作国内外明星演唱会、见面会、歌友会；承接各类广告策划、设计、制作、发布；影视剧拍摄、制作和发行。成功策划制作了香港 ITAT 百货的媒体广告整合、推广、发布及会员俱乐部文化进社区大型系列活动，"婷美内衣"巡演，可口可乐"雪碧"新品城市推广活动，黄征兰州歌友会，奥运圣火传递兰州站欢迎仪式及晚会，世界超级名模陈娟红全国巡回兰州选秀见面会，中国第一名模姜培琳全国巡回兰州选秀见面会，著名男模、影视歌三栖明星胡东兰州选秀见面会，英皇国际娱乐会所"新年黑白派对"演出，首届"映像金城关"活动之"梦回金城关"大型文艺演出，"劳恩斯"现代汽车新品发布大型文艺演出，中国（青海）三江源国际摄影节暨世界山地纪录片节开幕式演出，张纪中新版《西游记》甘肃赛区演员选拔活动，北京电视台"红楼梦中人"选秀活动，青海电视台资源推介会和昆仑在线开播仪式大型文艺演出，北京"海蝶森林"造星 A 计划，青海西宁中韩文化交流周服饰展演，第二届中国西部（宁夏银川）服装服饰艺术节，"东瓯国际儿童城"杯中国（兰州）首届少儿服装节等时尚活动。

0047 甘肃雪域藏人文化传播有限责任公司

注 册 地：兰州市城关区力行新村 309-1 号

主营业务：文化艺术信息咨询；平面设计制作；广告设计制作；图书、报刊批发零售。

主要产品：《爱心中爆发的智慧》书系；藏地影像系列电视片；布达拉网站等。

从业人员数（人）：7

销售额（万元）：23

资产总额（万元）：100

简　　介：2003年9月26日，甘肃雪域藏人文化传播有限责任公司在兰州注册成立。甘肃雪域藏人文化传播有限责任公司成立以来，策划出版了装帧精美、设计精良的《爱心中爆发的智慧》（精华本），三卷本的西藏之书书系《西藏创世之书》、《大师在西藏》、《西藏奇迹之书》，还有《菩提道次第心传录——一位西藏著名修行者的笔记》《乐空不二——上师供仪讲记》等书籍，这些书籍已经成为"藏人阐述西藏文化"的代表作品。2006年6月，甘肃雪域藏人文化传播有限责任公司在北京设立办事处，负责本公司图书在全国范围内的营销，这标志着藏人文化传播的一个新的时期的开始。

0048 兰州飞娱文化传播有限公司

注　册　地：兰州市城关区

主营业务：文化艺术交流活动策划；国内各类广告的策划、代理、制作、发布。礼仪庆典服务，会务会展服务，企业形象策划，企业营销策划，影视策划及咨询。

从业人员数（人）：2

资产总额（万元）：50

0049 兰州华宇飞天文化发展有限公司

注　册　地：兰州市城关区

主营业务：文化艺术交流策划，企业策划，设计代理发布国内各类广告，文化用品，艺术品，工艺品销售。

从业人员数（人）：2

资产总额（万元）：5

0050 甘肃汇华文化产业有限公司

注　册　地：兰州市城关区东岗东路2634号

主营业务：文化艺术交流；艺术教育培训；音乐制作；形象设计包装；广告设计、平面设计、展览展示；舞台美术工程；灯光音响设备租赁；文化艺术产品的研制、销售。国内广告的制作、发布、代理。

从业人员数（人）：3

资产总额（万元）：300

0051 兰州凯越文化传播有限公司

注　册　地：兰州市城关区工商行政管理局

主营业务：文化艺术表演策划、舞台造型策划、企业形象策划、市场营销策划、会务会展服务、婚庆礼仪服务等。

从业人员数（人）：2

销售额（万元）：50

资产总额（万元）：50

0052 兰州俏佳人礼仪庆典有限公司

注　册　地：兰州市城关区东岗东路514号

主营业务：礼仪活动策划及服务、婚庆及各类庆典活动的策划及服务；商品发布代理服务；模特展示代理；企业形象策划、文化艺术交流、会议会展的策划与组织、灯光音响设备租赁、电脑图文设计。

从业人员数（人）：3

销售额（万元）：45

资产总额（万元）：23

0053 兰州龙瀛天下影视制作有限责任公司

注　册　地：兰州市城关区铁路西村街道何家庄西街17号

主营业务：文化艺术交流活动策划、舞台艺术造型策划、企业形象策划、市场营销策划、企业管理策划咨询、商务信息咨询、会议会展服务、礼仪服务、摄影摄像编辑、平面设计、国内各类广告设计、制作发布及代理；服装道具租赁。

从业人员数（人）：3

销售额（万元）：30

资产总额（万元）：10

0054 甘肃锦锐教育咨询有限公司

注 册 地：兰州市城关区

主营业务：教育咨询、服务

从业人员数（人）：3

资产总额（万元）：200

0055 甘肃夏林文化音像有限公司

注 册 地：兰州市城关东郊巷 22 号

主营业务：文化艺术交流信息服务；书画装裱；文艺演出（凭许可证核定事项在有限公司期限内经营）；文体用品、办公用品、电子产品(不含卫星地面接收设施)、工艺美术品、演艺器材、音像制品（凭许可证核定事项在有效期限内经营）、镜框的批发零售；代理、制作、发布国内各类广告；企业文化策划咨询（不含广告）；房屋信息咨询。

从业人员数（人）：3

资产总额（万元）：10.6

简　　介：甘肃夏林文化音像有限公司成立于 2004 年 8 月 5 日，地址：兰州市城关区东郊巷 22 号，法定代表人：董虎，注册资金：人民币壹佰万元整。公司经营范围：文化艺术交流信息服务；书画装裱；文艺演出、秦腔演出；文体用品、电子产品、工艺美术品、演艺器材、本单位制作的音像制品、镜框制作批发零售；代理、制作发布国内各类广告；企业文化策划咨询（不含广告）；房屋信息咨询服务。"企业是船、文化是帆"甘肃夏林文化音像有限公司采取现代企业管理模式，以董事会为核心，建筑一个精简高

效的组织框架，充分保证公司的专业水准和创新能力，以科学的经营管理，保障公司的长期稳定地发展。

0056 兰州陆都春秋文化传播有限公司

注 册 地：兰州市城关区郑家台 46 号

主营业务：文化艺术交流策划（不含演出经纪人服务）、企业形象策划、计算机系统集成及技术咨询服务、网络工程、国内各类广告策划、制作、发布及代理、电脑图文设计制作、计算机及辅助设备、消防器材、电控设备、家用电器、日用百货、家居用品、电子产品、通讯器材、装饰装潢材料、文化办公用品、建筑材料、机械设备、数码产品、针织纺品、服装服饰、模具、家俱、五金交电、二类机电、仪器仪表、体育用品及器材的批发零售。

从业人员数（人）：2

资产总额（万元）：45

0057 兰州虹蛟博燕文化传播有限公司

注 册 地：兰州市城关区

主营业务：庆典、活动的策划执行，会务会展的策划实施，相关设备的租赁，广告策划发布，办公用品和文体用品的批发零售。

从业人员数（人）：2

销售额（万元）：25

资产总额（万元）：10

0058 兰州金顺翔达商贸有限公司

注 册 地：兰州市城关区和政东街 189 号

主营业务：钢材、建材、装潢材料、中央空调设备、机电设备（不含小轿车）、工程设备、服装鞋帽、文化用品、办公用品、工艺品、日用百货、仪器仪表、电线电缆、水处理设备、农副产品（不含国家限制产品）、五金交电、化工产品（不含危险化学品）、电子

产品、通讯器材（以上两项不含卫星地面接收设施）、数码产品、劳保用品的批发零售；设计、制作、代理、发布国内各类广告；舞台造型策划、企业形象策划、市场营销策划、会务服务、礼仪服务、摄影服务、文化艺术交流策划（不含演出）、企业管理咨询、商务信息咨询、计算机网络工程及维护。

从业人员数（人）：3

资产总额（万元）：89

0059 兰州恒信泰投资有限公司

注 册 地：兰州市城关区南昌路 1816 号

主营业务：民族民俗文化艺术创作

从业人员数（人）：1

资产总额（万元）：50

0060 兰州鼓歌文化传播有限公司

注 册 地：兰州市城关区雁宁路 374 号

主营业务：国内各类广告的发布、代理；文化艺术交流活动的策划咨询；市场营销策划、会务会展服务、礼仪庆典服务；音响器材租赁。

从业人员数（人）：2

资产总额（万元）：3

0061 甘肃敦煌文化传播股份有限公司

注 册 地：兰州市城关区雁宁路 415 号

主营业务：文化产业园区策划、建设与运营；文化产业项目的投资与经营；特色文化及主题公园项目开发与运营；文艺创作与表演；文化活动策划与组织；文化艺术培训及交流；文化、旅游产品及工艺美术品的销售；文化传播策划；网游动漫研发、设计与经营；展览展示服务与展会组织；广告设计、制作与发布；休闲产业投资开发。

资产总额（万元）：600

0062 甘肃乐分享文化传播有限公司

注 册 地：兰州市城关区雁宁路 395 号

主营业务：企业管理咨询、计算机咨询服务；广告设计、制作、发布、代理；会务服务、摄影服务、网络科技技术服务；通讯工程施工（凭资质证）。

0063 兰州满橙广告传媒有限公司

注 册 地：兰州市城关区何家庄东街 9 号

主营业务：设计、制作、代理、发布国内各类广告、组织策划文化艺术交流活动、会展会务服务、企业管理咨询、市场调查、节日亮化工程策划。

主要产品：影视拍摄

从业人员数（人）：10

销售额（万元）：30

资产总额（万元）：100

0064 甘肃画院会展产业开发中心

注 册 地：兰州市城关区南滨河东路 518 号

主营业务：文化艺术服务；会展服务；工艺美术品，古玩等的零售。

从业人员数（人）：3

销售额（万元）：10

资产总额（万元）：15

0065 甘肃亿铭广告装饰有限责任公司

注 册 地：兰州城关黄河沿 56 号

主营业务：广告设计、制作、发布，装潢，会议展览等

从业人员数（人）：5

销售额（万元）：5

资产总额（万元）：200

0066 甘肃博乾会议服务有限公司

注 册 地：兰州市城关区通渭路 38 号

主营业务：会议会展策划服务，艺术摄影；国内各类广告的设计制作、发布、代理；文化艺术交流活动策划；商务信息咨询、企业管理策划、旅游企业形象策划、工艺美术品，日用百货，文体用品的批发零售。

从业人员数（人）：2

销售额（万元）：50

资产总额（万元）：100

0067 北京观心文化有限公司甘肃分公司

注　册　地：兰州市城关区金昌南路279号

主营业务：组织文化交流活动（不含演出）；技术咨询；经济贸易；教育咨询（不含出国留学咨询及中介服务）；婚姻服务；会议及展览服务；企业形象策划；市场调查；电脑图文设计；广告设计；礼仪服务；家庭服务；计算机系统服务；销售日用品、电子产品、机械设备。

主要产品：工艺品、礼盒、各类广告

销售额（万元）：20

资产总额（万元）：3.4

0068 兰州学大信息技术有限公司

注　册　地：兰州市城关区金昌南路280号红星大厦

主营业务：研究开发教育软件、教育技术咨询及其技术服务；教具的研发、文化艺术交流（不含中介及出版物的经营）及会议服务；承办展览展示；通讯设备、电子产品（不含地面卫星接收设备）、办公用品、仪器仪表、玩具、文具用品、工艺品的销售。

从业人员数（人）：10

资产总额（万元）：515.1

0069 兰州芸彬文化艺术传播有限公司

注　册　地：兰州市城关区

主营业务：文化艺术交流策划、企业管理咨询、商务信息咨询；会展服务、图文设计制作、摄影服务；各类广告设计、制作、代理、发布；建材、广告材料、工艺美术品、酒店用品、文教用品、通讯设备（不含卫星地面接收设施）、日用百货批发零售。

从业人员数（人）：3

销售额（万元）：1

资产总额（万元）：50

0070 兰州元亨文化传播有限责任公司

注　册　地：兰州市城关区工商行政管理局

主营业务：文化艺术表演策划、舞台造型策划、企业形象策划、市场营销策划、赛事活动策划、室内外广告设计制作、公关活动策划、商务信息咨询、预订机票、火车票、会务礼仪服务、展览展示服务、礼仪服务、摄影服务、网站建设与维护等服务、旅游信息咨询、旅游纪念品销售。

从业人员数（人）：2

销售额（万元）：5

资产总额（万元）：50

0071 兰州瑜禅美术培训中心

注　册　地：兰州市城关区耿家庄140号

主营业务：艺术培训

从业人员数（人）：4

销售额（万元）：3

资产总额（万元）：3

简　　　介：兰州瑜禅美术国风画室是西北地区从事美术教育的培训机构，其主创人员有老中青三代从事美术事业组成，由文化教育部门批准授权的一所正规民办艺术培训学习。几年来不断积累，成为创作，设计，理论，研究与实践为一体的高层次专业艺术学校。

0072 甘肃全景文化传播有限公司

注　册　地：兰州市城关区拱星墩后街 78 号

主营业务：国内各类广告发布、代理，企业形象策划、文化艺术活动策划、企业管理咨询，市场营销策划，赛事活动策划，图文设计制作，文化交流服务咨询，会议会展服务，网站维护，文化用品（以上项目国家禁止急须取得专项许可除外）。

从业人员数（人）：3

销售额（万元）：3.2

资产总额（万元）：105.06

0073 兰州市城关区银笛乐器有限公司

注　册　地：兰州市城关区民主东路 365 号

主营业务：乐器销售、文化演出

从业人员数（人）：15

销售额（万元）：1622

资产总额（万元）：1300

简　　　介：兰州银笛琴行位于民主东路 365 号中铁科技大厦 C 塔 4 层，富丽华贵的购物环境极具艺术氛围。公司成立 24 年来，已发展成为甘肃乐器行业综合实力最强的乐器专营企业之一，在钢琴、电子琴、电钢琴、民乐、管乐、打击乐等方面，都具有雄厚的竞争实力和高水准的鉴赏进货能力及雄厚的专业维修力量。近年来，随着银笛琴行的不断发展壮大，国内外的许多著名品牌乐器厂家纷纷与银笛琴行牵手合作，共谋发展，从而快速提升了银笛琴行的品牌价值地位，使银笛琴行在兰州名声打燥，在省内同行业中享有极高的知名度，在消费者中树立了良好的口碑。

0074 兰州印象文化传媒有限公司

注　册　地：兰州市城关区张掖路街道大众市场 52 号

主营业务：古玩字画、演艺策划、文化艺术交流策划

从业人员数（人）：3

销售额（万元）：5

资产总额（万元）：100

0075 甘肃宏达文化传播有限公司

注　册　地：兰州市城关区张掖路 1 号

主营业务：文化艺术交流活动策划及相关服务、会议及展览服务、商务服务；文化信息咨询；设计、制作、代理国内各类广告。

0076 甘肃金轮文化传媒有限公司

注　册　地：兰州市城关区和政路 291 号

主营业务：广告设计、制作、代理、发布；室内、外装饰；会议及展览服务；文具用品、建筑材料、金属材料、化工产品（国家限制经营的除外）、矿产品（不含特定品种）、日用品、电子产品的批发零售；有线电视传输服务；歌舞表演；农副产品销售；有线电视工程设计、施工。

销售额（万元）：2280

资产总额（万元）：2024

0077 甘肃文博服务中心陇宝斋

注　册　地：兰州市城关区南滨河东路 522 号

主营业务：文物复仿制品销售、文物咨询服务、文物保护修复及维修、工艺美术品销售、会议服务、办公用品及办公家具销售。

0078 甘肃新科建设环境集团有限公司

注　册　地：兰州市城关区皋兰路 20 号（兴中大厦 11 楼）

主营业务：市政公用工程施工、城市园林绿化工程施工、园林古建筑工程施工、房屋建筑工程施工、土石方工程施工、文物保护工程施工、建筑装修装饰工程施工、钢结构工程施工、水利水电工程施工、公路工程施工、

铁路工程施工（以上凭资质）；园林绿化工程设计、古建筑工程设计、市政工程设计、民用建筑工程设计、建筑装修装饰工程设计（以上凭资质）；种植业（不含种子种苗）；农林机具及零配件的批发与零售；物业管理服务。

销售额（万元）：1724

资产总额（万元）：2353

0079 中铁西北科学研究院有限公司

注 册 地：兰州市

主营业务：土木工程及地质灾害防治工程的科学研究，勘察、设计、施工、评估、工程测量、监理、试验、测试、检测、监测、技术咨询、成果转让、新工艺的开发应用与新产品的研发销售，文物保护和加固工程、防腐工程、土石方工程、建筑防水工程、绿化环境工程治理和环境评价，环保节能、土工测试设备的制造、销售、安装、调试，房地产开发、房屋租赁。物业管理、住宿（限分支机构），节能材料、五金交电（不含进口摄录像机），化工产品（国家限制经营的除外）、建筑材料的批发零售。

主要产品：文物保护和加固工程、防腐工程

销售额（万元）：33711

资产总额（万元）：3969

0080 甘肃百代流芳文化演出有限公司

注 册 地：兰州市城关区通渭路1号

主营业务：组织、策划、承办国内文艺演出；模特表演；礼仪培训；票务营销。

销售额（万元）：8.5

资产总额（万元）：9.2

0081 甘肃颐坊文化传播有限公司

注 册 地：兰州市城关区天庆大道588号

主营业务：文艺演出的策划；书籍装帧、插图制作及文化艺术的研究服务；各类广告的策划设计、发布、代理；企业形象的设计；园林景观设计；文化及商业信息服务；婚纱摄影、摄像及婚庆服务；体育用品、工艺美术品、办公用品、电子产品及耗材的销售；室内外装饰、装潢的设计施工；办公家具的销售；亮化工程的设计施工。

0082 甘肃钧得轩文化科技发展有限公司

注 册 地：兰州市城关区中山路30号

主营业务：文化交流活动策划及推广，会议会展礼仪服务；设计、制作、代理、发布各类广告业务；计算机软件开发；字画、古玩玉器、工艺美术品、电子产品、仪器仪表

0083 甘肃主动文化传播有限公司

注 册 地：兰州市城关区天水南路185号

主营业务：市场营销、企业形象、文化交流的策划；企业管理咨询；商务信息咨询；会展、礼仪服务；动漫设计；网站建设各类广告的设计、制作、代理、发布；工艺礼品、电子产品、数码产品、计算机软件的销售。

0084 甘肃金锁投资管理有限公司

注 册 地：兰州市城关区雁南路街道天水北路3017号

主营业务：企业项目投资、管理及咨询；商务会展服务。

0085 甘肃天鸿合成盛世文化传播有限公司

注 册 地：兰州市城关区刘家坪18-1号

主营业务：民族文化开发、传统文化的展示与展览、民间非物质文化的交流、会议会展服务；图文设计；国内各类广告的设计、制作、发布。

0086 甘肃瀚伟教育科技股份有限公司

注 册 地：兰州市城关区雁北路 2060 号

主营业务：网络技术开发与应用；计算机软硬件的销售与维护；企业管理咨询；会议会展服务，教育咨询服务。（依法须经批准的项目，经相关部门批准后方可开展经营活动）

0087 甘肃枫实远志文化传媒有限责任公司

注 册 地：兰州市城关区雁北路 1264 号

主营业务：文化创作及艺术品展览；文化商务活动组织策划、影视活动策划宣传、会议会展组织策划；广告设计、制作、发布、代理；礼仪服务；文化传媒投资咨询、企业管理咨询服务；旅游文化开发、文化艺术开发服务；企业形象设计。

主要产品：艺术品、各类广告、礼仪服务、文化传媒投资咨询、企业管理咨询服务、旅游文化开发、文化艺术开发。

0088 甘肃幼儿之家教育咨询连锁股份有限公司

注 册 地：兰州市城关区和政路 366 号

主营业务：学前教育信息咨询、企业管理咨询；会务会展服务；幼儿教具、玩具的销售。（以上各项范围法律、法规及国务院决定禁止或限制的事项，不得经营；需取得其他部门审批的事项，待批准后方可经营）

0089 兰州黄河投资担保有限公司

注 册 地：兰州市城关区庆阳路 219 号

主营业务：科技项目、房地产投资管理；企业项目投资与股权受托经营管理和技术服务；企业投资担保；经济和科技会展服务；高新技术的开发服务及转化；软件开发生产及系统集成；生产经营设施，设备租赁。

0090 甘肃祥瑞旅游投资管理有限公司

注 册 地：兰州市城关区南昌路 649 号

主营业务：旅游项目投资；房地产投资；企业管理咨询；媒体策划；广告设计、策划、制作、发布；会议会展服务；种植养殖（不含种畜禽）。

0091 兰州国际商社

注 册 地：兰州市城关区张掖路 19 号

主营业务：商务服务、代办立项审批、技术论证、商务培训、信息咨询、代办运销、非金银首饰、建筑材料、会展服务。

0092 甘肃中信恒瑞投资管理有限公司

注 册 地：兰州市城关区民主东路 273 号

主营业务：投资管理、项目投资、资产管理、企业管理咨询、经济贸易咨询、建设项目投资咨询、商务信息咨询、会务会展服务、电子科技及环保科技技术开发、技术咨询、技术服务；餐饮娱乐的咨询服务；计算机及辅助设备、办公自动化设备、环保设备。

从业人员数（人）：2

0093 兰州市城关区飞天剧院

注 册 地：兰州市城关区东岗东路 2704 号

主营业务：戏剧表演、电影放映

从业人员数（人）：49

销售额（万元）：92

资产总额（万元）：700

简　　介：2003 年 5 月，经甘肃省文化厅研究决定，同意将已属于危险建筑，且演出经营举步维艰的兰州飞天剧院自筹资金进行改造，建设飞天文化产业大厦。2006 年 5 月有甘肃省文化厅牵头，在第二节中国文化产业博览交易会上，通过招商引资，签订了兰州飞天文化产业大厦项目合作同意书，2008 年 3 月有兰州飞天剧院和甘肃瑞鑫商业管理公司正式签订了飞天文化产业大厦合作开发《合同框架》。2011年11月飞天文化产业大厦主体竣工，部分进入试营业，在六层设立九个电影厅面积为450平方米设306座席和甘肃特色文化产品展示区。目前已初步形成投资主体多元化，集项目合作、参股经营等多种经营模式。

0094 甘肃锦绣同辉文化传播有限公司

注 册 地：兰州市城关区东岗东路1681号

主营业务：企业营销策划，企业管理咨询，商务信息咨询，文化教育信息咨询，文化艺术活动组织策划，会议会展策划服务，市场调研；国内各类广告的设计、制作、发布、代理；亮化工程策划设计及工程技术服务、LED电子显示屏策划设计及工程技术服务；房地产营销策划及销售代理。

从业人员数（人）：4

销售额（万元）：22

资产总额（万元）：1008

0095 兰州盛世飞天文化艺术品销售中心

注 册 地：兰州市城关区工商局

主营业务：工艺品、古玩、字画的销售

从业人员数（人）：1

资产总额（万元）：5

0096 甘肃飞天映象文化艺术有限公司

注 册 地：兰州市

主营业务：营业性演出（凭许可证）；设计、策划、发布国内各类广告（国家行政许可限定的广告除外）；市场营销策划；企业形象策划；婚庆礼仪策划；文化艺术活动咨询；卫浴洁具、建筑材料批发零售。

主要产品：组织运营婚庆会展、婚庆服务、灯光音响设备租赁、演出庆典活动。

从业人员数（人）：10

销售额（万元）：30

资产总额（万元）：200

简　　介：甘肃飞天映象文化艺术公司，是一家专业的文化艺术经纪演出公司，旗下拥有我国著名学府北京大学艺术系——文化管理、文化经纪专业研究生3名；艺术院校深造的大专编导专业、表演专业人员数名；企业品牌资深营销专家2名。我公司将打造一个专业化的演出品牌、整合文化资源，直接为企事业单位提供公共营销策略、公益营销品牌，为成就您的商业理想及企业社会形象而服务。

0097 兰州美立华商务文化咨询有限公司

注 册 地：兰州市城关区嘉峪关西路146号

主营业务：商务信息咨询、出国考察咨询、旅游信息咨询、教育信息咨询；会务服务、摄影服务、婚庆礼仪服务、企业形象策划、翻译服务、文化艺术交流活动策划（除中介）；国内各类广告的设计、制作、代理、发布、电脑图文设计制作；计算机软硬件开发及技术服务；工艺品、广告材料、电子产品（不含卫星地面接收设施）、文化用品的批发与零售。

从业人员数（人）：2

资产总额（万元）：100

简　　介：兰州美立华商务文化咨询有限公司成立于2009年6月。注册资金100万元，公司专业从事境外商务交流、企业考察、短期培训及中小学生短期国外留学（游学）等服务，为国内政府机构、企事业单位、协会、文化教育机构、个人、民间团体等在美、欧、日、非、澳等海外地区进行友好访问、专业考察、经贸洽谈、国际文化交流、展览会议、培训讲座等活动提供组织策划、手续办理、信息咨询等服务。兰州美立华商务文化咨询有限公司融广告宣传与旅游代理为一体，专业致力于旅游市场。一方面，为旅游景区及度假村提供市场调查、营销策划、形象宣传及品牌推广；另一方面，提供学生家庭、企事业单位、个人及团体在境内旅游的全程咨询与策划。立志做甘肃旅游咨询市场最大、最强、最好的专业公司，推动旅游超市化，推动甘肃旅游产业的发展。

0098 甘肃花雨之星文化发展有限公司

注 册 地：兰州市城关区东岗东路 2634 号

主营业务：文化艺术交流、音乐制作、演出活动的策划、组织、承办；舞台舞美工程；文化艺术产品的研制与销售；艺术培训。

从业人员数（人）：3

销售额（万元）：161.8

资产总额（万元）：96.68

0099 兰州泓森文化传播有限责任公司

注 册 地：兰州市城关区东岗西路街道一只船北街 182 号

主营业务：国内各类广告的设计、制作及代理；文化艺术交流活动策划咨询、企业形象设计策划、展览展示会的布置、策划；摄影器材、文化用品的销售。

从业人员数（人）：2

销售额（万元）：10

资产总额（万元）：50

0100 兰州涵尚文化传播有限公司

注 册 地：兰州市城关区

主营业务：文化艺术交流策划、舞台造型策划（以上两项不含演出）、企业形象策划、市场营销策划、电脑图文设计制作、会务服务礼仪服务摄影服务；网络工程与维护。

从业人员数（人）：3

销售额（万元）：5

资产总额（万元）：55

0101 甘肃国投基金管理有限公司

注 册 地：甘肃省兰州市城关区静宁路 308 号

主营业务：投资管理、资产受托管理；投资咨询、商务咨询、高新技术创业投资咨询、资产受托管理、会展服务；企业形象策划、技术推广服务，为高新技术创业企业提供创业管理服务。

0102 甘肃东方菁华国际教育文化交流有限公司

注 册 地：兰州市城关区静宁路 105 号

主营业务：国际文化交流服务；企业形象设计、营销策划、企业管理的咨询服务；会议会展服务；设计、制作、代理、发布各类广告（国家限制的广告除外）；翻译服务；摄影服务；各类商品和技术的进出口（国家限定的商品和技术除外）。

0103 甘肃加博希文化传媒发展有限公司

注 册 地：兰州市城关区白银路 123 号

主营业务：DM 媒体运营、夹报写字楼投递、媒体广告代理、广告平面设计、广告制作、户外广告制作发布代理；文化、文学艺术交流、展览展示；企业 VI 系统，营销策划网站运营服务；保洁服务；公共活动推广策划、婚庆礼仪服务；室内外装饰设计；建筑园林设计。

0104 甘肃罗曼影视文化传播有限公司

注 册 地：兰州市城关区白银路 215 号

主营业务：文化艺术交流策划、展览；文化

宣传活动的策划、设计；企业形象设计、企业商业演出的策划、组织；市场营销策划；企业年会策划、组织；商务会议服务；婚庆、庆典、礼仪、产品发布会的策划、组织、咨询服务；电脑图文设计、平面广告设计、制作。

主要产品：婚礼现场拍摄、婚庆。

0105 甘肃中信恒瑞投资管理有限公司

注 册 地：兰州市城关区民主东路 273 号

主营业务：投资管理、项目投资、资产管理、企业管理咨询、经济贸易咨询、建设项目投资咨询、商务信息咨询、会务会展服务、电子科技及环保科技技术开发、技术咨询、技术服务；餐饮娱乐的咨询服务；计算机及辅助设备、办公自动化设备、环保设备。

从业人员数（人）：2

0106 甘肃鼎维文化传播有限公司

注 册 地：兰州市城关区东城壕 27 号

主营业务：国内各类广告的代理、设计、制作、发布；企业形象策划；装饰设计、工程设计咨询；平面创意设计制作；画册设计制作；会议会展服务；各类商业会议会展服务。

0107 甘肃川渝投资有限公司

注 册 地：兰州市城关区金昌路 31 号

主营业务：项目投资；投资管理；投资咨询，财务顾问；经济信息咨询；商务会展服务及商务信息咨询。

从业人员数（人）：2

0108 甘肃中盛实业有限责任公司

注 册 地：兰州市城关区庆阳路 11 号

主营业务：农业技术开发、农业技术转让；土石方工程、房地产开发、网络技术服务及咨询、计算机软硬件开发；企业管理咨询、商务信息咨询、企业形象策划、会议会展服

务、国内各类广告的设计、制作及发布；铁合金、黄金、白银、珠宝、金属材料、五金交电的批发与零售。

从业人员数（人）：5

0109 甘肃合易实业集团有限公司

注 册 地：兰州市城关区张掖路 1 号

主营业务：组织文化艺术交流活动（不含演出、演出经纪）；会展服务；建筑材料（不含木材）、机械设备、机电设备（不含九座以下乘用车）、电子产品（不含地面卫星接收设备）、化妆品、玩具、工艺品、针纺织品、日用百货、初级农产品的销售。

0110 甘肃梅兰时代文化传播有限公司

注 册 地：兰州市城关区金昌北路 244-2 号

主营业务：企业形象、赛事活动、公关活动的策划；会展服务；市场调研；摄影服务；资料翻译；礼仪服务；房屋租赁。

从业人员数（人）：2

0111 甘肃大地湾文化传播股份有限公司

注 册 地：兰州市城关区天水南路 222 号

主营业务：文化艺术活动组织交流与策划（不含演出及演出经纪）；企业营销策划；企业形象策划；文化教育信息咨询；企业管理咨询；市场调研；会务会展服务；计算机技术咨询服务；网络产品的研发；网络技术工程施工；美术设计；摄影服务；广告设计、制作、发布、代理。

从业人员数（人）：3

0112 兰州华源文化产业投资有限公司

注 册 地：兰州市城关区

主营业务：文化产业投资、会议展览、文化艺术相关的咨询服务；房屋租赁。

0113 兰州麒桐文化传播有限责任公司

注 册 地：兰州市城关区

主营业务：心智训练项目

主要产品：《艺术文化思想教育训练系列科目》

从业人员数（人）：9

销售额（万元）：65.17

资产总额（万元）：15

0114 兰州大剧院演艺中心

注 册 地：兰州市城关区大众市场 26 号

主营业务：文艺演出；演出器材租赁；房屋、场地出租；文化用品、艺术品、日用品、五金交电、建筑材料批发零售。

0115 兰州北方文化影视传媒有限公司

注 册 地：兰州市城关区酒泉路 180 号

主营业务：文化艺术培训、创作、公关礼仪、影视文化交流、传媒代理、组织承办会议展览、著作权转让、版权代理服务（不含涉外服务）；电视专题、电视综艺、动画故事片的制作发行。

0116 兰州中发文化传播有限责任公司

注 册 地：兰州市七里河区

主营业务：广告发布

从业人员数（人）：1

销售额（万元）：7

资产总额（万元）：7

0117 甘肃苦舞文化艺术有限公司

注 册 地：兰州市七里河区

主营业务：演出活动

从业人员数（人）：3

销售额（万元）：40

资产总额（万元）：220

0118 兰州银河文化传播有限公司

注 册 地：兰州市七里河区

主营业务：文化节会庆典礼仪策划服务

从业人员数（人）：6

销售额（万元）：84

资产总额（万元）：36

0119 甘肃天工文化传播有限公司

注 册 地：甘肃省兰州市七里河区王家堡 114 号

主营业务：广告的设计、制作、发布、代理；文化产品创意设计、开发、销售；文化活动策划、会议会展服务；工艺品的批发零售。

主要产品：省内非物质文化遗产各类产品，如香包、砚台、唐卡。

从业人员数（人）：3

资产总额（万元）：50

简 介：公司简介甘肃天工文化传播有限公司创立于 2014 年，以广告设计、制作、发布，文化产品创意设计、开发、销售，文化活动策划、会议会展服务，工艺品的批发零售为服务内容。

0120 甘肃省杂技团有限责任公司

注 册 地：兰州市七里河区安西路 568 号

主营业务：杂技表演、文化演出及策划；文化广场娱乐；文化体育活动服务；工艺雕刻制作；房地产开发经营。（以上经营项目涉及行政许可及资质的凭有效许可证和资质证经营）

主要产品：杂技表演、文化演出及策划；文化广场娱乐。

销售额（万元）：17

资产总额（万元）：5794

0121 兰州青众文化传播有限公司

注 册 地：兰州市七里河区西街园街道林家

庄 163 号

主营业务：计，制作，代理。发布各类广告，企业形象策划，宣传推广，个人形象策划，礼仪服饰。

销售额（万元）：85.23

资产总额（万元）：100

0122 兰州华梦文化传播有限公司

注 册 地：兰州市七里河区南滨河路 129 号

主营业务：从事专业婚礼咨询、策划、服务和执行的专门机构。

从业人员数（人）：2

销售额（万元）：43.21

资产总额（万元）：50

0123 兰州剧纳文化传播有限公司

注 册 地：兰州市七里河区敦煌路街道 15 号

主营业务：广告

从业人员数（人）：15

销售额（万元）：12

资产总额（万元）：10

0124 兰州天都山文化创意服务中心

注 册 地：兰州市七里河区八里镇岘口子 196 号

主营业务：文化艺术交流（国家禁止及须取得专项许可的除外）；盆景的栽培、销售；陶瓷制品的批发零售。

主要产品：收集、整理、保护、宣传、修缮、建设天都山文化遗产的公益性活动。

从业人员数（人）：3

资产总额（万元）：20

简　　介：天都山为马衔山支脉，山势自西向东逼近阿干河边，河水自南向东，复折环绕此山。又因三峰耸峙，酷如笔架，又名笔架山。山上油松林较多，灌林不少，苍翠碧润。上有天然石洞，有石似跌坐如来佛像，清道光年间辟为佛道寺观，沿山建有祖师殿、菩萨殿、吕祖殿、财神殿、鹤来亭，与青山绿水相辉映。庙宇毁于 1967 年，近年来部分重修。本项目的创立利于全民参与保护当地名山，传承历史文明，挖掘、收集、整理、保护、宣传、修缮、建设天都山文化遗产的公益性活动，彰显历史文化的生命力，让世人皆知天都山的自然魅力和文化蕴含。

0125 甘肃艺禾文化传播有限公司

注 册 地：兰州市七里河区土门墩新村九巷 B-01 号

主营业务：行为艺术、艺术设计及策划、企业形象策划、民间手工艺品、油画、装饰画、品牌营销策划、艺术品创作、摄影与摄像、广告策划、设计与制作、会展策划、广告策划制作。

从业人员数（人）：8

销售额（万元）：4

资产总额（万元）：50

简　　介：公司简介甘肃艺禾文化传播有限公司是集行为艺术、艺术设计及策划、企业形象策划、民间手工艺品、油画、装饰画、品牌营销策划、艺术品创作、摄影与摄像、广告策划、设计与制作、会展策划、广告策划制作为一体的综合服务型企业。我公司设备齐全、资源丰富，拥有 8 色大画幅万能平板打印机，日本原装 6 色写真喷绘机，数码雕刻机等大中型印刷机，200 平米漆画工作室，90 平米雕刻工作室，100 平米油画工作室等，设施齐全，功能完备。我们的经营理念是诚信为本、创新为魂、不断超越、追求完美。以高标准精致服务，为客户提供最优质、最专业的服务。我们用敏锐的目光、鲜明的个性，寻求心灵与心灵的沟通，制作有高端认知度的作品。

0126 兰州华夏邦交文化传播有限公司

注 册 地：兰州市七里河区西津东路 178 号

主营业务：会务服务，展览展示服务，商务活动策划及服务，企业管理咨询服务，人力资源管理咨询，教育咨询服务，信息技术服务，工艺礼品，图书编辑策划、设计、制作、发布，代理国内各类广告业务；教育教学设备、文化用品的批发零售。（以上项目禁止及须取得专项许可的除外）。

从业人员数（人）：5

销售额（万元）：40

资产总额（万元）：50

简　　介：兰州华夏邦交文化传播机构是一家以邦交国礼征集推荐与服务、书画交流、教育咨询辅导、企业管理培训、管理咨询、商务活动策划、大型经济文化论坛为主要业务的文化公司。目前公司开展的"邦交国礼征集汇总"、"全省知名书画家巡展"、野外拓展训练等项目广受社会的欢迎。

0127 甘肃柳合山堂文化传播有限公司

注 册 地：兰州市七里河区

主营业务：书画展览

从业人员数（人）：1

销售额（万元）：20

资产总额（万元）：6

0128 甘肃古道文化发展有限公司

注 册 地：兰州市七里河区西津路新天地

主营业务：设计，制作，代理。发布各类广告，企业形象策划，宣传推广，个人形象策划，礼仪服饰。

销售额（万元）：457

资产总额（万元）：500

简　　介：甘肃丝绸古道文化传播有限公司

简介：我们尊崇"踏实、拼搏、责任"的企业精神，并以诚信、共赢、开创经营理念，创造良好的办公环境，以全新的管理模式，完善的技术，周到的服务，卓越的品质为生存根本，我们始终坚持用户至上用心服务于客户，坚持用自己的服务去打动客户。

0129 兰州全效文化传播有限公司

注 册 地：兰州市七里河区下西园 2 号

主营业务：文化艺术交流策划、商务信息咨询、企业管理咨询、企业形象策划；国内各类广告设计、制作、代理、发布；会议会展策划、企业营销策划。

主要产品：策划、广告

从业人员数（人）：10

资产总额（万元）：200

0130 甘肃汇艺文化传媒有限公司

注 册 地：兰州七里河区华林路 974 号

主营业务：广告的设计制作

从业人员数（人）：15

销售额（万元）：50

资产总额（万元）：1000

0131 兰州久鼎美文文化传播有限公司

注 册 地：兰州市七里河区华坪街道西津东路 178 号

主营业务：广告

从业人员数（人）：7

销售额（万元）：10

资产总额（万元）：100

0132 兰州华美讯达文化传播有限公司

注 册 地：兰州市七里河上西园 426 号

主营业务：品牌策划、整合营销和相关市场服务的专业化公关传播机构。

从业人员数（人）：2

资产总额（万元）：500

简　　介：华美讯达文化传播有限公司是一

家为客户提供品牌策划、整合营销和相关市场服务的专业化公关传播机构。公司有多年公关从业经验的资深品牌策划、媒介管理人员组成，致力于为您提供更高效、优质的增值服务。公司目前提供的主要服务包括：品牌推广策划、媒体传播服务、大型活动管理、危机公关管理等。公司从成立到现在，成功策划承办了多项活动，覆盖企业年会、媒体联谊会、大型巡展、车展等。公司本着务实、踏实、稳重的运营原则，以信誉为核心运营理念，逐渐构建了专业、高效的服务平台，成功服务多家客户，并赢得了多家企业良好的口碑与赞誉。

0133 兰州鑫顺德广告有限公司

注 册 地：兰州市七里河区韩家河 39 号
主营业务：广告的设计、制作、发布、代理；大型户外广告安装加工；企业营销策划；会议会展服务；广告信息咨询；广告材料、建筑材料、文化用品、工艺礼品的批发零售。
从业人员数（人）：5
资产总额（万元）：100

0134 兰州和美文化传媒有限公司

注 册 地：兰州市七里河区西津路 2 号
主营业务：广告设计设计发布代理企业形象策划，个人形象策划，舞台设计、服饰设计。
从业人员数（人）：2
销售额（万元）：12.31
资产总额（万元）：15

0135 兰州梓轩文化传播有限公司

注 册 地：兰州市七里河区
主营业务：企业文化策划
从业人员数（人）：2
销售额（万元）：9
资产总额（万元）：15

0136 甘肃博文文化发展有限公司

注 册 地：兰州市七里河区瓜洲路 1 号
主营业务：文化艺术交流策划
从业人员数（人）：4
销售额（万元）：10
资产总额（万元）：10

0137 兰州光彩文化传播有限责任公司

注 册 地：兰州市七里河区敦煌路街道金港城
主营业务：大型庆典活动、展览装饰、各类演出服务、户外广告、影视专题制作为主营业务的综合型文化传播公司。
销售额（万元）：9
资产总额（万元）：10
简　　介：兰州光彩文化传播有限公司是一家具有独立法人的大型公关活动策划服务公司。公司是以大型庆典活动、展览装饰、各类演出服务、户外广告、影视专题制作为主营业务的综合型文化传播公司。兰州光彩以"精心为您服务"为宗旨，以诚信服务客户，用崭新的理念、巧妙的构思、一流的设计、严谨的组织实施能力，不断向市场推出精彩新颖的策划项目，为各级政府部门及众多大型企业成功策划实施了许多大型庆典活动，深得政府部门、企业的好评和赞誉。

0138 兰州立世图腾文化传播有限责任公司

注 册 地：兰州市七里河区土门墩南湾 1 号
主营业务：广告设计
从业人员数（人）：10
销售额（万元）：20
资产总额（万元）：50

0139 兰州中瑞广告有限责任公司

注 册 地：兰州市七里河区

主营业务：广告设计制作及服务

从业人员数（人）：6

资产总额（万元）：50

0140 甘肃鸿叶文化传播有限公司

注　册　地：兰州市七里河区建兰路街道吴家园 292 号

主营业务：企业的营销策划、管理咨询、形象设计；商务信息咨询、会务代理；品牌策划、推广；市场调研、产品包装设计、计算机图文设计；组织文化交流活动；商品展览展示；代理、制作、设计、发布国内外各类广告。

0141 兰州北斗文化传播有限公司

注　册　地：兰州市七里河区建兰路街道吴家园西街 69 号

主营业务：广告的设计、制作、发布、代理、多媒体动画制作。

从业人员数（人）：2

资产总额（万元）：200

0142 兰州艾沫文化传播有限公司

注　册　地：兰州市七里河区建兰路 67 号

主营业务：广告

从业人员数（人）：11

销售额（万元）：2

资产总额（万元）：10

0143 甘肃谛派文化传播有限公司

注　册　地：兰州市七里河区兰工坪 229 号

主营业务：文化艺术交流及策划，国内各类广告的设计、制作、代理、企业形象策划；展览展示服务；摄影服务；资料翻译服务；模特礼仪服务，赛事活动策划；公关活动策划；婚庆礼仪服务。

从业人员数（人）：3

销售额（万元）：5

资产总额（万元）：10

简　　　介：甘肃谛派文化传播有限公司是兰州最专业的模特、礼仪、演艺活动策划公司，经过多年的发展，公司已迅速成为国内知名顶尖的演出活动策划制作公司之一，机构承办各类模特演出、文艺演出、歌舞晚会、艺术展会、发布会、推介会、模特、影视、歌手、主持、舞蹈等艺人经纪、包装、推广，全程专业策划、制作各类模特等艺术大赛，各类演出妆面设计，设计、制作、代理发布各类媒体广告专业设计、全程策划制作各类庆典，舞台、灯光、音响、背景、桁架及演艺等。

0144 兰州家园文化传播有限公司

注　册　地：兰州市七里河区火星街 70 号

主营业务：文化交流、企业宣传、商务咨询、商业活动策划、商务礼仪。

从业人员数（人）：4

销售额（万元）：1

资产总额（万元）：3

简　　　介：兰州家园文化传播有限公司成立于 2013 年，是经工商行政管理部门依法审核批准成立的，以文化交流，企业宣传，商务咨询，商业活动策划，企业策划为主的信息朝阳企业。

0145 甘肃黄河印象文化传播有限公司

注　册　地：兰州市七里河区敦煌路 349 号

主营业务：广告设计制作

从业人员数（人）：7

销售额（万元）：40

资产总额（万元）：200

0146 甘肃风信传播有限公司

注　册　地：兰州市七里河区瓜州路 32 号

主营业务：文化艺术交流策划咨询、文化活动合作与推广、产品行销代理；书刊、简报设计、编辑；企划书策划、撰写；电脑图文设计制作、公关、赛事活动策划、广告设计制作代理及发布、企业管理咨询服务；计算机、电子专业领域的技术开发、技术服务；计算机网络工程、信息科技专业领域的技术开发、技术服务；会务会展服务；图文设计制作。

从业人员数（人）：2
销售额（万元）：88.65
资产总额（万元）：100

0147 甘肃虹雨文化传播有限公司

注　册　地：兰州市七里河区西站街道西路东路
主营业务：设计、制作、代理。发布各类广告、企业形象策划、宣传推广、个人形象策划、礼仪服饰。
资产总额（万元）：200

0148 兰州星河魂文化传播有限公司

注　册　地：兰州市七里河区火星街 86 号
主营业务：广告设计、制作、代理发布；文化交流策划咨询；展览、展示、会务服务；礼仪服务；字画传媒服务；企业管理咨询；企业营销策划；美术设计制作。
从业人员数（人）：6
资产总额（万元）：300
简　　介：兰州星河魂文化传播有限公司，成立于 2014 年 5 月，注册资金 300 万元，致力于广告设计、制作、代理发布；文化交流策划咨询；展览、展示、会务服务；礼仪服务；字画传媒服务；企业管理咨询；企业营销策划；美术设计制作；文玩鉴赏、推介新人、宣传报道等公益事业。兰州星河魂文化传播有限公司，位于美丽的黄河之滨南岸，拥有专业技术人员 4 人，多位书画艺术家，下设《今日甘肃》杂志，月刊，免费赠阅，宗旨：弘扬陇原文化，宣传甘肃风物，推介艺文精粹，倡导探究交流。积极为宣传甘肃、兰州、七里河区地域文化作贡献。兰州星河魂文化传播有限公司，于 2014 年 7 月，在甘肃美术馆成功举办了"天地方圆星河魂中国名家书画邀请展（13 人），在甘肃艺术馆策划举办甘肃浙江中青年书法篆刻交流展（60 人）等展览 5 次，为聂振文、师云、雷风云、张宇、马西园、韩不言等著名书画家义务宣传 11 次，邀请书画家举办大型笔会 8 场，为社会各界人士制印 100 方，印刷《今日甘肃》数万册赠送，并协同有关部门为永登大同二中、秦川镇建新小学等学校送文化下乡并兴教助学赠送物品多次。

0149 兰州世辉文化传媒有限公司

注　册　地：兰州市七里河区西津西路 762 号
主营业务：礼仪庆典、广告设计
从业人员数（人）：10
销售额（万元）：30
资产总额（万元）：50

0150 甘肃武之韵文化传播有限公司

注　册　地：兰州市七里河区马滩中街 1339 号
主营业务：化艺术交流策划咨询、文化活动合作与推广、产品行销代理；书刊、简报设计、编辑；企划书策划、撰写；电脑图文设计制作、公关、赛事活动策划、广告设计制作代理及发布。
主要产品：文化传播
从业人员数（人）：2
资产总额（万元）：100

0151 兰州博艺幼儿园

注　册　地：兰州市七里河区
主营业务：学前教育
从业人员数（人）：17
销售额（万元）：112

资产总额（万元）：80

0152 兰州祖厉河文化传媒有限公司

注 册 地：兰州市七里河区火星街86号

主营业务：广告的设计、制作、代理、发布，会议会展服务，企业营销策划，演义庆典策划、咨询。

资产总额（万元）：100

0153 兰州星际文化传媒有限公司

注 册 地：兰州市七里河区西湖街道建工中街

主营业务：电脑动画设计、广告的设计制作。

从业人员数（人）：10

销售额（万元）：20

资产总额（万元）：50

0154 兰州光彩文化传播有限公司

注 册 地：兰州市七里河敦煌路街道金港城金港花园

主营业务：广告设计与制作

从业人员数（人）：12

销售额（万元）：5

资产总额（万元）：10

0155 甘肃阳光灿烂文化传播有限公司

注 册 地：兰州市七里河区建工中街110号

主营业务：各类广告设计制作发布代理，企业形象策划，企业文化的设计庆典策划。

资产总额（万元）：200

简　　介：我公司拥有一支专业资深的智力团队，团队人员毕业于专业的影视广告类大学，集策划、拍摄、设计、制作、包装于一体，锐意的视角，独特的创意，精良的制作，传统与后现代结合的表现形式，为企业、产品打造完美的品牌系统，提供专业化的品牌解决方案。

0156 兰州思源教育咨询有限责任公司

注 册 地：兰州市七里河区

主营业务：教育研究

从业人员数（人）：6

销售额（万元）：380

资产总额（万元）：90

0157 兰州海涵文化传播有限公司

注 册 地：兰州市七里河区

主营业务：各类广告设计制作发布代理，企业形象策划，企业文化的设计。

从业人员数（人）：2

0158 甘肃针行天下文化传播有限公司

注 册 地：兰州市七里河区工坪287号

主营业务：广告设计、制作、代理、发布；会议会展服务；礼仪庆典服务；电脑图文设计制作；摄影服务。

资产总额（万元）：20

0159 兰州美珍文化传播有限公司

注 册 地：兰州市七里河区建兰街道瓜州路592号

主营业务：礼仪庆典、广告设礼仪庆典、广告设计。

从业人员数（人）：6

销售额（万元）：20

资产总额（万元）：50

0160 兰州瑞龙文化传播有限公司

注 册 地：兰州市七里河区南滨河中路452号

主营业务：广告的设计制作、代理发布

从业人员数（人）：14

销售额（万元）：50

资产总额（万元）：200

0161 兰州道义文化传播有限责任公司

注 册 地：兰州市七里河区金港城金港金海花园 14 号

主营业务：各类广告设计制作发布代理，企业形象策划，企业文化的设计庆典策划、商业演出、以及影视制作为主。

从业人员数（人）：2

资产总额（万元）：3

0162 兰州众杰文化传播有限公司

注 册 地：兰州市七里河区晏家坪二村301 号

主营业务：广告的设计制作，发布制作，庆典礼仪。

主要产品：广告设计制作

从业人员数（人）：2

销售额（万元）：21

资产总额（万元）：30

0163 甘肃古德文化传播有限公司

注 册 地：兰州市七里河区

主营业务：企业形象策划、展览展示服务、婚庆礼仪服务、摄影服务、计算机软件开发、文化艺术策划及服务；广告设计、制作、发布。

从业人员数（人）：10

简　　介：甘肃古德文化传播有限公司，成立于 2014 年 11 月 17 日，是一家集企业形象策划、展览展示服务、婚庆礼仪服务、摄影服务、计算机软件开发、文化艺术策划及服务；广告设计、制作、发布为一体的文化传播类公司，本公司 4 名股东均是本科毕业进行创业的年轻人，有丰富的相关经验以及创新能力，为企业带来一种年轻、动感的氛围。甘肃古德文化传播有限公司谐音为"GOD"，意为"上帝"，因此本公司的理念便是将顾客即是上帝，我们将为您带来最优质的服务以及最贴心的关怀，甘肃古德

文化传播有限公司致力于打造金城最专业的文化传播类公司。

0164 甘肃梦想文化传播有限责任公司

注 册 地：兰州市七里河区西街花园林家庄202 号

主营业务：各类广告设计制作发布代理，企业形象策划，企业文化的设计庆典策划。

从业人员数（人）：2

资产总额（万元）：200

0165 甘肃省幸福文化传媒有限公司

注 册 地：兰州市七里河区崔家大滩恒大名都

主营业务：广告设计制作、晚会策划

从业人员数（人）：4

销售额（万元）：10

资产总额（万元）：50

0166 甘肃美丽容颜文化传媒有限公司

注 册 地：兰州市七里河区西津东路 387 号

主营业务：广告的设计制作，代理，影视音像制作，企业形象策划，文化活动策划，婚庆策划。

销售额（万元）：102

资产总额（万元）：150

0167 兰州笨鸟美术活动中心

注 册 地：兰州市七里河区

主营业务：绘画艺术培训

从业人员数（人）：3

销售额（万元）：25

资产总额（万元）：10

0168 甘肃远程文化传播有限责任公司

注 册 地：兰州市七里河区西园 185 号

主营业务：各类广告设计制作发布代理，企业形象策划，企业文化的设计庆典策划、商

业演出、以及影视制作为主。

从业人员数（人）：2

资产总额（万元）：200

简　　介：甘肃远程文化传播有限责任公司各类广告设计制作发布代理，企业形象策划，企业文化的设计庆典策划、商业演出、以及影视制作为主。

0169 甘肃达丽雅文化传播中心

注　册　地：兰州市七里河区西津东路 295 号

主营业务：图书的策划、翻译、写作、编辑、出版翻译服务、文化学术交流、市场推广宣传、大型礼仪庆典活动策划、企业形象设计、版权代办服务、广告设计、广告制作、广告发布、广告代理、排版设计、编辑校对服务。

从业人员数（人）：4

销售额（万元）：8

资产总额（万元）：10

简　　介：达丽雅文化传播中心是经国家批准注册成立的专业文化机构。中心奉行在文明主体中寻找发言者，以主体身份客观表述文明的宗旨，致力于不同文明的对话、交流和相互尊重。中心在国家许可范围内，主要从事图书的策划、翻译、写作、编辑、出版和发行工作。已策划发行的《古兰经注》《不要忧伤》《世界上最幸福的女人》《伊斯兰常识问答丛书》等书，不仅畅销全国，还远销海外不少国家，对于促进世界理解伊斯兰文明产生了良好影响。中心目前还兼营多语种翻译服务、文化学术交流、市场推广宣传、大型礼仪庆典活动策划、企业形象设计、版权代办服务、广告设计、广告制作、广告发布、广告代理、排版设计、编辑校对服务。

0170 兰州世辉文化传媒有限责任公司

注　册　地：兰州市七里河区西津西路

主营业务：庆典策划、商业演出、以及影视制作为主。

资产总额（万元）：50

0171 兰州天赢文化传播有限公司

注　册　地：兰州市七里河区滨河中路 277 号

主营业务：各类广告的设计、制作、代理、发布；电脑图文美术设计制作、晒图；舞台艺术造型策划；灯箱制作；文化艺术活动策划咨询；文化用品、办公设备、纸制品、办公家具的批发零售；室内装饰。

从业人员数（人）：5

资产总额（万元）：50

0172 甘肃华庆鑫缘文化传播有限责任公司

注　册　地：兰州市七里河区小西湖西街 56 号

主营业务：广告

从业人员数（人）：15

销售额（万元）：40

资产总额（万元）：200

0173 兰州布拉格文化传播有限责任公司

注　册　地：兰州市七里河区小西湖民医大厦

主营业务：各类广告设计制作发布代理，企业形象策划，企业文化的设计庆典策划、商业演出、以及影视制作为主。

从业人员数（人）：2

资产总额（万元）：50

0174 甘肃西水文化传播有限责任公司

注　册　地：兰州市七里河区

主营业务：产品宣传，立体广告牌

从业人员数（人）：2

资产总额（万元）：10

0175 兰州市七里河区博灵音乐学校

注 册 地：兰州市七里河区
主营业务：乐器培训
从业人员数（人）：2
销售额（万元）：11
资产总额（万元）：12

0176 新尚品空间

注 册 地：兰州市七里河区
主营业务：设计
从业人员数（人）：1
销售额（万元）：21
资产总额（万元）：6

0177 兰州雅燃广告有限公司

注 册 地：兰州市七里河区西站十字海鸿大厦
主营业务：广告设计制作，发布代理服务
从业人员数（人）：2
销售额（万元）：120.31
资产总额（万元）：150

0178 兰州奥美艺广告有限公司

注 册 地：兰州市七里河区穴崖子东街 7 号
主营业务：广告的设计、制作、代理、发布；
会议会展、演艺庆典、文艺晚会的策划；日
杂用品、劳保用品、办公用品及设备、电子
产品（不含卫星地面接收设施）、文化用品、
汽车配件、日用百货、计算机及耗材、工艺
美术品的批发零售。
从业人员数（人）：7
资产总额（万元）：50

0179 兰州墨香文化传播有限公司

注 册 地：兰州市七里河区西津西路 39 号
主营业务：设计、制作、代理。发布各类广
告、企业形象策划、宣传推广、个人形象策
划、礼仪服饰

销售额（万元）：18.24
资产总额（万元）：20

0180 兰州九零文化传播有限责任公司

注 册 地：兰州市七里河区阳光家园玫瑰苑
主营业务：婚庆服务
从业人员数（人）：2
资产总额（万元）：10
简　　介：兰州九零文化传播有限责任公司
是以婚庆服务为主的文化传播公司，主要品
牌为玖零婚礼。玖零婚礼策划专注于高品质
的婚礼服务，我们的策划一贯重视勃然迸发
的创意理念和高效的服务管理，得益于团队
的优质素养与良好的配合，针对 8090 后玩
创意的心理需求，摒弃传统流水线似的形式
化内容，为客户定制打造全新的婚礼。团
队经过不断地探索和努力，以独特的策划，
完美的设计理念和周到的服务受到客户的好
评。我们拥有资深策划人员，高素质的服务
人员，风格迥异的司仪，经验丰富的专业婚
礼摄像师、摄影师，专业化妆师以及丰富的
车辆资源等。在这里，我们将为您提供与婚
礼有关的各项服务，同时承接庆典，生日
party 等。专业化的团队提供给您丰富的创意
空间，将时代气息，不同的流行元素，不同
的文化底蕴鲜活的展现在舞台上，呈献给亲
朋好友。

0181 兰州烁格文化传播有限公司

注 册 地：兰州市七里河区
主营业务：文化艺术表演策划、舞台造型策
划、企业形象策划、文化交流活动的策划、
会务会展服务、展示展览服务、企业管理咨
询、企业的组织策划及项目推广、文艺庆典
活动的策划与服务。
从业人员数（人）：2
资产总额（万元）：12

0182 甘肃文梦文化传媒有限公司

注 册 地：兰州市七里河区建西东路 241 号

主营业务：电脑图文制作、摄影服务、婚庆礼仪服务。

从业人员数（人）：5

销售额（万元）：30

资产总额（万元）：500

0183 兰州壹方文化创意有限公司

注 册 地：兰州七里河区兰工坪 287 号

主营业务：集影视制作、平面拍摄、活动策划

销售额（万元）：13

资产总额（万元）：15

简　　介：兰州壹方文化传媒有限公司，前身为 IF 影像工作室，创立于 2013 年 1 月，是一家集影视制作、平面拍摄、活动策划、创意执行于一体的文化传媒机构。壹方文化传媒致力于用创意去执行，用情感去表达，苛求在所有文化作品中，不仅包含技术层面的完整呈现，更倾向于在艺术领域进行唯美的表达。让文化与影视产品能够凝聚更多的创意与形式，情感与艺术。

0184 兰州逸枫乐器有限公司

注 册 地：兰州市七里河区建兰路 66 号

主营业务：乐器及配件、音响、电子产品（不含卫星地面接收设施）、工艺礼品、乐器工艺、文体用品、办公用品的批发零售；乐器、音像的租赁、维修、技术服务；国内各类广告的设计、制作、代理、发布；礼仪庆典的组织策划、舞台艺术造型策划、展览展示服务、婚庆礼仪策划服务；乐器制作；影视策划。

从业人员数（人）：15

资产总额（万元）：500

0185 兰州家园文化传播有限公司

注 册 地：兰州市七里河区火星街 70 号

主营业务：文化交流；企业宣传；商务咨询；商业活动策划；商务礼仪。

从业人员数（人）：4

销售额（万元）：1

资产总额（万元）：3

简　　介：兰州家园文化传播有限公司成立于 2013 年，是经工商行政管理部门依法审核批准成立的，以文化交流，企业宣传，商务咨询，商业活动策划，企业策划为主的信息朝阳企业。先后成功的为我市各大高校的毕业生提供礼仪咨询和指导；至此家园文化传播有限公司成立至今积累了丰厚的经验和实力，拥有一套成熟的企业文化宣传和咨询的方案。

0186 甘肃海纳文化传播有限公司

注 册 地：兰州市七里河区龚家湾建兰新村 2 号

主营业务：广告设计、制作、代理、发布；会议会展服务；礼仪庆典服务；电脑图文设计制作；摄影服务。

从业人员数（人）：2

销售额（万元）：170.5

资产总额（万元）：1000

0187 甘肃华年馨影文化传媒公司

注 册 地：兰州市七里河区西津西路 45 号

主营业务：广告的设计制作、代理发布

从业人员数（人）：12

销售额（万元）：10

资产总额（万元）：25

0188 兰州凯泽文化传播有限公司

注 册 地：七里河区西津东路 256 号

主营业务：各类广告设计制作发布代理，企业形象策划，企业文化的设计庆典策划。

资产总额（万元）：100

0189 兰州市七里河区脱口秀英语学校

注 册 地：兰州市七里河区

主营业务：英语培训

从业人员数（人）：2

销售额（万元）：28

资产总额（万元）：7

0190 兰州市七里河区智脉艺术学校

注 册 地：兰州市七里河区

主营业务：音乐培训

从业人员数（人）：2

销售额（万元）：14

资产总额（万元）：21

0191 甘肃百汇展示装饰有限公司

注 册 地：兰州市七里河区西站西部广场

主营业务：展示展览工程的策划、室内外装饰工程的设计、施工；舞台的设计、搭建；展具的制造、销售；书画、文体活动策划、巡展；会议会展服务；各类广告的设计、制作、代理、发布。

从业人员数（人）：10

资产总额（万元）：200

0192 兰州庄河堡艺术文化传播中心

注 册 地：兰州市西固区

主营业务：文艺演出、各类文化艺术活动策划、婚庆策划、开业庆典、商务礼仪。

主要产品：文艺演出。

从业人员数（人）：50

销售额（万元）：15

资产总额（万元）：15

简　　介：兰州庄河堡艺术文化传播中心位于西固区河口乡河口村 32 号，是于 2014 年 10 月 14 日由河口乡河口村文艺骨干张莲英自发组织成立的个人独资企业，全团共有 50 人，平均年龄在 40 岁左右，队员们利用平时的业余及休息时间坚持学习和训练，参加过各种社会公益活动、文艺汇演。

0193 兰州军傩文化传播中心

注 册 地：兰州市西固区

主营业务：文艺演出（凭许可证在有效期内经营）；文化活动的策划、咨询；庆典策划；婚庆礼仪服务。

从业人员数（人）：8

销售额（万元）：15

资产总额（万元）：15

0194 兰州那些事文化传媒有限公司

注 册 地：兰州市西固区

主营业务：文化艺术交流活动策划（不含演出服务、演出经纪）、国内广告设计制作、会展服务、企业形象品牌策划、企业管理咨询；网页制作、网络技术服务、电子商务信息咨询、计算机软件开发、销售、维护及技术咨询服务、计算机网络工程（凭资质证经营）、计算机系统集成；计算机及辅助设备、电子产品、通讯器材（以上两项不含卫星地面接收设施）、办公用品、日用品、家用电器、五金交电、安防监控设备的批发零售。

从业人员数（人）：3

销售额（万元）：10

资产总额（万元）：10

0195 兰州私享文化传媒有限公司

注 册 地：兰州市西固区

主营业务：国内广告设计、制作；文体用品、工艺礼品、日用品、服装鞋帽的批发零售。

从业人员数（人）：5

销售额（万元）：3

资产总额（万元）：3

0196 兰州西信达文化产业咨询服务有限公司

注 册 地：兰州市西固区

主营业务：信息咨询；会议会展服务；文化办公用品、工艺礼品的批发零售。

从业人员数（人）：4

销售额（万元）：53

资产总额（万元）：53

0197 兰州扎玛文物保护资料有限公司

注 册 地：兰州市西固区东川镇

主营业务：文物保护

从业人员数（人）：5

销售额（万元）：36.6

资产总额（万元）：95

0198 兰州雅思顿教育信息咨询有限公司

注 册 地：兰州市西固区合水路14号

主营业务：教育信息咨询服务；文化艺术传播咨询服务；会务服务；广告设计、制作。

从业人员数（人）：3

销售额（万元）：100

资产总额（万元）：100

0199 兰州依影效果图广告设计中心

注 册 地：兰州市西固区河口街180号

主营业务：图文设计

从业人员数（人）：7

销售额（万元）：35

资产总额（万元）：50

0200 甘肃天惠广告装饰印务有限公司

注 册 地：兰州市西固区庄浪东路兰炼91号

主营业务：广告设计

主要产品：各类广告设计、发布、制作、代理、安装、舞台艺术造型策划。

从业人员数（人）：6

销售额（万元）：30

资产总额（万元）：20

0201 兰州斌斌文化传播有限公司

注 册 地：兰州市西固区西固东路84号

主营业务：婚庆

主要产品：婚礼现场布置、婚礼用品销售、司仪服务。

从业人员数（人）：5

销售额（万元）：15

资产总额（万元）：20

0202 兰州市西固区新城镇文化体育活动中心

注 册 地：兰州市西固区新城镇人民政府

主营业务：政策宣传、文化创意、活动策划、休闲娱乐、培训交流、信息服务等。

从业人员数（人）：33

资产总额（万元）：3

0203 阶梯快乐英语学校

注 册 地：兰州市西固区

主营业务：少儿及成人英语培训

从业人员数（人）：5

销售额（万元）：3

资产总额（万元）：10

0204 兰州义方教育投资咨询有限公司

注 册 地：兰州市西固区福利路街道庄浪西路

主营业务：幼儿教育

从业人员数（人）：6

销售额（万元）：20

资产总额（万元）：50

0205 兰州市西固区育人艺术学校

注 册 地：兰州市西固区
主营业务：艺术类培训
从业人员数（人）：5
销售额（万元）：5.8
资产总额（万元）：10

0206 兰州市西固区东川镇聚文协会

注 册 地：兰州市西固区
主营业务：文化团体服务
从业人员数（人）：11
资产总额（万元）：500

0207 金贵人禅悦瑜伽馆

注 册 地：兰州市西固区公园路 2 号
主营业务：瑜伽会所
从业人员数（人）：4
销售额（万元）：10
资产总额（万元）：15

0208 兰州市西固区青少年活动中心

注 册 地：兰州市西固区
主营业务：艺术培训、心趣培训、公益活动
从业人员数（人）：5
资产总额（万元）：16

0209 兰州庄河堡艺术文化传播中心

注 册 地：兰州市西固区
主营业务：文艺演出、各类文化艺术活动策划、婚庆策划、开业庆典、商务礼仪。
从业人员数（人）：50
销售额（万元）：15
资产总额（万元）：15
简　　介：兰州庄河堡艺术文化传播中心简介兰州庄河堡艺术文化传播中心位于西固区河口乡河口村 32 号，是 2014 年十月十四日由河口乡河口村文艺骨干张莲英自发组织，

正式成立的个人独资企业，全团共有 50 人，平均年龄在四十岁左右，凭着一股热情和一种执着的精神，坚持自编、自导、自演节目。队员们利用平时的业余及休息时间坚持学习和训练，参加过各种社会公益活动、文艺汇演，一年来演出 15 场次，2013 年春节 8 场次；河口村财神会 3 场次，其余文艺汇演 4 次。"健康快乐、为创建文明和谐社会贡献我们的力量"这就是团队的宗旨，近一年来庄河堡艺术文化传播中心一直活跃在群众文艺大舞台上，2014 年十月参加兰州市"乡村大舞台"文艺演出获优秀奖；2014 年 9 月参加"惠仁堂惠仁杯"舞蹈大赛获一等奖；2014 年 10 月参加中老年舞蹈大赛"惠健康杯"获一等奖。所有团队成员都积极为古镇的文化生活贡献着自己的一份力量，为营造和谐温馨的生活环境，宣传古镇文化奉献着自己的一份爱心。

0210 甘肃鼎立昌文化传媒有限公司

注册地：兰州市西固区福利西路 169 号
主营业务：国内各类广告的设计、制作；工艺品、办公用品、装饰材料、五金交电的批发零售。
从业人员数（人）：5
销售额（万元）：100
资产总额（万元）：100

0211 大地幼儿园

注 册 地：兰州市西固区
主营业务：幼儿艺术培训
从业人员数（人）：30
资产总额（万元）：100

0212 兰州市西固区学大教育英语学校

注 册 地：兰州市西固区
主营业务：文化培训

从业人员数（人）：12

销售额（万元）：405

资产总额（万元）：5688

0213 兰州莲花山艺术文化传播中心

注　册　地：兰州市西固区河口村 32 号

主营业务：文艺表演、培训

从业人员数（人）：8

销售额（万元）：30

资产总额（万元）：10

0214 陈欣美术工作室

注　册　地：兰州市西固区山丹街社区

主营业务：美术培训

从业人员数（人）：5

销售额（万元）：15

资产总额（万元）：25

0215 兰州市西固区档案局

注　册　地：兰州市西固区

主营业务：档案管理

从业人员数（人）：5

资产总额（万元）：35

0216 兰州美丽恩赐婚庆有限公司

注　册　地：兰州市西固区公园路 500 号

主营业务：婚庆

从业人员数（人）：8

销售额（万元）：55

资产总额（万元）：35

0217 兰州市西固区文教局教学研究室

注　册　地：兰州市西固区玉门街 319 号

主营业务：中、小学教学行政管理、小学教学研室、中小学教学活动。

从业人员数（人）：10

销售额（万元）：40

资产总额（万元）：60

0218 兰州市西固区新城镇墨馨苑书画协会

注　册　地：兰州市西固区新城镇新联村文体活动中心

主营业务：书画交流、汇展、培训、创作、推荐书画作品出版。

从业人员数（人）：63

销售额（万元）：2

资产总额（万元）：9

0219 兰州新思维教育研究推广中心

注　册　地：兰州市西固区

主营业务：文化艺术培训服务

从业人员数（人）：12

销售额（万元）：13.5

资产总额（万元）：20

0220 兰州新东群群众文化服务有限责任公司

注　册　地：兰州市西固区新城镇下川村

主营业务：群众文化服务

从业人员数（人）：15

销售额（万元）：30

资产总额（万元）：15

0221 兰州育英珠算心算科学研究中心

注　册　地：兰州市西固区

主营业务：文化艺术培训

从业人员数（人）：3

销售额（万元）：4.9

资产总额（万元）：5

0222 中共兰州市西固区委党史资料征集研究委员会办公室

注　册　地：兰州市西固区

主营业务：党史征研、地方志编纂、地情宣传

从业人员数（人）：4

资产总额（万元）：11

0223 兰州市西固区金沟乡文化服务协会

注 册 地：兰州市西固区金沟乡小金沟村1号

主营业务：文化服务

从业人员数（人）：20

销售额（万元）：25

资产总额（万元）：30

0224 兰州西固区慧通英语学校

注 册 地：兰州市西固区

主营业务：英语培训服务

从业人员数（人）：6

销售额（万元）：3

资产总额（万元）：13

0225 兰州乐智乐趣教育咨询有限公司

注 册 地：兰州市西固区虹盛6层

主营业务：乐高智力开发中心

从业人员数（人）：5

销售额（万元）：30

资产总额（万元）：100

0226 兰州十方合文化传播中心

注 册 地：兰州市西固区山丹街949号

主营业务：文化交流

从业人员数（人）：7

销售额（万元）：35

资产总额（万元）：20

0227 甘肃润远堂文化艺术发展中心

注 册 地：兰州市西固区

主营业务：古玩字画展销。（凭许可证在有效期内经营）

从业人员数（人）：5

销售额（万元）：100

资产总额（万元）：100

0228 兰州市西固区新世纪幼儿园

注 册 地：兰州市西固区

主营业务：学前教育

从业人员数（人）：12

资产总额（万元）：32

0229 美迪幼儿园

注 册 地：兰州市西固区

主营业务：幼儿艺术培训

从业人员数（人）：12

资产总额（万元）：150

0230 兰州安德外国语专修学院

注 册 地：兰州市城关区

主营业务：外语培训

从业人员数（人）：6

销售额（万元）：13

资产总额（万元）：23

0231 兰州市西固区新城镇人文创意协会

注 册 地：兰州市西固区新城镇文化站

主营业务：人文创意、政策宣传、计生服务、人文创作、培训等。

从业人员数（人）：140

销售额（万元）：2

资产总额（万元）：3

0232 兰州市西固区金沟乡文化服务协会

注 册 地：兰州市西固区金沟乡小金沟村

主营业务：文化团体服务（图书、报刊、音像、文艺演出、民俗文化等团体的服务）。

从业人员数（人）：6

0233 兰州康韵音乐培训中心

注　册　地：兰州市西固区

主营业务：古筝培训

从业人员数（人）：5

销售额（万元）：1.6

资产总额（万元）：4

0234 兰州花之都娱乐有限公司

注　册　地：兰州市西固区

主营业务：娱乐、休闲、艺术表演活动等。

从业人员数（人）：15

销售额（万元）：20

资产总额（万元）：50

0235 西固城街道中路南社区黄河情艺术团

注　册　地：兰州市西固区

主营业务：艺术表演等

从业人员数（人）：20

资产总额（万元）：15

0236 兰州新泰瑞恒教育咨询部

注　册　地：兰州市西固区长业大厦1105号

主营业务：英语咨询

从业人员数（人）：8

销售额（万元）：25

资产总额（万元）：50

0237 兰州艺萌音乐培训中心

注　册　地：兰州市西固区

主营业务：钢琴培训

从业人员数（人）：8

销售额（万元）：1

资产总额（万元）：5

0238 西固区新面孔艺术培训中心

注　册　地：兰州市西固区福利路

主营业务：各类艺术培训

从业人员数（人）：8

销售额（万元）：20

资产总额（万元）：30

0239 兰州乐音笛文化传播中心

注　册　地：兰州市西固区合水路14号

主营业务：教育培训

从业人员数（人）：10

销售额（万元）：55

资产总额（万元）：40

0240 兰州零睿艺术学校

注　册　地：兰州市西固区

主营业务：乐器培训

从业人员数（人）：7

销售额（万元）：9

资产总额（万元）：20

0241 琴艺馆舞蹈乐器艺术培训中心

注　册　地：兰州市西固区合水路14号

主营业务：乐器艺术培训

从业人员数（人）：7

销售额（万元）：35

资产总额（万元）：50

0242 兰州华英教育咨询有限公司

注　册　地：兰州市安宁区

主营业务：文化艺术培训

从业人员数（人）：47

销售额（万元）：1

资产总额（万元）：15

0243 兰州精灵文化咨询有限公司

注　册　地：兰州市西固区沙梁子108号

主营业务：教育咨询

从业人员数（人）：5

销售额（万元）：15

资产总额（万元）：16

0244 舞美健身会馆

注　册　地：兰州市西固区福利路公园

主营业务：舞蹈培训

从业人员数（人）：6

销售额（万元）：15

资产总额（万元）：25

0245 兰州市西固区图书馆

注　册　地：兰州市西固区

主营业务：文化服务

从业人员数（人）：7

销售额（万元）：0

资产总额（万元）：54

0246 兰州卓艺琴艺馆

注　册　地：兰州市西固区

主营业务：乐器培训

从业人员数（人）：23

销售额（万元）：9

资产总额（万元）：15

0247 兰州梵嘉艺术交流工作室

注　册　地：兰州市西固区玉门街330号

主营业务：文化交流

从业人员数（人）：6

销售额（万元）：50

资产总额（万元）：30

0248 兰州市西固工人俱乐部

注　册　地：兰州市西固区西固中街25号

主营业务：文化娱乐

从业人员数（人）：6

销售额（万元）：15

资产总额（万元）：20

0249 西固区育人艺术学校

注　册　地：兰州市西固区福利路

主营业务：舞蹈培训

从业人员数（人）：5

销售额（万元）：15

资产总额（万元）：20

0250 兰州艺格艺术培训中心

注　册　地：兰州市西固区福利西路

主营业务：各类艺术培训

从业人员数（人）：10

销售额（万元）：25

资产总额（万元）：40

0251 兰州恒河瑜伽中心

注　册　地：兰州市西固区华都天韵1301室

主营业务：瑜伽馆

从业人员数（人）：5

销售额（万元）：30

资产总额（万元）：50

0252 菩兰瑜伽馆

注　册　地：兰州市西固区公园十字长业大厦

主营业务：瑜伽会所

从业人员数（人）：4

销售额（万元）：10,

资产总额（万元）：20

0253 兰州彩馨舞蹈艺术中心

注　册　地：兰州市西固区华都天韵

主营业务：艺术培训

主要产品：幼儿、少儿、青年舞蹈培训，拉丁舞、民族舞、肚皮舞等。

从业人员数（人）：6

销售额（万元）：20

资产总额（万元）：20

0254 西固区文化馆

注 册 地：兰州市西固区

主营业务：文化艺术服务

从业人员数（人）：13

资产总额（万元）：110

0255 佛斯特艺术培训中心

注 册 地：兰州市西固区公园路129号

主营业务：各类艺术培训

从业人员数（人）：8

销售额（万元）：40

资产总额（万元）：60

0256 兰州市西固区马丽英语学校

注 册 地：兰州市西固区

主营业务：英语培训服务

从业人员数（人）：13

销售额（万元）：8

资产总额（万元）：34

0257 甘肃三浦灵狐文化产业发展股份有限公司

注 册 地：兰州市西固区关山护林站

主营业务：动漫设计、制作、营销；文化艺术培训；影视策划咨询，广告设计制作代理及发布；企业形象策划；发行电视综艺、专题片、动画片。（依法须经批准的项目，经相关部门批准后方可开展经营活动）。

0258 美日艺术绘画培训中心

注 册 地：兰州市西固区

主营业务：青少年绘画培训

从业人员数（人）：5

销售额（万元）：15

资产总额（万元）：20

0259 纳兰瑜伽馆

注 册 地：西兰州市固区福利东路2331号

主营业务：瑜伽培训

从业人员数（人）：3

销售额（万元）：10

资产总额（万元）：15

0260 甘肃志华艺术职业培训学校

注 册 地：兰州市西固区

主营业务：艺术类培训

从业人员数（人）：15

销售额（万元）：22

资产总额（万元）：10

0261 兰州金娘旅游文化有限责任公司

注 册 地：兰州市西固区西固中路1291号

主营业务：文化交流

从业人员数（人）：10

销售额（万元）：20

资产总额（万元）：30

0262 兰州市西固区东川镇秦腔艺术中心

注 册 地：兰州市西固区

主营业务：秦腔表演

从业人员数（人）：50

销售额（万元）：1

资产总额（万元）：13

0263 兰州金典永恒婚庆服务有限公司

注 册 地：兰州市西固区西固中路515号

主营业务：婚庆

从业人员数（人）：8

销售额（万元）：50

资产总额（万元）：20

0264 兰州新博雅外国语专修学院

注 册 地：兰州市西固区
主营业务：外语培训服务
从业人员数（人）：18
销售额（万元）：43
资产总额（万元）：21

0265 兰州梵嘉艺术交流工作室

注 册 地：兰州市西固区
主营业务：展示展览服务，文化艺术交流活动策划。（依法须经批准的项目，经相关部门批准后方可开展经营活动）
从业人员数（人）：5
销售额（万元）：16
资产总额（万元）：16

0266 丝路花雨艺术培训中心

注 册 地：兰州市西固区陈官营安堡 2 号
主营业务：各类艺术培训
从业人员数（人）：6
销售额（万元）：30
资产总额（万元）：40

0267 兰州市西固区委讲师团

注 册 地：兰州市西固区
主营业务：文化服务
从业人员数（人）：2
资产总额（万元）：72

0268 兰州庄河堡艺术传播中心

注 册 地：兰州市西固区河口村 32 号
主营业务：文艺演出
从业人员数（人）：10
销售额（万元）：25
资产总额（万元）：10

0269 兰州乐舞舞美商务咨询中心

注 册 地：兰州市西固区福利西路 132 号
主营业务：形象设计咨询服务
从业人员数（人）：10
销售额（万元）：40
资产总额（万元）：25

0270 甘肃燊声文化传媒股份有限公司

注 册 地：兰州市安宁区安宁西路 555 号
主营业务：文化艺术活动的组织、策划；企业形象策划；广告制作、发布；摄影摄像服务；园林绿化服务；花卉种植；体育活动的组织、策划；体育器材、办公家具、服装的批发零售；文化教育活动的策划、宣传；场地、房屋、设备租赁。

0271 甘肃麒麟费思国际文化交流有限公司

注 册 地：兰州市安宁区
主营业务：文化活动组织策划
从业人员数（人）：4
销售额（万元）：16
资产总额（万元）：28

0272 兰州市安宁区名人音乐学校

注 册 地：兰州市安宁区
主营业务：音乐培训
主要产品：音乐培训
从业人员数（人）：40
销售额（万元）：88
资产总额（万元）：70

0273 甘肃三缘旅游文化有限公司

注 册 地：兰州市安宁区北滨河西路 56 号
主营业务：景区策划，景区创意规划，旅游景区景观设计，旅游活动策划，旅游品牌系统设计，民族工艺品、旅游纪念品的开发与销售。

0274 兰州方圆美术培训中心

注 册 地：兰州市安宁区

主营业务：美术培训

从业人员数（人）：19

销售额（万元）：73

资产总额（万元）：70

0275 甘肃美兰文化传播有限公司

注 册 地：兰州市安宁区

主营业务：会议会展服务

从业人员数（人）：3

销售额（万元）：10.6

资产总额（万元）：121

0276 甘肃博萃陈列艺术科技开发有限责任公司

注 册 地：兰州市安宁区

主营业务：博物馆

从业人员数（人）：5

销售额（万元）：30

资产总额（万元）：100

0277 甘肃华夏人文始祖文化旅游发展有限公司

注 册 地：兰州市安宁区

主营业务：博物馆

从业人员数（人）：25

销售额（万元）：150

资产总额（万元）：129.8

0278 兰州市安宁区艺苑美术学校

注 册 地：兰州市安宁区

主营业务：美术培训

从业人员数（人）：15

销售额（万元）：55

资产总额（万元）：55

0279 兰州人文辅导学校

注 册 地：兰州市安宁区

主营业务：艺术培训

从业人员数（人）：10

销售额（万元）：75

资产总额（万元）：100

0280 兰州市安宁区教育港成长培训学校

注 册 地：兰州市安宁区

主营业务：艺术培训

从业人员数（人）：5

销售额（万元）：106

资产总额（万元）：26

0281 兰州市安宁区国瑞艺术学校

注 册 地：兰州市安宁区

主营业务：美术培训

从业人员数（人）：10

销售额（万元）：74.2

资产总额（万元）：70

0282 兰州市安宁区卓越美术学校

注 册 地：兰州市安宁区

主营业务：美术培训

从业人员数（人）：10

销售额（万元）：118

资产总额（万元）：136

0283 兰州市安宁区汇乐艺术学校

注 册 地：兰州市安宁区

主营业务：艺术培训

从业人员数（人）：17

销售额（万元）：35

资产总额（万元）：100

0284 兰州骄阳文化传播有限公司

注　册　地：兰州市安宁区

主营业务：文化活动组织

从业人员数（人）：6

销售额（万元）：30

资产总额（万元）：50

0285 甘肃兰州王阳明文化研究会

注　册　地：兰州市安宁区

主营业务：文化研究

从业人员数（人）：16

销售额（万元）：7.2

资产总额（万元）：110.6

0286 兰州市安宁区启迪艺术学校

注　册　地：兰州市安宁区

主营业务：艺术培训

从业人员数（人）：8

销售额（万元）：48

资产总额（万元）：50

0287 兰州廉政文化公园

注　册　地：兰州市安宁区

主营业务：公园管理

从业人员数（人）：10

销售额（万元）：1067.7

资产总额（万元）：3114.8

0288 兰州市安宁区新长风艺术学校

注　册　地：兰州市安宁区

主营业务：艺术培训

从业人员数（人）：43

销售额（万元）：97.3

资产总额（万元）：82.5

0289 兰州绿洲文化传播有限公司

注　册　地：兰州市安宁区

主营业务：文化娱乐活动策划

从业人员数（人）：3

销售额（万元）：4.2

资产总额（万元）：3

0290 兰州唯艺美术培训中心

注　册　地：兰州市安宁区

主营业务：美术培训

从业人员数（人）：2

销售额（万元）：9

资产总额（万元）：21

0291 甘肃神龙会展服务有限公司

注　册　地：兰州市安宁区

主营业务：会展服务

从业人员数（人）：3

销售额（万元）：3

资产总额（万元）：50

0292 安宁萃苑阁文化艺术中心

注　册　地：兰州市安宁区

主营业务：工艺品及收藏品零售

从业人员数（人）：7

销售额（万元）：390

资产总额（万元）：380

0293 兰州兰电文化传播有限公司

注　册　地：兰州市安宁区

主营业务：文艺表演

从业人员数（人）：6

销售额（万元）：25

资产总额（万元）：70

0294 兰州黄河辅导学校

注　册　地：兰州市安宁区

主营业务：艺术培训

从业人员数（人）：18

销售额（万元）：44

资产总额（万元）：30

0295 甘肃新思路文化创意发展有限责任公司

注　册　地：兰州市安宁区

主营业务：文化产品策划研发、文化产业交流推广、文化艺术交流咨询。

从业人员数（人）：3

资产总额（万元）：4.8

0296 兰州市安宁区艺苑美术学校

注　册　地：兰州市安宁区

主营业务：美术培训

从业人员数（人）：15

销售额（万元）：55

资产总额（万元）：55

0297 甘肃汉之韵文化创意有限公司

注　册　地：兰州市安宁区

主营业务：文化艺术活动组织策划

从业人员数（人）：5

销售额（万元）：27

资产总额（万元）：50

0298 兰州市安宁区华志艺术学校

注　册　地：兰州市安宁区

主营业务：艺术培训

从业人员数（人）：10

销售额（万元）：30

资产总额（万元）：30

0299 兰州市安宁区西艺美术学校

注　册　地：兰州市安宁区

主营业务：美术培训

从业人员数（人）：3

销售额（万元）：8

资产总额（万元）：20

0300 甘肃兰州朱熹思想研究会

注　册　地：兰州市安宁区

主营业务：朱熹思想研究

从业人员数（人）：6

销售额（万元）：3

资产总额（万元）：120

0301 兰州安宁新城万和影视文化有限责任公司

注　册　地：兰州市安宁区

主营业务：影视放映

从业人员数（人）：7

资产总额（万元）：580

0302 兰州市源子美术培训中心

注　册　地：兰州市安宁区

主营业务：美术培训

从业人员数（人）：14

销售额（万元）：36.3

资产总额（万元）：100

0303 兰州华韵文化传播中心

注　册　地：兰州市红古区

主营业务：各类文化艺术培训

从业人员数（人）：20

销售额（万元）：100

资产总额（万元）：180

0304 红古区档案馆

注　册　地：兰州市红古区

主营业务：档案管理

从业人员数（人）：8

销售额（万元）：10

资产总额（万元）：10

简　　　介：档案馆有房屋17间，共计255

平方米，其中库房7间，105平方米；办公室5间，75平方米；阅览室1间，15平方米；展览室4间，60平方米。有档案柜57套，其中铁皮柜35套，卡片柜2个。配有打字机、油印机各1台，照相机2架，黑白冲洗像机设备1套，收录机1台。

0305 红古区影剧院

注　册　地：兰州市红古区
主营业务：电影放映
从业人员数（人）：12
销售额（万元）：50
资产总额（万元）：150

0306 甘肃新迷乐声文化艺术服务有限公司

注　册　地：兰州市红古区
主营业务：音乐制作，音乐录音棚，以及各类文化培训。
从业人员数（人）：40
销售额（万元）：220
资产总额（万元）：400

0307 兰州市红古区窑街穆斯林文化交流中心

注　册　地：兰州市红古区
主营业务：其它文化艺术服务
从业人员数（人）：40
销售额（万元）：220
资产总额（万元）：333

0308 兰州连海民族手工艺品雕刻加工厂

注　册　地：兰州市红古区
主营业务：各类手工艺雕刻
主要产品：炭雕
从业人员数（人）：38

销售额（万元）：120
资产总额（万元）：200

0309 兰州童心教育咨询中心

注　册　地：兰州市红古区
主营业务：少年儿童的各类艺术培训
从业人员数（人）：20
销售额（万元）：150
资产总额（万元）：250

0310 兰州市红古区文学艺术界联合会

注　册　地：兰州市红古区
主营业务：红古区文学艺术界联合会，负责协调全区各类文化艺术机构各类活动等事。
从业人员数（人）：5
销售额（万元）：8
资产总额（万元）：10

0311 兰州新晨润文化传媒中心

注　册　地：兰州市红古区
主营业务：各类文化艺术培训
从业人员数（人）：20
销售额（万元）：120
资产总额（万元）：200

0312 兰州龙源书画艺术交流中心

注　册　地：兰州市红古区
主营业务：文化艺术培训
从业人员数（人）：20
销售额（万元）：50
资产总额（万元）：100

0313 榆中县档案馆

注　册　地：兰州市榆中县
主营业务：榆中县档案局履行全县档案事业行政管理和档案保管利用两种职能，负责全县行政、企事业单位档案业务指导工作，收集、整理、保管全县各级各类档案资料，为各级党委政府和社会各界提供档案信息查阅利用服务。

主要产品：各类档案

从业人员数（人）：13

资产总额（万元）：75

简　　介：榆中县档案局履行全县档案事业行政管理和档案保管利用两种职能，负责全县行政、企事业单位档案业务指导工作，收集、整理、保管全县各级各类档案资料，为各级党委政府和社会各界提供档案信息查阅利用服务。

0314　榆中县文化馆

注　册　地：兰州市榆中县

主营业务：宣传文化、送文化下乡、搜集当地的文化遗产。

从业人员数（人）：31

资产总额（万元）：388

简　　介：榆中县文化馆，坐落于榆中县政府正南，办公及活动场所为原文化中心大楼第一、六、七、八层，馆舍面积共2500平方米，分设为各职工办公室、摄影展厅、书画展厅、民间手工艺展厅、非物质文化遗产保护实物资料展厅、舞蹈室培训、书画创作培训室、文学创作培训室、多功能室等。文化馆副科级建制，下设办公室、美术室、摄影室、文艺室及非物质文化遗产保护办公室。

0315　榆中县图书馆

注　册　地：兰州市榆中县

主营业务：借阅各种图书

从业人员数（人）：9

资产总额（万元）：27

简　　介：榆中县图书馆始建于1954年，现为国家三级馆，馆藏图书8万余册。内设成人阅览室、少儿阅览室暨兰州市少儿图书馆榆中分馆、借阅室、共享工程榆中县支中心电子阅览室、多媒体室、古籍地方文献室、自学室等，读者阅览室座席250个，订阅150多种报刊，每周开放时间56小时以上，除古籍和地方文献外，实行"借、阅、藏"三位一体的开放格局。馆藏文献以社会科学、自然科学和综合性书刊为主。

0316　榆中县博物馆

注　册　地：兰州市榆中县

主营业务："典藏征集、保护研究、陈列展览、学习教育"为一体的向公众免费开放的国有性质的社会服务机构。

从业人员数（人）：15

资产总额（万元）：78

简　　介：榆中县博物馆系文物三级风险事业单位，具有独立的单位法人资格，属综合类公共博物馆，是集"典藏征集、保护研究、陈列展览、学习教育"为一体的向公众免费开放的国有性质的社会服务机构。建筑面积约1600平方米，隶属榆中县文化体育广播影视局；现有基本陈列两个，流动展览一个，陈展内容丰富、图文并蓄；工作人员15名，讲解员队伍固定，兼职讲解员6名；配备有完善的电视监控和消防安全自动报警系统、安防设施系统；各种应急预案和各项规章制度建立健全，馆藏文物丰富，展现了榆中悠久的历史和深厚的文化底蕴，具有较高知名度，能够承担对社会进行爱国主义教育任务。

0317　甘肃省九源红色文化传播有限责任公司

注　册　地：兰州市皋兰县什川镇

主营业务：红色文化传播与艺术创作，红色歌舞演出，红色纪念品展览，红色旅游度假服务，餐饮服务等。

从业人员数（人）：57

销售额（万元）：49

资产总额（万元）：5016.2

简　　介：甘肃九源红色文化传播有限公司以开发、弘扬、传播和发展中国优秀传统文化和中国红色文化为主导；以红色艺术创作、红色歌舞演出和红色旅游服务为主要任务。2004在兰州什川镇投资建设了一座田园式绿色生态和红色文化旅游度假村——华夏奇园。

0318　皋兰久久婚庆文化有限公司

注　册　地：兰州市皋兰县黑石镇黑石村

主营业务：婚礼庆典、开业庆典、婚纱摄影、设备租赁、婚礼用品批发零售。

主要产品：服务

从业人员数（人）：8

销售额（万元）：5

资产总额（万元）：80

简　　介：皋兰久久婚庆文化有限公司，位于甘肃省兰州市皋兰县黑石川乡黑石村，法人：李智鹏。主要提供许可经营项目（婚礼庆典，开业庆典，婚纱摄影，设备租赁，婚礼用品批发及零售）。

0319　永登县文工团

注　册　地：兰州市永登县

主营业务：文艺创作与表演

从业人员数（人）：23

资产总额（万元）：76

0320　永登县苦水镇玫之春文化服务中心

注　册　地：兰州市永登县

主营业务：文艺创作与表演

从业人员数（人）：26

销售额（万元）：50

资产总额（万元）：67

0321　永登石军秦腔艺术服务中心

注　册　地：兰州市永登县

主营业务：秦腔创作与表演

从业人员数（人）：12

销售额（万元）：23

资产总额（万元）：28

0322　永登水晶星文化传播中心

注　册　地：兰州市永登县

主营业务：文艺创作与表演等

从业人员数（人）：16

销售额（万元）：43

资产总额（万元）：50

0323　永登爱之缘文化服务中心

注　册　地：兰州市永登县

主营业务：文艺创作与表演等

从业人员数（人）：15

销售额（万元）：36

资产总额（万元）：55

0324　永登城关镇鸿文书店

注　册　地：兰州市永登县

主营业务：各类音响制品的销售出租

从业人员数（人）：4

销售额（万元）：16

资产总额（万元）：28

0325　永登天玲文化服务中心

注　册　地：兰州市永登县

主营业务：文艺创作与表演，婚庆饰品制作等。

从业人员数（人）：13

销售额（万元）：33

资产总额（万元）：42

0326 永登星声歌舞团

注　册　地：兰州市永登县

主营业务：文艺创作与表演

从业人员数（人）：13

销售额（万元）：32

资产总额（万元）：38

0327 永登县塘土湾文昌文化服务中心

注　册　地：兰州市永登县

主营业务：非遗研究与传承等

从业人员数（人）：18

销售额（万元）：36

资产总额（万元）：56

0328 永登县励志非遗文化研究传承中心

注　册　地：兰州市永登县

主营业务：非遗研究、传承等

从业人员数（人）：15

销售额（万元）：32

资产总额（万元）：42

0329 永登县药水沟龙海文化传播中心

注　册　地：兰州市永登县

主营业务：文艺创作与表演等

从业人员数（人）：20

销售额（万元）：36

资产总额（万元）：60

0330 永登祥威硬狮子传播中心

注　册　地：兰州市永登县

主营业务：硬件狮子舞为省级非物质文化遗产。以此建立传播中心，主营对外表演、武术培训、奇石收藏、仿古兵器制作、高原根雕等。

主要产品：硬狮子头、仿古兵器、高原根雕。

从业人员数（人）：6

销售额（万元）：15

资产总额（万元）：45

简　　　介：永登祥威硬狮子传播中心成立于2014年，硬件狮子舞为省级非物质文化遗产，由代表性传承人冯德培组织。以此建立传播中心，主营对外表演、武术培训、奇石收藏、仿古兵器制作、高原根雕等。

0331 永登县图书馆

注　册　地：兰州市永登县

主营业务：图书的借阅

从业人员数（人）：16

资产总额（万元）：50

简　　　介：永登县图书馆属于永登县文化体育局二级单位，现有职工16人，主要业务活动是图书的储藏，借阅，查阅。

0332 永登依恋文化服务中心

注　册　地：兰州市永登县

主营业务：文艺创作与表演等

从业人员数（人）：12

销售额（万元）：42

资产总额（万元）：53

0333 永登县聚焦婚庆影视工作室

注　册　地：兰州市永登县

主营业务：婚庆策划、表演等

从业人员数（人）：12

销售额（万元）：36

资产总额（万元）：52

0334 永登年华文化服务中心

注　册　地：兰州市永登县

主营业务：文艺创作与表演

从业人员数（人）：13

销售额（万元）：30

资产总额（万元）：34

0335 永登县红城弘圣文化传播中心

注 册 地：兰州市永登县

主营业务：非遗文化研究与传承等

从业人员数（人）：16

销售额（万元）：23

资产总额（万元）：43

0336 永登星之海文化服务中心

注 册 地：兰州市永登县

主营业务：文艺创作与表演等

从业人员数（人）：13

销售额（万元）：42

资产总额（万元）：56

0337 永登县博升文化传播中心

注 册 地：兰州市永登县

主营业务：文艺创作与表演，婚庆策划、摄像等。

从业人员数（人）：14

销售额（万元）：38

资产总额（万元）：56

0338 永登县阿斌婚庆公司

注 册 地：兰州市永登县

主营业务：文艺创作与表演、婚庆策划等

从业人员数（人）：12

销售额（万元）：36

资产总额（万元）：45

0339 声亮乐美文化艺术传播中心

注 册 地：兰州市永登县

主营业务：文艺创作与表演，文艺培训等

从业人员数（人）：16

销售额（万元）：42

资产总额（万元）：51

0340 永登吉尔祥花儿文化传播中心

注 册 地：兰州市永登县

主营业务：文艺创作与表演等

主要产品：花儿文艺作品表演，创作

从业人员数（人）：16

销售额（万元）：45

资产总额（万元）：69

0341 永登县柳树乡鑫星文化服务中心

注 册 地：兰州市永登县

主营业务：文艺创作与表演

从业人员数（人）：24

销售额（万元）：46

资产总额（万元）：68

0342 连城孙氏铸造中心

注 册 地：兰州市永登县

主营业务：钟的铸造、各种家具、农具、生产生活用具。

主要产品：钟、锅、炉、铲、锄等

从业人员数（人）：6

销售额（万元）：6

资产总额（万元）：20

简 介：连城孙氏是连城古镇上的铸造世家，延续近 600 年，在历史上产生过重要影响。现在仍传承这一技艺，主要传承人为孙能武。主要铸造大钟，为当地及周边地区宗教场所提供，同时制作加工生活生产工具、炉子等。

0343 永登金华文化服务中心

注 册 地：兰州市永登县

主营业务：文艺创作与表演等

从业人员数（人）：16

销售额（万元）：43

资产总额（万元）：56

0344 永登锦绣演出有限公司

注　册　地：兰州市永登县

主营业务：文艺创作与表演

从业人员数（人）：16

销售额（万元）：43

资产总额（万元）：53

0345 永登盛世名都商业文化经营中心

注　册　地：兰州市永登县

主营业务：各类文化用品的生产销售出租

销售额（万元）：5

资产总额（万元）：15

简　　　介：永登县盛世名都商业文化经营中心地处永登县城关镇繁华路段，主要业务活动是文化用品的批发、零售，文化家用电器、办公用品等的批发和零售，文化活动的筹划、举办等，本单位不断满足群众需求，经营状况良好。

0346 永登喜年华婚庆礼仪策划有限公司

注　册　地：兰州市永登县

主营业务：文艺创作与表演

从业人员数（人）：18

销售额（万元）：45

资产总额（万元）：52

0347 永登依佰莲文化传媒服务中心

注　册　地：兰州市永登县

主营业务：文艺创作与表演，婚庆策划等。

从业人员数（人）：16

销售额（万元）：46

资产总额（万元）：56

0348 神韵文化传播有限公司

注　册　地：酒泉市

主营业务：大型晚会活动策划、演出设备租赁、音响灯光工程设计安装、数字录音制作合成。

主要产品：晚会活动策划、专业音响、灯光、乐器。

从业人员数（人）：6

销售额（万元）：80

资产总额（万元）：500

简　　　介：神韵文化传播有限公司秉承酒泉深厚的文化底蕴，开创了当地文化艺术的新天地。公司自成立以来，历经多年的洗礼与磨炼，已打造成了甘肃河西地区至新疆东部地区，最专业、最有实力的集大型晚会活动策划、演出设备租赁、音响灯光工程设计安装、数字录音制作合成于一身的文化传播公司。文化为媒，神韵传情。公司自创立以来，曾成功承办和参与过许多大型文艺演出和庆典活动。曾在青藏铁路开工仪式、中国载人航天"神舟四号"至"神舟十号"载人飞船发射出征仪式、"北京2008"奥林匹克运动会火炬接力活动（东风航天城、甘肃敦煌）、中央电视台"乡村大世界"走进敦煌、甘肃省第八届残运会暨第二届特奥会、2011年"心与神舟一起飞"总政歌舞团慰问天宫一号、神州八号交汇对接任务参试人员慰问演出、2012年敦煌月牙泉明星演唱会、2014年全军野战部队文艺汇演、2014年中国公路音乐盛典敦煌大漠音乐节等大型活动中留下了神韵文化传播人的身影，赢得了业内人士的普遍赞誉。

0349 酒泉北方作家文化传播中心

注　册　地：酒泉市肃州区

主营业务：设计制作印刷品广告；利用自有《北方作家》发布国内外广告。

主要产品：《北方作家》

从业人员数（人）：2

销售额（万元）：1

资产总额（万元）：1

0350 酒泉市视觉影视广告有限责任公司

注 册 地：酒泉市肃州区南方大厦 A 座 4 楼 D 室

主营业务：影视广告策划、音乐制作，企业整体形象包装；摄影摄像服务；计算机系统集成及计算机网络技术服务。

从业人员数（人）：5

销售额（万元）：100

资产总额（万元）：20

0351 酒泉市歌舞团有限责任公司

注 册 地：酒泉市肃州区南大街 49 号

主营业务：文艺创作，艺术表演，舞台美术、服装、道具、设备、演出场所经营，培训，艺术交流，接待文艺演出，广告宣传。

从业人员数（人）：10

销售额（万元）：100

资产总额（万元）：10

0352 酒泉欢乐梦天堂文化传播有限公司

注 册 地：酒泉市肃州区

主营业务：文化艺术传播、培训、交流及策划；群众艺术活动；广告的设计、制作、代理及发布；婚庆、庆典会展礼仪服务；文化用品、工艺品的销售。

从业人员数（人）：5

销售额（万元）：200

资产总额（万元）：200

0353 酒泉神州文化艺术表演有限公司

注 册 地：酒泉市肃州区

主营业务：文艺表演；大型文艺活动策划；文艺创作服务；艺术表演服务；舞蹈培训；

文艺设备租赁。

从业人员数（人）：5

销售额（万元）：100

资产总额（万元）：10

0354 玉门市档案馆

注 册 地：酒泉市玉门市

主营业务：查档服务、现行文件服务、爱国主义教育基地。

从业人员数（人）：8

销售额（万元）：0

资产总额（万元）：12

简 介：随着经济社会的快速发展，档案为经济社会服务的功能凸显，查阅档案用于解决房屋产权、出境劳务、房产交易、婚姻关系、劳资、退休、养老等纠纷方面查档逐渐增加并呈上升趋势。我馆充分利用现存档案资源，为社会服务，为人民群众作证。年均接待档案查阅群众 1000 余人（次），为当事人提供婚姻、人事等档案资料 3000 余卷（件）。同时，档案馆现行文件中心为各单位、个人提供现行文件查询服务，举办展览面向中小学生和社会各界群众开展爱国主义教育。

0355 敦煌市飞天文化产业发展有限公司

注 册 地：酒泉市敦煌市

主营业务：文化演艺

从业人员数（人）：14

销售额（万元）：30

资产总额（万元）：25

简 介：敦煌市飞天文化产业发展有限责任公司是一家集文化旅游演艺、餐饮接待于一身的专业文化公司，该公司每年旅游旺季面向中外游客演出大型杂技歌舞剧《敦煌神女》，收到了良好的经济效益和社会效益。

0356 敦煌市图书馆

注 册 地：甘肃省酒泉市敦煌市阳关东路 4 号

主营业务：图书、文献等资料的收藏与借阅

主要产品：《贝页注》《敦煌宝藏》

从业人员数（人）：11

资产总额（万元）：171

简　　介：敦煌市图书馆成立于 1979 年，是市级综合性公共图书馆。目前，拥有藏书16 万册，年征订杂志 140 余种（份），报刊55 种，阅览座席 80 个，电脑 70 台。是全市科学、教育、文化、经济建设的一个重要组成部分；是搜集、保存、开发和提供文献信息服务的公益性文化事业机构。敦煌市图书馆修建于 1985 年 11 月，现有职工 11 人，其中高级职称 1 人、中级职称 4 人、初级职称 2 人。多年来我们坚持文化为敦煌各项事业发展服务的方向，倡导健康文明的文化风尚，积极进取，努力开拓，向着有特色的现代化图书馆目标建设，现已初步建成具有敦煌特色的藏书体系。藏有《贝叶经》、《敦煌宝藏》等珍贵文献；建成了"全国文化信息资源共享工程支中心"。馆内设有成人阅览室、借阅室、儿童阅览室、电子阅览室、报刊资料室、图书资料室、石景宜赠书陈列室、杨利明赠书陈列室、敦煌文献陈列室、资源共享多媒体室等 10 个对外开放窗口。受中国图书馆学会等机构的委托，先后独自承办、协办了跨地域、跨国界的"全国中小型公共图书馆联合会年会"与"第六次中文文献资源共建共享合作会议"等大型会议。

0357 金塔县档案管理局

注 册 地：酒泉市金塔县

主营业务：档案管理及服务

从业人员数（人）：8

销售额（万元）：3.5

资产总额（万元）：98.6

简　　介：金塔县档案管理局成立于 1999 年，为管理性质的科级事业单位，隶属县委办公室管理。现有工作人员 8 人，其中局长 1 人，党支部书记 1 人，技术人员 4 人，内设办公室、业务指导股和档案管理股三个内设股室。金塔县档案管理局主要业务活动是：档案收集、档案整理、档案价值鉴定、档案保管、档案编目和档案检索、档案统计、档案编辑和研究、档案提供利用等。

0358 金塔县博物馆

注 册 地：酒泉市金塔县

主营业务：文化遗产保护及服务

从业人员数（人）：8

销售额（万元）：1.2

资产总额（万元）：750

简　　介：金塔县博物馆成立于 1990 年，占地面积 641 平方米，建筑面积 648.28 平方米，为公益性质科级事业单位，隶属县文化体育局。现有馆藏建档文物 1395 件，其中一级文物 5 件，二级文物 9 件，三级文物 39 件。藏品的种类涵盖陶器、石器、铜器、竹木简牍、经卷文书、瓷器、木器等二十余个大类。金塔县博物馆文物陈列于 2009 年 9 月建成并正式免费对外开放。陈列面积 300 平方米，是通史陈列，分为早期文明、居延汉塞、会水拾贝、金塔遗韵 4 个单元。共展出文物标本及复制品 130 余件，沙盘、模型、场景、电子展板、浮雕、油画等辅助展品数十件。

0359 金塔烈士陵园

注 册 地：酒泉市金塔县

主营业务：烈士陵园管理及服务

从业人员数（人）：23

销售额（万元）：29.1

资产总额（万元）：369.6

简　　介：金塔烈士陵园简介金塔烈士陵园

成立于 1999 年 8 月，是隶属于县政府办公室的科级事业单位，主要从事烈士墓地管理、陵园管理及服务、遗体安葬和骨灰的安葬。单位地址：酒金公路 3 4 4 公里处行政区号：620921 注册资金：3 万元人民币。金塔县烈士陵园的主要职责是：负责烈士纪念建筑物维护和配套设施维护、环境卫生管理、园林绿化美化；负责烈士骨灰保存，烈士遗物陈列，把烈士陵园建设成一个环境优美的陵园；做好陵园管理、宣传及接待服务工作。

0360 金塔县文化馆

注 册 地：酒泉市金塔县

主营业务：群众文化活动

从业人员数（人）：8

销售额（万元）：0.5

资产总额（万元）：149.3

简　　介：金塔县文化馆成立于 1950 年，为公益性质的二级科级事业单位。内设办公室、业务部、管理部两部一室。地址：解放路 49 号；容量：600 人。占地面积：1804.04 平方米，1987 年竣工投入使用。主要开展群文辅导、文艺培训、艺术创作、文艺演出、活动组织、展览、非物质文化遗产保护管理等。

0361 金塔县图书馆

注 册 地：酒泉市金塔县

主营业务：图书借阅

从业人员数（人）：15

销售额（万元）：0.4

资产总额（万元）：189.7

简　　介：金塔县图书馆位于县文化体育局五楼（文化街 49 号），馆舍面积 480 平方米，总藏书量 5.5 万册，现有职工 10 名；建有文化共享工程县级支中心、电子阅览室、图书室、资料室、报刊室、少儿室、采编室。向

读者开放服务窗口 5 个，拥有阅览座席 200 个，期刊 300 余种，报纸 50 多种；年图书外借达到 4.75 万册次以上，年读者流通人次达 6.7 万人次，图书开架率达 80% 以上，每周开馆时间达 80 小时以上，在馆外设立 8 个读者服务场所，读者满意率达 96% 以上。在 2012 年全国第五次公共图书馆评估中被命名为县级三级图书馆。

0362 瓜州县草圣文化传媒有限责任公司

注 册 地：酒泉市瓜州县

主营业务：书画展览、技艺交流；文化艺术交流及策划；广告匾牌制作；婚庆策划、开业典礼；装裱、工艺美术品、文具销售；室内装潢、装饰；电子监控安装、外景亮化；体育活动组织策划（国家禁止及需取得专项许可项目除外）；户外服装、用品、运动器械批发零售。

从业人员数（人）：15

销售额（万元）：2

资产总额（万元）：150

简　　介：瓜州县草圣文化传媒有限责任公司成立于 2013 年 9 月，位于草圣故里——瓜州大道 100 号，是该地区唯一一家集名家字画销售，字画装裱，画集出版，名家推荐，代办画展，书画拍卖，装裱材料出售于一体的书画家 iehui 制定书画组织，常年承接公司、酒店、会所、就把、办公司、家庭书画涉及制作、书画专辑涉及及印刷。公司下设张艺书画培训学校、书画装裱工作室，其中业务及管理人员 10 名，装裱技术大家光临指导、交流。

0363 阿克塞哈萨克族自治县曲连陶民族演艺有限责任公司

注 册 地：酒泉市阿克塞县

主营业务：文艺创作、文艺演出

销售额（万元）：0.5

资产总额（万元）：10

0364 阿克塞县金桥哈萨克文化发展传播有限责任公司

注　册　地：酒泉市阿克塞县

主营业务：民族文化元素收集、传播；民族文化用品彩绘、销售。

销售额（万元）：0.5

资产总额（万元）：10

0365 嘉峪关祁连天堂文化有限公司

注　册　地：嘉峪关市玉泉路 399 号

主营业务：文化艺术活动策划（不含演出）；广告设计、制作、代理、发布；工艺品的批发、零售；旅游项目开发（以上两项不含国家限制经营的项目）；园林景观绿化（以资质证为准）。

从业人员数（人）：5

资产总额（万元）：1000

0366 嘉峪关水文化传媒有限公司

注　册　地：嘉峪关市南市区

主营业务：文化艺术交流及策划、文化活动的合作与推广、文化学术交流、市场推广宣传、工艺品（不含国家限制经营项目）、旅游产品销售。为企业、产品整合策划营销方案，广告策划。

从业人员数（人）：12

资产总额（万元）：300

0367 嘉峪关青年文化发展有限责任公司

注　册　地：嘉峪关市建林东街西部物流中心

主营业务：文化活动组织策划，会展服务，庆典服务，广告设计、制作、发布；文化用品、体育用品的批发兼零售。

从业人员数（人）：2

销售额（万元）：2

资产总额（万元）：30

0368 甘肃长城文化产业投资股份有限公司

注　册　地：嘉峪关市兰新西路 59 号

主营业务：文化产业投资管理、旅游产品开发。

从业人员数（人）：5

资产总额（万元）：8000

0369 嘉峪关凯盛会议会展服务有限公司

注　册　地：嘉峪关市雄关西路

主营业务：会议及会展服务。

从业人员数（人）：5

销售额（万元）：53

资产总额（万元）：52

0370 嘉峪关市科文图书有限责任公司

注　册　地：嘉峪关市新华北路 20 号

主营业务：书报刊零售（以许可证为准）；文化用品、电教产品、数码产品的零售。

从业人员数（人）：5

销售额（万元）：93

资产总额（万元）：40

0371 嘉峪关文化科技产业投资有限公司

注　册　地：嘉峪关市胜利南路 1599-8 号

主营业务：对文化项目的投资；旅游景区开发；主题公园项目建设、管理、租赁、服务；设备租赁；销售旅游产品、食品、日用百货；物业出租、管理；停车场经营管理和服务。

从业人员数（人）：87

资产总额（万元）：1214

0372 嘉峪关荣宝轩文化旅游投资开发有限公司

注 册 地：嘉峪关市南市区讨赖河风景区

主营业务：文化旅游项目的开发、咨询服务；文化艺术交流、设计与包装；企业形象策划；会议展览展示策划服务；礼品设计与制作；工艺品、文化用品、办公用品、玉石、瓷器、的批发、零售；投资咨询（仅限咨询）；投资项目开发；摄影服务；餐饮服务、公共场所、预包装食品兼散装食品、乳制品（不含婴幼儿配方乳粉）的批发、零售（以上三项均以许可证为准）。

从业人员数（人）：50

资产总额（万元）：2000

0373 永昌盛世文化发展有限公司

注 册 地：金昌市永昌县城关镇昌宁苑

主营业务：文化艺术表演，文化、旅游产品开发、销售，广告策划。

从业人员数（人）：10

销售额（万元）：1

资产总额（万元）：57

简　　介：永昌盛世文化发展有限公司成立于 2013 年 04 月 09 日，企业地址为甘肃省金昌市永昌县城关镇昌宁苑，公司主要业务为文化艺术表演，文化、旅游产品开发、销售，广告策划，现有从业人员 10 人，甘肃总资产 57 万元。

0374 永昌县龙华商贸餐饮有限责任公司龙华娱乐会所

注 册 地：金昌市永昌县城关南大街

主营业务：歌舞娱乐

从业人员数（人）：5

销售额（万元）：11

资产总额（万元）：56

0375 天水观心文化传播有限公司

注 册 地：天水市秦州区

主营业务：教育咨询、企业管理咨询、商务信息咨询、文化艺术交流策划、会展服务、礼仪服务、摄影、图文设计、多媒体制作，文化办公用品、工艺品、电子产品的销售。

从业人员数（人）：20

销售额（万元）：20

资产总额（万元）：30

简　　介：天水观心文化传播有限公司是一家以教育咨询、企业管理咨询、商务信息咨询、文化艺术交流策划、会展服务、礼仪服务、摄影、图文设计、多媒体制作，文化办公用品、工艺品、电子产品的销售为一体的服务机构，成立于 2005 年，有员工 20 人，专业技术人员 5 人；该企业提供一流的、全方位多领域的创意设计服务。已为当地诸多单位提供整合设计服务，涉及政府机构、家居建材、酒店餐饮、网络科技、农产品、日用品等诸多领域。我们相信，在这里您将感受到一种全新的服务，我们的团队将以饱满的工作热情、高端的制作品质，助您的事业扬帆起航，成功把握市场的每一次契机。

0376 天水市秦州区艺泽苑画廊

注 册 地：天水市秦州区

主营业务：书画展销及零售（不含文物）

从业人员数（人）：10

销售额（万元）：20

资产总额（万元）：20

简　　介：天水市秦州区艺泽苑画廊成立与 2009 年，主要专营当代有学术价值和市场潜力的书画家作品，以保真保精、诚笃诚信；只售真品、不卖假画为经营宗旨。天水市秦州区艺泽苑画廊经营的所有当代在世书画家作品均来自书画家本人或经书画家本人鉴定，大部分当代在世书画家作品附有作者本人与作品合影。

0377 天水市泽阳文化交流事务所

注　册　地：天水市秦州区

主营业务：文化、体育产业的开发研究、技术咨询、艺术品的设计、制作、销售，文字编排。

从业人员数（人）：10

销售额（万元）：10

资产总额（万元）：30

简　　介：天水市泽阳文化交流事务所是专业文化、体育产业的开发研究、技术咨询、艺术品的设计、制作、销售，文字编排。提供企业形象策划、品牌视觉战略以及各类艺术设计服务的专业机构。主要服务于一些规模较大的保健食品、服装、酒店、房地产等企业的广告策划、创意、包装设计等。意外设计机构具有前瞻性的设计观念和视觉设计表现能力，建立了由艺术学院一线青年设计教师、知名广告设计公司设计总监共同参与的设计队伍。

0378 清水县秦剧团有限公司

注　册　地：天水市清水县工商局

主营业务：戏曲表演

主要产品：《大冈歌》《轩辕大帝》

从业人员数（人）：65

销售额（万元）：30

资产总额（万元）：100

简　　介：清水县秦剧团创建于1953年，由张致中、赵桂中任团长。主要演员有赵桂中、张致中、王福元、任建清等，也称清水"新生剧团"。1959年，张川和清水合并后，当时有演员人128人之多，后精减为60多人。1961年张川清水又分开，剧团也再次一分为二，清水县分得的演员不足十人，后来又从陕西接来了柳友亮、郭兰芳、朱福民等人，又招收了一批学员，剧团人数扩大至60多人，书记为王天西，团长为赵桂中。1964年剧团解体，天水成立"五一剧团"一、二、三队，从清水调走了十多人，其余人员由于历史剧禁演而自行解散。1978年县政府重新决定新组建剧团，何琪为书记，赵桂中为团长，秦剧团一直发展到至今，2014年在县工商局登记注册，成立为清水县秦剧团有限责任公司，法定代表人李小红。该团既能演折子戏也能演本戏，特别是他们排演的《大风歌》、《轩辕大帝》等大型戏剧，获得了广大群众的高度称赞。

0379 王继恩图书馆

注　册　地：天水市秦安县工商行政管理局

主营业务：图书、报刊零售。

从业人员数（人）：1

销售额（万元）：2.5

资产总额（万元）：9

0380 秦安县蓝天职业介绍所

注　册　地：天水市秦安县工商行政管理局

主营业务：辖区内职业介绍

从业人员数（人）：3

销售额（万元）：0.2

资产总额（万元）：9

0381 秦安县崇文轩书画装裱店

注　册　地：天水市秦安县工商行政管理局

主营业务：书画装裱加工

从业人员数（人）：2

销售额（万元）：10

资产总额（万元）：16

0382 天水市秦安县佑泉斋文化艺术传播有限责任公司

注　册　地：天水市秦安县

主营业务：书画交流、文化艺术品经营，承办文化艺术传播交流活动。

从业人员数（人）：10

销售额（万元）：10

资产总额（万元）：100

0383 马巧珍纸品店

注 册 地：天水市秦安县工商行政管理局

主营业务：纸制品制作，零售。

从业人员数（人）：1

销售额（万元）：0.5

资产总额（万元）：5

0384 秦安县金信法律顾问中心

注 册 地：天水市秦安县工商行政管理局

主营业务：法律事务的咨询、代书、论证、商务居间、信息咨询服务。

从业人员数（人）：3

销售额（万元）：10

资产总额（万元）：20

0385 秦安县李艺斋民俗艺术社

注 册 地：天水市秦安县工商行政管理局

主营业务：字画装裱

从业人员数（人）：3

销售额（万元）：0.5

资产总额（万元）：3

0386 甘谷县文化馆

注 册 地：天水市甘谷县

主营业务：群众文化、学员培训、书画展览

从业人员数（人）：10

资产总额（万元）：200

0387 甘谷县博物馆

注 册 地：天水市甘谷县

主营业务：文物保护

从业人员数（人）：8

资产总额（万元）：800

简 介：甘谷县博物馆位于县图书馆大楼五楼，其前身是 1953 年成立的县文化馆工作组，隶属于天水市甘谷县文化局管理，正式成立于 2000 年 5 月。现有馆藏文物 7200 件（包含 5000 册古籍），其中国家一级文物 16 件（套），二级文物 32 件（套），三级文物 50 件（套）。

0388 武山县剧团

注 册 地：天水市武山县城关镇宁远路

主营业务：创作、演出优秀秦腔剧目。

主要产品：《歌唱大柳树》《陇上红缨》

从业人员数（人）：40

销售额（万元）：400

资产总额（万元）：160

简 介：武山县剧团始建于清同治十年（1871 年），具有悠久的历史。远近闻名、风靡陇上，堪称一绝。经常远赴兰州、青海、陕西等地演出，被誉为"梨园英秀"。1957年，被武山县人民委员会批准将原班社改建为武山县剧团。建团后，除上演传统剧目外，还创作上演了《歌唱大柳树》、《陇上红缨》等剧目，1960 年 5 月参加了全国职工文艺汇演获甲等奖。"文革"中该团被改组为毛泽东思想文艺宣传队，之后又更名为县文工团，当时主要演出一些样板戏，还创作演出了《星夜下山》、《深情似海》、《喜送药材》等戏，其中眉户剧《金水银波》、现代剧《出车之前》被选为甘肃省"农业学大寨"专题调演节目并获奖。1977 年 9 月恢复更名为武山县剧团，为科级文化事业单位。在恢复建团的30 多年间，编排了适合于舞台表演的大型舞蹈节目《丝路扇鼓》、《旋鼓雄风》等剧目，其中《丝路扇鼓》参加了首届丝路节并获得了一等奖，被中国民间舞蹈集收录。《旋鼓雄风》曾多次参加天水伏羲文化节、西交会和中国艺术节等节庆活动，受到了观众和文学艺术家的充分肯定。

0389 甘肃皓轩文化传媒有限公司

注 册 地：武威市凉州北关西路 32 号

主营业务：文化艺术交流（不含演出、演出经纪）、企业品牌形象、旅游项目开发（不含导游服务）、市场营销；公关赛事活动、舞台艺术造型等策划；企业管理营销、商务信息咨询、投资管理（前述不含金融类业务）；会展服务、婚庆礼仪、摄影、资料翻译；多媒体制作与后期服务、室内装饰设计、动漫设计、电脑图文设计制作、网站架设与设计（前述凭资质证经营）；国内各类广告设计、制作、代理、发布；书刊简报、宣传彩页、海报等印刷品设计；日用百货、文化办公用品、电脑耗材、工艺品的批发和零售。（依法须经批准的项目，经相关部门批准后方可开展经营活动）

从业人员数（人）：6

0390 甘肃海之润文化传媒有限责任公司

注 册 地：武威市凉州区

主营业务：文化艺术创作与表演、文化艺术培训、广告动漫设计、承办展览展示。

从业人员数（人）：3

资产总额（万元）：500

简　　介：甘肃海之润文化传媒有限责任公司是在原武威海峰艺术团的基础上发展而来。公司始终秉承海之润精神，传递情趣艺术、传播西凉文化、传承丝路文明，推崇凉州民间民俗文化，挖掘、还原、研究李氏文化的《乐赋》艺术，努力做"将艺术回归于生活"的践行者。公司主要业务为将企业空洞的企业文化转化为艺术表现形式，负责企

业员工艺术培训、艺术指导、艺术表演，同时也为崇尚艺术的各界朋友提供才艺展示平台，为艺术导入企业管理务、市场营销做实践及模拟演练，为理论创新提供素材，为高端会议及展会提供方案、策划、广告等。

0391 武威天马艺术剧院有限公司

注 册 地：武威市凉州区

主营业务：各类文艺演出、社会公益性演出、各类庆典，晚会的策划和实施；组织各类文化艺术交流活动；话剧、舞剧、秦腔演出剧目经济；灯光音响、舞台设备租赁。

主要产品：《老保管》《新媳妇来了》《三娘教子》、《杀狗劝妻》

从业人员数（人）：45

资产总额（万元）：383.8

简　　介：武威天马艺术剧院有限公司隶属于武威市文化新闻出版局管辖，财政关系隶属于武威市财政局，属国有独资企业。武威天马艺术剧院有限公司编制 119 人。公司成立董事会、监事会，设立总经理、副总经理，内设综合部、财务部、市场营销部、艺术部等部门。武威天马艺术剧院有限公司近六十年来，始终坚持"二为"方向、"双百方针"，牢牢把握先进文化前进方向，坚持"三贴进"。创演的许多优秀剧（节）目饮誉省内外。《老保管》、《新媳妇来了》等小剧目和改编的秦腔折子戏《三娘教子》、《杀狗劝妻》。

0392 西凉文化艺术研究中心

注 册 地：武威市凉州区

主营业务：书画交流、汉简仿制、书画茶艺培训。

从业人员数（人）：9

销售额（万元）：11.3

资产总额（万元）：50

简　　介：武威市西凉文化艺术研究中心坐

落于武威市凉州区海藏路，是经武威市文化广播影视新闻出版局批准，武威市民政局注册登记，于 2013 年 1 月 6 日正式成立的综合性文化基地。占地面积 160 平方米，设有多个书画展厅进行书画作品展示、交流、装裱、鉴赏。西凉文化艺术研究中心目的在于联络、协调、服务文化爱好者，开展对市内外书画名家作品的展览、交流和学术研讨及生平的研究。对篆刻、诗词、文物、剪纸、民间歌赋、舞蹈、武术等文化艺术进行收藏、挖掘、仿复制、整理、研究、展览、编辑出版、交流培训和宣传推广。我中心现有从业人员 7 人，技术人员 1 人。

0393　武威亿商文化投资有限公司

注　册　地：武威市

主营业务：文化项目投资和投资咨询；设计、制作、代理、发布各类广告；企业形象设计策划；展览会布置策划；摄影服务；企业管理策划；经济信息咨询计算机网络工程（除专项审批）；电脑及配件、打印设备、办公耗材（依法须经批准的项目，经相关部门批准后方可开始经营活动）。

从业人员数（人）：5

销售额（万元）：6

资产总额（万元）：20

简　　介：亿商文化投资有限公司是一家以文化项目投资和投资咨询；设计、制作、代理、发布各类广告；企业形象设计策划；展览会布置策划；摄影服务、为一体的综合性品牌策划服务公司。

0394　古浪县白兰朵国标舞培训中心

注　册　地：武威市古浪县

主营业务：各类舞蹈

从业人员数（人）：18

资产总额（万元）：167

简　　介：白兰朵国标舞训练中心拥有一批专业水准的教练团队，拥有专业的舞蹈素质和丰富的教学经验。专门为各级别课程配置教案，专业致力于国标舞，芭蕾舞训练，让从零学起的学员和具备一定舞蹈素质的老学员都能够得到很好的训练机会，使每位学员真正得到舞蹈艺术所带来的能力、气质。

0395　古浪县艺蕾国标舞培训中心

注　册　地：武威市古浪县

主营业务：国标舞、拉丁舞培训

从业人员数（人）：2

销售额（万元）：0

资产总额（万元）：5

简　　介：艺蕾国标舞训练中心拥有一批专业水准的教练团队，拥有专业的舞蹈素质和丰富的教学经验，专门为各课程配备教案，专业致力于国标舞，芭蕾舞，让从零学起和有一定基础的新老学员都能得到良好的学习机会，使每位学员真正得到舞蹈艺术所带来的能力、气质。

0396　古浪海韵乐器城艺术教学中心

注　册　地：武威市古浪县

主营业务：以古筝为龙头，开设民族管弦，弹拨，键盘，电声，音乐理论等专业。

从业人员数（人）：6

资产总额（万元）：65

简　　介：海韵艺术培训中心常年向中小学生，中老年人招生，是古浪县最具实力的音乐素质教育基地，地处古浪五中大门对面，交通便利，琴房宽敞明亮，教师专业突出，门类齐全，是社会各界人士学习艺术的首选基地。海韵艺术培训中心由中国音乐学院校外考级辅导教师侯菊萍和上海民乐一厂联合创办，是全县最具规模的艺术培训机构，先后培养学员 500 余名，在历届中国音乐学院校外考级中表现出色，受到了社会各人士的一致好评。海韵艺术培训中心以古筝为龙头，开设民族管弦，弹拨，键盘，电声，音乐理论等专业，坚持"因材施教"，开发每一位学员的艺术潜能，培养音乐素质为办学宗旨，构建和谐，快乐，健康的学习氛围，满足学员和家长对多样化，个性化的艺术需求，努力打造最具专业的教学品牌。

0397 古浪县蝶之韵舞蹈考级中心

注 册 地：武威市古浪县

主营业务：各类舞蹈培训

主要产品：《马蹄哒哒》

从业人员数（人）：6

资产总额（万元）：6

简　　介：古浪县蝶之韵舞蹈培训中心创办于 2009 年，现有舞蹈教师 4 名，学员 200 余名。创办 6 年以来，以其"专注于有益儿童成长发展的舞蹈教育"得到社会各界人士的高度认可。以"快乐舞蹈、健康舞蹈、科学舞蹈"为教学理念，不断提升教育水平，每年在全县各类庆典活动中均有不俗表现，在各级各类艺术展演中荣获喜人成绩。2014 年 7 月 17 日，在北京举办的华夏艺术星秀才艺比赛全国总决赛中，蝶之韵舞蹈培训中心李耀芹老师编排的舞蹈作品《马蹄哒哒》荣获学前组舞蹈类金奖。这是蝶之韵舞蹈培训中心近 6 年来获得的最高荣誉。

0398 民乐县文化旅游发展有限责任公司

注 册 地：张掖市民乐县县府街

主营业务：文化旅游景区开发、文化旅游项目运营管理、文化旅游项目投资运营、大型节会筹划组织运营、文化旅游延伸运营，文化旅游产品的开发与销售（国家限制经营及需取得专项许可的除外）。

从业人员数（人）：1

资产总额（万元）：30

简　　介：民乐县文化旅游发展有限责任公司成立于 2013 年 5 月，由民乐县文化旅游产业发展中心出资设立，注册资金 30 万元，公司设立在民乐县县府街原社保局四楼。公司主要以文化旅游景区开发，文化旅游项目运营管理，文化旅游项目投资运营，大型节目筹划组织运营，文化旅游延伸运营，文化旅游产品的开发与销售（国家限制和需取得专项许可的除外）为经营项目。

0399 高台县城关镇文化产业协会

注 册 地：张掖市高台县

主营业务：专业性团体服务

从业人员数（人）：6

销售额（万元）：2.6

资产总额（万元）：12

0400 高台县文学艺术联合会

注 册 地：张掖市高台县

主营业务：群众文化活动、文学艺术创作。

主要产品：《大湖湾》杂志

从业人员数（人）：4

销售额（万元）：2.3

资产总额（万元）：105.6

简　　介：高台县文联是高台县宣传部下属单位，设作家协会、美术协会、音乐协会、书法协会、摄影协会，由葛立才任文联主席，现有作协理事 4 人。

0401 甘肃博物民俗文化传播有限公司

注 册 地：张掖市高台县

主营业务：民俗民间文化收集，仿作与信俗展览、红色展览、明清家具展览、农耕展示展览、纺织展览、民俗生活展览、微缩农具展览。

从业人员数（人）：5

销售额（万元）：120

资产总额（万元）：840

简　　介：甘肃博物民俗文化传播有限公司成立于2010年，法定代表人郑少华，公司位于月牙湖公园的一处四合院，是全县第一家民俗博物馆。博物馆建筑面积达1000多平方米，共分信俗展览、红色展览、明清家具展览、农耕展示展览、纺织展览、民俗生活展览、微缩农具展览、还原旧时期民俗生活展览等12个陈列展室，共有明、清、民国时期各类民俗文物1800多件套。

0402　高台县罗城乡文化产业协会

注　册　地：张掖市高台县

主营业务：专业性团体服务

从业人员数（人）：6

销售额（万元）：2.6

资产总额（万元）：11

0403　高台县博物馆

注　册　地：张掖市高台县

主营业务：文物的保持、收藏与展览

从业人员数（人）：14

销售额（万元）：37

资产总额（万元）：589

简　　介：高台县博物馆是1991年3月经高台县人民政府批准成立的具有独立法人资格，科级建制全额拨款事业单位。2008年4月，将博物馆重新确定为副科级建制全额拨款事业单位，核定事业编制7名，博物馆现有在编工作人员14人。

0404　高台县南华镇文化产业协会

注　册　地：张掖市高台县

主营业务：专业性团体服务

从业人员数（人）：6

销售额（万元）：2.6

资产总额（万元）：11

简　　介：高台县南华镇文化产业协会位于高台县南华镇，法定代表人严秀峰，协会主要从事文化活动组织、文化产业的扶持与指导，文艺人才的培养服务。

0405　中国工农红军西路军纪念馆

注　册　地：张掖市高台县

主营业务：纪念馆发展规划、纪念馆文物征集、资料研究与爱国主义教育。

从业人员数（人）：13

销售额（万元）：98

资产总额（万元）：7316.5

简　　介：中国工农红军西路军纪念馆位于有"塞上江南、北凉古都"之称的高台县，前身为高台烈士陵园，始建于1953年，现占地面积260亩。园内掩埋着转战河西、血战高台而壮烈牺牲的红五军军长董振堂、政治部主任杨克明等3000多名红西路军革命烈士的忠骨。是全国重点烈士纪念建筑物保护单位，先后被命名为全国爱国主义教育基地、全国百家爱国主义教育示范基地、全国青少年教育基地、全国百个红色旅游经典景区，国家AAAA级旅游景区，是甘肃省重点文物保护单位、国防教育基地、党史教育基地、干部教育培训基地。现已成为全国反映红西路军历史最全面、最具权威性的纪念馆，是红西路军历史的纪念、展示、保护和研究中心。

0406　高台县新坝镇文化产业协会

注　册　地：张掖市高台县

主营业务：专业性团体服务

从业人员数（人）：4

销售额（万元）：2.6

资产总额（万元）：11.6

0407 中共高台县委党史资料征集办公室

注　册　地：张掖市高台县

主营业务：党史资料征集、编纂、整理

从业人员数（人）：5

销售额（万元）：1.2

资产总额（万元）：47.2

0408 高台县骆驼城镇文化产业协会

注　册　地：张掖市高台县

主营业务：专业性团体服务

从业人员数（人）：6

销售额（万元）：3

资产总额（万元）：16.7

0409 高台县巷道镇文化产业协会

注　册　地：张掖市高台县

主营业务：专业性团体服务

从业人员数（人）：4

销售额（万元）：2.2

资产总额（万元）：10

0410 高台县文化馆

注　册　地：张掖市高台县

主营业务：群众文化活动的组织

从业人员数（人）：19

销售额（万元）：36

资产总额（万元）：421.5

简　　　介：高台县文化馆成立于1953年。县文化馆为副科建制全额拨款事业单位，编制12名，文化馆共有编制21名，其中设馆长1名，隶属县文广新局管理。

0411 高台县合黎镇文化产业协会

注　册　地：张掖市高台县

主营业务：专业性团体服务

从业人员数（人）：5

销售额（万元）：1.6

资产总额（万元）：8.9

0412 甘肃九发文化传媒有限公司

注　册　地：张掖市高台县

主营业务：主要经营开发地方特色产品，旅游纪念礼品和广告赠品及文化艺术交流，影视广告宣传片和网络传媒的设计。

从业人员数（人）：8

销售额（万元）：31.6

资产总额（万元）：185

0413 高台县图书馆

注　册　地：张掖市高台县

主营业务：收集、整理、存储、传递文献信息资源，为一定社会的读者服务。保存人类文化遗产，开展社会教育，传递科学情报，开发智力资源。

从业人员数（人）：10

销售额（万元）：16

资产总额（万元）：510

简　　　介：高台县图书馆是1979年6月批准成立，现有在编工作人员10名。高台县图书馆现有藏书93911册。其中古籍868册，期刊合订本19469册，其他各类图书72674册、视听文献900件。近年来，书刊流通量逐年增加，年平均借阅书刊达7万多人次，9万多册次。

0414 高台县宣化镇文化产业协会

注　册　地：张掖市高台县

主营业务：专业性团体服务

从业人员数（人）：4

销售额（万元）：2.8

资产总额（万元）：12.3

0415 高台县黑泉乡文化产业协会

注 册 地: 张掖市高台县

主营业务: 专业性团体服务

从业人员数（人）: 5

销售额（万元）: 1.8

资产总额（万元）: 38

0416 肃南裕固族自治县民族博物馆

注 册 地: 张掖市肃南县

主营业务: 文化遗产保护服务

从业人员数（人）: 10

资产总额（万元）: 2850

简　　介: 肃南裕固族自治县民族博物馆成立于1996年，根据"保护为主、抢救第一、合理利用、加强管理"的文物工作方针，在上级业务主管部门的大力支持下，在县委、县政府的高度重视和社会各界的积极配合协助下，通过征集、移交、捐赠、考古发掘、田野采集等多种途径，积极抢救了一大批民族文物、历史文物和革命文物。截止目前，馆藏文物已达6000余件，其中一级文物33件，二级文物118件，三级文物84件，少数民族文物4500件，约占馆藏文物的75%，整个馆藏文物品位较高。

0417 白银金凤凰文化传播演艺有限公司

注 册 地: 白银市白银区

主营业务: 演艺业务服务

从业人员数（人）: 5

销售额（万元）: 16

资产总额（万元）: 28

简　　介: 白银金凤凰文化传播演艺有限公司位于白银区文化路40号，成立于2012年11月30日，注册资金额为20万，占地面积130多平方米，进行制作、发布、代理等演艺业务服务。我公司本着求真务实，严格管理，诚信经营的宗旨，愿与社会各界齐肩携手，共同发展，为宣传白银，建设白银贡献自己的一份力量。

0418 白银龙泉山庄文化旅游公司

注 册 地: 白银市白银区

主营业务: 文化旅游

从业人员数（人）: 97

销售额（万元）: 1995

资产总额（万元）: 19400

简　　介: 白银龙泉山庄文化旅游公司，成立于2013年9月17日，注册资本500万元整，位于白银市白银区强湾乡川口村楼房沟。公司总建筑面积1000亩，现经营文化旅游开发、展览服务、组织文化交流服务、书画工艺美术品等。工作人员97人。

0419 白银市平川区图书馆

注 册 地: 白银市平川区事业单位登记管理局

主营业务: 保存借阅图书资料

从业人员数（人）: 16

资产总额（万元）: 40

简　　介: 平川区图书馆机构成立于1993年。1999年9月正式开馆运行面向社会开放，2009年10月搬入区会展中心，馆舍面积1500平方米，国家三级图书馆，面向全区人民免费开放。现有职工16人，馆藏各类文献30000余册、件，年订报刊126种，年流通人次逾2万。图书馆设有借阅室、报刊阅览室、少儿阅览室、资料室、特藏室、多媒体室、电子阅览室7个服务窗。全馆拥有计算机40台，可供读者使用的30台，接入电信互联网10兆光纤，专用存储容量达到5TB（10个500GB），运用文津自动化管理系统，2011年全面实现业务管理自动化。全国文化共享工程平川区支中心于2009年正式在图书馆挂牌，依托区图书馆运行。

文化艺术服务

0420 白银市盛世华夏文化传播有限公司

注 册 地：白银市平川区工商行政管理局

主营业务：文艺创作与表演

从业人员数（人）：20

销售额（万元）：80

资产总额（万元）：100

简　　介：甘肃盛世华夏文化传播有限公司是一家集大型演艺舞美工程、商业营销策划、文化艺术交流、明星经纪、会议及展览服务、庆典活动、广告设计、代理与发布、场馆音响工程安装调试等为一体的多元化综合性文化传播公司，中国演艺行业会员单位；公司成立于2010年10月份，实收注册资本68万元；目前是白银市规模最大专业性最强的文化企业之一。公司自2010年成立以来；公司全体上下积极探索；不断进取，至今已承接各类型大中小型演出、展览、庆典等文化活动千余场；演出地点辐射白银三县两区；最远至周边兰州、兰州新区、中卫、银川、北京等地；期间为公司积累了宝贵经验及众多优质客户，也为公司今后的发展壮大奠定了坚实基础。

0421 白银市平川区档案局

注 册 地：白银市平川区事业单位登记管理局

主营业务：档案管理

从业人员数（人）：16

简　　介：平川区档案局（馆）成立于1987年，是区委、区政府参照公务员管理的直属事业单位，履行全区档案行政管理和保管利用等职能。局馆合署办公，实行"两块牌子，一套人马"的管理体制，内设三股一室一中心，即：办公室、指导股、编纂股、管理股和现行文件阅览中心，现有工作人员11名。1998年晋升为省一级档案馆，是平川区综合保管档案资源地，现行文件资料服务中心。

0422 白银龙腾致远生活服务有限责任公司

注 册 地：白银市平川区工商行政管理局

主营业务：婚庆摄影服务

从业人员数（人）：10

销售额（万元）：45

资产总额（万元）：100

简　　介：白银龙腾致远生活服务有限公司成立于2000年，注册资金五万，公司员工4人，年收入45万元，服务项目包括婚礼庆典，礼仪外场演出。

0423 白银龙马庆典文化传媒有限公司

注 册 地：白银市平川区工商行政管理局

主营业务：庆典礼仪

从业人员数（人）：25

销售额（万元）：55

资产总额（万元）：100

简　　介：白银龙马庆典文化传媒有限公司是在原平川龙马礼仪庆典服务部的基础上，于2011年8月成立的独立法人企业，经过七年的奋斗积累，现已发展成为集大型演出、庆典礼仪、婚庆服务、设备出租、定制服务于一体的专业礼仪庆典文化传媒公司。如今龙马公司已迈入了健康有序发展的轨道，并受到平川区文化主管部门的好评，总经理马道利先生也连续两年被平川区文化产业协会选为协会副会长，2013年公司被平川区委、区政府授予"骨干文化企业"称号，2013年公司被白银市工商局平川分区评为"先进企业"。

0424 红军西征胜利纪念馆

注 册 地：白银市事业单位登记管理局

主营业务：组织开展各种纪念活动

从业人员数（人）：6

资产总额（万元）：8.3

简　　介：白银市 2006 年批准成立了红军西征几年馆，副县建制，28 人编制，配备了馆长、副馆长和专职讲解员。区委、区政府十分重视，加大投入，在建设平川会展中心时，统筹建设了靖远起义纪念馆展厅。靖远起义纪念馆位于市区中心人民广场西侧，共有四个展厅、报告厅和配套的办公室，总面积为 600 平方米。基本满足了日常群众参观活动需要。现有展柜 31 个、展板 45 块、展台 15 个，展出革命历史文物 200 余件，图片、图表 40 余副，整理出了比较完整的靖远起义的文字史料 20 余万字，影视资料 160 余分钟，纪念馆采用实物展示，文字讲解，视频播放三种方式，为社会群众实行全日制开放，免费参观，流水式解说。在保证正常参观的情况下，举办专题报告和专题活动，对党员开展党性教育和革命传统教育；对青少年开展爱国主义教育和革命传统教育。平均每天接待参观群众 100 多人次。

0425 会宁红堡子多元文化产业发展中心

注 册 地：白银市会宁县工商行政局

主营业务：民间、民俗传统活动遗产保护；民间艺术遗产保护；民间艺人交流活动；民俗、民间文化艺术展示；群众文化艺术活动；收藏、工艺美术品展览、交流、销售；饮食文化交流推广；会议及展览服务。

从业人员数（人）：20

资产总额（万元）：1000

简　　介：会宁红堡子多元文化产业发展中心位于郭城镇的中心地带红堡子村，预计总投资一亿多元，已投资 600 万元，整理征收土地 300 亩，挖掘整理收集文物 1000 多件，根据实际情况分期分批建设，红堡子多元文化中心是一家以慈善公益事业为主的文化发展企业，为华夏文明创新区及丝绸之路经济带建设拾遗补漏，为践行社会主义核心价值观实现中国梦贡献力量。目前已建设的文化大院占地面积 6000 平方米，建筑面积 1000 平方米，建好的有古陶文化通史展览馆，戏曲文化展览馆，红色文化展览馆，民俗农耕展览馆，中华孝道讲习堂，图书室，红色遗址。正在考察预建的有百个城堡文化展览馆，百坐庙宇文化展览馆，百个家族文化展览馆。各个馆已免费开放两年，多元文化产业发展中心出资挖掘整理传承非物质文化遗产祖历小曲，黑虎古调，会州锣鼓，祖历剪纸刺绣等。

0426 会宁莱茵文化演艺有限公司

注 册 地：白银市会宁县工商行政局

主营业务：开业庆典演艺、红白喜事演艺、婚庆、演出服装出租；礼仪、模特服务、化妆造型设计。

从业人员数（人）：25

销售额（万元）：26

资产总额（万元）：5

简　　介：会宁莱茵文化演艺有限公司是目前第一家经会宁县文化局批准成立从事大型文艺晚会演出、庆典策划活动的公司。业务辐射兰州、白银、定西等地。公司主要经营大型文艺晚会演出、开工奠基、开盘、封顶、企业周年庆典、会展策划、商务礼仪、时装秀、商品展示展览、品牌推广、酒会、新闻发布会、销售、婚庆等项目。公司坐落于会宁县电影院二楼，经过多年的努力和长期的实战经验，目前为会宁县第一个最大、演艺节目内容最齐全、演出经验最丰富的演艺公司。目前已跻身会宁县庆典服务行业前列，成为领域的佼佼者。服务项目齐全多样，业务范围遍及公益、工程、商场、银行、房地产、通讯等众多行业，可在全省范围内提供庆典活动、单位年会、招商引资、洽谈签约、文艺演出、新闻发布、商品推介等各类大型活动的策划筹备，舞台搭建、音响灯光设备、礼仪模特、司仪主持、文艺表演等各类庆典服务项目。

0427 会宁县黄土高原画派文化艺术传播中心

注 册 地：白银市会宁县工商行政管理局

主营业务：黄土高原画派展览、展示；文化艺术传播；学术交流；艺术培训；艺术品收藏。

从业人员数（人）：3

资产总额（万元）：100

0428 会宁佳信文化发展服务中心

注 册 地：白银市会宁县郭城驿镇新堡子

主营业务：文化节、艺术节策划、组织；企业文化策划、组织实施；文化交流、文化讲座，文化展览；广告制作、摄影摄像；文化用品、计算机及周边产品营销。

从业人员数（人）：6

销售额（万元）：30

资产总额（万元）：130

简　　介：这也是会宁佳信文化发展服务中心成长的一方沃土。会宁佳信文化发展中心成立于2013年9月总投资130万元，固定资产100万元。流动资金30万元。现有员工6人，年产值30万元。经营范围：文化节、艺术节策划、组织；企业文化策划、组织实施；文化交流、文化讲座，文化展览；广告制作、摄影摄像；文化用品、计算机及周边产品营销。

0429 会宁县会州墨宝工艺品文化交流中心

注 册 地：白银市会宁县工商行政局

主营业务：工艺美术品及收藏品零售

从业人员数（人）：2

资产总额（万元）：500

0430 会宁县梓耕文化传播有限责任公司

注 册 地：白银市会宁县工商行政局

主营业务：文化艺术交流策划、企业管理咨询、商务信息咨询（不含经纪）、会展服务、文化用品的销售及服务。

从业人员数（人）：3

销售额（万元）：10

资产总额（万元）：30

0431 会宁世福工艺品文化交流中心

注 册 地：白银市会宁县工商行政局

主营业务：工艺美术品及收藏品零售

从业人员数（人）：2

销售额（万元）：50

资产总额（万元）：100

0432 会宁县状元历史文化园管理有限责任公司

注 册 地：白银市会宁县工商行政局

主营业务：园区规划设计、融资筹资、投资开发建设、管理经营、商务咨询服务、招商引资、土特产销售推广、文化旅游、产品开发（筹建中未取得许可证前不得从事生产经营活动）。

从业人员数（人）：10

销售额（万元）：50

简　　介：状元历史文化园位于会宁县城北部，东接靖天公路（S207线）、西临祖厉河东侧滨河路，拥军路南侧、文昌路以北，规划划框架为"一园三阶""一街五廊"的空间结构。一园三阶：将状元街文化园分为上中下三个阶梯，形成整体协调的空间场所；一街五廊：就是集文化体验、文化展示、主题引导为景观主轴线的状元街，贯穿状元门、进士湖、状元桥、尊经阁、状元街和休憩广场，形成相辅相成、相互贯穿、相互联动的五条游览通廊。在建筑布局上，下阶梯规划建设项目为，一湖（进士湖）、一府（苏、万、柳、杨、秦等名人府邸）、一驿馆（会宁驿馆）；中街区规划建设一阁（尊经阁）两院（枝阳书院、贡院）；上街区规划建设一街（状元状元街）、一校（文昌中学）、一场（演艺剧场）、三馆（县志博物馆、教育博物馆、非物质文化馆）、四居（九世班禅、林则徐、左宗棠、谭嗣同故居）。整园以东西两门（状元门）为出入通道，并附属小憩广场、办公场所等设施。整个文化园占地面积45.30公顷（合680亩），建筑面积8.73万平方米，总体规划投资5.21亿元。

0433 会宁县宗盛传统文化美术品交流中心

注 册 地：白银市会宁县工商行政局

主营业务：书画、剪纸销售与交流；文化用品零售。

从业人员数（人）：2

销售额（万元）：2

资产总额（万元）：100

0434 会宁太和文化艺术团

注 册 地：白银市会宁县工商行政管理局

主营业务：文艺创作与表演

从业人员数（人）：20

销售额（万元）：30

资产总额（万元）：60

简　　介：2013年注册成立的会宁太和文化艺术团。以开展培训职工唱歌、跳舞的才艺，共家职工精神家园为主，并积极参与会宁祥和文化艺术团演出协会组织的一系列演出活动。会宁太和文化艺术团排练的节目成为每次演出活动的亮点重点节目，成为会宁祥和文化演出协会的主力军。不但丰富了企业文化内涵，也担当起丰富当地群众的文化公益活动的责任和义务。也为当地群众提供了很好的精神食粮。

0435 会宁县玉宝工艺品文化交流中心

注 册 地：白银市会宁县工商行政局

主营业务：工艺美术品及收藏品销售；文化艺术交流。

从业人员数（人）：3

销售额（万元）：110

资产总额（万元）：600

简　　介：会宁玉宝工艺品有限责任公司成立于2013年，是一家私营工艺品制作企业，主营仿制彩陶工艺品。会宁宝玉工艺品有限责任公司集工艺品开发设计、普通陶器烧制、残缺陶器修复一体。技术力量雄厚，设备先进，拥有一流的工艺品制造师一名和技艺精湛的铸胎工四名。为广大客户制造出了一批批的精美陶器工艺品，让世人惊叹其精湛的制作工艺。我公司以彩陶仿制作品为主打产品，兼做小型工艺品，欢迎各界朋友前来参观订做。我公司成立以来，坚持以诚信求发展，用优质工艺品回报社会的理念，不断服务于各界陶器需求同仁，赢得了好评，传承中华彩陶烧制文化，追求卓越是我们永远的目标。我们不但重视中国彩陶原有的艺术风格，还继承了文物原有的艺术品味，在继承和发扬古老文化的同时，更深一步为新老客户定身量制各种陶器、工艺品等产品。

0436 甘肃嘉音文化旅游发展有限责任公司

注 册 地：白银市会宁县工商行政局

主营业务：旅游景区投资、经营；纪念品的研发、销售；日用百货，办公用品零售；红色书刊经营，文艺演出。

从业人员数（人）：26

销售额（万元）：50

资产总额（万元）：500

简　　介：甘肃嘉音文化旅游发展有限责任公司成立于 2012 年 12 月，注册资金 500 万元。公司下设会萃堂土特产品展销公司、红色文化演艺公司、文化产品研发公司、餐饮服务公司、旅游运输服务公司等 5 个分公司。公司主要经营的范围有：旅游景区投资经营，纪念品研发销售，文化演艺投资经营，餐饮住宿经营，运输服务业。公司成立以来，突出会师品牌，增加旅游收入，以商养旅，以旅带商，多元驱动，全面发展。开展了会宁"四大美食"和"十大名小吃"评选活动，使"游在红色会宁，品尝会宁小吃"成为旅游者的一种时尚。推出了"登会师楼、模拟情景表演、唱红军歌、跳红军舞、磨红军粮、编红军鞋、走红军路"等体验参与性项目，受到游客欢迎。打造"剧场课堂"，排练出观赏性演出、联谊性演出、特别性演出和专场演出等特色演艺品牌，创新方式，把参观讲解与红色演出融为一个整体，推出"游会师圣地，上剧场课堂"活动，形成具有会宁特色的独特品牌，让游客在欣赏演出的同时，得到启迪和教育。

0437　会宁县中川农耕文化展览交流中心

注　册　地：白银市会宁县工商行政局

主营业务：工艺品及美术品展示、收藏、交流

从业人员数（人）：20

销售额（万元）：15

资产总额（万元）：130

0438　会宁蓝宝奇石文化交流中心

注　册　地：白银市会宁县工商行政局

主营业务：民间、民俗传统文化、民间艺人交流活动；群众文化活动；庆典用品销售。（以上范围国家限制经营及需取得前置许可经营的除外）。

销售额（万元）：10

资产总额（万元）：300

0439　会宁县亚博文化演艺传媒有限公司

注　册　地：白银市会宁县工商行政局

主营业务：影视策划承办、企业形象策划、电脑图文设计、组织文化交流活动、工程奠基、庆典策划、承办。

从业人员数（人）：5

销售额（万元）：2

资产总额（万元）：50

0440　会宁艺苑网络文化传播有限责任公司

注　册　地：白银市会宁县工商行政局

主营业务：商务信息交流、市场推广宣传、文化艺术交流、大型礼仪庆典活动策划、互联网信息技术服务、摄影摄像、视频广告制作；文化办公用品及演出用品销售；会展服务。

从业人员数（人）：3

资产总额（万元）：20

0441　甘肃会胜文化传媒有限公司

注　册　地：白银市会宁县工商行政管理局

主营业务：文化艺术宣传交流策划；动漫设计与制作；大型庆典、文化节、艺术节、晚会的筹备、策划、组织活动；会议及展览服务；影视策划咨询、市场营销策划、企业形象策划；礼仪服务；广告设计、发布、制作、代理。

从业人员数（人）：18

销售额（万元）：30

资产总额（万元）：480

简　　　介：甘肃会胜文化传媒有限公司成立于 2008 年 4 月，注册资金 480 万元，公司位于会宁县会师镇延安路电影院内。公司有管理人员 4 人，设计人员 6 人，安装人员 8 人，其中大专文凭以上人员 4 人，中专文凭 8 人。是一家广告策划、公关、媒体整合代理、广告设计、发布、宣传、户外广告施工、展示活动、广告发布代理为一体的专业广告运营机构。代理会宁县政府各部门、乡镇的广告宣传业务及大型的户外演出、开幕等活动。公司拥有固定资产 300 多万元，户外广告牌 3200 多平方米，特大型公路广告牌 10 多面。涉足广告业务各个领域。

0442　会宁鑫新文化演艺有限公司

注　册　地：白银市会宁县工商行政局

主营业务：文艺创作与表演、艺术培训；乐器、音响、灯光、社火用品销售；承办会议、展览、婚庆、礼仪、宣传、广告及法律许可的各种活动。

从业人员数（人）：28

销售额（万元）：1

资产总额（万元）：10

0443　河北时尚城市资讯广告传媒有限公司景泰分公司

注　册　地：白银市景泰县一条山镇西街

主营业务：企业营销策划服务，设计制作、代理发布国内各类广告，运动会、晚会、大型庆典、展览、体育赛事筹备、策划、组织活动。

从业人员数（人）：5

销售额（万元）：25

资产总额（万元）：25

0444　景泰县正点文化传媒有限公司

注　册　地：白银市景泰县

主营业务：婚姻中介服务，摄影服务，礼仪、会务服务，设计制作、代理发布国内各类广告，电脑图文设计制作，大型庆典、展览筹备、策划、组织。

从业人员数（人）：4

销售额（万元）：5

资产总额（万元）：100

简　　　介：正点文化传媒有限公司是经工商局注册成立的专业公司，从事婚礼、庆典、活动策划等一站式服务，多年的成功经验，得到了新人及客户的好评，以独特的策划、完美的设计以及优质的服务形成了公司的品牌。我公司拥有资深策划人员、高素质的服务人员、风格迥异的主持人、经验丰富的摄像师、专业化妆师以及丰富车辆资源等，都是行业中最优秀的。

0445　泾川大云寺文化产业园有限责任公司

注　册　地：平凉市泾川县城北新区

主营业务：大云寺佛教历史文化的发掘整理、保护传承、宣传策划、推广营销；佛教文化研究、学术交流、研讨培训；文化旅游项目编制、申报、评审、招商及实施；文化旅游产品的规划、建设、开发、管理及经营；文化旅游商品的开发、设计、生产、销售。

0446　泾川县思维职业培训学校有限公司

注　册　地：平凉市泾川县温泉开发区蒋家村 18 号

主营业务：畜禽养殖技术、果树栽培技术、蔬菜种植技术、计算机操作员、电焊加工、砌筑工、抹灰工初级职业培训。

0447 泾川县华宇镭战运动拓展培训有限公司

注 册 地：平凉市泾川县工商局

主营业务：户外野战健身活动、企业管理咨询、文化交流活动组织策划、教育咨询、企业拓展培训。

0448 泾川县西王母文化艺术有限责任公司

注 册 地：平凉市泾川县城中山南街

主营业务：文化艺术交流、推广、经营演出、信息咨询；文化产品开发；舞台、舞美设计制作；婚庆礼仪服务。

0449 泾川至诚商务文化发展有限责任公司

注 册 地：平凉市泾川县温泉开发区蒋家村18号

主营业务：职业教育发展、文化传播、电子商务、电脑、通讯科技、商品贸易、煤炭销售；商务咨询、市场经销、教育科技服务。

0450 泾川县高平镇龙凤呈祥庆典店

注 册 地：平凉市泾川县高平镇街道

主营业务：礼仪庆典服务

从业人员数（人）：1

销售额（万元）：3

资产总额（万元）：5

0451 泾川县吉庆礼仪服务部

注 册 地：平凉市泾川县工商行政管理局

主营业务：庆典礼仪策划、礼仪用品出租

从业人员数（人）：1

资产总额（万元）：4

0452 泾川县吉祥鸟婚庆礼仪庆典服务部

注 册 地：平凉市泾川县工商行政管理局

主营业务：婚礼策划、婚庆现场布置、婚庆用品零售、婚庆设备租赁

从业人员数（人）：1

资产总额（万元）：8

0453 泾川县泾州书院

注 册 地：平凉市泾川县工商行政管理局

主营业务：书画交流

从业人员数（人）：1

资产总额（万元）：30

0454 泾川县喜相逢文化传媒有限责任公司

注 册 地：平凉市泾川县城关镇杨柳村

主营业务：婚庆庆典、文艺演出服务；庆典用品零售。

0455 华亭县青年艺术演艺有限公司

注 册 地：平凉市华亭县文化路52号

主营业务：戏剧表演

从业人员数（人）：18

销售额（万元）：15

资产总额（万元）：20

0456 华亭县民众剧团演出有限公司

注 册 地：平凉市华亭县城东关

主营业务：戏剧表演

从业人员数（人）：12

销售额（万元）：10

资产总额（万元）：20

0457 华亭县欣民曲子戏剧社

注 册 地：平凉市华亭县东华镇西关村东巷社

主营业务：戏剧表演

从业人员数（人）：15

销售额（万元）：8

资产总额（万元）：3

0458 华亭锐艺文化传播有限公司

注 册 地：平凉市华亭县华宝商贸城中门一号

主营业务：大型公众文化活动及婚庆礼仪策划执行、文艺创作与表演、灯光音响租赁、摄影摄像、影视编辑、配音配乐。

从业人员数（人）：20

销售额（万元）：20

资产总额（万元）：50

0459 静宁县万达影视有限责任公司

注 册 地：平凉市静宁县城关镇中街 158 号

主营业务：电影放映、发行；承办文艺演出；承办全县大型会议。

从业人员数（人）：6

销售额（万元）：40

资产总额（万元）：200

0460 静宁县成纪文化传媒有限责任公司

注 册 地：平凉市静宁县城关镇中街

主营业务：文艺创作与表演、文化、体育和娱乐业。

从业人员数（人）：50

销售额（万元）：200

资产总额（万元）：300

0461 甘肃大河传媒有限公司

注 册 地：庆阳市西峰区安定东路 131 号

主营业务：新媒体开发；文化创意产业开发；影视、动漫产品营销策划；影视传媒节目包装策划；影视剧策划；数字影视院线管理咨询；传媒业管理咨询；国内户外、报刊、影视、网络传媒业广告的代理、设计、制作与发布；文体赛事活动策划与组织实施；展览展示服务；室内外装饰与设计；民俗文化产品

开发。

从业人员数（人）：11

销售额（万元）：41

资产总额（万元）：156

0462 甘肃梦阳文化传媒有限公司

注 册 地：庆阳市西峰区北大街 60 号

主营业务：文化交流推广、文艺作品创作、民俗文化传承、旅游产品开发、演员包装经纪、影视动漫音乐、舞台演出设备、音频安装工程、会议会展礼品、媒体开发购买、平面视觉创意、广告装饰工程、广告设计制作代理发布、庆典礼仪文体活动策划执行。

从业人员数（人）：12

销售额（万元）：149

资产总额（万元）：98

简　　介：甘肃梦阳文化传媒有限公司成立于 2002 年 07 月 05 日，公司位于庆阳市西峰区北大街 60 号（民生大楼 7 层 2 号），公司注册 100 万元，公司经营范围是文化交流推广、文艺作品创作、民俗文化传承、旅游产品开发、演员包装经纪、影视动漫音乐、舞台演出设备、音频安装工程、会议会展礼品、媒体开发购买、平面视觉创意、广告装饰工程、广告设计制作代理发布、庆典礼仪文体活动策划执行。

0463 庆阳银平文化传播有限公司

注 册 地：庆阳市西峰区北环东路（益尔药业一楼门面 04 号）

主营业务：综合文艺表演（凭营业性演出许可证经营）；舞台设计、音响灯光设备出租、销售、安装；LED 大屏幕安装、投影设备、视频监控设备、安全防护设备、室内外灯饰安装、销售；网络工程；会议会展、大型文艺演出组织、策划；房屋营销策划、服务；城市亮化工程、园林绿化工程设计。

从业人员数（人）：8

销售额（万元）：31

资产总额（万元）：301

0464 庆阳市黄土缘演艺有限责任公司

注 册 地：庆阳市西峰区解放西路 33 号

主营业务：文艺创作、艺术表演

从业人员数（人）：107

销售额（万元）：10

资产总额（万元）：880

简　　介：庆阳市黄土缘演艺有限责任公司，是按照全国文化体制改革要求，在原庆阳市陇剧团、庆阳市歌舞团基础上改制成立的，出资人是庆阳市人民政府，属于庆阳市国有文化企业。庆阳市委宣传部对演艺有限责任公司实行政治领导，庆阳市文化广播影视新闻出版局进行行业管理，庆阳市国有资产管理局实行资产监管。公司按照现代企业法人治理结构设计和制定，内设党政办公室、陇剧部、歌舞部、创编部、营销部、舞美部 6 个部室。公司现有在职人员 107 人。

0465 西峰区福漫文化服务部

注 册 地：庆阳市西峰区北大街 226 号

主营业务：综合文艺表演服务

资产总额（万元）：10

0466 庆阳声韵秦剧团

注 册 地：庆阳市西峰区城北广场

主营业务：综合文艺表演

从业人员数（人）：84

销售额（万元）：34

资产总额（万元）：100

简　　介：庆阳市声韵秦剧团成立于 2011 年 12 月份，经庆阳市文化主管部门批准成立。由原庆阳市陇剧团，国家三级演员耿立峰投资 76 万元，成立了庆阳市声韵秦剧团

和声宇秦剧团，现有职工 84 人，合同制演职人员 42 人，外聘演职人员 42 人，常年特邀国家二级导演新排剧目，特邀甘肃省秦剧团副团长，梅花奖获得者，国家一级演员窦凤琴担任艺术总监及特邀演员，陕西省戏曲研究院，梅花奖获得者，国家一级演员李小锋担任名誉团长及特邀演员，国家一级演员刘随社担任艺术指导及特邀演员，宁夏秦腔剧院，梅花奖获得者，国家一级演员李小雄担任特邀演员。

0467 正宁县博物馆

注 册 地：庆阳市正宁县南街

主营业务：文物的保护、收藏、展览

从业人员数（人）：13

资产总额（万元）：25

简　　介：正宁县博物馆位于县城南街 07 号，成立于 1989 年 8 月，占地 3000 平方米，总建筑面积 2000 平方米。现为副科级事业单位，编制人数 6 名，现有职工 11 名。其中馆长 1 名、副馆长 1 名，文博专业技术职称人员 2 名，文物考古工技师 1 名，装饰美工技师 1 名，初级工 4 名。全县野外文物单位 160 余处，其中全国重点文物保护单位 2 处，省级文物保护单位 6 处，市级文物保护单位 8 处；馆藏文物 1552 件，其中一级文物 7 件，二级文物 35 件、三级文物 388 件，2010 年正宁县博物馆被列入享受中央补助经费的免费开放博物馆。藏品主要以新石器时代陶器、西周至汉代青铜器陶器、唐宋人物造像、明清陶瓷器、近现代书画为主要特色。

0468 正宁县群众文化联谊会

注 册 地：庆阳市正宁县宫河镇北堡子村

主营业务：开展群众性文化活动

主要产品：《牛苑》杂志

从业人员数（人）：128

资产总额（万元）：18

简 介：正宁县群众文化联谊会成立于2001年，现有会员128名，下设姚牛农家书屋、《牛苑》杂志编辑部、民俗文化发展会、电影放映队、民间书画研究会、农民体育运动会、城乡文化联络站、农民文化广场舞和秧歌队、社火队、锣鼓队等工作机构。近年来，正宁县群众文化联谊会在会长姚牛的倡导下，始终坚持"立足农村、服务农民、繁荣文化、促进文明"宗旨，组织全体会员，开展了形式多样、丰富多彩的文化联谊活动，为推进城乡文化发展繁荣做出了积极贡献。目前，姚牛农家书屋藏书1.2万册，光盘600个，阅读人数每年达到两千多人次。主办的《牛苑》杂志是甘肃省第一份农民杂志，刊物已走进国内20多所大中专院校，以及美国、俄罗斯、日本、新加坡、以色列等国家，另发行遍布全县各乡镇村、各部门以及周边省市。民俗文化发展会挖掘整理民间社火14个，收藏红色纪念品12件。电影放映队现有放映机5台，各类题材影片60多部，年放映电影100多场次。农民广场舞和秧歌队、社火队、锣鼓队自乐班参与人数2000多人，累计演出千场以上。民间书画研究会。

0469 正宁县丽影木偶戏演艺有限公司

注 册 地：庆阳市正宁县周家乡梁家村四组

主营业务：木偶戏的编写、演出

从业人员数（人）：16

资产总额（万元）：2

简 介：正宁县丽影木偶戏演艺公司于2013年7月登记注册，现有演艺职员16名，木偶戏箱一副，杖头木偶50多个。该公司是在原正宁县周家乡梁家村农民木偶戏剧团基础上不断发展而来的，以活跃农村文化生活、服务农民群众为主旨，从20世纪80年代开始，活跃在正宁县广大农村以及周边陕西彬县、长武、宁县等农村乡镇，年演出210多场次，演出剧目有秦腔传统戏40多场，深受广大农村群众的欢迎。2014年4月上旬，该木偶戏剧团代表甘肃省参加了由中国民间文艺家协会组织的全国木偶戏展演出赛，演出了折子戏《三对面》，受到了与会专家学者的一致好评，该剧团的精湛演技在参赛的35个木偶戏剧团中脱颖而出，获得了金奖。

0470 正宁县南住演艺有限公司

注 册 地：庆阳市正宁县永正乡中街

主营业务：演出服务

从业人员数（人）：45

销售额（万元）：20

资产总额（万元）：70

简 介：正宁县南住演艺有限公司前身为南住村业余秦剧团。新中国成立后，在各级党组织的领导和支持下，为党的文艺事业做出了有益的贡献，特别是在著名老艺人杨生华（杨茂）先生的带领下，培养了一支优秀的演艺人才和文武乐队，他亲临现场，言传身教，严格要求，将他毕生的精力投入到剧团的发展事业上。尤其是现代小戏作家杨建国，写作了随着社会发展的诸多部小戏、小品，宣传了党在社会主义发展中的伟大成就，也揭露了一些社会上的不正之风。在20世纪初至80年代，剧团多次在正宁的演出受到了观众的一致好评，参加过省、市、县演出，并荣获多次鼓励。80年代后剧团解散。2002年，杨春年建立了一支民间艺术乐团，在正宁、宁县、长武等地的演出受到群众的欢迎，参加过正宁县多次演出。2008年8月7日在"亿耕杯"全县才艺大赛中荣获优秀奖。2012年4月在"陇韵秦声、唱响正宁"荣获优秀奖。2012年8月在"黄土赞歌"文艺演出中荣获二等奖。2012 年 7 月 25 日注册成立正宁县南住演艺有限公司，是经庆阳市政协、庆阳市文化广播影视新闻出版局、正宁县委宣传部、正宁县团委支持的文化遗产项目，公司总投资 70 万元，购置高级音响、灯光、幕布、服装、字幕屏、投影机、下雪机、烟雾等设施。组建了一个拥有 40 多名秦腔、小戏、小品、舞蹈、歌曲演员的中、青年艺术团体，为继承老一辈的光荣传统和开发文化产业，活跃农村文化生活，深入贯彻党的群众路线，弘扬民族艺术瑰宝，带动城乡群众文化活动的健康发展，在今后的工作中我们将继续努力，为文化事业而奋斗。

0471 正宁县全成演艺有限责任公司

注 册 地：庆阳市正宁县城正周路东侧

主营业务：文艺表演

从业人员数（人）：40

销售额（万元）：30

资产总额（万元）：400

简　　介：全成演艺有限责任公司于 2002 年 6 月正式成立，以大型西洋管弦乐、民族乐、打击乐、戏曲等多种表演形式相结合，面向社会从事商业性演出。本团自成立以来，在探索中提高，发展中壮大，截止目前，培养和吸收具有一定艺术造诣的专业人员 40 人，形成了较为强大的演出阵容，购置和配备了先进的演出服务设施，制定和建立了一系列切实可行的管理制度，创出一条"以文促经，以经养文"的路子，呈现出良好的发展势头。曾承担多年全县双节文化活动、县党代会、人代会、政协会、红歌会、演唱会、全县青少年才艺大赛、全县送文化下乡等大型群众文化活动，均取得了圆满成功，受到了社会各界的一致好评，为今后长足发展奠定了基础。

0472 正宁县舞蹈家协会

注 册 地：庆阳市正宁县永正路北段

主营业务：舞蹈艺术的宣传、创作、培训、推广。

从业人员数（人）：30

资产总额（万元）：3

0473 正宁县档案局

注 册 地：庆阳市正宁县西街县委院内

主营业务：全县各级各类档案馆（室）的档案，负责接收、收集、整理、保管和提供利用。

从业人员数（人）：12

资产总额（万元）：110

简　　介：正宁县档案局（加挂正宁县档案馆牌子）为正科级事业单位，隶属县委管理。一、部门职能认真执行《中华人民共和档案法》和《甘肃省档案管理条例》赋予的职能，对全县机关、企事业单位和其它组织的档案工作实行监督和指导；对全县各级各类档案馆（室）的档案，负责接收、收集、整理、保管和提供利用。二、内设机构正宁县档案局（馆）下设四个股室：人秘股；业务指导股；信息技术股；档案管理股。三、人员构成局长 1 名，副局长 2 名，馆长 3 名，专业技术人员和工勤人员 6 名。

0474 正宁县图书馆

注 册 地：庆阳市正宁县人民广场

主营业务：以网络数字化为依托，以传统和现代服务为一体的综合性图书馆，所有藏书资料、电子阅览全部对外免费开放，每周服务 48 小时，采用藏、借、阅、查、展为一体的新型服务模式，开展外借、阅览、咨询、查阅、视屏收看、电子信息等服务。

从业人员数（人）：13

资产总额（万元）：101.8

简　　介：正宁县图书馆成立于 1979 年 2 月，

2007 年 3 月搬迁于人民广场文化大楼重新布置，开馆服务。目前馆舍面积 468 平方米，设有文化信息资源共享工程正宁县支中心、图书借阅室、报刊阅览室、少儿阅览室、资料室、电子阅览室、多媒体室等七个服务窗口及资源编辑室、报刊藏书室、地方文献收藏室、主控机房等多个工作室。现有职工 13 人，其中馆长、副馆长各一人，管理员 8 人，本科学历 3 人，大专 5 人，馆员职称 1 人，助理馆员 2 人。正宁县图书馆是以图书资料为基础，以网络数字化为依托，以传统和现代服务为一体的综合性图书馆，所有藏书资料、电子阅览全部对外免费开放，每周服务 48 小时，采用藏、借、阅、查、展为一体的新型服务模式，开展外借、阅览、咨询、查阅、视屏收看、电子信息等服务，是人们学习文化、增长知识、获取精神食粮的最佳场所。

0475 正宁县文化馆

注 册 地：庆阳市正宁县人民广场

主营业务：负责全区大型文艺调演、文艺竞赛、大型艺术展览、重要节日和重大庆典文化活动等的策划、组织及辅导；组织开展全区城乡多层次、多形式、丰富多彩的文化活动。

从业人员数（人）：15

资产总额（万元）：109

简 介：县文化馆成立于 1949 年 7 月，2007 年 3 月搬迁到人民广场文化大楼办公，有馆舍 33 间、885 平方米，内设《正宁文艺》编辑部、美术部、文艺部、非遗办等科室。现有职工 15 人，其中馆长 1 人、副馆长 1 人；书画专业人才 2 人、音乐舞蹈人才 3 人、文学专业 2 人、非遗管理员 1 人；本科 5 人，大专 7 人；馆员职称 2 人，助理馆员职称 4 人。坚持在节庆日举办书法、绘画、工艺品展览，开展春联义写、送文化下乡等活动，每年都

组织举办全县群众才艺大赛、广场文化周等活动。文化馆还组建了广场舞蹈队、舞扇队、太极表演队以及"群众自娱班"等群众性文化文体组织，每天定时为群众早晚锻炼放音乐。

0476 正宁县红河演艺有限公司

注 册 地：庆阳市正宁县城北环路 11 号

主营业务：戏曲，歌舞表演；文艺创作。

主要产品：《喜婚》《护路风波》《牛环保劝妻》。

从业人员数（人）：40

销售额（万元）：70

资产总额（万元）：800

简 介：正宁县红河演艺有限公司是 2012 年 5 月由原县剧团转企改制组建成立的，现为县属国有文化企业。公司占地面积 5000 多平方米，下设办公室、营销部、业务部、音乐部、后勤部 5 个工作机构，现有职工 40 名，其中获省级奖励的演职人员 5 名，有流动舞台车和业务用车各 1 辆，灯光、音响、服装、道具等演出设备齐全，拥有固定资产 800 多万元。公司自挂牌成立以来，每年坚持巡回乡镇村组进行"三下乡""千台大戏送农村"等文艺演出，并组织承办了全县首届"陇韵秦声·唱响正宁"秦腔演唱大赛，还全程参与组织了"黄土赞歌"乡镇文艺汇演、"激情飞扬·活力正宁"群众健身操表演、"情系陇原·放歌正宁"民歌大奖赛、"盛夏之韵·美丽正宁"县直机关职工文艺汇演、喜迎十八大专题文艺晚会、践行党的群众路线教育活动下乡村巡回演出、庆祝建党"九十三"暨先锋引领专题文艺演出等全县大型文化活动。创编演出《牛环保劝妻》《护路风波》《红绿灯下》《喜婚》《女大学生村官》等特色眉户剧 10 多部，其中《喜婚》荣获全市第六届李梦阳文艺奖舞台剧类

二等奖。公司自改制以来，新招学员 10 名，为公司输入新鲜血液，在完成群众看戏、政府买单演出场次的同时，积极开拓演出市场，扩大运营空间，进行经济创收，开展开业庆典、庙会演出、商业演艺等活动，累计演出 250 多场（次），营业收入 100 余万元，实现了文化惠民与经济效益双赢的局面。

0477 正宁县文学艺术界联合会

注 册 地：庆阳市正宁县教育局 3 楼

主营业务：对团体会员进行组织、联络、协调、指导、服务，组织各级各类文化活动，培养文化人才。

从业人员数（人）：7

资产总额（万元）：3.2

简　　介：一、文联基本情况正宁县文学艺术界联合会（简称正宁县文联），为县委领导下的文艺界人民团体，成立于 1995 年 5 月，机关内设办公室、编辑部。现有 9 个直属文艺家协会，即作家协会、戏剧家协会、音乐家协会、舞蹈家协会、书法家协会、美术家协会、摄影家协会、影视家协会、民间文艺家协会。全县共有县级及以上各类文艺家协会会员 263 人，其中：国家级会员 2 人，省级会员 11 人，市级会员 65 人，县级会员 185 人。

0478 华池县陇原红演艺有限责任公司

注 册 地：庆阳市华池县南梁乡街道

主营业务：综合文艺演出；乐器制作及销售

从业人员数（人）：12

销售额（万元）：20

资产总额（万元）：50

0479 华池县逸轩文化传媒有限公司

注 册 地：庆阳市华池县悦乐中街 10 号

主营业务：婚庆策划、礼仪服务

从业人员数（人）：10

销售额（万元）：21

资产总额（万元）：36

0480 华池县百合婚庆有限责任公司

注 册 地：庆阳市华池县乔川乡中街

主营业务：婚庆、礼仪服务；综合文艺表演

从业人员数（人）：8

销售额（万元）：11

资产总额（万元）：36

0481 华池县黄土地演艺有限责任公司

注 册 地：庆阳市华池县东山广场

主营业务：综合文艺表演；广告设计、制作，婚庆、礼义服务。

从业人员数（人）：12

销售额（万元）：22

资产总额（万元）：39

0482 华池县映山红演艺有限责任公司

注 册 地：庆阳市华池县中街

主营业务：综合文艺表演；婚庆设计，礼仪、庆典服务。

从业人员数（人）：20

销售额（万元）：9

资产总额（万元）：53

0483 华池县博博演艺有限公司

注 册 地：庆阳市华池县五蛟

主营业务：歌舞、小品、魔术、川剧变脸、戏剧表演。

从业人员数（人）：8

销售额（万元）：24

资产总额（万元）：34

0484 华池县华仪文化传媒中心

注 册 地：庆阳市华池县城中街

主营业务：综合文艺表演

从业人员数（人）：12

销售额（万元）：7

资产总额（万元）：8

0485 华池县千禧演艺有限责任公司

注　册　地：庆阳市华池县紫坊畔乡街道

主营业务：文化艺术交流及策划；广告设计、制作、代理及发布；会议服务；企业形象策划；庆典礼仪服务、景观设计制作及亮化、数码影像服务；民间工艺品、广告材料、工艺礼品、文化体育用品、灯光音响设备、电脑软硬件及网络数码产品销售。

从业人员数（人）：6

销售额（万元）：9

资产总额（万元）：20

0486 华池县红阳文化传播有限公司

注　册　地：庆阳市华池县白马乡中街

主营业务：综合文艺表演；广告设计、制作，婚庆、礼义服务

从业人员数（人）：10

销售额（万元）：12

资产总额（万元）：40

0487 合水县文化馆

注　册　地：庆阳市合水县

主营业务：文化交流推广

从业人员数（人）：21

资产总额（万元）：130

0488 合水县图书馆

注　册　地：庆阳市合水县

主营业务：图书出借服务

从业人员数（人）：13

资产总额（万元）：300

0489 宁县九龙演艺有限责任公司

注　册　地：庆阳市宁县新宁镇人民路1号

主营业务：新剧目创作与表演，营业性演出，党政机关、企事业单位形象宣传，庆典活动文艺演出等，设备出租。

主要产品：新剧目创作与表演

从业人员数（人）：10

销售额（万元）：60

资产总额（万元）：140

简　　介：宁县九龙演艺有限责任公司是由原宁县秦剧团改制后的国有企业，成立于2012年年初，公司位于九龙南路文体广场内，总资产140多万，各类演职人员近百人，年收入60多万元。艺才承接的演出活动有：新剧目创作与表演、营业性演出、党政机关、企事业单位形象宣传、庆典活动文艺演出、设备出租等。该公司是经宁县文化广播影视局批准并持有演出许可证的文化演艺机构，是专业从事大型文艺演出、活动策划与执行的演出公司。

0490 宁县林发民俗文化有限责任公司

注　册　地：庆阳市宁县瓦斜乡庄科村

主营业务：综合文艺表演、音响出租、信息咨询服务。

从业人员数（人）：8

销售额（万元）：30

资产总额（万元）：50

简　　介：宁县林发民俗文化有限责任公司成立于2010年10月，公司位于宁县瓦斜乡庄科村，总资产50多万，各类演职人员20人，年收入30多万元。主营业务有：综合文艺表演、音响出租、信息咨询服务。该公司是经宁县文化广播影视局批准并持有演出许可证的文化演艺机构，是专业从事大型文艺演出、活动策划与执行的演出公司。

0491 庆阳市新地婚庆演艺有限公司

注 册 地：庆阳市宁县新宁镇九龙路

主营业务：演出、演艺服务、舞台灯光音响设备租赁，婚介服务。

从业人员数（人）：10

销售额（万元）：20

资产总额（万元）：20

简　　介：庆阳市新地婚庆演艺有限公司成立于 2008 年 8 月，公司位于宁县新宁镇九龙路，总资产 20 多万，各类演职人员 20 人，年收入 20 多万元。

0492 庆阳天之缘演艺有限公司

注 册 地：庆阳市宁县焦村乡王咀村四组102 号

主营业务：演奏、演唱、综合性文艺表演与创作。

从业人员数（人）：8

销售额（万元）：35

资产总额（万元）：30

简　　介：庆阳天之缘演艺有限公司成立于 2010 年 8 月，公司宁县焦村乡王咀村四组102 号，总资产 30 多万，各类演职人员 18 人，年收入 35 多万元。

0493 宁县丛林之音民间文艺农民专业合作社

注 册 地：庆阳市宁县九岘乡街道

主营业务：民间文艺演出

从业人员数（人）：8

销售额（万元）：15

资产总额（万元）：11.5

简　　介：宁县丛林之音民间文艺农民专业合作社成立于 2012 年 10 月，合作社位于宁县九岘乡街道，总资产 11.5 多万，各类演职人员 18 人，年收入 15 多万元。

0494 庆阳市万花秦剧团

注 册 地：庆阳市宁县新庄镇新华街 8 号

主营业务：秦腔演出、信息咨询服务

从业人员数（人）：5

销售额（万元）：45

资产总额（万元）：50

简　　介：庆阳市万花秦剧团成立于 2012年 10 月，公司位于宁县新庄镇新华街 8 号，总资产 50 多万，各类演职人员 18 人，年收入 45 多万元。

0495 庆城县民俗艺术研究所

注 册 地：庆阳市庆城县

主营业务：挖掘、整理、研究、开发特色文化资源和民间民俗文化遗产，为文化产业服务。

从业人员数（人）：12

资产总额（万元）：28

简　　介：庆城县民俗艺术研究所成立于2005 年 12 月，为副科级事业单位（2008 年9 月成立的庆城县香包民俗文化产业开发协调领导小组办公室，为正科级全额拨款事业单位，与县民俗艺术研究所合署办公。

0496 庆城县博物馆

注 册 地：庆阳市庆城县

主营业务：文物艺术品的陈列、收藏等

从业人员数（人）：30

资产总额（万元）：9651.1

简　　介：庆城县博物馆始建于 1984 年，是一座综合型博物馆。馆址位于庆城中街普照寺广场东侧，新馆于 2006 年 10 月建成，占地 3960 平方米，仿古式全框架结构，建筑面积 4276 平方米，馆舍包括展览大楼和广场。展览大楼坐西向东，主楼五层，建筑高度 23.8 米。广场位于展览大楼东侧，总面积 5500 平方米。设庆城历史沿革、石雕石刻、古生物史前史、岐黄文化、周祖农耕文化、历代文物精华、唐代彩绘陶俑、革命烽火、书画、经济社会发展 10 个固定展室，1 个多媒体学术交流厅。陈列展品 886 件，陈列内容上起远古，下至当代，或为历代名作和精品，或为珍贵的历史资料和化石标本。馆藏文物 4774 件，其中珍贵文物 327 件（一级文物 24 件，二级文物 53 件，三级文物 250 件）。藏品主要有历史文物、近现代文物、古生物化石 3 个部类。

0497 庆城县图书馆

注 册 地：庆阳市庆城县
主营业务：图书的收藏、借阅
从业人员数（人）：27
资产总额（万元）：42
简　　介：庆城县图书馆成立于 1978 年 11 月，馆内设有采编室、成人阅览室、少儿阅览室、检索室、图书借阅室、电子阅览室、多媒体室、资源编辑制作室、办公室、资料室、三个书库等。阅览席位 160 个，馆内藏书 154744 册；其中本地方文献 402 本已全部实现电子录入，建立了图书数据库，实现了现代化管理，区域网已逐步完善，做到"电子管理，电子检索"，开架借阅，一卡通服务，年开放时间 330 天以上；年流通书籍达 81596 册次，120263 人次。馆员职称 4 人，助理职称 3 人。

0498 庆城县文化馆

注 册 地：庆阳市庆城县
主营业务：文化艺术交流
从业人员数（人）：20
资产总额（万元）：32

0499 镇原县艺隆演艺有限公司

注 册 地：庆阳市镇原县城关镇兴文巷 1 号

主营业务：秦腔陇剧创造演出
从业人员数（人）：65
销售额（万元）：356
资产总额（万元）：946

0500 庆阳市益墨轩文化传播有限公司

注 册 地：庆阳市镇原县城关镇东街 28 号
主营业务：字画交流销售
从业人员数（人）：8
销售额（万元）：35
资产总额（万元）：38

0501 镇原县鸿利文化产业有限公司

注 册 地：庆阳市镇原县城关镇紫东花园东 6-7 号
主营业务：字画交流、工艺品制作、销售
从业人员数（人）：9
销售额（万元）：39
资产总额（万元）：55

0502 环县艺龙演艺有限公司

注 册 地：庆阳市环县环城镇中街 55 号
主营业务：文艺创作、艺术表演、营业性演出、舞台美术、服装、道具、设备、院线演出，党政机关、企事业单位形象包装、宣传、推广、商业演出，演艺经纪，影视作品交易，艺术交流，与演出有关的舞台及服装的销售、租赁、灯光音响设备的设计。
从业人员数（人）：44
销售额（万元）：280
资产总额（万元）：50

0503 环县福星文化产业有限责任公司

注 册 地：庆阳市环县环城镇中街华强步行街 1 号
主营业务：摄影、录像及婚庆服务，摄影器材及电子数码产品销售，礼服出租，摄影及影像产品研发，婚庆礼仪策划，摄影、摄像技术培训，民俗文化艺术交流与策划，映像传媒服务。

从业人员数（人）：35

销售额（万元）：400

资产总额（万元）：500

0504 甘肃省定西市秦剧演艺公司

注 册 地：定西市

主营业务：舞台艺术创作及表演

从业人员数（人）：64

销售额（万元）：40

资产总额（万元）：116.72

0505 定西工人俱乐部

注 册 地：定西市

主营业务：群众文化活动

从业人员数（人）：8

资产总额（万元）：3.8

0506 定西市文学艺术界联合会

注 册 地：定西市

主营业务：文化文艺联络服务

从业人员数（人）：7

资产总额（万元）：30.4

0507 定西市画院

注 册 地：定西市

主营业务：美术创作

从业人员数（人）：9

资产总额（万元）：157.14

0508 定西市安定区博物馆

注 册 地：定西市安定区

主营业务：文物征集

从业人员数（人）：13

资产总额（万元）：110.1

0509 定西市安定区文化馆

注 册 地：定西市安定区

主营业务：文化展览

从业人员数（人）：39

资产总额（万元）：55.7

0510 定西市档案馆

注 册 地：定西市

主营业务：档案管理

从业人员数（人）：19

资产总额（万元）：248.9

0511 定西市安定区图书馆

注 册 地：定西市安定区

主营业务：图书馆

从业人员数（人）：18

资产总额（万元）：153.4

0512 定西市安定区档案馆

注 册 地：定西市安定区

主营业务：档案管理

从业人员数（人）：16

资产总额（万元）：813.4

0513 定西艺凡演艺有限公司

注 册 地：定西市安定区

主营业务：综合性文艺表演

资产总额（万元）：500

0514 定西大坪剪纸农民专业合作社

注 册 地：定西市安定区

主营业务：剪纸艺术品制作及销售，剪纸艺术交流。

0515 定西市文化馆

注 册 地：定西市

主营业务：文化展览

从业人员数（人）：18

资产总额（万元）：55.7

0516 定西天韵文化传播有限公司

注 册 地：定西市安定区

主营业务：非物质文化遗产皮影传承开发，工艺品制作，艺术品装帧装裱，书画策展服务。

资产总额（万元）：300

0517 定西市博物馆

注 册 地：定西市

主营业务：文物保护及研究

从业人员数（人）：12

资产总额（万元）：42

0518 通渭县晓亚书画产业开发有限公司

注 册 地：定西市通渭县

主营业务：名人字画投资经营；书画装裱、拍卖、展览、销售。

从业人员数（人）：5

销售额（万元）：50

资产总额（万元）：63

简　　介：该公司成立于2010年6月，资产总计63万元，主营业务名人字画投资经营；书画装裱、拍卖、展览、销售；书画人才培训；文化艺术交流演艺。

0519 通渭县晨曦小曲戏演艺有限责任公司

注 册 地：定西市通渭县

主营业务：小曲戏文化演出活动（凭营业性演出许可证经营）。

从业人员数（人）：2

销售额（万元）：2

资产总额（万元）：10

0520 通渭少华文化影视传媒有限责任公司

注 册 地：定西市通渭县

主营业务：名人字画投资经营；书画、剪纸创作，装裱，拍卖，展览，销售；书画人才培训；文化艺术交流；通渭小曲创排、演艺。

从业人员数（人）：10

销售额（万元）：100

资产总额（万元）：2600

0521 通渭县世宝文化产业开发有限责任公司

注 册 地：定西市通渭县

主营业务：书画、古玩、玉器、收藏、交易；文博会展、创意设计、企业形象包装。

从业人员数（人）：1

销售额（万元）：20

资产总额（万元）：1000

0522 通渭县红叶爱心文化传播有限责任公司

注 册 地：定西市通渭县

主营业务：企业形象策划、会务服务、文化艺术交流、文化信息咨询。

从业人员数（人）：2

销售额（万元）：15

资产总额（万元）：10

0523 通渭县大成文化产业发展有限公司

注 册 地：定西市通渭县

主营业务：书画、剪纸创作，装裱，拍卖，展览，销售。

主要产品：书画、剪纸创作

从业人员数（人）：12

销售额（万元）：100

资产总额（万元）：804

简　　介：该公司成立于 2008 年 12 月，资产总计 804.5 万元，增加值 130.49 万元。主营业务名人字画投资经营；书画、剪纸创作，装裱，拍卖，展览，销售；书画人才培训；文化艺术交流；通渭小曲创排、演艺。

0524 通渭龙兴斋文化传媒有限公司

注 册 地：定西市通渭县

主营业务：书画、笔、墨、纸、砚、古玩批发、零售；书画经纪交流、展览，装裱服务；广告的制作、发布；文化科技咨询服务。

从业人员数（人）：2

销售额（万元）：20

资产总额（万元）：2000

0525 通渭金岛文化产业有限公司

注 册 地：定西市通渭县

主营业务：文化商务活动、会议展览、书画培训、交流、文化商铺出租、民间文化开发。

从业人员数（人）：2

销售额（万元）：100

资产总额（万元）：1000

0526 通渭县福乐斋文化传媒有限公司

注 册 地：定西市通渭县

主营业务：书画、木雕、玉器、奇石销售；举办笔会、书画交流。

从业人员数（人）：2

销售额（万元）：20

资产总额（万元）：500

0527 通渭县腾生文化传媒有限责任公司

注 册 地：定西市通渭县

主营业务：书画、古玩、奇石、笔砚纸墨的销售；书画交流。

从业人员数（人）：2

销售额（万元）：100

资产总额（万元）：1000

0528 通渭星威文化传媒有限公司

注 册 地：定西市通渭县

主营业务：书法、绘画、珠宝、古玩销售、交流；广告宣传、商务洽谈、形象包装服务。

从业人员数（人）：1

销售额（万元）：5

资产总额（万元）：100

0529 通渭县兰亭文化产业发展有限责任公司

注 册 地：定西市通渭县

主营业务：文化艺术交流、企业形象策划、舞台艺术造型、舞台灯光音响租赁、文化工艺品、礼仪服务、会务、展览、展示服务、广告制作、发布。

从业人员数（人）：2

销售额（万元）：5

资产总额（万元）：50

0530 通渭县渔樵耕读文化艺术有限公司

注 册 地：定西市通渭县

主营业务：书画、古玩、笔墨纸砚销售；书画交流、举办笔会。

从业人员数（人）：1

销售额（万元）：20

资产总额（万元）：500

0531 甘肃省悦心国际书画有限责任公司

注 册 地：定西市通渭县

主营业务：书画、古玩、茶具、笔、墨、纸、砚，交流与销售。

从业人员数（人）：2

销售额（万元）：100
资产总额（万元）：10000

0532 通渭治者文化艺术有限公司

注 册 地：定西市通渭县
主营业务：文化交流、设计、会展、美术品、工艺品、收藏品、文化用品、办公用品的销售。
从业人员数（人）：2
销售额（万元）：100
资产总额（万元）：1000

0533 通渭县文化产业投资有限责任公司

注 册 地：定西市通渭县
主营业务：名人字画投资经营；书画拍卖、展览、销售。
销售额（万元）：1200
资产总额（万元）：5785
简　　介：名人字画投资经营；书画拍卖、展览、销售；书画人才培训；文化艺术交流；特色文化产业项目投资、园区基础设施开发建设、文化产业实业投资等。企业属于新组建的国有企业，在通渭市场中发展迅速，效益明显，形象良好。

0534 通渭县晓亚书画产业开发有限公司

注 册 地：定西市通渭县
主营业务：书画产品的开发与销售；承办大中型书画展；举办个人笔会；工艺美术品的制作与销售；书画创作人员的培训；春叶、剪纸的制作与销售。
主要产品：春叶、剪纸、书画
从业人员数（人）：2
销售额（万元）：20
资产总额（万元）：50

0535 陇西昊翰文化发展集团有限公司

注 册 地：定西市陇西县巩昌镇长安路南侧
主营业务：美术品经营展览
从业人员数（人）：5
资产总额（万元）：2000

0536 陇西李唐文化传播有限公司

注 册 地：定西市陇西县巩昌镇西大街44号
主营业务：许可经营项目：预包装食品（土特产、酒类）零售；景区建设。
从业人员数（人）：5
资产总额（万元）：200

0537 甘肃恒发文化传播有限公司

注 册 地：定西市陇西县巩昌镇景家桥2号
主营业务：信息技术服务、计算机与其配套产品的销售与维护；商务信息咨询；广告设计及制作、整合营销推广；企业刊物设计、企业形象设计、会议会展服务、庆典策划；安防监控工程。
从业人员数（人）：5
资产总额（万元）：400

0538 陇西九德文化传媒有限公司

注 册 地：定西市陇西县巩昌镇龙宫步行街
主营业务：综合文艺表演；美术品经营；图书、报刊、杂志零售；音像制品零售、出租。
从业人员数（人）：5
资产总额（万元）：10

0539 陇西吉星文化传媒有限公司

注 册 地：定西市陇西县巩昌镇东门口
主营业务：一般经营项目：文化活动策划、舞台艺术造型、演出服装服务；企业形象、市场营销策划。
从业人员数（人）：5
资产总额（万元）：10

0540 甘肃胜杰文化传播有限责任公司

注 册 地：定西市陇西县巩昌镇长安路广场丽苑商住小区 7-2 号

主营业务：综合文艺表演、美术品经营；广告设计制作、展览展示服务、灯光音响设备租赁、户外广告代理发布。

从业人员数（人）：10

资产总额（万元）：500

0541 陇西县襄武秦剧团

注 册 地：定西市陇西县渭阳乡渭阳村上渭阳社 41 号

主营业务：秦腔艺术表演

从业人员数（人）：5

资产总额（万元）：10

0542 陇西西部文化产业发展有限责任公司

注 册 地：定西市陇西县陇西县文峰镇开发区药都路

主营业务：书画交流、文房四宝、工艺品开发、书画教育、书画装裱、古玩收藏、鉴赏；广告设计、装饰材料（不含油漆）销售。

从业人员数（人）：10

资产总额（万元）：50

0543 李家龙宫景区

注 册 地：定西市陇西县

主营业务：游客接待、观光、祭祀、承办大型李氏文化节会，李氏文化研究。

从业人员数（人）：25

简　　　介：李家龙宫是天下李氏族人祭祀先祖的李氏大宗祠，是研究陇西李氏文化遗址遗迹的重要载体和标志性建筑之一，是陇西唯一一处保存下来的古建筑群，也是开发陇西文化旅游产业的重点依托载体。2006 年，李家龙宫被市委、省委相继命名为"全市爱国主义教育基地"、"全省爱国主义教育基地"。2011 年李家龙宫被甘肃省政府公布为省级文物保护单位李家龙宫始建于唐初，因唐太宗李世民御笔钦书"李家龙宫"而闻名海内外。唐建李家龙宫座北朝南，东西长 600 米，南北宽 440 米，建筑面积 25 万平方米。唐末遭毁，宋、元时期修复了部分建筑，亦因战火遭毁。明万历五年（公元 1577 年）时任陇西知县的山东临邑人李汝相倡导筹资重建，由于场地和资金原因，只在原李家龙宫的旧址北面恢复了龙宫部分建筑——亦称"北极宫"。明建李家龙宫总体建筑布局是"前五楼"、"后五山"和"中部祭祀区"。前部建有戏台和五座楼及大小殿阁建筑群，院中苍松翠柏，肃穆幽静，谓之"前五楼"。中部建有主祭堂建筑群，殿中供奉道教始祖李耳、纯阳真人李琼（吕洞宾）、陇西房始祖李崇等李氏先祖塑像。后部为后花园，有五座人工堆成的假山，分别名曰普贤崖、文殊岭、白衣岩、接引山、太乙峰，此谓之"后五山"。外围建筑有北天第一门（俗称头天门）、北天第二门、北天第三门。清顺治五年毁于兵灾，东主殿、凌霄殿、北天第二门、北天第三门等 10 多座古建筑早已被毁，仅留"北天第一门"牌坊，于康熙元年重建，康熙三十七年吕培高任知县时，他撰写的"仰弥高"竖匾额悬挂在"北天第一门"上，同治五年陇西城陷，李家龙宫再遭劫难。清末及民国初年又陆续增建维修一新，规模虽远不如前，却也山水相依，楼殿参差，别有天地。解放后龙宫绝大多数殿宇楼阁均遭人为拆除，三座假山夷为平地，现存古建筑因改为学校得以保存至今。

0544 陇西县众诚文化产业有限责任公司

注 册 地：定西市陇西县巩昌镇西大街 26 号

主营业务：艺术表演场馆布置；浓缩景观游览、婚纱摄影、婚庆服务。

从业人员数（人）：5

资产总额（万元）：100

0545 陇西威远演艺有限责任公司

注 册 地：定西市陇西县巩昌镇红旗路

主营业务：文艺演出

从业人员数（人）：10

资产总额（万元）：20

0546 甘肃海之梦文化传播有限公司

注 册 地：定西市陇西县巩昌镇人民广场31号

主营业务：文化艺术交流策划，舞台艺术造型策划，各类活动策划，公关活动策划，企业形象策划，市场营销策划，企业管理咨询，商务信息咨询，会务会议服务，展览展示服务，庆典礼仪服务，婚纱摄影服务，设计、制作、代理、发布各类广告，销售、租赁音响设备、灯光、桁架、花卉、气模、等器材及办公用品。

从业人员数（人）：10

资产总额（万元）：100

0547 甘肃华盛文化影视有限责任公司

注 册 地：定西市陇西县巩昌镇人民广场

主营业务：许可经营项目：电视综艺、电视专题节目制作、发行。

从业人员数（人）：10

资产总额（万元）：5000

0548 漳县权红古玩店

注 册 地：定西市漳县

主营业务：古玩收藏及销售

从业人员数（人）：2

资产总额（万元）：5

0549 漳县武阳润玉轩

注 册 地：定西市漳县

主营业务：古玩收藏

从业人员数（人）：1

资产总额（万元）：5

0550 漳县武阳点晴苑

注 册 地：定西市漳县

主营业务：书画装裱、相框制作、十字绣零售

从业人员数（人）：1

资产总额（万元）：0.5

0551 漳县创新思维广告中心

注 册 地：定西市漳县

主营业务：文化用品、打印耗材兼书画装裱、广告制作。

从业人员数（人）：1

销售额（万元）：10

资产总额（万元）：5

0552 漳县三岔十字绣装框

注 册 地：定西市漳县

主营业务：书画装裱、十字绣总装框

从业人员数（人）：1

销售额（万元）：4

资产总额（万元）：1

0553 漳县墨一斋书画装裱店

注 册 地：定西市漳县

主营业务：书画装裱

从业人员数（人）：1

销售额（万元）：5

0554 漳县建文古玩店

注 册 地：定西市漳县

主营业务：古玩收藏及销售

从业人员数（人）：1

资产总额（万元）：3

0555 漳县小珍奇石店

注 册 地：定西市漳县

主营业务：古玩、奇石销售

从业人员数（人）：1

资产总额（万元）：10

0556 漳县武阳聚艺阁

注 册 地：定西市漳县

主营业务：书画装裱、艺术做框、花圈挽幛、书画交流服务、烟花爆竹、奇石、根雕零售

从业人员数（人）：1

销售额（万元）：6

0557 漳县武阳奇正轩

注 册 地：定西市漳县

主营业务：书画装裱、书画交流、绣艺装框、花圈挽幛销售。

从业人员数（人）：1

销售额（万元）：5

资产总额（万元）：1

0558 漳县军强古玩店

注 册 地：定西市漳县

主营业务：古玩收藏及零售

从业人员数（人）：1

资产总额（万元）：5

0559 漳县老兵书画研究院

注 册 地：定西市漳县

主营业务：书画交流、快来展览、书画研究及联谊活动。

从业人员数（人）：1

资产总额（万元）：100

0560 临洮县马家窑产业发展有限责任公司

注 册 地：定西市临洮县洮阳镇

主营业务：文化艺术传播，收藏、鉴定，文化产业开发，工艺品制作。

从业人员数（人）：2

销售额（万元）：20

资产总额（万元）：100

简　　介：临洮县文化产业有限责任公司，依托甘肃省马家窑文化研究会的文化支持，隶属于临洮县临宝文化斋商务总社。公司主要业务是：在文化方面，继续深入研究、传播马家窑文化，在经营方面，开展书画创作交流，名人字画销售，古玩艺术品的销售、彩陶收藏鉴定，并进行相关文化的产业开发。

0561 临洮县洮河源洮砚文化有限责任公司

注 册 地：定西市临洮县洮阳镇

主营业务：洮砚、洮河奇石、文人字画、根雕及其它工艺品的销售。

主要产品：洮砚、洮河奇石、文人字画、根雕及其它工艺品。

从业人员数（人）：4

销售额（万元）：20

资产总额（万元）：100

0562 临洮齐家文化商贸有限责任公司

注 册 地：定西市临洮县洮阳镇公园路

主营业务：图书、教学仪器设备、字画、洮砚的销售。

从业人员数（人）：20

销售额（万元）：30

资产总额（万元）：100

0563 两当县三峡农业综合开发专业合作社

注 册 地：陇南市两当县

主营业务：两当号子、社火等民间娱乐服务。

从业人员数（人）：8

资产总额（万元）：60

0564 雅宜轩画廊

注 册 地：陇南市西和县

主营业务：书画装裱

从业人员数（人）：2

销售额（万元）：8

资产总额（万元）：6

0565 文县公安局档案室

注 册 地：陇南市文县

主营业务：对全局专业档案、文书档案、声像档案、实物档案、会计档案、已故干部档案进行整理、保管。并提供查询和部分档案借阅等业务。

从业人员数（人）：2

销售额（万元）：30

资产总额（万元）：500

简   介：文县公安局全宗由机关档案室、机关相关队、室档案室、各派出所档案室在办公、办案中形成的档案材料组成。机关档案室是全宗的主要组成部分，各所、队、室档案室按照规定向机关档案室移交档案。机关档案室的档案分为：专业档案、文书档案、会计档案、声像档案、实物档案、历史资料六个大类。

0566 文县九寨之子艺术工作室

注 册 地：陇南市文县

主营业务：艺术策划、音乐创作

从业人员数（人）：8

资产总额（万元）：20

0567 永靖县黄河三峡艺术团有限公司

注 册 地：临夏州永靖县

主营业务：民族舞、民间舞、小品、相声、秦腔、民间小调、非物质文化遗产的傩舞。

主要产品：非物质文化遗产的傩舞。

从业人员数（人）：22

销售额（万元）：50

资产总额（万元）：200

简   介：永靖县黄河三峡艺术团成立于2006年6月，有专业舞蹈老师、声乐老师负责培训。舞蹈包括有民族舞、民间舞、小品、相声、秦腔、民间小调还有我们永靖县非物质文化遗产的傩舞。在2007年9月份有甘肃永靖全国傩文化艺术展演获得奖项，特有中国民间文艺家协会、甘肃省文联、临夏州人民政府、永靖县人民政府联合颁发的奖状。通过我们全体员工的不懈努力又曾在2009年9月份由甘肃省委宣传部、省文明办、省文化厅、省民政厅、省广电局、省教育厅、省总工会、省团委省妇联、省文联联合举办的大型演出"爱国歌曲大家唱"甘肃省社区文明成果展演中荣获三等奖。

0568 甘肃云发宁河韵艺术有限责任公司

注 册 地：临夏州和政县

主营业务：歌舞表演、承办商务型会议及庆典活动、文艺人才培训、灯光音响设备出租

从业人员数（人）：65

销售额（万元）：358

资产总额（万元）：200

简   介：甘肃云发宁河韵艺术有限责任公司，是云发集团旗下的子公司，该公司抢抓文化体制改革机遇，积极响应加快和壮大文化产业号召，进一步传承好、保护好、利用好松鸣岩花儿这一世界级非物质文化遗产，

大力开发、保护、挖掘各民族优秀文化，力求以艺术形式弘扬民族灿烂文化服务于社会。

0569 迭部县腊子口旅游有限责任公司

注 册 地：甘南州迭部县

主营业务：文化艺术服务、文化遗产保护及群众文化服务、景区游览服务、文艺演出、工艺美术产品生产、销售。

从业人员数（人）：20

销售额（万元）：173.8

资产总额（万元）：1497.65

0570 迭部县扎尕那文化旅游开发有限责任公司

注 册 地：甘南州迭部县

主营业务：旅游景区、景点项目开发、投资融资开发、旅游产品研发生产。

从业人员数（人）：5

销售额（万元）：10

资产总额（万元）：1000

0571 迭部县腊子口文艺演出有限责任公司

注 册 地：甘南州迭部县

主营业务：文艺演出服务

从业人员数（人）：47

销售额（万元）：9

资产总额（万元）：100

0572 玛曲县牛角琴文化演艺有限公司

注 册 地：甘南州玛曲县

主营业务：节目创作、舞蹈文艺演出

从业人员数（人）：10

销售额（万元）：4

资产总额（万元）：100

甘肃省文化资源名录

第三十七卷 文化产业、传媒 II

文化信息传输服务

0001 甘肃鑫盛文化传播有限公司

注 册 地：兰州市

主营业务：文化教育信息咨询、企业管理咨询、职业发展咨询、计算机咨询服务；广告设计制作发布代理、会务服务、摄影服务；网络科技技术；通讯工程施工（凭资质证）。

主要产品：文化教育信息咨询、企业管理咨询、职业发展咨询、计算机咨询服务、广告摄影。

0002 兰州讯和网络科技有限公司

注 册 地：兰州市城关区

主营业务：利用信息网络经营动漫产品、游戏产品（含网络游戏虚拟货币发行）。从事网络文化产品的展览、比赛活动。

从业人员数（人）：10

资产总额（万元）：1000

0003 兰州公交广告有限公司

注 册 地：兰州市城关区

主营业务：广告设计、制作、发布的企业，独家经营公交车体、车厢、BRT（快速公交）站台灯箱、候车棚、站牌广告发布。代理全国各大中城市公交车体广告。

主要产品：巴士广告

从业人员数（人）：25

销售额（万元）：5916

资产总额（万元）：5000

0004 甘肃魔力网络科技有限公司

注 册 地：兰州市城关区

主营业务：利用信息网络经营游戏产品（含网络游戏虚拟货币发行）。

从业人员数（人）：10

资产总额（万元）：1000

0005 甘肃智微信息发展有限公司

注 册 地：兰州市城关区皋兰路221号

主营业务：计算机软件开发、销售；计算机系统集成；计算机信息技术开发及信息发展、服务、咨询及转让；网络工程施工（凭资质证）；网站建设及推广；计算机、软件及辅助设备、电子产品（不含地面卫星接收设施）的批发和零售；设计、制作、代理、发布国内各类广告（国家限制的广告除外）；文化艺术交流策划（不含演出）、企业形象策划、公关活动策划；企业管理咨询、商务信息咨询（不含证券）；摄影服务、婚庆礼仪服务。

0006 甘肃远华通科技发展有限公司

注 册 地：兰州市城关区皋兰路1号

主营业务：计算机软、硬件开发及系统集成；代理、设计、制作、发布国内各类广告（国家限制的广告除外）；室内景观环境设计；

计算机及辅助设备、建筑材料、电线电缆、通用机械、专用设备、环保设备、家用电器、五金交电、仪器仪表、数码产品、通讯器材（不含卫星地面接收设施）、劳保用品、矿用设备的批发零售。

资产总额（万元）：999.5

0007 甘肃每日传媒网络科技有限责任公司

注 册 地：兰州市城关区白银路 123 号

主营业务：计算机软件的开发销售；计算机网络工程；电脑平面设计、制作。互联网信息服务业务和短信息服务业务。

0008 读者甘肃数码科技有限公司

注 册 地：兰州市城关区南滨河东路 520 号

主营业务：软件、硬件开发、销售及维护；电子产品的生产和销售；教育仪器及设备的批发、零售；网络技术服务（不含互联网）；电子阅读器的生产、销售与内容推广；电子出版物（限于电子书）总发行业务；电子出版物（限于电子书）复制业务，包括：出版物内容的数字转换、编辑加工、数字芯片植入；电子版权贸易；企业管理咨询；通讯设备的生产、销售；商业贸易；文化教育产品；工艺品销售；商品进出口贸易；互联网出版经营业务，包括：中国内地已正式出版的图书、期刊内容的网络（含手机网络）传播。

主要产品：软件、硬件开发、销售及维护；电子产品的生产和销售；教育仪器及设备的批发、零售；网络技术服务（不含互联网）；电子阅读器的生产、销售与内容推广；电子出版物（限于电子书）总发行业务；电子出版物（限于电子书）复制业务。

销售额（万元）：776

资产总额（万元）：1050

0009 中国电信股份有限公司甘肃分公司

注 册 地：兰州市城关区平凉路 405 号

主营业务：第一类增值电信业务中的在线数据处理与交易处理业务、国内因特网虚拟专用网业务、因特网数据中心业务；第二类增值电信业务中的语音信箱业务、传真存储转发类业务、X.400 电子邮件业务、呼叫中心业务、因特网接入服务业务和信息服务业务。

0010 兰州开明网络技术有限公司

注 册 地：兰州市城关区安定门 19 号

主营业务：计算机系统集成、通信系统、办公自动化系统软件的研发、生产、销售及维护服务、技术转让；国类各类广告的设计、制作、发布、代理；网络运营的维护服务；企业及产品的营销策划；商务信息咨询服务。

主要产品：网站制作。

从业人员数（人）：3

销售额（万元）：20

资产总额（万元）：55

0011 甘肃蓝图地理信息技术有限公司

注 册 地：兰州东岗西路

主营业务：地图销售、测绘图

销售额（万元）：185

资产总额（万元）：200

0012 甘肃省广播电视网络股份有限公司

注 册 地：兰州市城关区东岗西路 226 号

主营业务：广播电视网络设计、建设、监理、开发、运营、管理和维护；视音频内容集成、制作、分发经营；利用有线电视网络资源开展数据信息、移动多媒体及"三网融合"国家允许的通信、互联网、比照电信基础业务管理的增值电信业务等新技术、新业务、新媒体的开发经营；设计、制作、发布广告；广播电视与信息网络的技术和产品研发、生产、销售及服务；国内外广播电视及信息网络设备器材的代理、经销；符合国家产业政策的其他领域项目如电子、软件、新材料、节能等。

0013 甘肃广电数字移动电视传媒有限责任公司

注 册 地：兰州市城关区东岗西路 226 号
主营业务：电视节目及数据传输；多媒体数字电视广播；数字电视广播增值业务；网络资源租赁；广播电视信息咨询服务；计算机网络集成；家用电器、通讯设备、电子产品的批发零售。
售额（万元）：427
资产总额（万元）：1594

0014 甘肃广电网络汉柏云计算服务有限公司

注 册 地：兰州市城关区东岗西路 226 号
主营业务：广告筹划、制作；大型活动筹划、运作；计算机软件开发、销售、技术转让；电子产品、通讯产品、文化产品、数码产品、办公自动化设备批发、零售。
主要产品：计算机软件。

0015 读者出版传媒股份有限公司

注 册 地：兰州市城关区南滨河东路 520 号
主营业务：组织所属单位出版物的出版及版权服务、发行（含总发行、批发、零售以及连锁经营、展览）、印刷（复制）、进出口相关业务；数字网络出版等新媒体技术开发；印刷设备、纸张的批发零售；广告设计、制作、代理和发布；电子阅读设备、文化用品生产、批发、零售；动漫产品制作；投资管理；互联网信息服务业务。

销售额（万元）：74875
资产总额（万元）：97413

0016 甘肃通泰信息科技有限责任公司

注 册 地：兰州市皋兰路街道颜家沟 23 号
主营业务：计算机软件开发及应用；互联网信息技术咨询、数据处理和存储服务。

0017 兰州龙泰昌工业科技有限公司

注 册 地：兰州市城关区南滨河东路 349 号
主营业务：软件开发，网络集成系统的开发建设
主要产品：《农业人口经济状况信息管理系统》《千里眼远程监控系统》、《领导干部廉政档案管理系统》。
从业人员数（人）：28
销售额（万元）：436
资产总额（万元）：242
简　　介：兰州龙泰昌工业科技有限公司的前身是甘肃怡普计算机科技有限公司。经过各种完善与改造后，龙泰昌工业科技有限公司于 2011 年 2 月重新组建成立。公司以电脑科技为先导，企业管理软件为依托，立足甘肃地方经济，突出专业特色，精益求精，以精湛的技术打造高素质的高新技术企业，努力为广大用户的信息化建设创造更多的回报。公司现有注册会计师 1 名，会计师 2 名，电脑程序工程师 12 名，外聘专家 6 名。我公司与 2011 年初确定了《千里眼远程监控系统软件》研发的课题。另外，由我公司自主研发的《农业人口经济状况信息管理系统》软件正在推广应用中。

0018 甘肃智联信息科技有限责任公司

注 册 地：兰州市城关区庆阳路 352 号
主营业务：建筑智能化系统工程、安全技术防范及计算机网络系统集成工程、通信工程

设计与施工；全省短信息服务业务，（服务项目不包含互联网信息服务和固定网电话信息服务业务等内容）；计算机软硬件开发、销售、安装、维护，机房及系统设备维修及维护；机电产品（不含小轿车）、仪器仪表、电子产品、通信器材（以上两项不含卫星地面接收设施）、建筑材料、办公设备的批发零售。

销售额（万元）：3

资产总额（万元）：200

0019 甘肃友通科讯资产运营管理有限公司

注 册 地：兰州市城关区庆阳路 235 号

主营业务：设计、制作、代理、发布国内各类广告（国家限制的广告除外）；计算机系统集成、计算机网络工程施工、建筑智能化工程施工（凭资质证）；会议会展服务、市场营销策划、企业管理咨询、经济信息咨询（不含证券、期货）；电子产品（不含卫星地面接收设施）、文化用品的批发零售；智能化领域的技术咨询、技术开发、技术转让、技术服务。

0020 甘肃快富通商务科技有限公司

注 册 地：兰州市城关区盐场路 27 号

主营业务：商务信息咨询、经济信息咨询（不含金融、证券）、项目投资咨询、互联网信息及服务。

0021 中国联合网络通信集团有限公司兰州市分公司

注 册 地：兰州市酒泉路街道庆阳路 5–11 号

主营业务：固定通信业务、蜂窝移动通信业务、第一类卫星通信业务、第一类数据通信业务、网络接入业务（具体业务种类、覆盖范围以许可证为准，有效期至 2019 年 1 月 6

日）；国内甚小口径终端地球站（VSAT）通信业务、固定网国内数据传送业务、无线数据传送业务、用户驻地网业务和网络托管业务、增值电信业务中的在线数据处理与交易处理业务、国内因特网虚拟专用网业务、因特网数据中心业务、语音信箱业务、传真存储转发业务、X.400 电子邮件业务、呼叫中心业务、因特网接入服务业务和信息服务业务。

销售额（万元）：35426

资产总额（万元）：8768

0022 兰州北方文化影视传媒有限公司

注 册 地：兰州市酒泉路 199 号

主营业务：文化艺术培训、创作、公关礼仪、影视文化交流、传媒代理、组织承办会议展览、著作权转让、版权代理服务（不含涉外服务）、电视专题、电视综艺、动画故事片的制作发行；技术咨询、研发设计、技术开发、技术转让服务。

主要产品："中国梦科普惠民生"系列科普影视文化产品，第一辑《健康科普进社区》，第二辑《身体的警讯》，第三辑《健康科学文明的生活方式》，第四辑《妇幼健康科普专辑》。正在研发的有动画片《20 世纪科技史上的重大发现》，电视音乐动画片《歌唱我们的价值观》等。

从业人员数（人）：12

销售额（万元）：8.48

资产总额（万元）：324.24

简 介：兰州北方文化影视传媒有限公司成立于 1995 年 5 月，注册资本 300 万元，业务由甘肃省新闻出版广电局主管，具有《广播电视节目制作经营许可证》（甘字第 019 号），2014 年获文化部"动漫企业认定"，是甘肃省文化产业协会常务理事单位，兰州市科技入孵企业。公司擅长电视专题片、宣传片、电视栏目节目、纪录片的研发生产，累计完成近 3000 部集。

0023 甘肃三维 e 家电子商务有限公司

注　册　地：兰州市城关区酒泉路 300 号

主营业务：技术推广服务；经济贸易咨询；会议服务；承办展览展示；市场调查；设计、制作、代理、发布国内各类广告；电脑图文设计；计算机系统服务；教育咨询（不含中介服务）；新鲜蔬菜销售；水果、禽蛋销售；服装鞋帽、箱包、针纺织品、玩具、日用品、文化用品、体育用品、首饰、工艺品、化妆品销售；医疗器械（限计生用品）、家用电器、汽车零配件、办公用机械、金属材料、计算机、软件及辅助设备的销售；电子商务服务；计算机网络技术咨询服务。

主要产品：新鲜蔬菜、水果、禽蛋、服装鞋帽、箱包、针纺织品、玩具、日用品、文化用品、体育用品、首饰、工艺品、化妆品、医疗器械、家用电器、汽车零配件、办公用机械、金属材料、计算机。

0024 中国联合网络通信集团有限公司甘肃省分公司

注　册　地：兰州市高新技术产业开发区

主营业务：固定通信业务、蜂窝移动通信业务、第一类卫星通信业务、第一类数据通信业务、网络接入业务（具体业务种类、覆盖范围以许可证为准，有效期至 2019 年 1 月 6 日）；国内甚小口径终端地球站（VSAT）通信业务、固定网国内数据传送业务、无线数据传送业务、用户驻地网业务和网络托管业务、增值电信业务中的在线数据处理与交易处理业务、国内因特网虚拟专用网业务、因特网数据中心业务、语音信箱业务、传真存储转发业务、X.400 电子邮件业务、呼叫中心业务、因特网接入服务业务和信息服务业务（含固定网电话信息服务业务、互联网信息服务业务和移动网信息服务业务，有效期至 2019 年 3 月 27 日）；利用信息网络经营音乐娱乐产品、游戏产品（含网络游戏虚拟货币发行）、演出剧（节）目、动漫产品。

销售额（万元）：97204

资产总额（万元）：102755

0025 兰州市友迪资讯科技有限公司

注　册　地：兰州市城关区秦安璐 198 号

主营业务：软件开发、系统集成。

主要产品：友迪数字监狱（劳教）管理平台、友迪心理矫治管理系统、友迪司法警察综合管理系统、友迪会见管理系统、友迪 OA、友迪 ERP 管理系统、森林资源林政管理系统、友迪国库集中支付管理系统和友迪智能管理控制系统等。

从业人员数（人）：26

销售额（万元）：204

资产总额（万元）：277

简　　　介：友迪数字监狱（劳教）管理平台、友迪心理矫治管理系统、友迪司法警察综合管理系统、友迪会见管理系统、友迪 OA、友迪 ERP 管理系统、森林资源林政管理系统、友迪国库集中支付管理系统和友迪智能管理控制系统等，其中友迪数字监狱（劳教）管理平台和森林资源林政管理系统属国家火炬计划项目，曾先后获得国家创新基金的无偿支持，该两项技术居国内领先水平，填补了国内同行空白。并在相关行业得到了推广应用，取得了良好的经济社会效益。

0026 甘肃新网路信息科技发展有限公司

注　册　地：兰州市城关区张苏滩 802 号

主营业务：高速公路信息化服务

主要产品：E-bidding 在线招投标系统

从业人员数（人）：20

资产总额（万元）：280

简　　介：甘肃新网路信息科技发展有限公司于 2004 年 5 月 10 日在甘肃省工商行政管理局注册登记，是一家专门致力于高速公路信息化服务的高科技公司，主要产品 E-bidding 在线招投标系统，应用于甘肃省交通建设领域，主要服务于甘肃省交通厅工程处、甘肃路桥公路投资有限公司、甘肃长达路业有限责任公司等业主单位。

0027 甘肃佳视数字电视发展有限公司

注 册 地：兰州市城关区张苏滩 541 号

主营业务：电视综艺、电视专题节目制作、发行；大型综艺活动策划、组织、制作；数字电视技术开发；数字电视相关设备的销售；广告代理、经营；网络工程施工；电视购物经营。

主要产品：电视综艺、电视专题节目、数字电视。

资产总额（万元）：293

0028 兰州中兴通电子技术有限公司

注 册 地：兰州市城关区庆阳路 348 号世纪广场 A 座 1508

主营业务：软件开发类企业，主要研发方向为涉税类软件、系统的开发。

从业人员数（人）：50

销售额（万元）：609.66

资产总额（万元）：448.54

简　　介：兰州中兴通电子技术有限公司成立于 2009 年，前身是中兴通科技股份有限公司，，公司技术研发平台延续了中兴通科技股份公司研发中心积累了 14 年的产品研发平台，现已形成了公司自有的开发框架、工作流引擎、报表引擎以及加固优化的嵌入式安全操作系统，为涉税产品研发奠定了雄厚的环境支持基础。

0029 甘肃力耕网络技术有限责任公司

注 册 地：兰州市城关区科技街 1 号

主营业务：计算机及配件、通讯设备、电子产品、办公用品的批发零售；建筑智能化工程施工、计算机系统集成；软件开发及技术服务。三维设计、工艺礼品设计、电脑图文设计、动漫设计等；网站建设、电子商务、网络推广及维护。

从业人员数（人）：19

销售额（万元）：508

资产总额（万元）：1046

简　　介：甘肃力耕网络技术有限责任公司成立于 2002 年，是兰州市高新区一家高新技术企业，公司自成立以来做出了大量的业绩，自 2002 年至 2008 年主要从事政府网站建设，校园网、LED 电子屏、OA 管理系统等，是甘肃省兰州市 IT 项目招标的推荐单位和特约供货商，工程业绩超过一亿元；自 2008 年至今，公司主要从事互联网、移动互联网电子商务工作，开发设计网站、提供网络推广服务，现与阿里巴巴，百度，淘宝，善融商务等网站紧密合作，拥有丰富的软件开发以及网络维护经验，现已成为甘肃省兰州市文化、科技和商务融合的重点企业。

0030 甘肃工大电子科技有限公司

注 册 地：兰州市城关区科技街 13 号

主营业务：软件开发与服务：企业管理 / ERP、能源 / 电力 EAM、交通 / 城市公交业务系统、通用 / 办公 OA，政府 / 经济运行分析、项目库管理、工业控制 / 水利信息化、其它 / 系统集成、安防工程。

从业人员数（人）：60

销售额（万元）：2434

资产总额（万元）：5883

简　　介: 甘肃工大电子科技有限公司简称"工大电子科技",是在原甘肃工业大学高新技术实业总公司的基础上,经股份制改造后重新组建的高科技有限责任公司。公司主要从事大型应用软件开发和高科技电子产品的研制,并承接计算机网络工程、自动化工程、通讯工程、建筑智能化及安防工程的系统集成。

0031 兰州凡纳网络科技有限责任公司

注　册　地: 兰州市城关区民主西路 7 号 18 楼

主营业务: B2B 电子商务交易平台

主要产品: 凡纳网

从业人员数(人): 67

销售额(万元): 550

资产总额(万元): 4500

简　　介: 凡纳网,国内知名的 B2B 电子商务交易平台。成立于 2007 年 5 月,于 2008 年 9 月 10 日正式上线,经过不断的积累与磨炼于 2009 年 6 月 15 日推出第二版并正式启用 fanna. com. cn 域名,从 2009 年开始,凡纳网 [进入发展快车道,用户数量迅速增加,为了满足日益增长的用户流量和适应国内 B2B 行业新环境,凡纳网于 2013 年再次全面更新。凡纳网始终坚持为中小企业提供便捷高效的 B2B 电子商务服务,同时满足功能实用和操作易用的用户需求。

0032 甘肃羿诚网络科技工程有限公司

注　册　地: 兰州市城关区永昌路 150 号

主营业务: 计算机软硬件开发、弱电系统集成、计算机网络工程、安防监控系统、企业信息化、网站设计与开发、通信系统开发集成、自动化控制系统开发与集成。

主要产品: "中擎"医院管理信息系统 HIS、"中擎"医学影像系统 PACS、"中擎"远程会诊系统。

从业人员数(人): 15

销售额(万元): 850.13

资产总额(万元): 442.63

简　　介: 公司主要从事计算机软硬件开发、弱电系统集成、计算机网络工程、安防监控系统、企业信息化、网站设计与开发、通信系统开发集成、自动化控制系统开发与集成,自主知识产权产品"中擎"医院管理信息系统 HIS、"中擎"医学影像系统 PACS、"中擎"远程会诊系统已在甘、青、宁、新等地区 30 多家医院投入使用,用户反映良好。

0033 甘肃大禹数字遥感信息科技有限公司

注　册　地: 兰州市城关区民安大厦 B 座 17 楼

主营业务: 无损检测设备的开发与销售、地下管线测漏与探测、管道防腐层检测与评估、检测系统集成、三维动画制作、多媒体展厅制作、展示技术服务与研发。

主要产品: 软件产品登记证书: A: 三维地理信息管理系统 VI1.0; B: 机动车车架码识别系统; C: 地下管线防腐层管理分析系统。软件著作权登记证书: A: 三维地理信息管理系统 VI1.0; B: 机动车车架码识别系统; C: 地下管线防腐层管理分析系统; D: 地下管线信息系统 V1.0; E: 地下管线防腐层管理分析系统 V1.0; F: 大禹企业信息管理系统 V1.0; G:GPR 图像分析系统 V1.0; H: 机动车电子罚单系统 V1.0。

从业人员数(人): 35

销售额(万元): 981

资产总额(万元): 1006

0034 兰州海红技术股份有限公司

注　册　地: 兰州市城关区雁南路 18 号

主营业务: 提供智能通信配电整体解决方案及相关产品的研发、生产、销售及售后技术服务。

从业人员数（人）：287

销售额（万元）：8609

资产总额（万元）：13218

简　　介：兰州海红技术股份有限公司（以下简称"公司"），是由兰州海红通信设备有限责任公司整体变更设立的股份制公司。公司始建于2000年7月，座落于兰州国家级高新技术产业开发区七里河园区，于2012年5月完成股份改制，注册资金6006万元，下设七大职能中心和两个全资子公司。

0035 兰州华强汇瑞电子科技有限公司

注　册　地：甘肃省兰州市城关区民主东路86号

主营业务：硬件研发、软件研发、自动控制系统集成、电子信息系统集成。

主要产品：1. 受兰州天际环境保护有限公司委托，进行了"铁路散堆装货物运输抑尘智能控制及作业质量监控系统"的计算机信息化系统软件开发。2. 受兰州惠超电子科技有限公司的委托，进行了"RLJ-1型智能列车报警装置"的开发。3. 受兰州华浩科技有限公司的委托，进行了"地磅防作弊硬件系统集成及软件开发"。4. 受中国铁道科学研究院委托，进行了"地铁屏蔽门用110伏直流无刷电机驱动器"的开发。5. 受中国铁道科学研究院委托，进行了"TETRA车载台控制核心板系统开发"。

从业人员数（人）：20

销售额（万元）：269.07

资产总额（万元）：221.73

简　　介：公司专业从事硬件研发、软件研发、自动控制系统集成、电子信息系统集成。

0036 甘肃西游网络科技有限公司

注　册　地：兰州市城关区甘南路31号

主营业务：网络游戏和手机游戏研发与运营，移动端APP研发。

主要产品："丝路传奇"网络游戏

从业人员数（人）：15

资产总额（万元）：1000

简　　介：甘肃西游网络科技有限公司"（以下简称我公司）是一家专业从事网络游戏和手机游戏研发与运营，移动端APP研发的互联网企业，与国内知名的网络游戏开发投资运营商有着紧密的合作。我公司在上海设立分支研发基地，核心研发人员大都来自国内知名互联网公司。除了游戏研发之外，我公司在移动端APP研发、跨平台（android，IOS）引擎研究，移动电子商务等，也具有专业人才和项目经验的储备和积累，并已经开始和甘肃电信"爱城市"等企业进行项目合作。

0037 兰州尚源人和网络科技有限公司

注　册　地：兰州市城关区

主营业务：物联网技术及产品的开发应用与推广

主要产品：车宝汽车故障检测仪、智能路灯自动喷淋系统、智能小区庭院灯喷雾系统、智能家居系统、智能安防系统。

从业人员数（人）：36

资产总额（万元）：100

简　　介：兰州尚源人和网络科技有限公司成立于2014年9月，以物联网智能家居为主要发展方向，公司与国内多家物联网企业建立了良好的合作关系，致力于智能家居产品的开发与推广，打造全新便捷的生活模式。公司为了便于广大客户体验智能家居带来的舒适与便捷，已经在兰州雁滩家具市场开设了智能家居体验馆。目前公司已经推出以i车宝为主的车联网产品，该产品主要特征是针对车辆的故障可以进行自动检测，对于油耗及行车数据进行存储分析，自动评分系统可以纠正驾驶员不良的驾驶习惯从而达到节油效果。并且在手机 APP 软件上进行人性化设计，免费装有用户生命档案界面，以备不时之需。

0038 兰州领新网络信息科技有限公司

注 册 地：兰州市城关区火车站东路 351 号

主营业务：企业信息化、政务信息化、教育信息化服务。

从业人员数（人）：28

销售额（万元）：310

资产总额（万元）：369

简　　介：兰州领新网络信息科技有限公司是专业的 IT 服务外包商和企业信息化管理顾问机构，成立于 2010 年。公司现有人员 28 人，其中中级以上技术人员 16 人，办公面积 300 多平方米，各种信息化设备齐全。公司拥有完善的现代企业管理制度，主要致力于为企业信息化、政务信息化、教育信息化服务。几年来，已为国内许多企业、政府机构、教育机构提供了专业的服务与指导。主要服务项目有：软件技术服务、IT 服务外包、信息化管理方案策划实施等，在业界享有较高声誉。

0039 甘肃锐杰信息科技有限公司

注 册 地：兰州市城关区张苏滩 802 号

主营业务：信息系统工程监理、咨询；计算机软件开发、技术服务；工程安装。

主要产品：监理信息平台互动系统软件、视频指挥调度系统软件、机场专用公路软件。

从业人员数（人）：25

销售额（万元）：2356

资产总额（万元）：3344

简　　介：甘肃锐杰信息科技有限公司成立于 2006 年 5 月，注册资本 600 万元。目前的业务领域主要有信息系统工程监理、咨询；

计算机软件开发、技术服务；工程安装；汽车租赁；劳务输出；机械设备、五金交电、电子产品的批发、零售、租赁、设计、咨询、安装、调试、检测等。公司具有 ISO9001 质量管理体系认证证书和甘肃省科技厅认定的高新技术企业认定证书。

0040　兰州三磊电子有限公司

注 册 地：兰州市城关区南面滩 268 号

主营业务：工业无损检测设备的设计、制造及技术服务；计算机软件的开发及技术服务；电子设备、安全设备的设计、制造及服务等。

主要产品：无损检测数字成像信息管理与传输控制系统。

从业人员数（人）：55

销售额（万元）：1462.1

资产总额（万元）：4818.93

简　　介：兰州三磊电子有限公司成立于 1993 年 2 月，企业注册资本 2598 万元，注册类型为有限责任公司，注册地址为兰州市城关区南面滩 268 号；企业法人代表：陈明；经营范围：工业无损检测设备的设计、制造及技术服务；计算机软件的开发及技术服务；电子设备、安全设备的设计、制造及服务等。公司成立后致力于检测设备的研究开发和检测软件的开发。

0041　兰州天誉信息技术有限公司

注 册 地：兰州市城关区庆阳路 426 号

主营业务：百度信誉 V 认证、网站建设、网站推广、400 电话。

主要产品：筑巢系统（网站搜索引擎优化、SEO）。

从业人员数（人）：10

销售额（万元）：2

资产总额（万元）：20

简　　介：兰州天誉信息技术有限公司，成

立于 2013 年。是一家专注于为甘肃地区企业提供基础互联网服务的全方位整合营销型公司。是百度信誉 V 认证业务在甘肃区域的独家合作伙伴。

0042 兰州兰大小精灵新技术有限责任公司

注 册 地：兰州市城关区张苏滩 575 号大学科技园

主营业务：智能卡应用管理系统、计算机应用软件及硬件产品的开发、生产、销售及售后服务业务。

主要产品：一卡通应用系统和计算机信息系统集成。

从业人员数（人）：97

销售额（万元）：1118.15

资产总额（万元）：1862.32

简　　介：兰州兰大小精灵新技术有限责任公司 1996 年 4 月注册成立，是首批入驻兰州高新技术产业开发区的高新技术企业和软件企业，主要从事智能卡应用管理系统、计算机应用软件及硬件产品的开发、生产、销售及售后服务业务，主导产品为一卡通应用系统和计算机信息系统集成。目前，公司有员工 97 人，拥有研发、生产和办公场地 1500m2，有 8 个分支机构，200 多家代理合作伙伴，拥有集团用户 2000 多家，产品及营销服务网络遍布全国各地。

0043 甘肃读者动漫科技有限公司

注 册 地：兰州市城关区高新雁南路 18 号创新大厦

主营业务：动漫画设计、制作；广告策划、制作、发布、代理；公关活动策划运作；承办展览展示；企业咨询、策划；计算机软件开发、销售及技术转让；电子产品、通讯产品、文化用品、数码产品、办公自动化批发零售等。

从业人员数（人）：50

销售额（万元）：30.19

资产总额（万元）：964.55

简　　介：甘肃读者动漫科技有限公司隶属于读者出版传媒股份有限公司。公司由影视动漫创意与制作、会展展览策划与实施、动画技术培训与研发、新媒体业务互动与开发等几大业务板块构成。业务范围涉及动漫、广告、展馆多媒体改造、移动互联网及旅游等几大领域。是具有国际化视野、融入国际化理念、运用国际化方法、具备国际化技术而又根植于本土文化的文化产业链一站式服务专家。

0044 兰州宜天网络科技有限公司

注 册 地：兰州市城关区张苏滩 571-2 号兰州科技创业园

主营业务：网络技术、软件开发、网络营销策划。网站建设、网站推广、网络整合营销、400 免费电话、软件开发等业务。

主要产品：小区车辆智能管理系统；宜天网络中小企业信息化管理系统。

从业人员数（人）：12

销售额（万元）：95

资产总额（万元）：173

简　　介：是一家以网络技术、软件开发、网络营销策划等为一体的网络科技公司，是一家大学生创业公司。现运营：网站建设、网站推广、网络整合营销、400 免费电话、软件开发等业务。2010 年 7 月公司被共青团兰州市委指定为"兰州市青年就业创业见习基地"，是兰州高新区创业服务中心孵化器内企业。

0045 兰州深蓝图形技术有限公司

注 册 地：兰州市城关区雁滩高新开发区

主营业务：应用软件技术研发、IT 设备营销与服务。

主要产品：站场信号设备平面布置 CAD 系统；铁路站场进路联锁表自动生成系统；ZPW-2000A 型站内电码化 CAD 系统；通用型普速 / 高速铁路计算机联锁信号 CAD 系统；电缆径路与室外电缆配线图 CAD 系统；6502 电气集中信号联锁 CAD 系统。

从业人员数（人）：26

销售额（万元）：564

资产总额（万元）：1000

简　　介：兰州深蓝图形技术有限公司成立于 1998 年 6 月，注册资金 1000 万元，位于国家级高新区之一的兰州市高新技术园区创新园。公司自成立以来始终专注于计算机图形图象、数据库和网络管理信息系统技术的研究，是一家集应用软件技术研发、IT 设备营销与服务为一体的高新技术企业。

0046　甘肃慧瑞信息技术有限公司

注　册　地：兰州市城关区南关十字民安大厦

主营业务：主要业务和产品为北京用友政务财务产品，用能单位能源综合监督系统，信用担保管理信息系统。

从业人员数（人）：27

销售额（万元）：838

资产总额（万元）：664

简　　介：公司主要业务和产品为北京用友政务财务产品，用能单位能源综合监督系统，信用担保管理信息系统，主要应用服务于行政事业单位，用能企业和监管部门和担保机构和监管部门。

0047　甘肃新方圆电子科技有限责任公司

注　册　地：兰州市城关区市雁滩张苏滩 575 号

主营业务：LED 显示屏、LED 亮化、LED

照明、LED 灯饰、计算机、计算机外设、触控一体机、软件及辅助设备、电子产品、办公自动化设备的研发、生产及批发零售。

从业人员数（人）：68

销售额（万元）：1657

资产总额（万元）：2220

简　　介：甘肃新方圆始建于 1998 年，是一家以生产新型低碳 LED 产品为主，同时从事技术科研、生产、经营一体的大型专业 LED 公司，业务遍及甘肃、青海、宁夏、新疆、陕西、内蒙古等省和自治区；行业遍及政府、教育、金融、电力、通讯、铁路、商业等行业。公司经营范围涉及的也非常广泛，主要有 LED 显示屏、LED 亮化、LED 照明、LED 灯饰、计算机、计算机外设、触控一体机、软件及辅助设备、电子产品、办公自动化设备的研发、生产及批发零售。

0048　甘肃中安汇科信息技术有限公司

注　册　地：兰州市城关区雁西路 233 号 7 层

主营业务：计算机软件开发、系统集成、大屏幕显示系统、安防监控、建筑智能化工程、多媒体教室及电子工程、弱电工程、IT 设备的销售、外包服务、技术服务等业务。

主要产品：甘肃省民爆行业销售备案系统，甘肃省民爆行业视频监控系统。

从业人员数（人）：15

资产总额（万元）：500

简　　介：甘肃中安汇科信息技术有限公司始建于 1992 年，公司前身为甘肃省煤炭局下属三产企业"兰州胜大计算机工程有限公司"，2012 年重组为北京中安信息科技股份有限公司全资子公司。公司是主要从事计算机软件开发、系统集成、大屏幕显示系统、安防监控、建筑智能化工程、多媒体教室及电子工程、弱电工程、IT 设备的销售、外包服务、技术服务等业务的高科技企业。

0049 兰州时代动力信息科技有限公司

注 册 地：兰州市城关区雁西路鑫亿城
主营业务：互联网信息平台的建设、企事业单位互联网应用服务、网站建设、网络推广。
从业人员数（人）：30
资产总额（万元）：10
简　　介：兰州时代动力信息科技有限公司是国内的一家 IT 服务运营商。是集互联网信息平台的建设、企事业单位互联网应用服务、网站建设、网络推广、为一体的"整合网络营销型"公司。

0050 兰州文汇影视文化传播有限责任公司

注 册 地：兰州市城关区靖远路街道九州中路
主营业务：大型影视剧的拍摄制作，平面广告、电视广告拍摄，EP、单曲、专辑的制作，文化活动策划、宣传、推介销售、推广等。
从业人员数（人）：20
简　　介：兰州文汇影视文化传播有限责任公司于 2012 年成立，是一家具有专业水准的综合性文化传媒机构。公司拥有稳定的基础以及强大的师资顾问团队。公司是以大型影视剧的拍摄制作，平面广告、电视广告拍摄，EP、单曲、专辑的制作，文化活动策划、宣传、推介销售、推广为一体的综合性传媒公司。

0051 甘肃天宇电视综合服务公司

注 册 地：兰州市城关区靖远路 235 号
主营业务：电视联网服务及信息咨询，摄影、摄像。

0052 甘肃金信达电子科技有限公司

注 册 地：兰州市安宁区北滨河西路宁苑小区
主营业务：专业从事无线通信、计算机网络、安防产品等销售、工程服务、系统集成于一体化的安防智能化的提供商。
从业人员数（人）：7
销售额（万元）：85
资产总额（万元）：240
简　　介：甘肃金信达电子科技有限公司是一家专业从事无线通信、计算机网络、安防产品等销售、工程服务、系统集成于一体化的安防智能化的提供商，是甘肃省最具实力的专业安防产品销售与系统集成商之一。公司业务涉及 2.4G\ 3.5G\5.8G 无线接入及室内分布成套设备；复用器、路由器、交换机等网络产品、数字高清\模拟监控设备、移动视频监控，视频会议产品等。

0053 甘肃腾达信息科技有限公司

注 册 地：兰州市城关区欣欣茗园
主营业务：企业管理软件研发、网络系统集成、网络优化及信息安全产品销售和服务
从业人员数（人）：3
资产总额（万元）：200
简　　介：甘肃腾达信息科技有限公司（简称：腾达科技），是一家专业从事企业管理软件研发、网络系统集成、网络优化及信息安全产品销售和服务为一体的高科技企业。公司拥有一批资深的专业技术人才、企业咨询顾问和项目管理费用专家，建立了规模化的产品研发、咨询、销售和服务体系，并基于先进的项目管理和知识管理模式，为客户提供优质的产品和服务。公司致力于为用户提供网络整体解决方案、信息安全咨询及为用户量身定制专业的应用管理软件，能为用户提供专业软件开发、智能楼宇（小区）布线、网络系统集成、智能安防监控、门禁系统、楼宇可视对讲系统、停车场管理系统及信息安全产品销售等服务。

0054 兰州奥普信息技术有限公司

注 册 地：兰州市城关区南昌路 709 号

主营业务：光纤传感物联网

从业人员数（人）：69

销售额（万元）：2292

资产总额（万元）：2292

简　　介：兰州奥普信息技术有限公司是中国领先的光纤传感物联网厂家。秉承"卓越始于创新"的企业宗旨，走创新发展之路，走产品化之路，在光纤传感领域执著耕耘，研发和产业化具有中国光纤传感领域的主要技术性能指标领先的光纤传感物联网系列产品。

0055 兰州天地电脑技术有限公司

注 册 地：兰州市城关区科技街 160 号

主营业务：计算机软、硬件系统的研制与开发以及附属设备的开发。

从业人员数（人）：240

销售额（万元）：4236

资产总额（万元）：5544

简　　介：目前公司已经成为省内具有一定影响力的计算机信息系统集成企业和软件开发企业，并为多家政府机构、大中型企、事业等单位成功提供了文化信息共享工程解决方案和计算机信息系统设计施工与咨询服务，研发及代理的产品和技术已在各个领域取得了一定的成绩。公司在整个团队建设方面，培养和建立了一支既有现代企业管理知识，又有丰富实践经验的系统集成工程人员和软件开发人员队伍。

0056 兰州兴盛林科电子科技有限公司

注 册 地：兰州市城关区甘南路 1 号黄楼商厦

主营业务：计算机软件、与计算机相关的电子产品、网络系统服务等。

主要产品：《林科支票打印软件（财务票据）》、《林科货运（物流）管理软件》、《林科 IC 卡驾校管理软件》、《兴盛智能医院管理系统》、《房地产拆迁补偿档案管理系统》、《解放军装备信息化查询管理系统》。

从业人员数（人）：15

销售额（万元）：113

资产总额（万元）：210

简　　介：兰州兴盛林科电子科技有限公司（以下简称我公司）依照《公司法》，于 2005 年 3 月 1 日在兰州市工商局城关区城关分局注册成立。我公司主营项目为：计算机软件、与计算机相关的电子产品、网络系统服务等。

0057 甘肃思动力信息科技有限公司

注 册 地：兰州市城关区鼓楼巷 117 号

主营业务：软件开发

主要产品：戒毒人员诊断评估系统

从业人员数（人）：7

销售额（万元）：300

资产总额（万元）：500

简　　介：甘肃思动力信息科技有限公司(以下简称思动力科技公司)，成立于 2010 年，是一家集计算机、网络通讯产品销售、多媒体视频和通信技术研究、智能楼宇控制系统、办公及智能大厦综合布线、系统集成与应用软件开发、Internet 和 Intranet 解决方案与信息技术服务的高新技术公司。总公司位于甘肃省兰州市，为用户提供全面的 IT 软、硬件解决方案，现设系统集成部、硬件部、市场部、客户服务部等机构。

0058 兰州同晟开元商贸有限公司

注 册 地：兰州市城关区静宁路 171 号

主营业务：电子商务技术和应用

主要产品：电子商务应用平台"菜虫"

从业人员数（人）：23

资产总额（万元）：198.84

简　　介：公司成立于 2013 年，专门从事电子商务技术和应用。公司建设运营的电子商务应用平台"菜虫"（www.931cc.cn）于 2013 年 11 月开通。目前，"菜虫"平台，是省内第一个自主建设的电子商务平台，是省内第一个运营的电子商务平台。公司拥有该电子商务平台软件系统完整的知识产权，适时推广新的电子商务应用，在电子商务领域具有巨大的潜力。

0059　兰州立帆远扬信息新科技有限公司

注　册　地：兰州市城关区渭源路 231 号

主营业务：计算机及相关外设产品的销售和服务，并可实施一定领域的系统集成项目

主要产品：易通－企业报表系统。

从业人员数（人）：13

销售额（万元）：250

资产总额（万元）：356

简　　介：兰州立帆远扬信息新科技有限公司成立与 2004 年 6 月，主要代理经销 HP、DELL、IBM 等全系列商用计算机服务器产品，是 HP 公司在甘肃省指定的行业客户代理商、商用外设产品的核心代理商、HP 打印设备维修中心。公司还承接大型计算机通信网络工程、信息化解决方案的设计施工、视频监控等系统工程。

0060　兰州卓睿智能科技有限公司

注　册　地：兰州城关区雁南路 279 号科庆科技园

主营业务：计算机和物联网软硬件产品的研发和销售、智能化物联网系统的设计咨询和服务、物联网系统工程、动力环境监控系统的研发和销售、信息化设备的批发、智能化系统工程、货物和技术的进出口服务。

主要产品：《机房环境物联网管理平台》

从业人员数（人）：10

资产总额（万元）：41

简　　介：兰州卓睿智能科技有限公司于 2013 年 7 月 1 日开始筹备，9 月 3 日经行政工商管理部门批准正式成立，坐落于甘肃省兰州市雁南路 279 号科技园综合楼 7 层 705-1 室，办公场地面积为 57 ㎡，主要经营范围为：计算机和物联网软硬件产品的研发和销售、智能化物联网系统的设计咨询和服务、物联网系统工程、动力环境监控系统的研发和销售、信息化设备的批发、智能化系统工程、货物和技术的进出口服务。公司自主研发的《机房环境物联网管理平台》可应用于电信、银行、金融、电力、政府机关单位、交通、广电、部队、教育、矿业、地产等各个行业。

0061　甘肃中科园智能网络系统有限公司

注　册　地：兰州市城关区天水中路 8 号

主营业务：系统集成、软件开发、综合布线、风险评估。

主要产品：web 安全中间件软件、web guard 网页防篡改系统、小学成长记录系统软件、中学综合评价系统软件、保密业务辅助管理系统。

从业人员数（人）：40

销售额（万元）：2467

资产总额（万元）：4702

简　　介：甘肃中科园智能网络系统有限公司成立于 2000 年，注册资金 2000 万元。公司位于中国科学院资源环境信息中心院内，依托中科院兰州分院和兰州大学强有力的技术支持，经过 10 年的奋斗与成长，形成了"产学研一体化"的运营模式，造就了公司在甘肃信息安全及保密技术领域的专业地位。于 2010 年先后获得了由甘肃省国家保

密局、甘肃省人力与社会保障厅联合颁发的"全省安全保密工作先进单位"荣誉称号和甘肃省信息协会颁发的"甘肃省优秀信息技术服务商"荣誉称号。并成为甘肃省信息协会、甘肃省保密技术协会副会长单位。

0062 甘肃恒智信息科技有限责任公司

注 册 地：兰州市城关区南滨河东路 745 号

主营业务：甘肃恒智信息科技有限责任公司是一家主要从事工程管理软件开发、系统集成、机械自动化、网络应用的高新技术企业。公司一直致力于工程管理领域的软硬件开发，针对业主、监理、施工单位开发了覆盖整个工程管理领域的一系列相关软硬件产品，并以这些产品为基础为企业提供全面的解决方案。

主要产品：恒智公路管理电子政务应用平台软件、恒智开放式公路收费管理系统 V1.0、恒智公路养护管理软件 V1.0、恒智人事劳资管理软件 V1.0。

从业人员数（人）：60

销售额（万元）：16800

资产总额（万元）：320

简　　介：甘肃恒智信息科技有限责任公司是一家主要从事工程管理软件开发、系统集成、机械自动化、网络应用的高新技术企业。公司一直致力于工程管理领域的软硬件开发，针对业主、监理、施工单位开发了覆盖整个工程管理领域的一系列相关软硬件产品，并以这些产品为基础为企业提供全面的解决方案。

0063 兰州嘉宸计算机系统服务有限公司

注 册 地：兰州市城关区庆阳路 19 号 2 楼

主营业务：RFID 技术研发及物联网系统集成、计算机应用软件研发、计算机应用系统维护，专业计算机系统数据恢复。

从业人员数（人）：38

销售额（万元）：725.90

资产总额（万元）：1121.28

简　　介：兰州嘉宸计算机系统服务有限公司创立于 2005 年 8 月，其性质为有限责任公司，注册资金 500 万元人民币。公司是自主经营、独立核算、自负盈亏具有独立法人资格的经济实体，专门从事 RFID 技术研发及物联网系统集成，计算机应用软件研发、计算机应用系统维护，专业计算机系统数据恢复。公司大力在具有产业化前景的物联网应用行业中发展，已经成功研发智能建筑节能减排监测系统、智能办公室系统和生产厂房环境监测系统等。

0064 兰州宏点信息技术有限责任公司

注 册 地：兰州市城关区

主营业务：网站建设、网络维护

从业人员数（人）：20

销售额（万元）：50

资产总额（万元）：100

0065 兰州华烨信息科技有限公司

注 册 地：兰州城关高新区创新园创业楼 C 座 12 楼

主营业务：专业为制药企业提供信息化管理咨询与自行研发定制制药企业 ERP 系统软件、销售及售后服务（维护与技术服务）。

主要产品：华烨企业资源计划管理系统

从业人员数（人）：12

资产总额（万元）：225.98

简　　介：兰州华烨信息科技有限公司是一家专业为制药企业提供信息化管理咨询与自行研发定制制药企业 ERP 系统软件、销售及售后服务（维护与技术服务）为一体的信息科技公司。公司专门针对制药企业自行研发的第一个产品"华烨企业资源计划管理系统"，"软件版本号 V1.0"，于 2011 年 11 月获得国家版权局《计算机软件著作权登记证书》，证书号：软著登字第 0345952 号；系统于 2011 年 11 月 23 日通过中国软件评测中心检测，《软件产品登记测试报告》编号：RD291111378。公司第一个产品从 2012 年 5 月开始在省内制药企业试销，于 2012 年 7 月获得软件产品登记，于 2012 年 12 月获得软件企业认证。

0066 兰州阳光易搜电子科技工程有限责任公司

注 册 地：兰州市城关区天水北路 1001 号
主营业务：互联网电子商务平台运营服务
主要产品：《甘肃农品网 O2O 电子商务管理系统》
从业人员数（人）：8
销售额（万元）：45
资产总额（万元）：116.79
简　　介：专业从事企业互联网网络营销服务和企业电子商务建设运营服务，包含网站建设、搜索引擎优化与推广、平台内容建设与策划、产品包装设计、电商平台前端设计、互联网广告策划、企业电商团队培训等服务内容。现服务客户 58 家，涉及农业、教育培训、能源、零售业、医药等行业。在兰州市乃至西北地区的网络营销和电子商务服务行业有较高的知名度和行业服务口碑。

0067 甘肃金欣融科技发展公司

注 册 地：兰州市定西南路 225 号
主营业务：软件开发、计算机信息系统集成
主要产品："金欣融在线发票应用系统"、"金欣融网上报税系统"、"金欣融房地产交易系统"等。

从业人员数（人）：64
销售额（万元）：980
资产总额（万元）：3034
简　　介：甘肃金欣融科技发展公司是首批入驻兰州高新技术产业开发区的高新技术企业和软件企业。原名甘肃金融电脑公司，成立于 1992 年，注册资金 500 万元，2008 年更名为甘肃金欣融科技发展公司，注册资金增至 1500 万元。公司先后完成了"中国石油天然气总公司财务管理系统"、"中国石油天然气总公司审计管理系统"、"玉门油田综合办公信息管理系统"、"中国石油西北销售公司综合办公信息系统"、"石油大厦酒店管理系统"、"商业进、销、存管理系统"、"行政事业单位工资管理系统"、"个人所得税代扣代缴管理系统"、"退役金发放管理系统"、"农税征收管理系统"、"社会保险费征管信息系统"，"政府采购唱标、评标系统"、"政府采购专家库管理系统"、"物流信息管理系统"等软件产品。

0068 甘肃天立恒智电子科技有限公司

注 册 地：兰州市城关区科技街 155 号
主营业务：主营业务涉及了水利、气象等相关行业的软硬件产品研发、市场应用与拓展以及计算机信息系统集成的工程实施、国内外知名品牌计算机网络设备代销等方面。
从业人员数（人）：25
销售额（万元）：476.82
资产总额（万元）：693.48
简　　介：公司成立于 2011 年 12 月，是一家以软硬件研发、计算机信息系统集成为主营业务的技术服务型企业。主营业务涉及了水利、气象等相关行业的软硬件产品研发、市场应用与拓展以及计算机信息系统集成的工程实施、国内外知名品牌计算机网络设备代销等方面。为多家政府机构、大中型企、事业等单位成功提供了信息系统解决方案与咨询服务，如中信银行机房建设工程、甘肃政法学院计算机语音教室实施工程以及安宁区教育局所属中小学机房建设与实施等项目，获得了一定份额的市场拓展与推广。

0069 兰州纬天科怡信息技术有限公司

注 册 地：兰州市城关区科技街 20 号

主营业务：各行业的档案部门

主要产品：《基于 WebServices 的法院档案信息数字化管理开放平台》

从业人员数（人）：25

销售额（万元）：262

资产总额（万元）：165

简 介：企业业务主要应用领域为各行业的档案部门，主要业务产品《基于WebServices 的法院档案信息数字化管理开放平台》等相关档案管理软件，档案数字化服务。2012 年认定为双软企业。

0070 甘肃兰科科技文化发展有限公司

注 册 地：甘肃兰州城关区

主营业务：古玩艺术品互联网平台，包括文化艺术资讯愚人节、艺术品搜索、艺术品在线销售、景德镇陶瓷批发零售、庆阳民俗产品在线销售、互联网平台建设等。

主要产品：秀宝网（www.cnxiubao.com）、中国古玩网、秀宝商城、景德镇陶瓷网购商城、庆阳民俗文化网购商城等。

从业人员数（人）：200

销售额（万元）：20000

资产总额（万元）：50000

简 介：秀宝网致力于成立最专业的古玩及艺术品搜索引擎，通过自身资源整合，以及主动资源收集，形成海量艺术品信息，为全球文化艺术爱好者提供搜索服务。经过多年的努力耕耘，秀宝网在业界得到了广泛的

认可，截止目前，秀宝网注册会员达到 30多万人次，提供各类信息上百万条，日均访问 IP 达 8 万以上，日均访问人次达 100 万，全球 ALEXA 排名 10000 名以内，国内网站排名 500 名左右。现阶段，秀宝网旗下已成功整合并运营的平台有：中国古玩网、秀宝商城、景德镇陶瓷（批发）网购商城、庆阳民俗文化网购商城。

0071 兰州亿民天合文化有限公司

注 册 地：兰州市城关区北滨河路 1 号

主营业务：文化传播

从业人员数（人）：5

销售额（万元）：2

资产总额（万元）：50

0072 甘肃紫光智能交通与控制技术有限公司

注 册 地：兰州市城关区张苏滩 802 号

主营业务：甘肃紫光智能交通与控制技术有限公司于 2000 年 7 月 24 日成立，注册资本金 6300 万元，是甘肃省政府与清华大学省校合作项目。公司通过十四年的专业化发展，已成为一家集软、硬件研发、系统集成、质量维护、网络运营、电子商务、互联网增值业务为一体的综合性高科技 IT 企业。在系统集成、软件开发及智能交通领域已经形成了系列软、硬件产品，并拥有自己的软、硬件研发基地及专业的试验场所。所实施的系统集成、软件开发项目覆盖全国 20 个省、市、自治区。

从业人员数（人）：315

销售额（万元）：39769

资产总额（万元）：52578

简 介：甘肃紫光智能交通与控制技术有限公司于 2000 年 7 月 24 日成立，注册资本金 6300 万元，是甘肃省政府与清华大学省

校合作项目。公司通过十四年的专业化发展，已成为一家集软、硬件研发、系统集成、质量维护、网络运营、电子商务、互联网增值业务为一体的综合性高科技 IT 企业。在系统集成、软件开发及智能交通领域已经形成了系列软、硬件产品，并拥有自己的软、硬件研发基地及专业的试验场所。所实施的系统集成、软件开发项目覆盖全国 20 个省、市、自治区。

0073 甘肃赢在前沿企业管理服务有限公司

注 册 地：甘肃省兰州市城关区平凉路 371 号邮电大楼

主营业务：企业营销策划、企业管理咨询、商务信息咨询、文化教育信息咨询；会议会展策划、文化艺术活动组织策划(不含演出)、企业市场调研；国内各类广告的设计、制作、发布、代理。

从业人员数（人）：20

销售额（万元）：180

资产总额（万元）：200

简　　介：大型经济文化论坛、平面设计的专业公司。我公司于 EDP 高级管理者培训兰州大学管理科学研究院 EDP 教育携手合作。公司目前开展的主要业务有："EMBA 高级管理课程研修班"、"PMBA 骨干经理研修班"、"教导型组织模式建设"、"定制咨询与内训"、企业视觉形象 VI 设计、大型经济文化论坛等项目。

0074 北京盛峰远景文化传播有限公司

注 册 地：兰州市城关区定西路 211 号

主营业务：第二类增值电信业务中的信息服务业务（不含固定网电话信息服务和互联网信息服务）；组织文化艺术交流活动（不含演出）；设计制作、代理、发布广告；承办

展览展示；企业形象策划；信息咨询（中介除外）；网络技术开发、转让；销售电子产品（不含卫星地面接收设施）、计算机及外围设备、机械设备。

从业人员数（人）：3

简　　介：北京盛峰远景文化传播有限公司，注册资金人民币 1000 万元，公司核心团队由一批具有网络行业背景及软件开发的专业人士组成，拥有领先的自主研发技术平台和顶尖运营团队。盛峰远景凭借凭借雄厚的资金条件、行业资源和技术优势，主要从事网游研发，小额支付平台，电子商务，软件定制开发等业务。为普通企业客户提供电子商务解决方案，为中国网络游戏研发企业和运营企业提供网络游戏产品小额支付平台和网络游戏公会社区网站运营为基础的网络游戏推广销售解决方案。

0075 标网信息咨询有限公司

注 册 地：兰州市城关区定西南路 343 号

主营业务：信息咨询服务（不含互联网上网服务）；软件开发；广告开发；信息化技术培训；建筑智能化工程承包。

主要产品：信息咨询、软件开发、广告开发、信息化技术培训、建筑智能化工程。

销售额（万元）：15

资产总额（万元）：1979

0076 兰州逸凡广告策划有限公司

注 册 地：兰州市城关区

主营业务：广告制作发布，文化活动组织策划、企业形象和品牌策划。

从业人员数（人）：4

销售额（万元）：50

资产总额（万元）：50

0077 兰州新原网络服务有限公司

注 册 地：兰州市城关区铁路西村东街 4 号

主营业务：互联网信息服务

从业人员数（人）：6

销售额（万元）：10

资产总额（万元）：50

0078 兰州博立网络教育咨询有限责任公司

注 册 地：兰州市城关区临夏路街道静安门外 5 号

主营业务：教育信息咨询；教育软件的研究与开发、基础软件开发；文化艺术交流活动策划；市场调查；会议会展服务。

从业人员数（人）：2

销售额（万元）：3

资产总额（万元）：8

0079 北京中公未来教育咨询有限公司甘肃分公司

注 册 地：甘肃省兰州市城关区酒泉路街道庆阳路 161 号

主营业务：教育咨询、企业管理咨询、教育技术开发、技术推广、技术转让、会议服务、组织文化艺术交流活动（不含演出）。

从业人员数（人）：50

销售额（万元）：103

资产总额（万元）：325

简　　介：中公教育集团创建于 1999 年，2001 年涉足公务员考试培训辅导领域。自创立以来，中公教育已由一家北大毕业生自主创业的信息技术与教育服务机构，发展为教育服务业的综合性企业集团，一个集公务员、参照公务员管理人员、事业单位工作人员、村干部等各类公职人员录用考试教育教学研究、考前培训，公职类考试辅导图书、音像、网络、教材等产品编辑、出版、发行于一体

的知识产业实体。

0080 北京中税网控股股份有限公司甘肃分公司

注 册 地：兰州市城关区永昌路 153 号陇华大厦

主营业务：教育知识咨询、技术开发、技术转让、财税信息咨询、会计知识服务、财税知识咨询、会议及展览服务、组织文化艺术交流活动；网络工程。

从业人员数（人）：7

销售额（万元）：148

0081 兰州海红技术股份有限公司

注 册 地：兰州市城关区

主营业务：计算机、通信和其他电子设备制造业

从业人员数（人）：283

销售额（万元）：9436.1

资产总额（万元）：12815.41

简　　介：公司以智能型通信用配电设备产品为主，在实现现有市场覆盖区域市场份额稳步增长的同时，加强东北、华南、华中、华北的市场推广力度，智能型通信用配电设备产品市场占有率已达 20% 以上，公司是同领域内西部、北方地区综合实力最强的企业，在全国也有较强竞争力和影响力，其基站智能配电系列产品技术达到国内领先水平。

0082 兰州潇龙网络科技有限公司

注 册 地：兰州市工商局城关分局

主营业务：电子商务、网络科技、软件开发

主要产品：实用软件开发，电子商务

从业人员数（人）：6

销售额（万元）：15

资产总额（万元）：20

0083 甘肃智广同创文化传播有限公司

注 册 地：甘肃省兰州市城关区雁北路2710-2726号

主营业务：文化艺术交流活动、会议会展服务、设计、制作、代理、发布各类广告。

从业人员数（人）：3

资产总额（万元）：500

0084 兰州明德文化产业有限公司

注 册 地：兰州市城关区雁滩路3188号

主营业务：国内各类广告的设计、制作、代理及发布、企业形象设计策划，文化艺术交流策划咨询（除经纪），展览会布置策划，摄影服务及活动策划。

从业人员数（人）：12

销售额（万元）：20

资产总额（万元）：100

0085 兰州鑫鑫教育咨询服务有限公司

注 册 地：甘肃省兰州市城关区和政西街90号

主营业务：幼儿教育咨询、中小学教育咨询、国学文化教育咨询、招生信息咨询、教育资源开发、教育形象策划、文化艺术交流活动策划、会议会展服务等。

从业人员数（人）：3

销售额（万元）：3

资产总额（万元）：50

0086 兰州爱德优科教育咨询有限公司

注 册 地：兰州市城关区庆阳路43号

主营业务：教育信息咨询、教育软件的研究及开发、企业管理策划、文化艺术策划调研；会议会展服务；青少年脑力开发咨询。

从业人员数（人）：2

销售额（万元）：0.12

资产总额（万元）：36.31

0087 兰州博桥教育咨询有限责任公司

注 册 地：兰州市城关区雁滩路陇南大厦A座

主营业务：教育信息咨询、会议会展服务、文华艺术交流活动策划、企业管理业务信息咨询、企业形象策划。

从业人员数（人）：3

销售额（万元）：1

资产总额（万元）：3

0088 兰州新文广数字文化传播有限公司

注 册 地：甘肃省兰州市城关区大众市场26号

主营业务：甘肃省范围内互联网信息服务和短信息服务业务（服务项目不包含BBS，不包含新闻、出版、教育、医疗保健、药品和医疗器械等内容）。数字平面设计、软件开发。利用信息网络经营音乐娱乐产品、艺术品、演出剧（节）目、动漫产品；计算机网络系统集成及维护；纪念、收藏艺术品设计、销售。

0089 甘肃上元甲子文化传媒有限责任公司

注 册 地：甘肃省兰州市城关区段家滩路704号

主营业务：动画制作与影视广告制作，同时涉及企业宣传片、广告片、三维特效制作、电视栏目包装、媒体代理、广告发布、活动策划、软件开发、教育培训等各个领域。

从业人员数（人）：46

销售额（万元）：55.4

资产总额（万元）：575.4

简　　介：公司以动画制作与影视广告制作为主要业务方向，同时涉及企业宣传片、广告片、三维特效制作、电视栏目包装、媒体代理、广告发布、活动策划、软件开发、教育培训等各个领域，形成了从前期策划，到中期的拍摄制作，再到后期的宣传包装的一条龙全程服务。

0090 甘肃福思特信息产业工程有限公司

注 册 地：兰州市城关区中山路 275 号桥门大厦

主营业务：计算机及配件的批发销售、系统集成、建筑智能化工程。

主要产品：《视频管理系统》《监控报警联动系统》《信息管理系统》《电源告警系统》《BBS 论坛系统》《考勤管理系统》《OA 协同办公系统》。

从业人员数（人）：60

销售额（万元）：1600

资产总额（万元）：1000

简　　介：甘肃福思特信息产业工程有限公司，成立于 1995 年 11 月 16 日，是以 first（英译"第一"）的谐音福思特注册命名组建的民营股份制企业。公司地址兰州中山路 275 号（桥门大厦十楼 1004 室）。注册资本 1000 万元，年销售收入逾 2000 万元。主营计算机及配件的批发销售、系统集成、建筑智能化工程。目前公司已具备建筑智能电子专业承包、系统集成、安防技术设计施工等各类资质，近三年连获兰州市商业银行 AAA 信用等级，并已通过 ISO9001：2008 国际质量体系认证。

0091 兰州冠云科技发展有限公司

注 册 地：兰州市城关区定西南路 438 号

主营业务：信息系统集成及软件研发

主要产品：1. 流动人口管理信息系统；2. 汽车客运治安管理系统；3. 出租汽车综合管理系统；4. android 综合查询系统；5. 农产品质量追溯管理系统；6. 工程建设信息管理系统；7. 保管箱管理系统；8. 内容管理系统。

从业人员数（人）：85

销售额（万元）：5000

资产总额（万元）：3000

简　　介：兰州冠云科技发展有限公司成立于 2002 年，作为一家专门从事信息系统集成及软件研发的公司，始终坚持以市场需求为导向、推进社会信息化进程为己任、为客户创造新的价值为理念、致力于为行业客户提供专业的信息系统集成与技术服务工作，并成为西北金融、公安、政府、军队、教育等行业用户值得信赖的真诚合作伙伴。

0092 兰州中林智能科技有限公司

注 册 地：兰州市城关区南面滩创业大厦 C 座

主营业务：行业应用软件开发、系统集成、技术服务、互联网增值应用。

主要产品：交通管理系统、无纸化考试系统、驾驶人预录入系统、交通违法技术监控图像录入、OA 系统等。

从业人员数（人）：84

销售额（万元）：3247

资产总额（万元）：2122

简　　介：兰州中林智能科技有限公司（以下简称"中林科技"）成立于 2004 年 12 月 6 日，其前身是成立于 1999 年的兰州中林计算机科技有限公司，注册资金 500 万元，是以软件技术为核心，从事行业应用软件开发、系统集成、技术服务、互联网增值应用等多个业务领域，公司总部位于兰州市高新技术开发区创新园，在青海、宁夏等地设有分支机构，并在西安成立软件研发中心。公司先后为公安交警、政府、教育、通信运营商等数十家客户实施了各种应用软件项目，目前拥有交通管理系统、无纸化考试系统、驾驶人预录入系统、交通违法技术监控图像录入、OA 系统等多项拥有自主知识产权的软件产品。

0093 兰州开物工业科技有限公司

注 册 地: 兰州市城关区庆阳路 60 号

主营业务: 现代工业高科技技术的设计研发、推广应用。

从业人员数（人）: 30

销售额（万元）: 296.28,

资产总额（万元）: 270.35

0094 兰州掌商门网络信息技术有限公司

注 册 地: 兰州市城关区中山路 1 号

主营业务: 信息化服务及移动营销领域为企业营销及信息化建设提供全套解决方案。

主要产品: 手机客户端、微信公众平台二次开发、甘肃中小企业电子商务公共服务平台、甘肃农产品信息化交易平台、陇原特产商城、虚拟主机、域名注册、虚拟空间出租。

从业人员数（人）: 34

销售额（万元）: 328

资产总额（万元）: 680

简　　介: 兰州掌商门网络信息技术有限公司成立于 2002 年，掌商门经过几年的发展，在信息化服务及移动营销领域为企业营销及信息化建设提供全套解决方案，客户遍布甘肃、陕西、青海、宁夏等多个省区。主营产品包括手机客户端、微信公众平台二次开发、甘肃中小企业电子商务公共服务平台、甘肃农产品信息化交易平台、陇原特产商城、虚拟主机、域名注册、虚拟空间出租。

0095 甘肃远华通科技发展有限公司

注 册 地: 甘肃兰州城关区皋兰路 1 号

主营业务: 致力于为政府、企业和个人提供高技术含量的网络应用解决方案及增值服务的互联网服务平台，是全国基于互联网络提供全面电子商务咨询与解决方案的大型 IT 公司。

从业人员数（人）: 15

销售额（万元）: 170

资产总额（万元）: 1023

简　　介: 甘肃远华通科技发展有限公司是一个集网络终端设备维护、数据专线接入服务（ISP）、系统集成应用以及电子商务、IDC 服务、软件开发、智能化小区建设、网络应用开发为一体，以高科技为起点、以技术为核心、以强大的技术队伍为支撑，致力于为政府、企业和个人提供高技术含量的网络应用解决方案及增值服务的互联网服务平台，是全国基于互联网络提供全面电子商务咨询与解决方案的大型 IT 公司之一，拥有与互联网络相关的多项产品和服务。追求企业价值最大化，承认投资者、客户、员工的三方利益，是我们最根本和长远的发展目标。

0096 甘肃万维信息技术有限责任公司

注 册 地: 甘肃省兰州市城关区张苏滩 553 号

主营业务: 公司主要从事应用软件开发、系统集成、IT 服务外包、互联网运营四大业务领域，是甘肃省首家通过 CMMI（软件能力成熟度模型）3 级评估、ISO9000 质量体系认证三项国际标准的企业，同时拥有国家计算机信息系统集成一级、涉及国家秘密的计算机信息系统集成乙级等众多资质证书，是省级企业技术中心、高新技术企业、中国软件产业基地骨干企业。

主要产品: 在"管理信息系统"、"地理信息系统"、"办公自动化系统"和"资源管理与监控系统"等领域有三十多项自主知识产权的产品。

从业人员数（人）: 600

销售额（万元）: 22719

资产总额（万元）: 13612

简　　介: 甘肃万维信息技术有限责任公司（以下简称甘肃万维公司）成立于 1998 年

10 月，注册资金 5000 万元，是中国电信全资控股的 ICT（信息通信技术）高新技术企业。公司位于兰州高新技术产业开发园区，办公占地 13000 多平方米，拥有高新技术人才 500 多名。公司主要从事应用软件开发、系统集成、IT 服务外包、互联网运营四大业务领域，是甘肃省首家通过 CMMI（软件能力成熟度模型）3 级评估、ISO9000 质量体系认证三项国际标准的企业，同时拥有国家计算机信息系统集成一级、涉及国家秘密的计算机信息系统集成乙级等众多资质证书，是省级企业技术中心、高新技术企业、中国软件产业基地骨干企业。

0097 兰州金苹果网络技术有限责任公司

注 册 地：兰州市城关区通渭路 1 号

主营业务：软件开发、网络优化、存储备份

主要产品：《抗菌药物临床应用监测管理软件》

从业人员数（人）：12

销售额（万元）：312

资产总额（万元）：356

0098 甘肃科讯智能化工程有限公司

注 册 地：兰州市城关区通渭路 68 号

主营业务：计算机软件开发，计算机技术服务；电子产品（不含卫星地面接收设施）、五金交电、建筑材料、日用百货、服装的批发零售；综合布线工程、智能化系统工程施工（凭资质证）；设计、制作、发布、代理国内各类广告。

主要产品：计算机软件开发、计算机技术服务、综合布线工程、智能化系统工程施工。

从业人员数（人）：5

销售额（万元）：161

资产总额（万元）：786

0099 甘肃万通宽带视讯设备工程有限公司

注 册 地：甘肃省兰州市城关区庆阳路 60 号

主营业务：通用、安全、电子政务、企业管理、金融、教育、部队及其他单位和部门。

主要产品：万通基础平台、万通协同办公系统、万通网站群系统、万通民政行业软件、万通网上信息过滤监管系统、万通电子政务综合信息管理平台、万通积分管理系统、万通项目管理系统等，尤其是民政行业应用是我单位的核心业务。

从业人员数（人）：59

销售额（万元）：3088.56

资产总额（万元）：1890.89

简　　　介：甘肃万通宽带视讯设备工程有限公司成立于 2002 年 7 月，是注册于中华人民共和国甘肃省兰州市的 IT 业股份制有限责任公司，现注册资本为 1050 万元。多年来，公司凭借着过硬的技术实力，先进的管理水平，本着"信誉第一、质量第一、客户至上、真诚服务"的宗旨，多方推进企业发展。公司走产学研道路发展，注重科研开发，尤其是民政业务管理系统，将作为公司未来的主打产品，强化公司的科研实力、盈利能力。公司服务地域也从原有的甘肃地区辐射到国内外；行业领域主要专注于政府部门，已成为西北地区规模较大的计算机信息系统集成商之一。

0100 兰州雨思电子科技有限公司

注 册 地：兰州市城关区天水南路 248 号

主营业务：软件产品开发、IT 咨询服务、提供大型行业应用解决方案。

主要产品：已获软件项目自主知识产权 10 款，《工矿企业安全监控管理系统》、《化工企业物料申请审批系统》、《兰州雨思农资销售监管系统》、《工矿企业销售网上签约管理系统》等。

从业人员数（人）：185

销售额（万元）：9730.3

资产总额（万元）：3096.04

简　　介：兰州雨思电子科技有限公司成立于 2001 年 5 月 9 日，注册资金 2300 万元。公司下设七大部门（系统集成部、终端销售部、渠道部、客户行业部、客户服务部、商务部、财务部）、一个全资子公司、三个分公司（银川分公司、西宁分公司）。

0101　甘肃富沃德电子工程有限公司

注　册　地：兰州市城关区金昌南路 215 号

主营业务：卫星导航定位应用系统和产品，基于位置的信息系统和产品的销售、实施及技术服务；消防设施工程、室内外工程、电子工程、建筑智能化工程、机电设备安装工程的设计、施工及技术服务；警用设备（不含枪械）、北斗终端和软件、消防设备、五金交电、化工产品（不含国家限制产品）、建筑材料、装饰材料、通讯设备、电子产品（以上两项不含卫星地面接收设施）、计算机及辅助设备、办公自动化设备的批发等。

主要产品：正在建设的基于物联网的执法数据管理平台。

从业人员数（人）：19

销售额（万元）：520

资产总额（万元）：177

简　　介：甘肃富沃德电子工程有限公司成立于 2007 年，是注册于中华人民共和国甘肃省兰州市的电子工程有限责任公司，是一家致力于软件开发、产品代理、销售一体的高科技公司，同时也是甘肃省政府协议供货单位。公司注册资金 200 万元，上年度销售总额 520 万元，上缴税金 6 万元，实现利润 5 万元。主要产品包括基于物联网的执法数

据管理平台系统。

0102　甘肃普光网络科技有限公司

注　册　地：兰州市城关区农民巷 8 号

主营业务：提供针对特定行业的整体解决方案。

主要产品：《GPRS 远程电能量信息采集与管理系统》、《普光电力生产管理系统》、《普光用电信息管理系统》、《普光办公自动化系统》、《普光网站发布系统》、《普光企业信息门户系统》、《普光综合查询系统》、《普光企业档案综合管理系统》等软件，其中《普光办公自动化系统》及《普光电力企业标准化管理系统》已取得自主知识产权。

从业人员数（人）：16

销售额（万元）：454

资产总额（万元）：737

简　　介：普光科技特别专注于提供针对特定行业的整体解决方案。可提供的全面解决方案面对各行各业的市场，除了为电力、军队、政府、金融、能源、教育、医疗、中小企业等行业提供高性能的系统优化与增值的安全服务外，还提供应用软件开发、技术支持、技术培训、深入咨询和设计服务。现今已在电力、军队、政府三大行业成功实施了多项重点项目的评估、集成和软件开发服务，并作为试点开始推广。

0103　甘肃北斗测绘地理信息有限公司

注　册　地：甘肃省兰州市城关区农民巷 2 号

主营业务：地理信息系统开发、软硬件集成、技术咨询、技术服务；工程测量、地籍测量、房产测量、界线测量、管线测量、大地测量、航空摄影和遥感测量；测绘技术咨询。

0104　甘肃浪潮通用信息产业有限公司

注　册　地：兰州市城关区天庆嘉园 A 区

主营业务：软件开发

主要产品：项目管理软件（PM），企业内部信息管理系统，农产品批发市场信息管理系统，CATV 收费系统等。

从业人员数（人）：52

销售额（万元）：1910.37

资产总额（万元）：664.57

简　　介：甘肃浪潮通用信息产业有限公司拥有多项开发产品，有项目管理软件（PM），企业内部信息管理系统，农产品批发市场信息管理系统，CATV 收费系统等。随着全球信息化产业的飞速前进，公司积极推进合作化的发展战略，现已成为浪潮软件、中国软件、中科软科技、东华软件、圣博润、网强、联想、华为等众多国内著名的 IT 厂商战略合作伙伴。

0105 兰州德昌泰信息科技有限公司

注　册　地：兰州市城关区白银路街道中林路 17 号

主营业务：软件开发；系统集成；网络工程；安全技术防范工程的设计与施工；建筑智能化工程设计与施工；计算机及辅助设备；网络设备、电气设备、配电设备的批发零售。

主要产品：餐饮服务业食品安全监管平台

从业人员数（人）：37

销售额（万元）：231

资产总额（万元）：616.5

简　　介：公司主营业务为软件开发；系统集成；网络工程；安全技术防范工程的设计与施工；建筑智能化工程设计与施工；计算机及辅助设备；网络设备、电气设备、配电设备的批发零售。公司先后设计实施了甘肃省和内蒙古多家企事业单位的智能安防监控系统。公司还自主研发了餐饮业食品安全监管平台、社区人群个体化治疗高血压病微机管理系统等多项软件产品。

0106 甘肃万通宽带视讯设备工程有限公司

注　册　地：兰州市城关区庆阳路 60 号

主营业务：企业业务主要应用或服务领域：通用、安全、电子政务、企业管理、金融、教育、部队及其他单位和部门。

主要产品：万通基础平台、万通协同办公系统、万通网站群系统、万通民政行业软件、万通网上信息过滤监管系统、万通电子政务综合信息管理平台、万通积分管理系统、万通项目管理系统等。

从业人员数（人）：59

销售额（万元）：3088.56

资产总额（万元）：1890.89

简　　介：企业业务主要应用或服务领域：通用、安全、电子政务、企业管理、金融、教育、部队、其他企业代表业务（产品）：万通基础平台、万通协同办公系统、万通网站群系统、万通民政行业软件、万通网上信息过滤监管系统、万通电子政务综合信息管理平台、万通积分管理系统、万通项目管理系统等，尤其是民政行业应用是我单位的核心业务。

0107 甘肃百合物联科技信息有限公司

注　册　地：甘肃省兰州市城关区雁南路 279 号

主营业务：计算机电子产品销售；计算机软件开发与销售应用；其他软件服务。

主要产品：百合智慧养老云平台（研发中）；养老信息综合服务；基于移动互联网的老年常见病管理信息平台（研发中）；百合健康管理手机客户端，生命在线援助服务；移动互联网终端：时康宝和移动健康宝。

从业人员数（人）：19

销售额（万元）：36

资产总额（万元）：1500

简　　介：甘肃百合物联科技信息有限公司

是以先进的老人福祉信息技术为基础、科技助力养老为宗旨、遵循市场规律为中国老龄事业服务的创新型社会企业。公司搭建的百合智慧养老云计算平台为个人、家庭成员、医院、政府及社会服务机构之间建立了一张实时、准确、区域协同的信息综合网，为及时、动态、全面掌握管辖老人基础数据和需求信息提供了有效的支持。公司采用国际先进的云计算 SaaS 服务模式，创新性地避免了目前政府、养老机构对养老服务基础设施重复投资和运营成本居高不下的问题。结合"移动健康宝"和"时康宝"等系列移动互联网产品，将直接面对市场为老人提供实时、全面的紧急援助、安全管理、心理慰藉和健康管理等服务。

0108 甘肃易通众诚信息科技有限公司

注　册　地：兰州市城关区庆阳路 19 号

主营业务：主要从事高端软件研发人才的培养工作及信息安全（网络安全）产品的科研生产工作。并依照国家有关法律为涉及国家秘密的一些政府、企事业单位提供信息安全（网络安全）全套解决方案，并提供拥有自主知识产权的相关产品。

主要产品：1.EtongTop V3.0 易通网鲨硬件防火墙系统（已通过公安部三所检测认证并取得销售许可证）2. 易通众成软件防火墙 V1.0 等四项（已获得国家版权局软件著作权证书）3. 易通微机机房管理系统 V2.1。

从业人员数（人）：56

销售额（万元）：400.12

资产总额（万元）：538.23

简　　　介：成立于 2001 年，公司主要从事高端软件研发人才的培养工作及信息安全（网络安全）产品的科研生产工作。并依照国家有关法律为涉及国家秘密的一些政府、企事业单位提供信息安全（网络安全）全套

解决方案，并提供拥有自主知识产权的相关产品。公司与甘肃省国家保密局、甘肃省国家安全局、甘肃省公安厅合作，经过数年的技术积累，在 2001 年底推出公司自主研发的一系列信息安全（网络安全）产品，填补了我省网络安全产品领域的空白。我公司在 2002 年 5 月成立了易通 NIIT 信息技术学院，它是我公司与印度第一大 IT 教育公司—印度国家信息技术学院（NIIT）合作成立的教育机构。目标是为全省乃至全国培养高端软件研发人才。

0109 兰州悦盛电子科技有限公司

注　册　地：兰州市城关区科技街 126 号

主营业务：水利、气象等相关行业的软硬件产品研发、市场应用与拓展以及计算机信息系统集成的工程实施、国内外知名品牌计算机网络设备代销

从业人员数（人）：28

销售额（万元）：432.25

资产总额（万元）：339.97

简　　　介：兰州悦盛电子科技有限公司于 2005 年 2 月重组成立。公司主营业务涉及了水利、气象等相关行业的软硬件产品研发、市场应用与拓展以及计算机信息系统集成的工程实施等方面，并且针对行业大客户研制并开发软件应用平台以及相关硬件产品等。公司目前已经成为省内具有一定影响力的系统集成企业和软件开发企业，并为多家政府机构、大中型企、事业等单位成功提供了信息系统解决方案与咨询服务，研发及代理的产品和技术已在各个领域取得了一定的成绩。公司管理人员及主要的技术人员有着十多年的行业从业经验和丰富的管理、销售及技术服务经验，与省政府、财政厅、人行甘肃中心支行、招商银行、浦发银行、兰州大学、西北师大、甘肃中医学院、人事厅、中

国石油、中国石化等多家单位进行多方面的合作。

0110 兰州新越信息技术有限公司

注 册 地：甘肃省兰州市东岗西路 249 号

主营业务：电子信息技术及相关领域项目产品的研发和推广。

主要产品：智能手机短信管理软件 V1.0；手机客户端应用快速开发平台软件 V1.0；移动业务客户端软件 V1.0；微信公众平台管理软件 V1.0；手机来电管理软件 V1.0。

从业人员数（人）：16

销售额（万元）：9.85

资产总额（万元）：8.32

简　　介：兰州新越信息技术有限公司成立于 2011 年 7 月，系归国留学人员创业企业，注册资金 80 万元。公司主营电子信息技术及相关领域项目产品的研发和推广，目前致力于网站开发及移动通讯终端产品，提供硬件、软件、外观、结构等整体解决方案。已先后完成了兰州大学多所学院及研究院网站建设，同时也为部分省外高校进行了网站建设。在移动终端方面我公司先后完成了兰州大学新闻 Android 客户端，兰州大学西北望 BBS Android 客户端，兰州大学图书馆查询系统 Android/IOS 客户端，"水墨之城"游戏，"四色图"游戏，"眼急手快"游戏，《手机客户端应用软件快速开发孵化平台》、《VIP 客户在线服务系统》、《微信公众账号》，甘肃省人民医院高血压信息监测管理软件，台湾高校资料共享软件，以及天气预报、日历、屏保等项目和应用的开发。在理论研究方面有《复杂几何体网格划分并行算法的研究》、《大型并行网格划分软件的研发》。2013 年《移动终端条码支付平台》项目获得甘肃省留学回国人员科技活动项目择优资助。

0111 甘肃中维华盾电子科技有限公司

注 册 地：兰州市房地产交易中心

主营业务：监控工程，网络工程施工，计算机应用软件开发及系统服务，电子产品。

从业人员数（人）：24

销售额（万元）：1401

资产总额（万元）：960

简　　介：公司拥有完善的管理体系和一支经验丰富、不断创新的高素质的开发、科研队伍。公司现有员工 24 人，研究生学历 2 人，本科学历 21 人，大专学历 1 人。公司共有技术人员 18 人，占公司职工总数比例为 75%。其中软件研发人员 12 人，测试人员 4 人，软件实施及技术支持人员 8 人。从职称结构来看，共有高级工程师 5 人，工程师 6 人，助理工程师 13 人。

0112 甘肃海丰信息科技有限公司

注 册 地：兰州市城关区南滨河东路 66 号

主营业务：为政府、企业、能源、运营商、金融、教育、医疗等行业客户提供全方位的信息安全解决方案，帮助用户打造一个可信的信息环境，保障客户的业务顺畅运行，核心数据安全无忧。

从业人员数（人）：65

销售额（万元）：3202

资产总额（万元）：3259

简　　介：甘肃海丰信息科技有限公司（以下简称海丰科技）成立于 2006 年，公司总部位于兰州，在青海、宁夏、陕西等地设有分支机构，致力于为政府、企业、能源、运营商、金融、教育、医疗等行业客户提供全方位的信息安全解决方案，帮助用户打造一个可信的信息环境，保障客户的业务顺畅运行，核心数据安全无忧。基于公司在信息安全行业多年的从业经验以及对信息安全技术的持续研究和不断积累，海丰科技在网络安全、系统安全、数据安全、应用安全、安全合规、漏洞挖掘与修补、安全培训等方面为客户提供先进的解决方案和安全服务。

0113 甘肃新网通科技信息有限公司

注 册 地：兰州市东岗东路 277 号

主营业务：系统集成、机电工程、软件开发、综合布线、监控对讲、数据接入、视频会议、办公设备自动化、智能卡销售、公路交通工程专业承包通信、监控、收费、综合系统工程。

主要产品：公司先后开发了《96779 综合语音服务系统》、《物流信息系统》、《客运信息系统》、《运证服务系统》、《公众信息服务系统》、《行业综合查询和分析系统》、《省级交通应急处置平台》、《交通地理信息平台》和《交通短信平台》等十一项拥有自主知识产权的应用系统。

从业人员数（人）：154

销售额（万元）：1617

资产总额（万元）：6468

简　　介：甘肃新网通科技信息有限公司于 2003 年成立，在甘肃省内注册成立，初始注册资本 1500 万元。主要经营业务为系统集成、机电工程、软件开发、综合布线、监控对讲、数据接入、视频会议、办公设备自动化、智能卡销售、公路交通工程专业承包通信、监控、收费、综合系统工程。

0114 甘肃西部凤凰网络广告有限公司

注 册 地：兰州市西津西路 572 号

主营业务：广告制作广告发布市场调研管理咨询机械、工业、设备展建筑钢材等产品。

主要产品：甘肃钢材现货交易网

从业人员数（人）：20

销售额（万元）：121.4

资产总额（万元）：130

简　　介：主要经营：广告制作广告发布市场调研管理咨询机械、工业、设备展建筑钢材等产品。公司尊崇"踏实、拼搏、责任"的企业精神，并以诚信、共赢、开创经营理念，创造良好的企业环境，以全新的管理模式，完善的技术，周到的服务，卓越的品质为生存根本，我们始终坚持用户至上用心服务于客户，坚持用自己的服务去打动客户。

0115 兰州新新网络科技有限公司

注 册 地：兰州市城关区科技街 86 号

主营业务：计算机及辅助设备、通讯设备、办公自动化设备的销售与技术服务；承担网络与弱电工程、安防监控工程、MPDP 显示屏工程、智能会议控制工程、网络视频会议工程及技术服务等。

主要产品：客户关系管理信息系统软件

从业人员数（人）：22

销售额（万元）：1260

资产总额（万元）：596

简　　介：兰州新新网络科技有限公司办公地址：兰州市民主西路 33 号蓝宝石大厦 30 层；公司员工 22 人。公司主要经营活动：计算机及辅助设备、通讯设备、办公自动化设备的销售与技术服务；承担网络与弱电工程、安防监控工程、MPDP 显示屏工程、智能会议控制工程、网络视频会议工程及技术服务等。我公司目前正在研发的客户关系管理信息系统软件，市场需求强劲。

0116 甘肃远望软件技术有限公司

注 册 地：兰州市城关区金昌南路 68 号

主营业务：主要从事软件的开发与销售，到现在公司拥有客户 5200 户，与甘肃省建工集团联合开发的《项目成本管理软件》在甘肃、银川有广泛的应用，劳动用工备案软件在甘肃省人力资源和社会保障厅全省应用。

主要产品：远航现代物流系统、项目成本管

理软件、劳动用工备案软件。

从业人员数（人）：51

销售额（万元）：999

资产总额（万元）：880

简　　介：甘肃远望软件技术有限公司成立于2003年，现有员工49人，注册资金200万元，主要从事软件的开发与销售，到现在公司拥有客户5200户，与甘肃省建工集团联合开发的《项目成本管理软件》在甘肃、银川有广泛的应用，劳动用工备案软件在甘肃省人力资源和社会保障厅全省应用。

0117 甘肃大恒电子信息技术有限公司

注 册 地：兰州市天水中路8号

主营业务：计算机软件开发、系统集成、大屏幕显示系统、监控、建筑智能化工程及电子工程、弱电工程、IT设备的销售、外包服务、技术服务等业务。

主要产品：计算机系统集成三级资质、《藏文献影像保存及信息化应用研究平台》。

从业人员数（人）：34

资产总额（万元）：1000

简　　介：甘肃大恒电子信息技术有限公司成立于2004年，注册资本1000万元。公司主要从事计算机软件开发、系统集成、大屏幕显示系统、监控、建筑智能化工程及电子工程、弱电工程、IT设备的销售、外包服务、技术服务等业务的高科技民营企业。公司下设行政人力资源部、财务部、市场部、商务部、系统集成部、软件开发部六个部门。公司于2007年导入了ISO9001：9000质量管理体系，实施质量科学化管理。公司研发实力雄厚，拥有多项具有自主开发的软件产品，目前广泛应用于教育、政府、军队和企业等部门，具有较高的科技含量和广阔的市场前景。

0118 甘肃众力厚德北斗卫星导航信息服务有限公司

注 册 地：兰州市城关区雁南路279号

主营业务：北斗民用分理商资质。北斗卫星综合应用系统平台。

0119 兰州梓萱网络科技有限公司

注 册 地：兰州市工商局城关分局

主营业务：电子商务、网络科技、软件开发

从业人员数（人）：6

销售额（万元）：15

资产总额（万元）：20

0120 甘肃网尚文化传播有限公司

注 册 地：兰州市

主营业务：电子商务；软件开发设计；文化艺术交流及策划；舞台艺术交流及策划；企业形象策划，会务服务，展览展示设计服务；企业管理咨询；设计制作各类广告。

从业人员数（人）：2

资产总额（万元）：500

0121 甘肃新网通科技信息有限公司

注 册 地：兰州市

从业人员数（人）：101

销售额（万元）：1617

资产总额（万元）：6258

简　　介：甘肃新网通科技信息有限公司于2003年在甘肃省内注册成立，注册资本3000万元。主要经营业务为系统集成、机电工程、软件开发、综合布线、监控对讲、数据接入、视频会议、办公设备自动化、智能卡销售、公路交通工程专业承包通信、监控、收费、综合系统工程。作为专业的综合服务提供商，公司自成立之初，立足于甘肃省交通运输信息化大发展，充分发挥企业在行业资源、技术能力和人才效率等方面的优势，迅速拓展行业市场，不断扩大企业生产经营规模和领域。我们专注于服务，以用户需求为核心开展业务建设和调整，为交通、公安、政府、军队、交于、金融等行业用户提供计算机软硬件产品销售、应用软件开发、信息系统集成、IT 运维为一体的整合解决方案和应用服务产品，同时为公路交通通信、监控、收费、综合系统提供施工和综合服务。

0122 兰州赛图网络技术服务有限公司

注　册　地：兰州市雁滩高新技术开发区科庆科技园

主营业务：从事软件开发、系统集成、行业软件定制开发，互联网信息服务、技术咨询、计算机网络服务、计算机网络工程以及遥感、环境检测、三维摄像及与信息产业相关的硬件设备的销售。

主要产品：引进美国高级地理信息处理平台。

从业人员数（人）：13

销售额（万元）：654

资产总额（万元）：715

简　　介：兰州赛图网络技术服务有限公司成立于 2010 年 2 月。公司为留学归国人员创办，具有行业领先人员和技术水平，主要从事软件开发、系统集成、行业软件定制开发，互联网信息服务、技术咨询、计算机网络服务、计算机网络工程以及遥感、环境检测、三维摄像及与信息产业相关的硬件设备的销售。

0123 甘肃东祺信通信科技有限公司

注　册　地：兰州市雁北路 2728 号

主营业务：网络安全、智能大厦弱电系统、安全防范系统整体解决方案、网络系统集成、应用软件开发。

从业人员数（人）：19

销售额（万元）：725.90

资产总额（万元）：1121.28

0124 兰州中科安泰分析科技有限责任公司

注　册　地：兰州市高新技术开发区雁南路兰州分离科学研究所

主营业务：气相和手性色谱柱的研发与生产

主要产品：检测检验实验室的咨询设计、检测方法和设备集成等整体解决方案。

简　　介：兰州中科安泰分析科技有限责任公司作为国家级高新技术企业，在气相和手性色谱柱的研发与生产方面处于国际先进水平，是国际上少数能生产商品化手性色谱柱与手性填料的企业之一，公司通过了 ISO9001：2000 质量体系认证，先后承担了科技部"高效气相毛细管色谱柱"和"多糖类液相色谱手性柱"两项国家火炬计划项目，其中"高性能 ODS 手性色谱柱"和"农药 1 号分析色谱柱"获得"国家重点新产品证书"。产品广泛应用于石油化工、生物医药、食品卫生、临床检验、商品检验、环境检测以及太空生命物质探索等领域。

0125 甘肃大通文化科技有限公司

注　册　地：兰州市安宁区枣林路 139 号

主营业务：动漫、工艺品制作、家居装潢、广告策划。

主要产品：动漫动作捕捉系统

从业人员数（人）：6

资产总额（万元）：200

简　　介：2013 年 9 月取得营业执照，主营动漫、工艺品设计与制作、家居装潢、广告策划等设计项目。相关设计人员具有平面设计师相关资质，有丰富的设计与制作经验，根据不同客户的具体要求设计和制作项目。公司具有相关专业设计技术人员 6 人，相关设计人员具有平面设计师相关资质，有丰富的设计与制作经验，可根据不同项目的要求和内容分组进行项目开发与制作，应用相关设计软件及特殊制作工艺来满足客户的设计要求。自主研发动漫动作捕捉系统，根据特殊制作衣服与感应系统相连接，应用软件系统与数据连接，生成一系列动作数据。可与动漫人物建模连接，生成一系列动作数据，形成动漫人物系列动作，最终制作动漫成品。

0126　甘肃蓝码电子科技有限公司

注　册　地：兰州市高新技术开发区

主营业务：数字文化，软件开发，技术培训

主要产品：移动旅游应用，多维互动校园立体平台，2D/3D 转制。

从业人员数（人）：11

销售额（万元）：200

资产总额（万元）：500

简　　介：甘肃蓝码电子科技有限公司是留美归国人员结合国内外高科技人才创办的信息文化及电子高科技企业。公司主要技术骨干有多年丰富的国内外软件开发经验，以及在旅游文化应用平台／3D 转制／教育平台等方面的专业技术。

0127　兰州中天奥威信息科技有限公司

注　册　地：兰州市雁滩高新开发区创新大厦

主营业务：数字集群调度系统、智能卡系统的产品研发、系统集成

从业人员数（人）：9

销售额（万元）：25.1

资产总额（万元）：130

简　　介：兰州中天奥威信息科技有限公司成立于 2011 年 3 月 24 日，企业类型为有限责任公司，注册资金 100 万元。主要专注于数字集群调度系统、智能卡系统的产品研发、系统集成等业务。公司现有员工 9 名，85% 以上为大学本科以上学历，公司技术人员经

过长时间的努力探索和多年实际项目锻炼，已具备一定的项目管理和研发经验，公司是一个朝气蓬勃、务实创新的团体。

0128　甘肃宏毅电子科技有限公司

注　册　地：兰州市高新区雁南路 18 号创新大厦

主营业务：1.LED 照明生产线技术改造项目；2. 与兰石化合作签订 LED 显示模块色彩一致性智能测试系统开发院企合作协议书；3. 与西安交大合作签订 LED 嵌入式灯笼合作协议书；4.IC 数据处理储存无线传输终端生产线升级改造。

主要产品：IC 数据处理储存无线传输终端生产线升级改造。

从业人员数（人）：68

销售额（万元）：1200

资产总额（万元）：1580

简　　介：甘肃宏毅电子科技有限公司多年来一直从事电子产品的生产制造，具有较强的技术基础。该企业在从事项目产品生产的同时进行了生产方法、生产技术、检测技术、产品质量保证体系的研究，借鉴国外同行业的先进经验，提高了产品技术性能，并在多年的生产实践中不断完善、创新、提高，形成了完整、系统、先进、较成熟的生物质转化产品生产工艺和生产技术。

0129　甘肃信业科技有限责任公司

注　册　地：兰州市金昌南路 361 号东方数码大厦

主营业务：计算机信息系统集成、通信网络设计施工、电信增值业务等；主要应用领域为通信、教育、医疗、安全、能源、工业控制等行业。

从业人员数（人）：185

销售额（万元）：4576

资产总额（万元）：4666

0130 兰州华迪科技有限公司

注 册 地：兰州市定西南路 225 号

主营业务：软件产品开发

主要产品："建设项目税收管理系统"、"'金税工程'辅助管理平台——地税网上申报系统"等软件。

从业人员数（人）：24

销售额（万元）：111.46

资产总额（万元）：392.99

简 介：兰州华迪科技有限公司成立于2004 年，注册资金 510 万元。主营业务为软件产品开发。主要产品有"建设项目税收管理系统"、"个人所得税代扣代缴管理系统"、"'金税工程'辅助管理平台——地税网上申报系统"等软件，目前业务范围重点在税务系统。

0131 兰州正远科技有限公司

注 册 地：兰州市东岗西路 249 号

主营业务：专门从事企业物流信息化、自动化立体仓储系统的设计开发、技术咨询、产品生产、系统集成和项目实施的高新科技企业。

从业人员数（人）：64

销售额（万元）：527.26,

资产总额（万元）：1719.96

简 介：兰州正远科技有限公司是专门从事企业物流信息化、自动化立体仓储系统的设计开发、技术咨询、产品生产、系统集成和项目实施的高新科技企业。公司自 2002年成立以来，在民航机场货运信息化监控管理、现代物流系统监控、自动化立体车/仓库、企业信息化管理、铁路机务信息化、机车车辆检修过程质量监控、网络工程等领域承接并完成了一批在国内具有重大影响力的大型

工程项目，开发出多项高科技新产品，多项成果通过了有关部委及甘肃省科技厅专家组的鉴定，项目科技水平处于国内领先地位，且部分项目已经达到了国际先进和国际领先水平。

0132 甘肃新空间环境科技有限公司

注 册 地：兰州市雁滩高新技术开发区科庆科技园

主营业务：为客户提供数字化工厂解决方案、数字化城市解决方案、桥梁大坝自动监测解决方案、大容积计量解决方案、石油化工行业在线监测解决方案、隧道测量解决方案、考古文物旅游解决方案等。

主要产品：制作基地三维可视化理信息系统发明专利。

从业人员数（人）：13

销售额（万元）：150

资产总额（万元）：281

简 介：甘肃新空间环境科技有限公司，公司办公地址位于兰州市城关区雁南路 279号兰州高新技术开发区科庆科技园综合楼留创园内，注册资本 200 万元，公司是留学归国人员创办企业，通过了质量管理体系（GB/T19001-2008 IDT ISO90001:2008）认证，有软件著作权 2 项，正在申请军工企业保密资质和双软认证。公司主营业务为软件开发和系统集成。

0133 甘肃省广播电视网络有限责任公司

注 册 地：甘肃省兰州市东岗西路 226 号

主营业务：广电网络建设运营、数字电视技术研发、产品制造、传输与接入、用户服务

简 介：甘肃省广播电视网络股份有限公司是经中共甘肃省委、甘肃省人民政府批准，由全省广播电视有线网络资产整合重组和股

份制改造后成立的省属国有大型文化企业。由甘肃省广播电影电视总台（集团）、兰州市广播电影电视总台、天水广播电视台等市州、县市区广播电视媒体和甘肃矿区等91家股东发起成立，注册资本15.1439亿元，从业人员4300人。现有15家市（州）分公司，70家县（市区）分公司，6家全资子公司。拥有有线电视用户280多万户，网络光缆干线3.5万公里。可传输170多套电视节目，近40套广播节目。

0134　甘肃成兴信息科技有限公司

注 册 地：兰州市高新区雁兴路68号

主营业务：软件开发、系统集成、技术咨询等。

主要产品：《成兴电子招投标系统软件》、《成兴评标专家库管理系统软件》。

从业人员数（人）：12

资产总额（万元）：772.02

简　　介：甘肃成兴信息科技有限公司是一家集软件开发、销售、服务为一体的专业性软件企业，主营软件开发、系统集成、技术咨询等。软件产品方向定位在电子招投标及相关行业信息化方面，并侧重于招投标交易平台的建设和运营。

0135　兰州安越网络科技有限公司

注 册 地：兰州市南面滩268号

主营业务：开发和运营电子商务网站

主要产品：兰州搜搜 www.lzsoso.com、中国供热网

从业人员数（人）：10

销售额（万元）：301

资产总额（万元）：510

简　　介：兰州安越网络科技有限公司是一家以开发和运营电子商务网站为主要业务的高科技公司，公司取得了中华人民共和国增值电信业务经营许可证资质，资质号甘B2-

20130012。公司口号："安越科技、安全卓越"。公司开发和运营的兰州搜搜网 www.lzsoso.com，和中国供热网 www.gongre.cn 都已经成功上线。

0136　兰州一兴电子信息工程有限公司

注 册 地：兰州市雁南路1296号

主营业务：计算机软件开发、建筑智能化承包。

主要产品：1.智能非接触IC卡加油管理系统，2.油料可视保障系统，3.一兴办公管理系统，4.E软教育城域网软件，5.门诊收费系统，6.木质包装熏蒸处理系统，7出口食品生产企业冷库监管系统。

从业人员数（人）：15

资产总额（万元）：200

简　　介：本公司自建伊始就树立了运用高科技服务于我们的工作、生活的思想理念。致力于各类办公自动化软件开发、综合布线系统工程、计算机网络工程、校园网工程、视屏会议系统、视屏监控系统、视屏点播系统等。

0137　兰州真宁信息科技有限责任公司

注 册 地：兰州市雁滩高新开发区科庆科技园

主营业务：计算机系统集成和软件开发

主要产品：法院案件管理系统，法院绩效管理系统，数字化法庭建设，审委会管理系统，医院管理系统及相关软件。

从业人员数（人）：10

销售额（万元）：69

资产总额（万元）：118.5

0138　甘肃万华金慧信息科技有限公司

注 册 地：兰州市城关区定西南路471号

主营业务：计算机软件开发、销售及技术服务；计算机辅助设备、安防监控设备的批发及零售；计算机网络技术咨询服务；计算机系统集成；安防工程设计施工；短信息服务业务等。

主要产品：基于无线射频识别（RFID）技术、传感技术和信息物理系统（CPS）等物联网技术体系在城市智能交通管理、涉车涉驾信息资源开发以及反恐、刑事侦查、治安、缉毒等领域的研发与运营。

从业人员数（人）：85

销售额（万元）：6123

资产总额（万元）：3581

简　　介：甘肃万华金慧信息科技有限公司系甘肃万华实业集团下属的独立法人实体之一。公司成立于2010年，注册资金1000万元人民币，是国家重点项目"物联网感知交通公共信息服务平台"的研发者和建设者。公司经营业务涉及计算机软件开发、销售及技术服务；计算机辅助设备、安防监控设备的批发及零售；计算机网络技术咨询服务；计算机系统集成；安防工程设计施工；短信息服务业务等。

0139 兰州商源网络软件技术有限公司

注　册　地：兰州市南面滩268号高新区创新园软件大厦B区

主营业务：公司专业从事医疗卫生行业应用软件研究、开发、销售、计算机信息系统集成和信息技术服务工作。目前，商源软件已成为一家在西部地区医疗卫生行业领先的信息化软件产品和全面解决方案的提供商和服务商。

主要产品：1.区域卫生信息平台 2.城乡居民基本公共卫生服务信息系统 3.新农合市级统筹信息平台 4.医院信息系统 5.妇幼保健信息系统 6.医疗保险信息系统 7.基层卫生服务综合业务管理信息系统。

从业人员数（人）：65

销售额（万元）：1871

资产总额（万元）：2900

0140 兰州全志电子有限公司

注　册　地：兰州市城关区九州大道269号

主营业务：工业自动化的基础产品

主要产品：RD100，RD200微型小型PLC和RD300，RD400中型大型PLC。

从业人员数（人）：36

销售额（万元）：766

资产总额（万元）：1715

简　　介：本企业成立于1999年1月，2000年开发出RD100、RD200微型、小型PLC共计19个品种，到2008年产品已发展到第三代，软件版本实现了3.20版。2009年4月年产10万件的生产线将全面投产，产品将按照ISO9001和GB/T15969-1、GB/T15969-2组织生产。2004年我单位发明了能用于中型、大型PLC，能够完整表达IEC61131-3语言算法的中间语言。该中间语言完全用数据表达，不受具体CPU指令的影响。只需要反复扫描解释执行就可以实现PLC的控制算法。可以用于8位到32位各种高中低档CPU。这样编译工具只需要将IEC61131-3语言算法编译成该中间语言，就可以由嵌入式软件转换成实际的控制算法。2006年本企业完成了与该中间语言配套的嵌入式软件平台RInside软件和开发工具RTools软件。为研发全系列中型、大型PLC奠定了坚实的基础。

0141 甘肃大禹九洲测绘地理信息有限公司

注　册　地：兰州市七里河区南滨河中路1119号

主营业务：不动产测绘；摄影测量与遥感；

测绘航空摄影；地理信息系统工程；工程测量；安全防范工程设计施工、建筑工程、公路工程、桥梁工程、建筑结构可靠性鉴定检测（以上均凭资质证）；计算机软件开发；无损检测设备的研究、销售；仪器仪表、办公自动化设备、地理信息系统软件、LCD、LED、大屏拼接显示的批发零售；多媒体制作；设计、制作、代理各类广告。

0142 甘肃洁星联信息科技有限公司

注　册　地：兰州市七里河区建西东路 377 号

主营业务：物联网技术和云计算为依托，集研发、生产和运营。

主要产品：农业大棚、水产养殖和环境调控等数字化精准检测系统。

简　　　介：甘肃洁星联信息科技有限公司是由南京芯传汇电子科技有限公司和雨研信息科技（上海）有限公司联合组建的一家以物联网技术和云计算为依托，集研发、生产和运营于一体的高新技术企业，已通过了 ISO9000 国际质量管理体系认证。公司作为以战略性新兴产业为主导的现代化企业，以一批拥有丰富理论及实践经验的物联网专家、教授为核心，集合了高性能计算、光网开发、无线通信、硬件设计和软件研发等多领域的实战型人才，使洁星联打造了一支务实、敬业、智慧、专注的物联网行业技术团队。

0143 兰州北科维拓科技股份有限公司

注　册　地：兰州市七里河区吴家园西街 181 号

主营业务：兰州北科维拓科技股份有限公司是一家致力于政府基层社会服务管理软件开发、信息系统集成服务和软件工程项目实施的高科技股份制企业。

主要产品：三维数字社区集成管理应用系统、三维数字社会管理系统。

从业人员数（人）：107

销售额（万元）：5237

资产总额（万元）：2000

简　　　介：兰州北科维拓科技股份有限公司是一家致力于政府基层社会服务管理软件开发、信息系统集成服务和软件工程项目实施的高科技股份制企业，注册资金 2000 万元。公司下设软件研发部、测试部、售后服务部、三维 GIS 建模部、项目部、数据采集部、市场部等部门，并在北京设立了三维数字社会管理系统研发中心。

0144 兰州华陇理工科技有限公司

注　册　地：兰州市七里河区兰工坪路 391 号

主营业务：信息系统集成、工业控制及电力系统自动化领域相关业务。

主要产品：（1）弹翼作动筒性能测试台（新产品）2008.12 甘肃省经济委员会组织鉴定验收；（2）弹翼烟火作动筒性能测试台研制（成果）2008.12 甘肃省科学技术厅组织鉴定；（3）烟火作动筒性能测试装置研制（成果）2008.12 甘肃省科学技术厅组织鉴定；（4）烟火作动筒性能测试装置研制兰州市科学技术进步三等奖；（5）烟火作动筒性能测试装置（新产品）2008.12 甘肃省经济委员会组织鉴定验收；（6）烟火作动筒性能测试装置（2008.12 甘肃省技术创新优秀新产品）；（7）烟火作动筒性能测试装置研制（甘肃省机械工程学会科学技术奖一等奖）；（8）自适应风光柴组合便携式发电装置（新产品）2009.9 甘肃省经济委员会组织鉴定验收；（9）一体化刮削式绝缘打壳装置 2010.11 甘肃省经济委员会组织鉴定验收。

从业人员数（人）：22

销售额（万元）：717.92

资产总额（万元）：1472.95

简　　　介：兰州华陇理工科技有限公司是兰州理工大学的股份制企业，具有独立的法人资格，实行独立核算、自主经营、自负盈亏，是国家高新技术企业。公司地处祖国西北重镇兰州，背靠兰州理工大学，拥有优越的研究开发、生产经营环境。公司坚持以市场为导向，以技术为依托，技工贸相结合的经营方针。主要从事研制开发、生产经营以计算机为主体的高新技术产品，以及计算机网络工程、自动化工程、通讯工程、电力自动化工程的系统集成，同时为社会提供技术服务、技术咨询、技术培训，开展技术引进与技术交流活动。兰州华陇理工科技有限公司以兰州理工大学强大的技术实力为后盾，注重高新技术的开发，努力使科学技术尽快转化为生产力，以诚实本分、正大光明的经营宗旨为指针，热忱地向社会各界提供服务。

0145 兰州创途网络技术有限公司

注　册　地：兰州市七里河区建工中街 132 号

主营业务：计算机软硬件的开发、销售；计算机信息技术、电子产品的开发；计算机技术咨询、转让；广告的设计、制作、发布、代理；图文设计制作。

从业人员数（人）：4

资产总额（万元）：100

0146 甘肃新风采文化传媒有限公司

注　册　地：兰州市七里河区

主营业务：文化交流

从业人员数（人）：2

销售额（万元）：10

资产总额（万元）：20

0147 兰州盛世久久文化传播有限责任公司

注　册　地：兰州市七里河区

主营业务：文化传播

从业人员数（人）：2

销售额（万元）：62

资产总额（万元）：46

0148 兰州中元通信科技有限公司

注　册　地：兰州市七里河区

主营业务：互联网服务

从业人员数（人）：5

销售额（万元）：98

资产总额（万元）：140

0149 兰州金德盛电力科技有限公司

注　册　地：兰州市七里河区西站街道建西东路 239 号

主营业务：安防监控、防雷、建筑安装工程、建筑智能化工程、显示屏及灯光亮化工程、装饰装修设计及施工、网络工程、电信通信技术工程、防腐工程；计算机系统集成；国内各类广告的设计、制作、发布、代理；企业策划；计算机软硬件开发、销售；计算机设备及配件、办公设备及耗材、电子产品（不含卫星地面接收设施）、仪器仪表、机电设备、机械设备、建筑材料、电力器材、高低压设备、电线电缆、电动工具、五金交电、化工原料（不含危险品）、日用百货、家具用品、教学设备的批发零售。

从业人员数（人）：5

资产总额（万元）：100

0150 兰州环球文化传媒有限公司

注　册　地：甘肃省兰州市七里河区敦煌路郑家庄 143 号

主营业务：网络工程、广告的设计、制作、发布及代理、网络技术开发、电脑图文制作、商品信息包装推广。

主要产品：环球壹家网是一家房产、装修、设计、建材、家居为一体综合网络互动媒体服务平台。

从业人员数（人）：3
销售额（万元）：3
资产总额（万元）：100
简　　介：环球壹家网是中国西北区首家房产家居综合网络互动平台。它以方便、快捷、保障全新的服务理念服务消费者，环球壹家的诞生，开创房产网络平台、装修网络平台、设计网络平台、家装建材网络平台、家居网络平台为一体化的综合网络平台，为中国西北区树立起新的标志。

0151　兰州百贸网络科技有限公司

注　册　地：兰州市七里河区
主营业务：互联信息服务
从业人员数（人）：1
销售额（万元）：7
资产总额（万元）：100

0152　兰州市西固区四季青街道广播电视站

注　册　地：兰州市西固区
主营业务：信息传输、软件和信息技术服务
从业人员数（人）：15
销售额（万元）：20
资产总额（万元）：20
简　　介：兰州市西固区四季青街道广播电视站简介兰州市西固区四季青街道广播电视站成立于 1995 年 06 月 07 日，坐落于兰州市西固区西固巷 48 号，注册资金 20 万人民币，从业人员 15 人，主要经营有限电视转播。公司交通条件便利，本着竭诚为客户服务的理念，树立公司在业界的良好形象。

0153　兰州自由漫步网络技术有限责任公司

注　册　地：兰州市西固区
主营业务：信息传输、软件和信息技术服务

从业人员数（人）：9
销售额（万元）：100
资产总额（万元）：100
简　　介：兰州自由漫步网络技术有限责任公司简介兰州自由漫步网络技术有限责任公司成立于 2012 年 11 月 20 日，位于甘肃省兰州市西固区西柳沟街道化工街 61 号 114 幢 102 室，注册资金 100 万人民币，现有技术人员 9 人，是一家专注于用户体验设计的创新型互动整合营销公司。通过为客户提供网站 UE（交互设计）和 UI（视觉设计）为一体的专业网页设计服务方案来提升客户品牌价值。

0154　甘肃静好信息咨询有限公司

注　册　地：兰州市西固区西部市场 26-6 号
主营业务：计算机信息咨询
主要产品：电脑信息咨询、信息产品策划、计算机信息在线咨询。
从业人员数（人）：7
销售额（万元）：45
资产总额（万元）：60

0155　兰州润德智控电子有限责任公司

注　册　地：兰州市西固区西固中路
主营业务：信息系统服务
主要产品：信息系统集成、网络管理、桌面管理与维护。
从业人员数（人）：5
销售额（万元）：50
资产总额（万元）：200

0156　兰州维澜电子科技咨询服务有限责任公司

注　册　地：兰州市西固区西固中路 271-201 号
主营业务：电子软硬件咨询服务
从业人员数（人）：5

销售额（万元）：50
资产总额（万元）：20

0157 兰州释心商务咨询中心

注 册 地：兰州市西固区山丹街 342 号
主营业务：商务咨询
主要产品：商务风险的调查、评估、防范、信息的搜集。
从业人员数（人）：5
销售额（万元）：17
资产总额（万元）：17

0158 兰州鸿威科技信息中心

注 册 地：兰州市西固区庄浪路 282 号
主营业务：电子商务平台咨询
从业人员数（人）：6
销售额（万元）：30
资产总额（万元）：40

0159 兰州宏光达美网络科技有限公司

注 册 地：兰州市西固区
主营业务：信息传输、软件和信息技术服务
从业人员数（人）：6
销售额（万元）：100
资产总额（万元）：100
简 介：兰州宏光达美网络科技有限公司简介兰州宏光达美网络科技有限公司成立于 2010 年 03 月 26 日，位于甘肃省兰州市西固区合水路 248 号 406 室，注册资金 100 万人民币，现有技术人员 6 人。兰州宏光达美网络科技有限公司是一家 dell、联想、惠普、网站建设、纽曼数码、校园广播、弱电工程等产品的经销批发的有限责任公司。兰州宏光达美网络科技有限公司重信用、守合同、保证产品质量，以多品种经营特色和薄利多销的原则，赢得了广大客户的信任。

0160 兰州宏兴电子科技有限责任公司

注 册 地：兰州市西固区
主营业务：信息传输、软件和信息技术服务
从业人员数（人）：5
资产总额（万元）：500
简 介：兰州宏兴电子科技有限责任公司简介兰州宏兴电子科技有限责任公司成立于 1999 年 7 月 1 日，地处兰州市西固区科技街 1 号。公司是以计算机软件开发、系统集成、网络工程建设及技术服务为一体的高科技企业。注册资金为 500 万元人民币，被甘肃省国税局认定为一般纳税人，甘肃省工商行政管理局认定为“西固区信息产业的重要企业”，现已申请加入“甘肃省民营科技企业”。2004 年、2005 年公司连续被兰州市工商行政管理局和兰州市私营企业协会评为“诚信企业”，2005 年 11 月顺利通过 ISO9001：2000 质量管理体系认证。

0161 兰州同方锐志智能科技有限公司

注 册 地：兰州市西固区
主营业务：信息传输、软件和信息技术服务
从业人员数（人）：7
资产总额（万元）：550
简 介：兰州同方锐志智能科技有限公司简介兰州同方锐志智能科技有限公司，专注于系统集成项目、智能化一卡通、弱电配套设施的研发集成、销售、安装、及售后服务工作。承担各类通信设施、通信线路、通信管道、综合布线等工程的设计、安装、调试、维护、以及通信业务网络系统集成、电信支撑网络系统集成、电信基础网络系统集成的工程项目，公司是甘肃省安防协会会员单位，公司取得安全技术防范工程设计资质。拥有各种国际国内先进的专业通信分析设备和测试工具，专注于移动通信技术服务。

0162 兰州万彩智联广告印刷有限责任公司

注 册 地：兰州市西固石化厂前小区208号

主营业务：广告设计制作

主要产品：广告设计与制作设计

从业人员数（人）：6

销售额（万元）：35

资产总额（万元）：20

0163 兰州杰创图文广告有限公司

注 册 地：兰州市石化五建115号

主营业务：图文广告

主要产品：以图像文字处理制作为主的广告，装订，打印，喷画等业务。

从业人员数（人）：8

销售额（万元）：50

资产总额（万元）：50

0164 兰州天翊软件开发中心

注 册 地：兰州市西固区

主营业务：软件开发；广告设计、制作

从业人员数（人）：9

销售额（万元）：30

资产总额（万元）：30

简　　介：兰州天翊软件开发中心简介简介兰州天翊软件开发中心，是一家专业开发计算机办公软件的科技企业，公司自成立以来，时刻关注着办公管理软件市场的需求，以机关事业单位办公管理的规范化、科学化、现代化为己任，把开发适合中国国情的办公管理软件当做自己的使命，研发出一系列办公管理软件，满足了多数机关事业单位人事管理办公信息化的需求。

0165 甘肃鸿安广告有限公司

注 册 地：兰州市西固区鸿安石材市场319号

主营业务：广告设计

主要产品：品牌策划，专业广告设计与制作设计。

从业人员数（人）：7

销售额（万元）：40

资产总额（万元）：30

0166 兰州雪琳广告传媒有限公司

注 册 地：兰州市西固区福利西路141号

主营业务：广告平面设计

主要产品：文化传媒广告制作

从业人员数（人）：6

销售额（万元）：60

资产总额（万元）：30

0167 兰州利翔电子科技有限公司

注 册 地：兰州市西固区玉门街亚太新村

主营业务：计算机软件开发

从业人员数（人）：5

销售额（万元）：30

资产总额（万元）：20

0168 兰州网众网络技术服务有限公司

注 册 地：兰州市西固区福利街道庄浪西路596号

主营业务：信息传输、软件和信息技术服务

从业人员数（人）：7

销售额（万元）：100

资产总额（万元）：100

简　　介：兰州网众网络技术服务有限公司成立于2009年04月20日，注册资本100万元人民币，现有从业人员7人，主要经营计算机软、硬件的设计开发、技术服务。

0169 甘肃诚德工程技术有限公司

注 册 地：兰州市西固区西固中路1273号

主营业务：工程咨询服务

主要产品：编写投资项目可行性研究报告、

项目建议书、项目申请报告、资金申请报告、规划咨询、评估咨询。

销售额（万元）：80

资产总额（万元）：100

0170 兰州速通科技有限责任公司

注 册 地：兰州市西固区西固中街 56 号

主营业务：信息传输、软件和信息技术服务

从业人员数（人）：3

销售额（万元）：120

资产总额（万元）：120

简　　　介：兰州速通科技有限责任公司简介兰州速通科技有限责任公司成立于 2002 年 07 月 16 日，主要经营计算机及网络技术咨询、开发服务，计算机外围产品、应用软件的销售；计算机网络工程服务，网络维护。

0171 甘肃奥蒂瑞文化传媒有限公司

注 册 地：兰州市西固区福临大厦

主营业务：计算机系统服务、互联网服务

从业人员数（人）：5

销售额（万元）：55

资产总额（万元）：200

0172 甘肃鑫隆互联网信息服务有限公司

注 册 地：兰州市西固区先锋路街道福利路 911 号

主营业务：互联网信息咨询、计算机软件设计与开发、计算机系统集成、网页设计制作、电子商务信息咨询；网络工程（凭资质证经营）；计算机软件销售。

从业人员数（人）：3

销售额（万元）：15

资产总额（万元）：15

0173 兰州爱行校园文化传媒服务有限公司

注 册 地：兰州市西固区西固中路 419 号

主营业务：广告传媒

从业人员数（人）：9

销售额（万元）：55

资产总额（万元）：40

0174 兰州天禧工程软件有限公司

注 册 地：兰州市西固区

主营业务：信息传输、软件和信息技术服务业

从业人员数（人）：9

资产总额（万元）：200

简　　　介：兰州天禧工程软件有限公司兰州天禧工程软件有限公司成立于 2001 年 12 月 21 日，坐落于兰州市西固区公园路 129 号长业大厦 1111 号，注册资本 200 万元人民币，现有从业人员 9 人，是一家以 GIS 行业应用软件开发为主导的高科技企业，公司致力于铁路行业的网络化和数字化建设，为客户量身定制信息化全面解决方案；公司所研发的基于 WEBGIS 和 GIS 的行业应用软件，应用于拥有专用铁路的大中企业，是甘肃省软件研发实力最强的专业软件开发商之一。

0175 兰州盛文信息技术有限公司

注 册 地：兰州市西固区

主营业务：信息传输、软件和信息技术服务

从业人员数（人）：3

销售额（万元）：50

资产总额（万元）：50

0176 兰州大石牛网络文化服务有限责任公司

注 册 地：兰州市西固区

主营业务：电子商务（不含国家限制经营项目）；企业信息咨询；计算机软硬件开发。

从业人员数（人）：7
资产总额（万元）：30

0177 兰州三木软件科技有限公司

注 册 地：兰州市西固区
主营业务：信息传输、软件和信息技术服务
从业人员数（人）：8
资产总额（万元）：30
简 介：兰州三木软件科技有限公司兰州三木软件科技有限公司成立于 2004 年 03 月 18 日，坐落于兰州市西固区福利东路 231 号，注册资本为 30 万元，从业人数为 8 人，主要经营 CAD 系统软件（公路，涵洞，铁路）。面向全国各设计院和个人。本公司对产品通过进一步的研发和用户的宝贵提议进行了三次升级，已经走向成熟。本公司已拥有广大的国内用户，但也有很大的市场挖掘的潜力。

0178 兰州柒玖电子信息咨询部

注 册 地：兰州市西固区
主营业务：软件和信息技术咨询，软件开发
从业人员数（人）：5
资产总额（万元）：15
简 介：兰州柒玖电子信息咨询部兰州柒玖电子信息咨询部，是一家集软件开发、信息技术咨询、网站建设、系统集成，在线应用于一体的开发公司。公司的服务范围涵盖触摸一体机设计、企事业单位门户网站建设及管理软件开发、进销存系统在线应用等领域。

0179 兰州永丰科技服务中心

注 册 地：兰州市西固区福利西路 373 号
主营业务：IT 服务
主要产品：硬件集成、软件集成、通用解决方案、行业解决方案和 IT 综合服务。

从业人员数（人）：5
资产总额（万元）：15

0180 兰州联信分享电子科技有限公司

注 册 地：兰州市西固区
主营业务：计算机软、硬件开发及技术服务，系统集成、综合布线；办公自动化设备、安防监控设备、电脑外围设备及耗材、数码产品、电子产品（不含卫星地面接收设施）、建筑材料（不含木材）、金属材料（不含稀贵金属）、五金交电、机械设备、电动工具、卫生洁具、日用品、办公用品、文体用品、化妆洗涤用品、劳保用品、服装鞋帽、工艺美术品、家具用品的批发零售。
从业人员数（人）：10
销售额（万元）：100
资产总额（万元）：100

0181 兰州心灵港湾文化信息咨询服务中心

注 册 地：兰州市西固区西部市场商住楼 2 楼
主营业务：计算机信息咨询
从业人员数（人）：6
销售额（万元）：40
资产总额（万元）：55

0182 甘肃智美文化传媒有限公司

注 册 地：兰州市西固区西固城街道西固中路 1330 号
主营业务：文化艺术交流活动策划（不含演出服务、演出经纪）、舞蹈艺术造型策划、礼仪服务、公关活动策划、会展服务、市场营销策划、商务信息咨询、网页建设与推广、企业文化活动策划和推广、国内广告设计制作、摄影服务、市场营销策划；农副产品（不含原粮油及发菜）、建筑材料（不含木材）、文体办公用品、工艺品、日用品的批发零售。

从业人员数（人）：6
销售额（万元）：100
资产总额（万元）：100

0183 兰州蓝朗优思教育咨询有限公司

注 册 地：兰州市西固区山丹街 32-94 号
主营业务：教育信息咨询；文化交流活动策划；庆典活动策划；企业营销策划；企业形象策划；企业管理咨询；人力资源信息咨询；商务信息咨询；会务服务；展览展示服务；计算机技术咨询；计算机软硬件及配套设备开发；国内广告设计、制作；音乐器材销售。
主要产品：教育信息咨询；文化交流活动策划；庆典活动策划；企业营销策划；企业形象策划；企业管理咨询；人力资源信息咨询；商务信息咨询；会务服务；展览展示服务；计算机技术咨询；计算机软硬件及配套设备开发；国内广告设计、制作；音乐器材销售。
从业人员数（人）：8
资产总额（万元）：15

0184 甘肃诚创电子科技有限公司

注 册 地：兰州市西固区西柳沟街道生产街 1 号
主营业务：信息传输、软件和信息技术服务
从业人员数（人）：5
资产总额（万元）：600

0185 甘肃东利金融服务有限公司

注 册 地：兰州市西固区西固西路第一层 004 号
主营业务：金融咨询服务
从业人员数（人）：5
销售额（万元）：500
资产总额（万元）：1000

0186 兰州酬勤永道信息技术有限责任公司

注 册 地：兰州市西固区先锋路街道西固东路 235 号
主营业务：信息传输、软件和信息技术服务
从业人员数（人）：9
销售额（万元）：15
资产总额（万元）：15

0187 兰州第八日网络科技有限公司

注 册 地：兰州市西固区西固东路 84 号
主营业务：信息传输、软件和信息技术服务
从业人员数（人）：8
销售额（万元）：50
资产总额（万元）：50

0188 兰州德尔顺信息科技工程有限公司

注 册 地：兰州市西固区西固中路 149 号
主营业务：信息传输、软件和信息技术服务
从业人员数（人）：7
销售额（万元）：200
资产总额（万元）：200

0189 兰州亿维网络科技有限公司

注 册 地：兰州市西固区合水东路 157 号
主营业务：信息传输、软件和信息技术服务
从业人员数（人）：4
销售额（万元）：100
资产总额（万元）：100

0190 兰州启之悟教育咨询有限公司

注 册 地：兰州市西固区福利东路 23 号
主营业务：教育信息咨询、企业管理咨询、计算机信息咨询；会务服务、翻译服务、计算机软硬件技术服务；企业形象策划；办公用品、文化用品、工艺美术品、乐器、教学设备、计算机配件的销售。

从业人员数（人）：9

销售额（万元）：3

资产总额（万元）：3

简　　介：兰州启之悟教育咨询有限公司简介兰州启之悟教育咨询有限公司成立于2013年08月01日，营业面积30平方米，启之悟是以"渔人"为核心的教育机构，创立于中国兰州，本着引导受教育者了解自己和他人进而感悟人生的理念，人性化服务于中国教育领域，注重培养受教育者的身心双重发展，准确定位隐形困扰因素，发挥潜能特长，使其以良好的心态轻松面对学习，进而快乐生活。公司目前以系统科学的引导为核心，专注于教学质量，利用优质的教育资源和先进的信息技术渔好每位受教育者。

0191　兰州智博信息技术有限公司

注　册　地：兰州市西固区

主营业务：信息传输、软件和信息技术服务

从业人员数（人）：12

资产总额（万元）：100

简　　介：兰州智博信息技术有限公司简介兰州智博信息技术有限公司成立于2009年08月03日，公司位于兰州市西固区山丹街1号23-24（兰州石化技术学院大学生创业中心），公司注册资金100万人民币，现有从业人员12人，主要经营网络信息处理、网站设计、软件开发、多媒体设计；信息控制工程、技术咨询、技术服务；电子产品销售、就业实训等。我们的企业文化是人才是企业最大的财富，优秀的产品，良好的服务是企业价值的体现；爱祖国、爱人民、爱事业和爱生活是企业凝聚力的源泉；尊重知识、集体奋斗、艰苦创业是企业发展的要求；责任意识、创新精神、敬业态度和精诚合作是企业文化的精髓；实事求是是企业的行为

准则。

0192　兰州君安阳光商务信息咨询部

注　册　地：兰州市西固老区委四合院门口262-1号

主营业务：信息咨询

主要产品：商务信息咨询、服务

从业人员数（人）：7

销售额（万元）：30

资产总额（万元）：40

0193　兰州帮帮装修信息技术有限公司

注　册　地：兰州市西固区幸福小区902-2-3室

主营业务：互联网服务

主要产品：向上网用户无偿提供具有公开性、共享性信息的服务活动。

从业人员数（人）：4

销售额（万元）：40

资产总额（万元）：35

0194　兰州琳娜电子信息咨询部

注　册　地：兰州市西固区福利路街道庄浪西路540号

主营业务：电子信息咨询、电脑维护、软件开发。

从业人员数（人）：4

资产总额（万元）：15

0195　兰州申腾通讯服务有限公司

注　册　地：兰州市西固区马泉村47号

主营业务：通讯设备安装

主要产品：天线设备安装、光缆、电缆、BBU、RU线路安装。

从业人员数（人）：7

销售额（万元）：25

资产总额（万元）：60

0196 兰州东方明珠系统工程有限公司

注 册 地：兰州市西固区公园路 129 号

主营业务：信息传输、软件和信息技术服务

从业人员数（人）：7

资产总额（万元）：5000

简　　介：兰州东方明珠系统工程有限公司简介兰州东方明珠系统工程有限公司成立于 2002 年 08 月 28 日，主要经营工业计算机软硬件、智能仪表仪器、工业数字化机电设备的安装、调试与服务、自动控制系统工程等。

0197 兰州世纪华源文化传播有限公司

注 册 地：兰州市安宁区

主营业务：网站研发。

从业人员数（人）：2

销售额（万元）：8

资产总额（万元）：50

0198 甘肃金信达电子科技有限公司

注 册 地：兰州市安宁区北滨河西路宁苑小区

主营业务：无线通信、计算机网络、安防产品等销售、工程服务、系统集成于一体化的安防智能化的提供商。

从业人员数（人）：7

销售额（万元）：85

资产总额（万元）：240

简　　介：甘肃金信达电子科技有限公司是一家专业从事无线通信、计算机网络、安防产品等销售、工程服务、系统集成于一体化的安防智能化的提供商，是甘肃省最具实力的专业安防产品销售与系统集成商之一。公司业务涉及 2.4G\ 3.5G\5.8G 无线接入及室内分布成套设备；复用器、路由器、交换机等网络产品、数字高清\模拟监控设备、移动视频监控，视频会议产品等。公司自成立之日起，凭借专业经验和领先技术，在安防视频监控、楼宇对讲、智能化小区、数字化

企业一卡通、防盗报警、停车场收费等领域，为客户提供标准化以及更具个性化的整体解决方案，带给客户非凡的价值体验。取得甘肃省安防技术设计施工二级资质证书和建筑智能化施工专业承包三级资质。

0199 兰州爱尼尔信息科技有限公司

注 册 地：兰州市安宁区枣林路 139 号

主营业务：电子信息、计算机软件开发

主要产品：E-hrs 人力资源管理系统、文档加密系统、I-net 办公自动化、高校学生综合考评系统。

从业人员数（人）：8

销售额（万元）：158.5

资产总额（万元）：500

简　　介：甘肃爱尼尔科技有限公司，注册资金 500 万元人民币，是一家充满活力、富于创新的综合性高新技术企业，公司秉承 "3T（Right Time, Technology, Trend）、3C（For the Customer, By the Customer, Of the Customer）" 的服务宗旨。长期以来公司结合 Solution 和企业经营，以顾客为中心确保竞争力，以产品革新为中心执行 "Blue Ocean"，以此来作为公司长期发展的策略方向。甘肃爱尼尔信息科技有限公司积极致力于软件技术创新、业务创新和服务创新，研发出了以 B2B、B2C 电子商务平台、P2P 在线融资系统，人力资源管理系统、CRM/PRM 经销商管理系统、PHP CMS 网站内容管理、企业网站等系列软件产品，体现我公司的竞争实力，公司目前拥有自主研发软件专利六项，为客户信息化建设奠定基础。

0200 兰州天际环境保护有限公司

注 册 地：兰州市交通大学科技园

主营业务：环境污染治理、水处理、市政工

程建设。

简　　介：兰州天际环境保护有限公司是由兰州交通大学控股的符合现代企业管理制度的股份制高新技术企业。公司以兰州交通大学、甘肃省交通储运扬尘治理工程技术研究中心为技术依托，自 1993 年成立来以环境污染治理、水处理、市政工程建设为主要经营方向。公司在 2002 年就开始煤扬尘防治研究工作。该项目取得了显著的成绩：通过山西省科技厅组织的科学技术成果鉴定，其成果达到国际先进水平；同时获得了 2003 年度山西省科技进步二等奖，自主研制开发的高效扬尘覆盖剂和运煤列车防扬尘自动喷洒系统设备属国内首创，并且在 2004 年获得了国家级火炬计划项目证书。同时此研究项目被列为 2006 年铁道部科技研究开发计划课题，2007 年通过铁道部科技司组织的结题评审、2009 年通过了甘肃省科学技术厅组织的科学技术成果鉴定和甘肃省工业与信息化委员会组织的新产品（新技术）鉴定，该技术成果达到国际先进水平。目前已在全国铁路和其它行业治理扬尘污染方面广泛应用。获得了 11 项发明和实用新型专利及多项技术成果奖，2011 年获双软认证。

0201 甘肃天宫科普文化传媒股份有限公司

注 册 地：兰州市安宁区枣林路 139 号

主营业务：电视综艺、电视专题、电视节目制作、发行（凭广播电视节目制作经营许可证经营）；计算机系统集成，软件开发与销售，网络技术的开发、转让与咨询服务，国内各类广告的设计、制作、发布、代理；展馆设计与规划；会务会展服务；文化艺术交流策划（不含营业性演出和经纪服务）、舞台艺术造型策划、企业形象策划、市场营销策划（国家禁止和须取得专项许可的项目除外）；礼仪服务；摄影服务；商务信息咨询（国家禁止和须取得专项许可的项目除外）；茶文化的传播与服务（不含食品的生存、加工、销售及餐饮服务）；室内装饰装修工程；电子产品、装潢材料（不含木材）的批发零售。

从业人员数（人）：58

销售额（万元）：34

资产总额（万元）：1220

简　　介：甘肃天宫科普文化传媒股份有限公司是甘肃省目前唯一一家高起点、高品质、大规模从事三维电影、电视、网游等开发制作的一家公司。内容涵盖动画影视剧、4D 和飞行影院等体验类的电影、大型网络游戏开发与制作。公司致力于成为国内最大的三维影视原创制作发行、音像图书发行经销、衍生产品开发营销以及网络游戏开发运营的企业之一。

0202 兰州陇之脊文化传播有限公司

注 册 地：兰州市安宁区

主营业务：互联网服务

从业人员数（人）：5

销售额（万元）：26.1

资产总额（万元）：45.8

0203 甘肃信源软件信息股份有限公司

注 册 地：兰州市永登县中川镇煜利小区

主营业务：计算机网络系统工程、计算机技术开发、技术转让、技术咨询服务；企业投资管理与资产管理；建筑工程设计、施工的咨询服务；建筑装饰设计、施工的咨询服务；市政工程、市政亮化工程的设计、施工的咨询服务；室内装饰服务（凭资质证经营）；商务会展咨询服务；计算机软硬件、网络设备、电子产品、办公设备、仪器仪表、摄影器材、通讯器材（不含卫星地面接收设施）。

0204 甘肃三七网络科技有限公司

注 册 地：兰州市永登县新区北坪一社

主营业务：计算机软硬件设计开发与销售、网络资源开发、网络资源运营、网站设计开发（以上经营项目国家有专项许可的凭有效许可证经营），建筑智能化，系统集成，一卡通系统，弱电工程，企业信息化，电子商务，通信系统开发集成，自动化控制系统开发集成，市政工程，能源与环保工程，节能设备的生产与销售，电力行业项目勘查、设计、承包，化工产品（不含国家限制产品）销售，装修及土建工程，五金交电的批发零售，机电设备、机械设备及配件、通讯器材、通讯设备、照相器材、通信器材、通信设备、健身器材、音响设备、办公家具、办公设备、文体用品、文化办公用品、纸制品、包装材料的销售，建筑模型制作、景观模型制作，平面设计，工艺品开发。

从业人员数（人）：4

0205 兰州联创智业园管理有限公司

注 册 地：兰州新区纬三路联创智业园

主营业务：科技企业孵化；技术开发、技术转让、技术培训、投资管理；物业管理（含自有物业出租、出售、置换）；组织文化艺术交流活动，承办展览展示会、企业形象策划服务、企业营销策划服务、电脑图文设计制作、电子商务服务、网络技术服务、提供会议服务、劳务服务、翻译服务。

主要产品：兰州联创智业园

从业人员数（人）：60

资产总额（万元）：9987

简　　介：兰州联创智业园管理有限公司于2010年11月成立，注册资本2000万元，下设综合管理部、项目建设部、材料供应部、财务部和园区运营部。有完善的管理组织和管理程序，健全的规章制度.拥有独立

的工作场所及与所提供服务相适应的条件和设施；大专及以上学历专业人员的比例超过90%；具有较强的综合服务和组织社会资源能力；经营范围包括：科技企业孵化；技术开发、技术转让、技术培训、投资管理；物业管理（含自有物业出租、出售、置换）；组织文化艺术交流活动，承办展览展示会、企业形象策划服务、企业营销策划服务、电脑图文设计制作、电子商务服务、网络技术服务、提供会议服务、劳务服务、翻译服务。

0206 甘肃益欣文化传播有限公司

注 册 地：兰州市高新区

主营业务：主营联网信息发布系统、多媒体互动平台、触摸查询系统、大屏幕系统、音视频系统集成和广告信息发布等综合性服务。

主要产品：数字多媒体信息发布系统、多媒体互动平台、触摸查询系统和大屏幕系统。

从业人员数（人）：20

销售额（万元）：446

资产总额（万元）：940

简　　介：甘肃益欣文化传播有限公司致力于全数字化多媒体信息智能联播网络平台开发与建设，是一家为客户提供品牌全程推广服务的专业化文化传播机构。公司成立于2010年12月13日，在兰州市雁滩高新区注册。服务完整地涵盖了企业视觉形象设计与传播、信息化管理软硬件开发与应用、产品营销策划与整合传播等综合服务业务。现有员工20名，其中大学本科学历13人，专科学历2人，技术人员8人。秉承核心优势.一体化解决方案，我们精心打造了4大系统：数字多媒体信息发布系统、多媒体互动平台、触摸查询系统和大屏幕系统。主营联网信息发布系统、多媒体互动平台、触摸查询系统、

大屏幕系统、音视频系统集成和广告信息发布等综合性服务。

0207 兰州南特数码科技股份有限公司

注 册 地：兰州国家高新技术产业开发区大学科技园

主营业务：应用软件产品开发

从业人员数（人）：223

销售额（万元）：1017

资产总额（万元）：8829

简　　介：公司位于兰州国家高新技术产业开发区大学科技园，是经省政府批准、上市办备案的一家股份制高科技 IT 企业，注册资本 3300 万人民币，总资产近亿元。现有员工近 300 名，85% 以上员工具有大学本科以上学历，其中公司研发中心有高级研发人员 36 名，其中硕士研究生 9 名、博士研究生 10 名、教授及教授级高工 5 名、研究员 3 名（其中三人为博士生导师）、副教授副研究员 3 名、高级工程师 6 名、助理研究员 2 名，有 200 多名员工分别取得了多种 IT 行业技术资质及行业认证资质。先后自主开发了近二十项大型应用软件产品，其中有十六项产品通过了省科技厅技术成果鉴定，并作为软件产品登记注册；十二项产品进行了著作权登记，达到国内领先水平；2007-2008 中国 IT 金榜成功公司之卓越服务商。具有软件著作权约 20 项，申请专利 6 项，已经获得 4 项，其中 3 项为发明专利。

0208 兰州星科电子科技服务中心

注 册 地：兰州市红古区

主营业务：互联网信息服务

从业人员数（人）：20

销售额（万元）：111

资产总额（万元）：154

0209 兰州鹏飞科技服务中心

注 册 地：兰州市红古区

主营业务：互联网信息服务

从业人员数（人）：12

销售额（万元）：88

资产总额（万元）：120

简　　介：长期以来主要从事技术转让、技术开发、技术攻关、技术培训、技术交流、技术咨询、成果转化等科技服务工作；积极推进科研与生产之间，城乡之间，军工和民用技术之间的协作与联合；促进中小企业的技术进步。

0210 兰州瑞海科技服务中心

注 册 地：兰州市红古区

主营业务：互联网信息服务

从业人员数（人）：12

销售额（万元）：80

资产总额（万元）：90

0211 甘肃广播电视网络有限责任公司永登分公司

注 册 地：兰州市永登县

主营业务：广播、电视、宽带服务

从业人员数（人）：30

销售额（万元）：510

资产总额（万元）：150

0212 敦煌市科讯道路运输信息中心

注 册 地：酒泉市敦煌市工商局

主营业务：GPS 车载定位系统管理；营运车辆电子屏广告发布；道路运输信息收集、发布。

主要产品：营运车辆电子屏广告

从业人员数（人）：5

销售额（万元）：12

资产总额（万元）：30

0213 北京中移科讯传媒科技有限公司敦煌分公司

注 册 地：酒泉市敦煌市

主营业务：技术推广、技术服务、投资顾问；电脑动画设计与制作；设计、制作、代理、发布广告；承办展览展示、市场调查、公关策划、影视策划、营销策划、企业形象策划；组织文化艺术交流活动（演出除外）；工艺美术品、计算机软硬件及外围设备、电子产品、家用电器、空调制冷设备、机械设备、电器设备、通讯设备、五金交电、建筑材料、汽车配件、化工产品（不含危险化学品）、环保设备、文体用品、仪器仪表、灯具、日用品、卫生用品的销售；机械设备租赁服务。

从业人员数（人）：5

销售额（万元）：120

0214 酒泉汉唐电子商务有限公司

注 册 地：酒泉市肃州区

主营业务：计算机技术咨询服务；网络技术、网络工程的施工、建设；电子商务的应用、推广及服务；互联网信息服务（不含网吧）；网页设计与安装；电脑平面设计，美术设计、制作，电脑图文设计、制作；特色农产品、旅游资源产品网上销售；预包装食品、农副产品、土特产品、工艺礼品、玉器、针纺织品、床上用品、机电设备（不含小轿车）、制冷设备、电脑软硬件及配件、电脑周边设备、电脑耗材、办公用品的销售；旅游咨询服务；电子商务培训服务；会务服务。

从业人员数（人）：2

资产总额（万元）：10000

0215 甘肃天易雨青网络科技有限公司

注 册 地：酒泉市肃州区阳关路1号会计师楼

主营业务：互联网信息服务（不含网吧）；网络工程设计、施工；网页设计制作；网站

建设；计算机软件开发；计算机维修；计算机系统集成及技术服务；IT外包；网络技术支持服务；设计、制作、代理、发布广告；企业形象策划；组织国内文化艺术交流活动（文艺演出除外）；承办展览展示；电子产品、文具用品、电子计算机及辅助设备、工艺品、日用品的销售。

从业人员数（人）：5

销售额（万元）：500

资产总额（万元）：200

0216 酒泉玉鼎网络文化科技发展有限责任公司

注 册 地：酒泉市肃州区新城区莫高路2-16号

主营业务：互联网上网服务（仅限分支机构经营）；计算机程序开发；网站设计、制作、维护；计算机硬件、软件、电子类产品的销售；计算机硬件维修。

从业人员数（人）：5

销售额（万元）：500

资产总额（万元）：500

0217 酒泉在线网络传媒有限公司

注 册 地：酒泉市肃州区西关路1号

主营业务：软件开发、技术培训、软件和信息技术服务、互联网信息服务、网络工程及建设、电子商务、广告设计制作、代理发布、电子办公设备（不含地面卫星接收设施）销售及维修。

从业人员数（人）：5

销售额（万元）：100

资产总额（万元）：100

0218 酒泉聚馨信息科技有限公司

注 册 地：酒泉市肃州区新城区莫高路2-16号

主营业务：互联网上网服务（仅限分支机构经营）；计算机程序开发；网站设计、制作、

维护；计算机硬件、软件、电子类产品的销售；计算机硬件维修。

从业人员数（人）：5

销售额（万元）：500

资产总额（万元）：500

0219 中国移动通信集团甘肃有限公司肃州区公司

注 册 地：酒泉市肃州区

主营业务：GSM 数字移动通信业务、IP 电话业务、因特网接入服务业务、因特网骨干数据传送业务；从事移动通信、IP 电话和因特网络的设计、投资和建设；移动通信、IP 电话和因特网等设施安装、工程施工和维修；经营与移动通信、IP 电话和因特网业务相关的系统集成、漫游结算清算、技术开发、技术服务、广告业务、设备销售，以及其他电信及信息服务。

从业人员数（人）：150

销售额（万元）：19200

资产总额（万元）：350

简　　介：中国移动甘肃公司酒泉分公司简介中国移动甘肃公司酒泉分公司，现有员工 590 人，平均年龄 28 岁，其中大专以上学历占总人数的 95% 以上，已形成了一支诚信负责、充满激情、勤奋务实、追求卓越的年轻化、知识化、专业化的员工队伍。公司近千个营业网点遍布城乡为客户提供便捷服务，近千座基站为全市提供 98.6% 的网络无缝覆盖。2012 年，公司客户规模超 80 万户，实现利润过亿元，企业上缴利税过千万。

0220 甘肃省广播电视网络股份有限公司玉门市分公司

注 册 地：酒泉市玉门市工商行政管理局

主营业务：广播电视网络设计、建设、监理、开发、运营、管理和维护；视音频内容集成、制作、分发经营；利用有线电视网络资源开展数据信息、移动多媒体及"三网融合"国家允许的通信、互联网，比照电信基础业务管理的增值电信业务等新技术、新业务、新媒体的开发经营；设计、制作、发布广告。国内外广播电视及信息网络设备器材的代理、经销；符合国家产业政策的其它领域项目，如电子、软件、新材料、节能等广播电视网络设计、建设、监理、开发、运营、管理和维护；视音频内容集成、制作、分发经营；利用有线电视网络资源开展数据信息、移动多媒体及"三网融合"国家允许的通信、互联网，比照电信基础业务管理的增值电信业务等新技术、新业务、新媒体的开发经营；设计、制作、发布广告。国内外广播电视及信息网络设备器材的代理，经销；符合国家产业政策的其它领域项目，如电子、软件、新材料、节能等

从业人员数（人）：62

销售额（万元）：720

资产总额（万元）：2000

简　　介：甘肃省广播电视网络股份有限公司玉门市分公司于 2012 年 5 月 31 日正式挂牌成立，目前拥有有线电视网络光缆干线总长 1622 公里，有线电视用户 34000 户。玉门广电网络公司在甘肃省广播电视网络公司的统一领导下，负责玉门辖区内有线电视业务、数据业务数字电视广告业务和电视增值业务的规划、设计、建设、运营与维护管理，确保有线电视传输网络的安全运行，最大限度地满足广大人民群众的业务需求。至目前，玉门有线电视覆盖率达到 93.4%，网络内传输 101 套数字电视基本节目和 11 套付费节目，同时经营数字电视底行游走字幕、开机画面和挂角广告。

0221 金塔县信息网络服务中心

注　册　地：酒泉市金塔县

主营业务：互联网信息服务

从业人员数（人）：6

销售额（万元）：0.6

资产总额（万元）：47.5

简　　　介：金塔县信息网络服务中心简介金塔县信息网络中心成立于 1999 年 10 月，是隶属于县政府办公室的科级事业单位，是全县信息网络工程建设的业务主管单位。主要负责全县信息网络工程建设的规划与指导，向政府、企、事业单位和社会公众提供互联网站技术支持及信息查询发布。

0222 永昌县热点文化传播有限公司

注　册　地：金昌市永昌县

主营业务：招商引资、其他中介服务、网络工程、印刷耗材、书刊纸、其他编辑制作设备、展示柜、其他传媒、广电设备。

主要产品：永昌网运营中心 http://yongchang.roowei.com/

从业人员数（人）：10

销售额（万元）：30

资产总额（万元）：80

简　　　介：永昌县热点文化传播有限公司的前身是入围中国网–永昌网运营中心（http://yongchang.roowei.com）于 2011 年 7 月正式开通，是入围中国网全国管理总部在永昌县唯一特许授权的运营机构。是永昌本地最大的门户网站，其核心特色是全面整合永昌资源，分门别类地展示永昌三百六十行的基本概况，便于永昌人了解永昌资讯、风情、人文与美景，展示永昌龙头企业和知名品牌。我中心自成立以来得到了县委和县政府的高度重视，中共永昌县委对外宣传办公室和永昌县新闻办公室联合发出（2013）1 号文件，要求各部门、各单位积极入围永昌网，进行

网站建设。现入围全国级会员 4 家、省级会员 4 家、地市级会员 5 家、区县级会员 100 家、普通会员 100 多家。

0223 永昌县政务网

注　册　地：金昌市永昌县

主营业务：永昌县人民政府政务网站

资产总额（万元）：30

0224 永昌在线

注　册　地：金昌市永昌县

主营业务：永昌在线（www.gsyc.ccoo.cn）是金昌快讯文化传播有限责任公司运营，城市中国（www.ccoo.cn）提供技术支持的永昌综合门户网站。

从业人员数（人）：3

销售额（万元）：30

资产总额（万元）：100

简　　　介：永昌在线（www.gsyc.ccoo.cn）是金昌快讯文化传播有限责任公司运营，城市中国（www.ccoo.cn）提供技术支持的永昌综合门户网站。它既是本地公共信息服务平台，又是本地网民了解世界的入口。永昌在线开辟了丰富的频道和子频道，内容丰富多彩，为政府机关、企事业单位和个人提供多种信息服务。

0225 永昌县人民法院网站

注　册　地：金昌市永昌县

主营业务：永昌县人民法院网站域名 www.ycxfy.gov.cn 的信息传播。

主要产品：永昌县人民法院网站

从业人员数（人）：1

简　　　介：永昌县人民法院网站域名 www.ycxfy.gov.cn，该网站是通过互联网宣传永昌法院、展示永昌法院对外开放形象的主要窗口，是沟通公众、加强与人民群众血肉

联系的重要纽带，是为民办事、践行宗旨意识的便捷渠道。网站主要设有网站首页、队伍建设、廉政建设、诉讼指南、法官风采等栏目。

0226 天水天地图信息技术有限公司

注 册 地：天水市

主营业务：地图编制

从业人员数（人）：4

销售额（万元）：10

资产总额（万元）：12

0227 天水万拓网络工程有限责任公司

注 册 地：天水市

主营业务：城域网、局域网、校园网等在内的各类网络工程。

从业人员数（人）：12

销售额（万元）：30

资产总额（万元）：50

简　　介：天水万拓网络工程有限责任公司现有各类员工10多人，其中高级工程师1人，经过认证的专业布线技术工程师5人，经过培训的熟练专业技术施工员若干。在发展过程中，公司一直以产品＋服务＋的方式，凭借在系统设计、工程实施等方面的综合优势和广泛的用户基础，结合实际情况和相应标准，并根据不同用户的具体要求，提供最切实可行的技术方案及系统产品，同时以最优秀的系统集成技术及系统实现能力，为用户提供最佳的金钥匙工程。先后完成了包括城域网、局域网、校园网等在内的各类网络工程，业务涉及教育、工厂、工商、电信、金融、政府机关、写字楼、商业等诸多领域。

0228 中国联通天水市分公司

注 册 地：天水市秦州区

主营业务：经营电话业务、数据传送业务、公众电报和用户电报业务、国内通信设施服务业务、因特网数据传送业务、无线接入业务等。

从业人员数（人）：320

销售额（万元）：10669.32

资产总额（万元）：49477.03

简　　介：中国联合网络通信集团有限公司天水市分公司（简称天水联通）隶属于中国联合网络通信集团有限公司甘肃省分公司，成立于2000年9月。2008年底，根据国家关于深化电信体制改革的战略部署，天水联通与天水网通合并成立新的天水联通。主要经营范围包括：移动通信业务，固定通信业务，数据通信业务、网络接入业务和各类电信增值业务。公司在全市各县（区）设有分支机构，营销网点遍布全市城乡，拥有从业人员320人，服务公众客户20多万户，集团客户近千家，资产规模达到4.5亿元。

0229 中国移动通信集团甘肃有限公司天水分公司

注 册 地：天水市秦州区解放路D-46-23

主营业务：固定语音、移动语音、数据、IP电话和多媒体业务，以及与固定通信、移动通信、IP电话和互联网接入相关的系统集成、漫游清算、技术开发、技术服务等业务。

从业人员数（人）：755

销售额（万元）：95700

资产总额（万元）：22841

简　　介：中国移动通信集团甘肃有限公司天水分公司（简称天水移动通信分公司）隶属于中国移动通信集团甘肃有限公司，成立于1999年8月18日。主要经营范围包括：固定语音、移动语音、数据、IP电话和多媒体业务，以及与固定通信、移动通信、IP电话和互联网接入相关的系统集成、漫游清算、技术开发、技术服务等业务。公司下设市场

经营部、集团客户部、客户服务部、网络部
等 11 个部门及中心，在全市各县（区）设
有 7 个县区公司。

0230 咸阳英讯电子技术有限公司天水分公司

注 册 地：天水市
主营业务：电子技术服务
从业人员数（人）：3
销售额（万元）：10
资产总额（万元）：15

0231 天水恣意文化传播有限公司

注 册 地：天水市秦州区
主营业务：书画展览（不涉及许可项目），
网络工程建设。家政服务。
从业人员数（人）：10
销售额（万元）：10
资产总额（万元）：5
简 介：天水恣意文化传播有限公司创立
于 2012 年，以影视剧拍摄、活动策划，新品
发布，商业演绎等广告业及其相关行业为服
务内容。在广告传播领域我们更加专注于"市
场与服务"，为客户量身定做策划方案，不
断追求创新和完美，以助更多合作伙伴腾飞。

0232 天水天一信息服务有限公司

注 册 地：天水市
主营业务：网站服务
从业人员数（人）：3
销售额（万元）：10
资产总额（万元）：18

0233 中国电信股份有限公司天水分公司

注 册 地：天水市秦州区岷山路 333 号
主营业务：固定电信移动通信增值业务

从业人员数（人）：230
销售额（万元）：14000
资产总额（万元）：25000
简 介：中国电信股份有限公司天水分公
司系中国电信股份有限公司在甘肃设立的地
区分公司，统一使用"中国电信"（China
Telecom）品牌。公司拥有员工 1200 多人，
固定资产 6 亿元。拥有以光缆为主、卫星和
数字微波为辅的全方位、大容量、多手段、
高速率、全覆盖、安全可靠的传输通信网，
世界先进水平的电话交换网、智能网、无线
通信网和宽带互联网，以及覆盖全市的七号
信令网、数字同步网、电信管理网等业务支
撑网络。本地交换设备容量超过 65 万门，
传输系统最高速率可达 200G，超过 100G 带
宽的高速互联网覆盖全省城乡，通达世界各
地。4G 通信基站已覆盖五县二区，平均网
速可达 35M 每秒。

0234 天水生活网电子商务有限公司

注 册 地：天水市
主营业务：为天水及周边地区提供全面方便
的互联网服务
从业人员数（人）：12
销售额（万元）：15
资产总额（万元）：20
简 介：天水生活网电子商务有限公司成
立于 2010 年 6 月，是经天水市工商行政管
理局批准成立的独立法人网络科技信息服务
公司。公司具有雄厚运营实力，为天水及周
边地区提供全面方便的互联网服务。天水生
活网建立于 2010 年 9 月（www.0938.cn），
是天水生活网电子商务有限公司旗下的主要
品牌产品。

0235 天水博泰网络技术有限责任公司

注 册 地：天水市

主营业务：网络技术

主要产品：主要经营"电子商务"等产品

从业人员数（人）：3

销售额（万元）：10

资产总额（万元）：20

0236 天水在线商务有限公司

注 册 地：天水市

主营业务：互联网信息服务

从业人员数（人）：14

销售额（万元）：20

资产总额（万元）：30

0237 天水智安电子科技有限公司

注 册 地：天水市

从业人员数（人）：13

销售额（万元）：150

资产总额（万元）：100

简　　介：天水智安电子科技有限公司是一家从事安防工程、智能化工程设计、安装施工和专业防盗设备、网站建设、网站推广、电子商务，是全球最大的中文搜索引擎——百度在天水地区的唯一注册机构，公司注册资金100万元，公司是通过国家信息产业部下属的甘肃省通信管理局批准的网络工程公司，并取得了甘肃省安全技术防范工程设计施工资质等级证，公司注册资金100万，具有独立法人资格的企业。

0238 天水市新空间电子服务有限公司

注 册 地：天水市工商行政管理局麦积分局

主营业务：互联网上网服务

资产总额（万元）：10

简　　介：天水市新空间电子服务有限公司位于天水市麦积区，成立于2011年03月31日，注册资本10万元，经营范围为互联网上网服务（凭有效许可证经营）；计算机

销售；电子器材（许可和审批品除外）的批发零售。

0239 天水正创商贸有限公司

注 册 地：天水市麦积区

主营业务：电子计算机软硬件技术开发、转让、咨询服务；安全防盗工程的设计与施工；企业营销策划，企业管理咨询；机电产品、通讯设备、家用电器、数码产品、安全防盗产品、电子计算机及其外围设备、办公设备及其耗材的销售。

主要产品：电子计算机软硬件技术、安全防盗工程。

资产总额（万元）：50

0240 天水福德网络科技有限公司

注 册 地：天水市麦积区

主营业务：符合国家规定的计算机软件开发及销售，网站技术工程服务，经济技术信息咨询服务，商品广告代理及发布。

主要产品：计算机软件

资产总额（万元）：5

简　　介：天水福德网络科技有限公司位于天水市麦积区，成立于2009年10月15日，注册资本5万元，经营范围为符合国家规定的计算机软件开发及销售，网站技术工程服务。

0241 天水市麦积区易达网络传媒中心

注 册 地：天水市麦积区

主营业务：计算机软件的商务代理服务；经济信息的咨询服务；广告设计与制作。

从业人员数（人）：3

资产总额（万元）：3

0242 麦积区道南天易网络服务部

注 册 地：天水市麦积区

主营业务：网站建设服务（国家法律禁止的除外）、网络维护服务、打字复印服务；电脑附件的零售。

从业人员数（人）：2

资产总额（万元）：8

0243 清水县涛缘科技电子有限公司

注　册　地：天水市清水县

主营业务：计算机软件及辅助设备、家用电器、照相器材、日用杂品、日用百货的零售；营移动大屏幕广告车；互联网信息服务；广告业务。

主要产品：广告业务、互联网信息服务、品牌电脑。

从业人员数（人）：6

销售额（万元）：83

资产总额（万元）：100

简　　　介：清水县涛缘科技电子有限公司成立于2005年1月，是清水县第一家从事IT全面服务的经销商，主要经营品牌电脑、组装电脑、电脑周边设备、耗材等产品代理，技术服务和计算机网络工程等，并提供全面的电脑系统维护。曾多次为基层学校就"三种模式"的管、护、用进行了免费维修和培训，培养出了一批管、护、用技术人员，有效的促进了"三种模式"和中小学学科教学的整合，推进了全县信息化教学的跨越式发展。

0244 中国电信股份有限公司清水分公司

注　册　地：天水市清水县

主营业务：基础电信业务：在本省行政区域内经营800MHZ CDMA第二代数字蜂窝移动通信业务；CDMA2000第三代数字蜂窝移动通信业务；经营固定网本地电话业务（含本地无线环路业务）、固定网国内长途电话业务、固定网国际长途电话业务、IP电话业务（限于phone-to-phone）、卫星国际专线业务、因特网数据传送业务、国际数据通信业务、公众电报和用户电报业务、26GHZ无线接入业务、国内通信设施服务业务；经营3.5GHZ无线接入业。增殖电信业务：经营第二类基础电信业务中的国内甚小口径终端地球站（VSAT）通讯业务、固定网国内数据传送业务、无线数据传送业务、用户驻地网业务、网络托管业务；第一类增值电信业务中的在线数据处理与交易处理业务、国内因特网虚拟专用网业务、因特网数据中心业务；第二类增值电信业务中的存储转发类业务、呼叫中心业务、因特网接入服务业务和信息服务业务。一般经营项目：经营与通信及信息业务相关的系统集成、技术开发、技术服务、技术培训、技术咨询、信息咨询、设备及计算机软硬件等的生产、销售、安装和设计与施工；房屋租赁；通讯设施租赁；安全技术防范系统的设计、施工和维修；广告业务。

从业人员数（人）：32

销售额（万元）：1300

资产总额（万元）：1700

0245 甘肃省广播电视网络股份有限公司清水县分公司

注　册　地：天水市清水县

主营业务：广播电视网络设计、建设、监理、开发、运营、管理和维护；视音频内容集成、制作、分发经营；利用有线电视网络资源开展数据信息、移动多媒体及"三网融合"国家允许的通信、互联网、比照电信基础业务管理的增值电信业务等新技术、新业务、新媒体的开发经营；设计、制作、发布广告；广播电视与信息网络的技术和产品研发、生产、销售及服务；国内外广播电视及信息网络设备器材的代理、经销；符合国家产业政策的其他领域项目如电子、软件、新材料、节能等。

从业人员数（人）：51

销售额（万元）：261

资产总额（万元）：300

简　　介：甘肃省广播电视网络股份有限公司清水县分公司简介清水县分公司位于清水县永清镇泰山路10号（县文化广播电视局二楼），成立于2012年6月，现有职工51人。主要负责清水县有线电视网络的建设开发、经营、电视节目收转传送、管理和维护。承担着75套数字电视节目的传输任务，每年为全县广电机构提供直播等临时节目的传送。

0246 中国电信股份有限公司武山分公司

注　册　地：天水市武山县城关镇民主路

主营业务：增值电信业务：经营第二类基础电信业务中的国内甚小口径终端地球站（VSAT）通信业务、固定网国内数据传送业务、无线数据传送业务、用户驻地网业务、网络托管业务；第一类增值电信业务中的在线数据处理与交易处理业务、国内因特网虚拟专用网业务、因特网数据中心业务；第二类增值电信业务中的存储转发类业务、呼叫中心业务、因特网接入服务业务和信息服务、3G业务。

0247 甘肃省网络公司张川县分公司

注　册　地：天水市张家川县

主营业务：网络、有线电视

销售额（万元）：10

资产总额（万元）：180

0248 中国电信股份有限公司武威分公司

注　册　地：武威市古浪县城水务局

主营业务：中国电信集团公司成立于2000年，是我国特大型国有通信企业、上海世博会、广州亚运会全球合作伙伴，连续多年入选"世界500强企业"，注册资本1580亿元人民币。主要经营固定电话、移动通信、卫星通信、互联网接入及应用等综合信息服务。

主要产品：经营有固定电话、数据业务、IP电话、多媒体业务、综合信息业务，无线通信、互联网、CDMA网络移动通信等业务；拥有"商务领航"、"我的e家"、"天翼"三大业务品牌。

从业人员数（人）：344

销售额（万元）：21794

资产总额（万元）：47202

0249 中国移动通信集团甘肃有限公司武威分公司

注　册　地：武威市

主营业务：中国移动通信主要经营移动话音、数据、IP电话和多媒体业务，并具有计算机互联网国际联网单位经营权和国际出入口局业务经营权。除提供基本话音业务外，还提供传真、数据、IP电话等多种增值业务，拥有"全球通"、"神州行"、"动感地带"等著名服务品牌。

主要产品：凉州区政务外网接入、"平安凉州"128个视频监控点、"金财工程"328个预算外单位专线接入、中国农业银行武威分行专线接入等信息化项目的建设。

从业人员数（人）：526

销售额（万元）：54300

资产总额（万元）：52612

简　　介：中国移动通信集团甘肃有限公司武威分公司是中国移动通信集团甘肃有限公司下属的地市分公司，是武威市通信及信息化建设领域的引领着，拥有最大的网络规模和客户群，为武威市的各个行业、单位、企业的信息化建设提供各种信息化解决方案。公司于 2014 年 3 月 15 日开通了 4G 网络，成为武威市技术升级领先的运行商，伴随着 4G 的广泛使用，将会衍生出丰富多彩的信息化应用，提升武威市信息技术经济领域的实力。为满足全业务运营的战略要求，公司将在未来投入更大的信息化建设力度，继续扩大在区域市场的领先优势。

0250 中国联合网络通信有限公司武威市分公司

注 册 地：武威市

主营业务：主要业务经营范围包括：移动通信业务（包括 GSM 和 CDMA）、国内国际长途电话业务（接入号 193）、批准范围的本地电话业务、数据通信业务、互联网业务（接入号 16500）、IP 电话业务（接入号 19710/17911）、卫星通信业务、电信增值业务、以及与主营业务有关的其他电信业务。

从业人员数（人）：260

销售额（万元）：10034

资产总额（万元）：31908

简　　介：中国联通有限公司是我国经营综合电信业务和增值业务的全国性国有综合性大型电信骨干企业。中国联通武威分公司是中国联通甘肃分公司所属的地级分公司，分公司成立于 2000 年 5 月。目前，武威市分公司开办的业务有：2G：130/131/132/155/156/145 移动电话业务；3G：186 移动电话业务；互联网业务；长途电话业务及其它电信增值业务。公司现有固定资产 3.19 亿元（含在建项目 0.48 亿元），净资产 2.06 亿元。先后建成 WCDMA 基站 188（含今年新建 41）个，室内覆盖 31 套；GSM 基站 394 个；接入端口 27904 个。

0251 武威市凉州区科信电子中心

注 册 地：武威市凉州区

主营业务：电脑及配件、电脑耗材、办公用品、广告材料、办公设备、劳保用品、家用电器、五金交电、通信器材、数码电子产品批发零售，广告设计服务。

从业人员数（人）：2

销售额（万元）：15

资产总额（万元）：50

0252 武威腾科网络科技有限责任公司

注 册 地：武威市凉州区西关南路

主营业务：办公耗材、计算机及其配件、文体用品、五金交电、仪器仪表、机电设备、家电电子产品的批发零售；监控设备的安装及维护；酒店管理控制系统工程、承接网络工程、网络服务、软件开发、网站建设、计算机应用技术培训、网络广告经营、信息服务业务。

主要产品：网络产品

从业人员数（人）：3

销售额（万元）：30

资产总额（万元）：60

简　　介：武威腾科网络科技有限责任公司，成立于 2013 年，我公司为各行各业提供专业的 IT 技术服务，经过 2 年多的努力与发展，已具一定的规模及实力，现拥有一支技术精湛的 IT 服务团队，以卓越的服务品质、专业安全的技术服务实力，为不同群体的用户提供更高更优质的 IT 服务。服务项目包括：企业电脑外包维护、品牌电脑、电脑组装配件销售，办公设备，智能化建筑网络工程综合布线，行业监控安装及维修工程，服务器局域网组建，室内外全系列 LED 显示屏，机房工程，软件开发，中小企业网站建设等多种 IT 服务一体化公司。

0253 武威奥迅科技有限公司

注 册 地：武威市凉州区西小什字天晟大厦二楼 A5 号

主营业务：计算机及耗材、电子产品、通讯器材、办公用品批发及零售；计算机软件开发；电子商务、网络广告服务。

从业人员数（人）：2

0254 中国电信股份有限公司武威分公司

注 册 地：武威市

主营业务：国内、国际长途通信业务、互联网业务和电话业务、技术咨询和技术服务。

从业人员数（人）：343

销售额（万元）：5981.6

资产总额（万元）：115676.3

0255 民勤县时空电脑网络服务有限公司

注 册 地：武威市民勤县城北校巷

主营业务：软件开发、计算机设备维修、数据库服务；电脑及配件销售；办公用品、电子产品零售。

从业人员数（人）：2

销售额（万元）：45

资产总额（万元）：315

0256 中国联通网络通信有限公司民勤县分公司

注 册 地：武威市民勤县

主营业务：固定网本地电话业务、公众电报和用户电报业务、国内通信设施服务业务、固定网国内长途电话业务、固定网国际长途电话业务、IP 电话业务、GSM 第二代数字蜂窝移动通信业务、WCDMA 第三代数字蜂窝移动通信业务、卫星国际专线业务、因特网数据传送业务、国际数据通信业务等。

从业人员数（人）：15

销售额（万元）：710

资产总额（万元）：150

0257 中国电信股份有限公司民勤分公司

注 册 地：武威市

主营业务：基础电信业务；在本省行政区域内经营 800MHz CDMA 第二代数字蜂窝移动通信业务和 CDMA2000 第三代数字蜂窝移动通信业务；经营固定本地电话业务（含本地无线环路业务）、固定网国内长途电话业务、固定网国际长途电话业务、IP 电话业务（限于 phone—to—phone）、卫星国际专线业务、因特网数据传送业务、国际数据通信业务、公众电报和用户电报业务、26GHz 无线接入业务、国内通信设施服务业务；经营 3.5GHz 无线接入业务。增值电信业务；经营第二类基础电信业务中的国内甚小口径终端地球站（VSAT）通信业务、固定网国内数据传送业务、无线数据传送业务、用户驻地网业务、网络托管业务；第一类增值电信业务中的在线数据处理与交易处理业务、国内因特网虚拟专用网业务、因特网数据中心业务；第二类增值电信业务中的语音信箱业务、传真存储转发类业务、X.400 电子邮件业务、呼叫中心业务、因特网接入服务业务和信息服务业务（含固定网电话信息服务业务、互联网信息服务业务和移动网信息服务业务）。

主要产品：800MHz CDMA 第二代数字蜂窝移动通信业务和 CDMA2000 第三代数字蜂窝移动通信业务；固定本地电话业务（含本地无线环路业务）、固定网国内长途电话业务、固定网国际长途电话业务、IP 电话业务（限于 phone—to—phone）、卫星国际专线业务、因特网数据传送业务、国际数据通信业务 26GHz 无线接入业务、国内通信设施服务业务。

从业人员数（人）：23

销售额（万元）：1385

资产总额（万元）：178

简　　介：中国电信股份有限公司民勤分公司属国有综合信息服务运营企业，下辖办公室、客户销售服务部、网络部 3 个部室和营业厅、线路维护班两个班组以及西关、东关、西渠、泉山、苏武、环河六个支局，共有员工 23 人。

0258 民勤县春光电脑电子科技有限公司

注 册 地：武威市民勤县三雷镇大什字

主营业务：计算机、打印机、多媒体电教设备、音响设备、网络设备、校园广播、监控设备、电脑耗材、家用电器销售维修及安装。

从业人员数（人）：3

销售额（万元）：3

资产总额（万元）：100

简　　介：该公司设立于 2012 年 2 月，公司注册资本 100 万元，现有从业人员 2 人，公司主要从事计算机、打印机、多媒体电教设备、音响设备、网络设备、校园广播、监控设备、电脑耗材、家用电器销售及安装等综合经营性公司。

0259 中国移动通信集团甘肃有限公司民勤县公司

注 册 地：武威市民勤县

主营业务：移动电话业务、互联网接入服务

主要产品：手机、移动通话

从业人员数（人）：12

销售额（万元）：7300

资产总额（万元）：1200

简　　介：民勤移动公司简介中国移动通信

集团甘肃有限公司民勤县公司成立于 1999 年 7 月，主要经营话音、数据、光纤宽带接入等业务，并具有计算机国际联网单位和国际出入口局经营权，还提供即时通讯、飞信、手机阅读等多种增值业务，"全球通"、"动感地带"、"神州行"三大服务品牌已家喻户晓。近年来，在县委、政府的正确领导和上级部门的大力支持下，民勤移动以"客户稳增长、网络出效益"为工作方针，以拓展市场为动力，积极提升客户满意度，截止目前：民勤移动在网客户数 166000 户，移动客户市场份额达到 75%，其中 3G 客户数为 42000 户、4G 客户数为 3000 户，借助 4G 高速网络的开通，高价值客户已经逐步壮大；现有 48 个专业网点、252 个特约代理点、113 个便民服务站，移动服务网点遍布城乡，极大方便了客户使用移动业务；已建成 180 个 2G 基站、75 个 3G 基站、90 个 4G 基站，光缆总里程达到 2200 公里，移动网络实现全县 100% 覆盖，引领技术潮流的移动 4G 网络已经覆盖城区及所有乡镇，为推进地方信息化快速推进奠定了坚实基础。

0260 天祝县移动公司

注 册 地：武威市天祝县

主营业务：在本省内经营 GSM 数字移动通信业务、IP 电话业务、因特网接入服务业务、因特网骨干网数据传输业务。

主要产品：GSM 数字移动通信业务、IP 电话业务、因特网接入服务业务、因特网骨干网数据传输业务。

从业人员数（人）：11

销售额（万元）：6500

资产总额（万元）：8000

简　　介：中国移动通信集团甘肃有限公司天祝县公司（以下简称"天祝移动"）属于中国移动通信集团甘肃公司武威分公司的下

属单位，位于天祝县华藏镇祝贡路天祝一中对面，现有员工 14 人，其中党员 10 人。全县现有销售网点 228 个，其中自有营业厅 7 家，合作营业厅 32 家。

0261 中国电信天祝分公司

注 册 地：武威市天祝县

主营业务：固定电话、移动通信、互联网接入及应用、数据通信、视讯服务、国际通信等多种综合信息服务。

从业人员数（人）：46

销售额（万元）：1974

资产总额（万元）：3800

简　　介：中国电信股份有限公司天祝分公司是中国电信股份有限公司在天祝县的分支机构，是天祝县最大的基础网络运营商和综合信息服务提供商。主要的经营范围有固定电话、移动通信、互联网接入及应用、数据通信、视讯服务、国际及港澳台通信等多种综合信息服务。截止 2014 年 6 月我县 CDMA 基站累计达到 72 个，其中 3G 基站达到 63 个，基本满足了 CDMA 手机的高速上网需求。

0262 中国联通天祝县分公司

注 册 地：武威市天祝县

主营业务：国内国际长途通信业务、移动通信业务、无线寻呼业务和 IP 业务。

主要产品：国内国际长途通信业务、移动通信业务、WCDMA 第三代通信业务，数字终端；电话卡的销售。

从业人员数（人）：24

销售额（万元）：800

资产总额（万元）：6000

0263 张掖市公安局门户网站

注 册 地：张掖市

主营业务：信息传输服务

主要产品：《张掖市公安局》网站

从业人员数（人）：2

资产总额（万元）：10000

0264 张掖市时代网络科技有限责任公司

注 册 地：张掖市

主营业务：网络营销策划、电脑软件开发、网上提供营销服务，商务信息咨询，网站设计制作、广告代理、发布、计算机软硬件、办公设备、电脑耗材的零售，计算机及办公设备的维修。

从业人员数（人）：8

销售额（万元）：185

资产总额（万元）：510

简　　介：甘肃互联时代网络技术有限责任公司于 2011 年在兰州注册成立：互联网业务客户遍及甘肃、陕西、重庆、北京等地。随着业务的扩张和发展的需要，2011 年 9 月张掖公司被甘肃省工信委认定为：甘肃省中小企业公共服务示范平台，2012 年 4 月张掖公司搬迁入驻张掖新闻大厦 17 楼办公，并加强了公司的企业文化、市场部、客服部、互联网技术部和软件开发部的建设与完善。公司 10 多年以来为 1000 多家行政事业单位和中小企业进行互联网相关服务。

0265 甘肃省广播电视网络股份有限公司民乐县分公司

注 册 地：张掖市民乐县广电大厦四楼

主营业务：广播电视网路设计、运营、管理和维护，视音频内容集成、制作、分发经营，利用有限电视网络资源开展数据信息、移动多媒体及"三网融合"国家允许的通信、互联网、比照电信基础业务管理的增值电信业务等新技术、新业务、新媒体的开发经营，设计、制作、发布广告，广播电视与信息网络的技术和产品销售及服务，国内外广播电视及信息网络设备器材的代理经销。

主要产品：各类视音频设计、制作；各类新媒体的设计、制作、各类广告的设计、制作；广播电视与信息网络的技术和产品销售及服务，国内外广播电视及信息网络设备器材的代理经销。

从业人员数（人）：77

销售额（万元）：54.35

资产总额（万元）：3168.48

简　　介：甘肃省广播电视网络股份有限公司民乐县分公司于 2012 年 5 月 22 日挂牌成立，现有工作人员 77 人，正式人员 47 人，聘用人员 29 人，退休人员 1 人。其中：党员 10 人；本科 6 人、大专 29 人；中级职称 1 人、初级职称 11 人、技师 1 人、高级工 4 人、中级工 13 人、初级工 9 人。公司下设办公室、用户部、运维部和 1 个城网营业部、6 个乡镇营业部，承担全县广播电视网络规划建设、技术维护及经营管理工作。民乐有线广播电视网络历经公用天线传输、550 兆邻频前端传输、MMDS 微波传输、光纤网络传输四个发展历程。先后组织实施了有线电视城域网光纤化改造工程、广播电视光缆干线通乡进村工程、有线电视传输网优质入户工程、有线电视数字化整转工程、城域网双向网改工程等重大工程。

0266 中国电信股份有限公司民乐分公司

注 册 地：张掖市民乐县县府街

主营业务：在本省行政区域内经营 800MHz CDMA 第二代数字蜂窝移动通信业务和 CDMA2000 第三代数字蜂窝移动通信业务；经营固定网本地电话业务（含本地无线环路业务）、固定网国内长途电话业务、固定

网国际长途电话业务、IP 电话业务（限于 phone—to—phone）、卫星国际专线业务、因特网数据传送业务、国际数据通信业务、公众电报和用户电报业务、26GHz 无线接入业务、国内通信设施服务业务；经营 3.5GHz 无线接入业务。经营与通信及信息业务相关的系统集成、技术开发、技术服务、技术培训、技术咨询、信息咨询、设备及计算机软硬件等的生产、销售、安装和设计与施工；通信设施租赁；安全技术防范系统的设计、施工和维修；广告业务。

从业人员数（人）：55

销售额（万元）：3015

资产总额（万元）：2907

0267 甘肃省广播电视网络股份有限公司高台分公司

注 册 地：张掖市高台县

主营业务：有线广播电视网络的建设，电视、网络资源的传输与维护

从业人员数（人）：49

销售额（万元）：382.3

资产总额（万元）：1049

简　　介：甘肃广电网络公司高台县分公司于 2012 年 5 月 18 日正式挂牌成立，6 月 28 日独立运营。公司下设办公室、客户部、运维部三个部室，下辖 8 个乡镇营业部。

0268 白银广宇文化传播有限公司

注 册 地：白银市白银区

主营业务：广告设计、制作、发布、代理，企业营销推广，影视制作，文化创意，形象设计，活动策划，人员培训，CI 设计，媒体运营等。

从业人员数（人）：14

销售额（万元）：178

资产总额（万元）：35

简　　介：白银广宇文化传播有限公司成立于 2009 年 10 月 28 日，是白银市城市发展投资（集团公司）下属分公司，公司注册资金 30 万元，现有员工 14 人。公司服务领域涵盖：广告设计、制作、发布、代理，企业营销推广，影视制作，文化创意，形象设计，活动策划，人员培训，CI 设计，媒体运营等。白银广宇文化传播有限公司是一家综合性文化传播公司。公司在白银城区掌握多处优质广告资源，包括城区道路门户单立柱广告位、大十字百货大楼广告体、城区各道路道旗广告位等独一无二的稀缺资源。公司以富有活力的创新设计，专业的影视制作水平；提供给客户企业形象塑造，媒体营销整合等全方位的服务。公司秉承着"精细成就价值"的企业核心理念，以创造客户价值最大化为企业己任，成为白银文化传播行业的领头羊。

0269 甘肃西雁文化传媒集团有限公司

注 册 地：白银市会宁县工商行政局

主营业务：电视节目制作、发行（凭有效许可证经营）；动画、漫画创作、出版和生产以及动画片制作、发行、采用数字化印刷技术、电脑直接制版技术；广告传媒、广告的设计、制作、策划、发布；企业形象宣传策划、会展服务、文化活动的组织策划、礼仪庆典服务及设施租赁、商务信息咨询、电脑动漫制作、楼宇亮化设计及安装、装饰、装潢设计。物业管理、商贸批发零售；LED 发光二极管及其他光电器材的生产、加工（以上项目国家法律规定须经专项审批或取得许可证的项目除外）。

从业人员数（人）：196

销售额（万元）：35000

资产总额（万元）：1800

简　　介：甘肃西雁文化传媒集团有限公司

位于会宁县新城区，成立于 2010 年 3 月。集团公司注册资金 8000 万元，是集文化传媒、房地产开发、教育投资、物业管理、公共交通、光电器材加工、建筑建材、商业服务等为一体的股份制民营企业。集团下辖独立法人公司有：西雁地产公司、西雁传媒公司、西雁物业公司、西雁公交公司、拓普光电公司、久鼎建设公司、西雁营销策划公司、教育投资等诸多领域。投资建设的西雁国际中学和郁金香幼儿园两所民办公助学校已通过审批，正在规划设计阶段。

0270 会宁县腾途文化传媒发展有限公司

注 册 地：白银市会宁县工商行政局

主营业务：互联网信息服务；计算机系统服务；数据处理；计算机服务；计算机技术培训；广告设计、制作、发布。（以上范围国家限制经营及需取得前置许可经营的除外）

从业人员数（人）：6

销售额（万元）：8

资产总额（万元）：20

简　　介：会宁县腾途文化传媒发展有限公司，主要以传媒、广告为业务主体。公司自成立以来，通过与各企事业单位的沟通、交流，已大力地宣传了会宁的经济、风俗民情、教育交通等。

0271 中国电信股份有限公司景泰分公司西街营业厅

注 册 地：白银市景泰县

主营业务：基础电信业务，增值电信业务，一般经营项目。

从业人员数（人）：9

销售额（万元）：600

资产总额（万元）：4800

简　　介：企业简介中国电信景泰分公司西街营业厅，有限责任公司分公司，法定代表人姓名：杨孝实，注册号：620423000000094（1-1）。公司成立于 2004 年 5 月 27 日，经营场所：景泰县一条山镇西街 10 号，许可经营项目：基础电信业务，增值电信业务，一般经营项目。为全县客户提供业务和电信业务终端，辅导客户使用互联网新业务及软件下载。

0272 中国电信股份有限公司泾川分公司

注 册 地：平凉市泾川县安定街 13 号

主营业务：经营与通信及信息业务相关的系统集成、技术开发、技术服务、技术培训、技术咨询、信息咨询、设备及计算机软硬件等的生产、销售、安装和设计与施工；房屋租赁；通信设施租赁；安全技术防范系统的设计、施工和维修；广告业务。

0273 中国铁通集团有限公司平凉分公司泾川营业厅

注 册 地：平凉市泾川县城农林北路

主营业务：国内长途电话、本地电话、国内传真、电报、公共数据传送、网络资源出租、互联网接入服务（ISP）、互联网信息服务（ICP）等增值电信业务、通讯信息业务软件开发、技术咨询系统集成业务。

0274 平凉市兴气象科技产业有限责任公司泾川分公司

注 册 地：泾川县气象局院内

主营业务：气象科技服务；电视天气预报背景广告、空中气球广告设计、制作；防雷产品销售。

0275 庄浪县电视台

注 册 地：平凉市庄浪县

主营业务：新闻报道

从业人员数（人）：37

0276 甘肃省广播电视网络股份有限公司静宁县分公司

注 册 地：平凉市静宁县城关镇中街 158 号

主营业务：三联网运营服务。

从业人员数（人）：15

销售额（万元）：80

资产总额（万元）：200

简　　介：成立于 2012 年 06 月 01 日广播电视网络设计、建设、监理、开发、运营、管理和维护；视音频内容集成、制作、分发经营；利用有线电视网络资源开展数据信息、移动多媒体及"三网融合"国家允许的通信、互联网、比照电信基础业务管理的增值电信业务等新技术、新业务、新媒体的开发经营；设计、制作、发布广告；广播电视与信息网络的技术和产品研发、生产、销售及服务；国内外广播电视及信息网络设备器材的代理、经销；符合国家产业政策的其他领域项目如电子、软件、新材料、节能等。

0277 庆阳时空互联网信息传媒有限公司

注 册 地：庆阳市西峰区北大街 276 号

主营业务：计算机软件开发代理、技术培训、网络建设。动漫设计、广告策划、设计、制作、发布、代理。光盘刻录、计算机销售、计算机软件及辅助设备、办公耗材的销售。家政网络服务。

从业人员数（人）：6

销售额（万元）：349

资产总额（万元）：175

0278 中国电信股份有限公司华池分公司

注 册 地：庆阳市华池县城老城街 2 号

主营业务：信息传输、软件和信息技术服务业。

从业人员数（人）：57

销售额（万元）：650

资产总额（万元）：800

0279 中国移动通讯集团甘肃有限公司合水县公司

注 册 地：庆阳市合水县西华池镇

主营业务：基础通信业务

主要产品：GSM 移动通信、电话、因特互联网介入。

从业人员数（人）：50

销售额（万元）：6000

资产总额（万元）：750

简　　介：中国移动通信集团甘肃有限公司合水县公司，设业务运营部、建维部、综合部三个部门。在店子乡、何家畔和老城镇设有片区公司，其他乡镇设有合作形式营业网点，担负着全县 12 个乡镇、84 个行政村的信息服务。业务主要有：固定电话、移动电话、互联网接入及应用、数据通信、视讯服务、国际及港澳台通信等多种类综合信息服务，目前拥有移动用户 11 万户，宽带用户 0.1 万户。基础服务设施：目前全县建设合作营业厅 29 个，自营厅 6 个，代理店 110 个，这些店面分布在全县 12 个乡镇，集业务受理、用户交费于一体，方便了移动用户办理业务。

0280 中国电信股份有限公司合水分公司

注 册 地：庆阳市合水县西华池镇

主营业务：基础电信业务

从业人员数（人）：28

销售额（万元）：1500

资产总额（万元）：8000

简　　介：中国电信股份有限公司合水分公司（以下简称合水电信）隶属庆阳电信分公司，设销售服务部、网络部、综合部三个部门及固城、何家畔、城关三个农村支局，三个农村支局下辖 11 个农村服务所（每乡镇 1 个），担负着全县 12 个乡镇、84 个行政村的信息服务任务。

0281 中国移动通信集团甘肃有限公司正宁分公司

注 册 地：庆阳市正宁县城团结路 13 号

主营业务：负责在正宁全县的移动电话通信业务；移动话音、数据业务和传真、IP 电话、多媒体业务及互联网接入服务；负责投资通讯建设及其设施的安装、工程施工和维修。

从业人员数（人）：35

销售额（万元）：6000

资产总额（万元）：10000

简　　介：正宁县移动通信公司是中国移动（香港）有限公司全资子公司甘肃移动通信有限责任公司的县级分支机构，于 1999 年 9 月 28 日经电信资产重组后正式挂牌运营，2004 年 6 月随上级公司在香港及海外注资上市，企业性质为外资企业。自有营业厅 7 处，指定专营店 42 个，末梢渠道 388 个。设有综合部、市场部、集团客户部 3 个部门，管辖 3 个片区和 1 个社区。技术人员 5 名、从业人员 35 名。负责在正宁全县的移动电话通信业务；移动话音、数据业务和传真、IP 电话、多媒体业务及互联网接入服务；负责投资通讯建设及其设施的安装、工程施工和维修。

0282 中国电信股份有限公司正宁分公司

注 册 地：庆阳市正宁县城东街 18 号

主营业务：主要经营固定电话、无线市话、移动业务、数据业务、网元出租业务、多媒体业务、智能业务等。

从业人员数（人）：50

简　　介：中国电信正宁分公司简介中国电信正宁分公司隶属于中国电信股份有限公司庆阳分公司，是一个集网络、服务和人才优势于一体，为用户提供各类基于电信网的语音、数据、图象及多媒体通信与信息服务的国有电信运营企业，主要经营固定电话、无线市话、移动业务、数据业务、网元出租业务、多媒体业务、智能业务等。

0283 正宁县惠通网络有限公司

注 册 地：庆阳市正宁县周家大街

主营业务：网络服务

从业人员数（人）：5

销售额（万元）：70

资产总额（万元）：200

0284 甘肃省广播电视网络有限责任公司镇原县分公司

注 册 地：庆阳市镇原县城关镇中兴街 4 号

主营业务：有线广播电视传输服务

从业人员数（人）：19

销售额（万元）：96.5

资产总额（万元）：351

简　　介：镇原县广电网络分公司于 2012 年 5 月 21 日挂牌成立。挂牌后，分公司在上级公司的精心指导和在县委县政府及主管部门的关心支持下，在原县文化广播电影电视局网络中心的基础上，实现了平稳过渡和整体平移。镇原县现有 7 镇 12 乡，总人口 53 万人。目前网络覆盖城关、屯字、上肖、平泉、新城五个乡镇 15 个行政村。镇原县有线电视网络始建于 1995 年，目前，全县建成有线电视网络光缆干线 88 公里，支线光缆 27 公里，其中地埋 8.1 公里，安装光工作站 52 个。

0285 环县第五中学网

注 册 地：庆阳市环县

主营业务：公布环县第五中学最新工作动态。设有领导专栏、德育园地、学生作品、教学科研、读书栏目等专栏信息。

从业人员数（人）：1

0286 环县人民医院网

注 册 地：庆阳市环县

主营业务：公布最新医改政策，介绍环县人民医院概况，科室介绍，专题工作，新闻中心，文件资料。宣布最新工作动态，设有自助服务说明专栏，并设置二维码，更加方便群众百姓看病咨询，查询，及时关注最新信息。

从业人员数（人）：1

0287 环县职中网

注 册 地：庆阳市环县

主营业务：介绍甘肃环县职业中等专业学校概况，公布最新学校工作动态。设有教学教研，德育园地，招生就业、校企合作等专栏。

从业人员数（人）：1

0288 环县金信财务管理有限责任公司

注 册 地：庆阳市环县

主营业务：介绍环县金信财务管理有限责任公司概况，公司证照，业务范围，服务项目，成功案例，最新文章及热销产品。

从业人员数（人）：1

0289 环县党建网

注 册 地：庆阳市环县

主营业务: 公布新闻, 关注环县政策性事件, 尤以党内新闻为主。设有意见征求箱, 领导讲话, 基层党建专栏, 乡镇动态等等。

从业人员数（人）: 1

0290 环县环城初中网

注 册 地: 庆阳市环县

主营业务: 介绍环县环城初中学校概况, 公布最新学校工作动态及学生考录情况, 设有校园动态, 学校管理、教学研究、推荐阅读等专栏。

从业人员数（人）: 1

0291 环县林业局

注 册 地: 庆阳市环县

主营业务: 宣传林业政策、信息, 普及林业保护知识, 传递防火防灾基础。设有森林公安、造林绿化、林业概况、林业动态、职工文苑等专栏。

从业人员数（人）: 1

0292 环县国土资源局

注 册 地: 庆阳市环县

主营业务: 公布国家国土资源相关政策法规, 介绍环县国土资源局概况及工作最新动态及业务范围, 政务公开, 并可在网上办理部分业务, 并开设公众参与机关建设情况介绍专栏。

从业人员数（人）: 1

0293 环县人口网

注 册 地: 庆阳市环县

主营业务: 介绍国家人口和计生工作政策, 宣传普及人口和计生知识, 介绍环县人口计生工作的动态。

从业人员数（人）: 1

0294 环县博物馆

注 册 地: 庆阳市环县

主营业务: 介绍环县博物馆概况, 文博政策、环县境内文物、古迹, 展示精品皮影、典藏文物、野外文物。

从业人员数（人）: 1

0295 环县一中信息网

注 册 地: 庆阳市环县

主营业务: 介绍环县第一中学小袁动态, 教师工作动态, 学校简介, 教师简介, 考录信息。设有教学研究、推荐阅读、电子图书馆、校园风采等专栏。

从业人员数（人）: 1

0296 环县图书馆网

注 册 地: 庆阳市环县

主营业务: 发布最新环县图书馆图书信息, 新书上架信息, 推荐书目, 设有专题专栏, 精品馆藏, 地方文献。

从业人员数（人）: 1

0297 环县人大信息网

注 册 地: 庆阳市环县

主营业务: 介绍环县人大常委成员, 公布环县人大工作动态。设有领导讲话、工作动态、信访工作、人事任免、监督工作、备案审查等栏目。

从业人员数（人）: 1

0298 环县东老爷山景区旅游网

注 册 地: 庆阳市环县

主营业务: 宣传环县著名景点东老爷山, 介绍景点知识, 历史故事, 配有景点图片, 景区旅游详图。

从业人员数（人）: 1

0299 环县教育信息网

注 册 地：庆阳市环县

主营业务：公布国家最新教育工作政策、信息，宣传学校风采，教师风采，介绍环县教育工作最新动态；设有应用系统、教育服务、教育科研、图说教育等专栏。

从业人员数（人）：1

0300 环县警务网

注 册 地：庆阳市环县

主营业务：公布国家公安系统最新新闻、法律法规，介绍环县公安局最新工作动态。设有信息公开、政策法规、网上办事、队伍建设等专栏。

从业人员数（人）：1

0301 环县汇腾信息咨询服务有限责任公司

注 册 地：庆阳市环县环城镇东台路

主营业务：教育咨询服务，文化咨询服务，商务信息咨询，企业管理信息咨询，旅游信息咨询，企业形象策划，市场营销策划；会务展示服务，婚庆礼仪服务；图文、广告设计与制作；计算机网络工程安装；文化用品及办公用品销售。

从业人员数（人）：11

销售额（万元）：120

资产总额（万元）：10

0302 环县科技局

注 册 地：庆阳市环县

主营业务：公布国家最新科学技术政策、法规，普及科技知识，宣传环县科技工作动态，介绍环县科技专家。

从业人员数（人）：1

0303 中国环县

注 册 地：庆阳市环县环城镇

主营业务：公布国家最近新闻、政策，介绍环县概况。设有政务公开、党务公开、最美环县人、领导言论、重要文件等专栏。

从业人员数（人）：1

0304 定西市卫安电子监控系统工程有限责任公司

注 册 地：定西市安定区

主营业务：电子监控设备销售、安装

从业人员数（人）：4

销售额（万元）：69.59

资产总额（万元）：9.67

0305 中国电信股份有限公司定西分公司

注 册 地：定西市

主营业务：主要经营固定电话、移动通信、互联网接入及应用、数据通信、视讯服务、国际及港澳台通信等多种综合信息服务。

从业人员数（人）：450

销售额（万元）：24000

资产总额（万元）：99000

简　　介：中国电信股份有限公司定西分公司（简称中国电信定西分公司）是中国电信甘肃公司设在定西的全资分公司。2000 年 7 月开始公司化运营。2004 年 6 月作为中国电信甘肃公司的组成部分成功实现境外（纽约、香港）上市。2008 年 10 月，收购中国联通 CDMA 移动网络，开展全业务经营。现辖陇西、临洮、通渭、渭源、漳县、岷县 6 个县分公司，有职能部门 7 个，服务网点遍布城乡。

0306 中国移动通信集团甘肃有限公司安定区公司

注 册 地：定西市安定区

主营业务：移动通信网络的建设维护、业务

开发，通信产品的市场经营、信息化服务等现代通信业务。

从业人员数（人）：96

销售额（万元）：560

资产总额（万元）：780

简　　介：中国移动通信集团甘肃有限公司安定区公司经过多年发展，公司客户数、收入、规模和员工队伍不断壮大。公司设有三个部门：综合部、业务运营部、集团客户中心。自 2011 年 4 月片区网格化成立以来，安定区公司划分并成立 5 个片区公司，分别为内官片区公司、巉口片区公司、西巩驿片区公司、李家堡片区公司、宁远片区公司。安定区公司现有自办营业厅 15 个，其中城区 9 个，乡镇 6 个；指定专营店 53 个，其中城区 20 个，乡镇 25 个，村级特约代理点近 600 余个。实现城区核心区域的营业网点全覆盖，农村每个乡镇有 1-2 个营业厅，为用户就近办理业务提供了很大的便利。

0307　定西市七鑫电子科技有限公司

注　册　地：定西市安定区

主营业务：网络工程，电视监控，安防设备，计算机维修及软件开发，办公自动化设备。

从业人员数（人）：3

销售额（万元）：10

资产总额（万元）：10

0308　中国岷县网

注　册　地：定西市岷县

主营业务：中国岷县网以提供新闻信息服务为主，重点登载县内新闻单位发布的新闻信息，及时转载中央和省市新闻单位发布的重要新闻信息。目前设有今日岷州、滚动播报、视屏播报、岷县表情、党务政务、项目招商等 10 多个栏目，图文视频兼备，表现形式丰富。

从业人员数（人）：1

简　　介：中国·岷县网（http://www.cnminxian.com/）是甘肃省委外宣办、省政府新闻办批准的地方综合性新闻门户网站，由中共岷县县委宣传部主办，于 2011 年 12 月 28 日正式开通。中国·岷县网以提供新闻信息服务为主，重点登载县内新闻单位发布的新闻信息，及时转载中央和省市新闻单位发布的重要新闻信息。目前设有今日岷州、滚动播报、视屏播报、岷县表情、党务政务、项目招商等 10 多个栏目，图文视频兼备，表现形式丰富。中国·岷县网的建立，为宣传岷县搭建了一个广阔的平台，为岷县走向世界、世界了解岷县提供了一个崭新的窗口。她将充分利用网络优势、积极整合新闻资源，优势互补、形成合力，正确引导舆论、增强宣传效果，促进岷县经济社会又好又快发展。

0309　甘肃省岷县第一中学网

注　册　地：定西市岷县

主营业务：网站在考虑到学校宣传整体性的同时，又注重文化建构的全面性，是学校对外宣传和供师生下载学习的文化平台。学校网站内容丰富，有校园新闻、时政要闻、教育新闻、通知公告、党团建设、教学研究、学生社团等 15 个板块。

从业人员数（人）：1

简　　介：岷县一中校园网网站始建于 2005 年，近年来在相关领导和教师的努力下不断发展完善。在学校党支部的领导下，学校网站的建设与维护由学校信息中心负责，有健全的各种管理制度，定期组织网站建设和维护人员的培训。网站在考虑到学校宣传整体性的同时，又注重文化建构的全面性，是学校对外宣传和供师生下载学习的文化平台。学校网站内容丰富，有校园新闻、时政要闻、教育新闻、通知公告、党团建设、教学研究、学生社团等 15 个板块，采用后台管理，规划整齐合理，主次分明，各个栏目设置合理，一目了然，能够快捷轻松地了解学校的各项工作。

0310 甘肃省岷县第二中学网

注 册 地：定西市岷县

主营业务：学校网站创建于 2012 年 3 月 12 日，网站以"建设岷县二中新门户、打造学校宣传新窗口、构筑师生信息共享平台、提升教育教学服务水平"为建站宗旨，设有"学校概况、综合新闻、教学管理、科研兴校、德育之窗、文化长廊、资源下载、在线留言"等十大板块 40 多个栏目，着力打造一个服务教育教学平台。

从业人员数（人）：1

简　　介：学校网站创建于 2012 年 3 月 12 日，网站以"建设岷县二中新门户、打造学校宣传新窗口、构筑师生信息共享平台、提升教育教学服务水平"为建站宗旨，设有"学校概况、综合新闻、教学管理、科研兴校、德育之窗、文化长廊、资源下载、在线留言"等十大板块 40 多个栏目，着力打造一个服务教育教学平台。网站融入教师平台、学生平台、家长平台、教育资源库、数字图书馆、教育影视馆等内容，以贴近校园、贴近教师生活、贴近学生风貌为特色，努力以务实创新的精神推动岷县二中教育教学的发展，同时还加强与其他学校网站的沟通、联系，及时传递、交流各地教育教学经验，宣传岷县二中的精神风貌，介绍学校的发展变化。

0311 岷县人力资源网

注 册 地：定西市岷县

主营业务：岷县人力资源网是岷县人力资源和社会保障局管理发布全县人力资源和社会保障工作信息的职能网站，主要负责全县人力资源交流开发、人事管理、就业服务、劳动保障监察、人事劳动争议仲裁、城乡劳动力培训输转、社会保险、职业培训等信息的发布和公示。

从业人员数（人）：1

简　　介：岷县人力资源网是岷县人力资源和社会保障局管理发布全县人力资源和社会保障工作信息的职能网站，主要负责全县人力资源交流开发、人事管理、就业服务、劳动保障监察、人事劳动争议仲裁、城乡劳动力培训输转、社会保险、职业培训等信息的发布和公示。同时对国家、省、市、县制定的相关法规政策和其他地区人力资源信息的也及时的进行发布。2013 年以来，上传多篇人力资源工作简讯、劳务信息、通知公告，以图片和文字等多种形式宣传和报道人力资源信息。在今年的春季招聘月中，发布招工信息 5 篇，提供工作岗位 800 多个。同时，对职称评聘等人社工作服务对象需要掌握和利用的文件、表格，都及时公布在岷县人力资源网，并提供表格下载服务。

0312 岷县教育信息网

注 册 地：定西市岷县

主营业务：岷县教育信息网站主要由岷县教育新闻、教育动态、政策法规、通知公告、教育资源、教育研究、学生天地、招生考试、学生资助、网上留言等 18 个栏目构成，内容涵盖了教育领域各个方面，形成向上联系国家及省市教育主管部门，向下联通各学区、学校的岷县教育工作网络，是服务全县师生和家长的网络互动平台，承载全县教育信息资源共享、开展远程教育及教育教学管理、无纸化办公、政务公开等功能。

从业人员数（人）：1

简　　介：岷县教育信息网于 2008 年 4 月 18 日开通运行（域名：gsmxjy.com，网站备案号：陇ICP备08100980号），网站定位于"政务信息公开、在线办事和公众互动参与"三个方面，由岷县教体局电教信息中心负责管理维护。岷县教育信息网站主要由岷县教育新闻、教育动态、政策法规、通知公告、教育资源、教育研究、学生天地、招生考试、学生资助、网上留言等18个栏目构成，内容涵盖了教育领域各个方面，形成向上联系国家及省市教育主管部门，向下联通各学区、学校的岷县教育工作网络，是服务全县师生和家长的网络互动平台，承载全县教育信息资源共享、开展远程教育及教育教学管理、无纸化办公、政务公开等功能。

0313　岷县科学技术局网

注 册 地：定西市岷县

主营业务：网站主要模块包括科技政务、科技要闻、政策法规、成果奖励、科技合作、知识产权、科学普及、技术服务、创新基地、规划计划等栏目。

从业人员数（人）：1

简　　介：2004年岷县科技局按照省科技厅安排建立了"岷县科技信息网"（http://www.mx.dxkj.gov.cn），网站后台服务器由省科技信息情报研究所管理维护，岷县科技局工作人负责信息的审核发布。网站主要模块包括科技政务、科技要闻、政策法规、成果奖励、科技合作、知识产权、科学普及、技术服务、创新基地、规划计划等栏目。我局建立了完善的网络安全管理制度，并不断完善，形成了《岷县科技信息网运行及安全管理办法》，由1名副局长专门负责分管该项业务，1名网站后台管理员负责网站的运行维护，做到了专人专管，严格审核发布信息。网站还与国家、省、市科技管理门户网站及岷县党政网建立了链接，年平均发布信息300条，年用户访问量近20万次。

0314　岷县检察网

注 册 地：定西市岷县

主营业务：岷县人民检察网站，是反映检察面貌的窗口，也是对外宣传的门户，以"强化法律监督，维护公平正义"为工作主题。为提高信息服务水平，构建方便、快捷、高效的检察信息化发布平台，设有《检察动态》、《法律法规》、《八面来风》、《公正司法为人民》、《检察研究》、《检察文化》、《生活休闲》等栏目。

从业人员数（人）：1

简　　介：岷县人民检察网站，是反映检察面貌的窗口，也是对外宣传的门户，以"强化法律监督，维护公平正义"为工作主题。为提高信息服务水平，构建方便、快捷、高效的检察信息化发布平台，设有《检察动态》、《法律法规》、《八面来风》、《公正司法为人民》、《检察研究》、《检察文化》、《生活休闲》等栏目，今年8月，按照以政务公开、对民服务为主的建站要求，我局对网站进行改版，增加了《公告通知》，及时转发岷县党政网的天气预警信息，确保人民群众生命财产安全。岷县检察网站主要内容和重要信息都在第一屏显示，方便浏览者第一时间找到需要的信息，体现了人性化的设计。网站栏目设置参考借鉴其他部门网站经验，立足于我院工作实际，主页设置《检察动态》、《法律法规》、《八面来风》、《公正司法为人民》、《检察研究》、《检察文化》、《生活休闲》、《公告通知》等栏目，保证信息的及时更新，突出时效性信息的发布。

0315　岷县职业中专网

注 册 地：定西市岷县

主营业务：岷县职业中专网旨在为广大师生提供了解学校校貌，展现学校师生风采的平台。网站基于 ASP+MySQL 的架构，通过后台管理，能够实现即时更新。

从业人员数（人）：1

简　　介：岷县职业中专网旨在为广大师生提供了解学校校貌，展现学校师生风采的平台。网站基于 ASP+MySQL 的架构，通过后台管理，能够实现即时更新。网站内容包括：资源介绍和资讯栏目一、资源介绍又分为学校概况、校园新闻、党团建设、学生管理、教学管理、实习实训、教研教改、专业设置、技能培训、招生就业、后勤服务等。

0316　岷县人力资源网

注　册　地：定西市岷县

主营业务：岷县人力资源网是岷县人力资源和社会保障局管理发布全县人力资源和社会保障工作信息的职能网站，主要负责全县人力资源交流开发、人事管理、就业服务、劳动保障监察、人事劳动争议仲裁、城乡劳动力培训输转、社会保险、职业培训等信息的发布和公示

从业人员数（人）：1

简　　介：岷县人力资源网是岷县人力资源和社会保障局管理发布全县人力资源和社会保障工作信息的职能网站，主要负责全县人力资源交流开发、人事管理、就业服务、劳动保障监察、人事劳动争议仲裁、城乡劳动力培训输转、社会保险、职业培训等信息的发布和公示。同时对国家、省、市、县制定的相关法规政策和其他地区人力资源信息的也及时进行发布。2013 年以来，上传多篇人力资源工作简讯、劳务信息、通知公告，以图片和文字等多种形式宣传和报道人力资源信息。在今年的春季招聘月中，发布招工信息 5 篇，提供工作岗位 800 多个。同时，对职称评聘等人社工作服务对象需要掌握和利用的文件、表格，都及时公布在岷县人力资

源网，并提供表格下载服务。近年来，岷县人力资源网管理工作以科学发展观为统领，以深化创先争优、深入开展人社系统窗口单位"为民服务创先争优"活动为契机，不断的提升网站服务能力，及时更新网站信息，为全县人力资源和社会保障工作科学发展提供了有力支撑。

0317　岷县人口和计划生育局网

注　册　地：定西市岷县

主营业务：网站主要包括组织机构、政务公开、政策法规、统计规划、利益导向、办事指南、避孕节育、幸福生活等 25 个栏目。

从业人员数（人）：1

简　　介：岷县人口和计划生育局网站成立于 2007 年，是岷县人口和计划生育局部门网站。网站主要包括组织机构、政务公开、政策法规、统计规划、利益导向、办事指南、避孕节育、幸福生活等 25 个栏目。其主要职能是：积极发挥人口和计划生育服务管理的作用，负责全县计划生育工作政策性问题的宏观指导；对全县人口和计划生育工作进行宣传、指导、协调；围绕县委、县政府的工作部署，做好全县人口和计划生育工作。

0318　岷县党建网

注　册　地：定西市岷县

主营业务：岷县党建网是岷县党建工作主阵地，部机关所有适宜公开的政策法规、办事流程、工作动态等都在《岷县党建网》上向全社会公开，成为党务公开、组织工作公开的重要网络工具，提高了组织工作的透明度和满意度。

从业人员数（人）：1

简　　介：为使《岷县党建网》成为推介岷县、服务科学发展的有效平台、传播社会主义先进文化的前沿阵地和促进党员干部群众精神

生活健康发展的广阔空间，岷县县委组织部采取得力措施，加强党建网站建设。精心设计，全力投入。坚持高起点、高标准的要求，精心编排页面内容，在岷县党员干部现代远程教育网的基础上，对网站页面进行了改版，解决了网站内容不够丰富、版面形式单一等问题，增强了网站功能，对网站外观、栏目、功能等进行多次提升。开设新闻资讯、通知公告、重要文件、领导讲话、为民务实清廉等 18 个栏目，下设子栏目，使网站内容更加丰富，功能更全面，打开了一扇了解岷县党建、宣传岷县党建工作的窗口。

0319 临洮县人口和计划生育局网

注 册 地：定西市临洮县
主营业务：临洮计生工作动态和信息发布

0320 临洮党政网

注 册 地：定西市临洮县
主营业务：临洮政务信息

0321 临洮新闻网

注 册 地：定西市临洮县
主营业务：临洮新闻的发布

0322 临洮在线网

注 册 地：定西市临洮县
主营业务：临洮各类信息发布平台

0323 临洮中学网

注 册 地：定西市临洮县
主营业务：高中教学
从业人员数（人）：246

0324 临洮芝樱花圃网

注 册 地：定西市临洮县
主营业务：花卉

0325 临洮农业信息网

注 册 地：定西市临洮县
主营业务：临洮农业工作动态和信息发布

0326 临洮教育网

注 册 地：定西市临洮县
主营业务：临洮教育信息动态发布

0327 陇南市武都区工业和信息化局

注 册 地：陇南市武都区城关镇
主营业务：宽带、移动通讯
从业人员数（人）：268
销售额（万元）：5400
资产总额（万元）：22743

0328 中国移动武都区公司

注 册 地：陇南市武都区城关镇
主营业务：宽带、移动通讯
从业人员数（人）：18
销售额（万元）：32
资产总额（万元）：516
简　　介：中国移动通信集团甘肃有限公司武都区公司简介中国移动通信集团甘肃有限陇南市武都区公司（简称"武都区移动公司"）成立以来，在区委、区政府和中国移动通信集团公司陇南分公司的正确领导下，坚持走具有西部特色的创新发展之路，牢牢把握质量、服务、创新、管理四条主线，智慧经营，锐意进取，加快发展，企业综合实力不断增强。目前，公司现有 13 个自办营业厅，8 个片区公司，员工 106 人，移动信号遍布全区 685 个行政村、2143 个自然村，有线和无线宽带已覆盖城区和 36 个乡镇，目前正向农村纵深拓展。

0329 中国电信陇南分公司

注 册 地：陇南市武都区城关镇

主营业务：宽带、移动通讯

从业人员数（人）：170

销售额（万元）：1975

资产总额（万元）：17321

简　　介：中国电信陇南分公司是中国电信股份有限公司下属的全资子公司，是陇南最大的电信网络运营商。市分公司下设八个县分公司和一个武都区营销中心，共有员工1000多人；共有用户60多万户。目前，陇南电信的基础网络全面覆盖了全市所有乡镇和行政村，其中：天翼移动网络、宽带互联网络优质覆盖了全市90%的人口，及所有城乡道路、矿山、工地等，加速和推动了陇南信息化建设进程。

0330 中国联合网络通知有限公司陇南分公司

注 册 地：陇南市武都区城关镇

主营业务：宽带、移动通讯

从业人员数（人）：90

销售额（万元）：3393

资产总额（万元）：4906

简　　介：中国联合网络通信有限公司陇南市分公司基本概况电信行业重组后，中国联合网络通信有限公司陇南市分公司（简称：陇南联通）成立于2008年10月15日，行政区域所辖八县一区，全市共有自有营业厅33个，GSM网络基站569座，WCDMA（3G）网络基站327座，3G网络已经覆盖了全市重点乡镇以上区域。公司主要经营固定通信业务，移动通信业务，国内、国际通信设施服务业务，卫星国际专线业务、数据通信业务、网络接入业务和各类电信增值业务，与通信信息业务相关的系统集成业务等。中国联通于2009年4月28日推出全新的全业务品牌"沃"，承载了联通始终如一坚持创新的服务理念，为个人客户、家庭客户、集团客户提供全面支持。公司将进一步加快完善现有移动通信网络及3G网络建设步伐，同时加大固网宽带建设力度，积极推进固定和移动网络的宽带化，为广大用户提供全方位通信服务。

0331 陇南畅想网络传媒有限公司

注 册 地：陇南市成县

主营业务：软件设计与开发，网络工程，网站运营

从业人员数（人）：10

销售额（万元）：7.4

资产总额（万元）：206.95

0332 康县太石信息服务站

注 册 地：陇南市康县太石乡街道村

主营业务：互联网上网服务

从业人员数（人）：2

销售额（万元）：6.4

资产总额（万元）：21

简　　介：康县太石乡信息服务站位于康县太石乡街道村，主要经营互联网上网服务，从业人员2名，年收入6.4万元。

0333 康县豆坝信息服务站

注 册 地：陇南市康县豆坝乡街道村

主营业务：互联网上网服务

从业人员数（人）：1

销售额（万元）：3.8

资产总额（万元）：15

0334 康县岸门口信息服务站

注 册 地：陇南市康县岸门口镇街道村

主营业务：互联网上网服务

从业人员数（人）：2

销售额（万元）：6.2

资产总额（万元）：23

0335 康县城关信息服务站

注 册 地：陇南市康县城关镇

主营业务：互联网上网服务

从业人员数（人）：4

销售额（万元）：10.5

资产总额（万元）：36

0336 康县两河信息服务站

注 册 地：陇南市康县两河镇街道村

主营业务：互联网上网服务

从业人员数（人）：1

销售额（万元）：4.2

资产总额（万元）：16

0337 康县平洛镇信息服务站

注 册 地：陇南市康县平洛镇街道村

主营业务：互联网上网服务

从业人员数（人）：4

销售额（万元）：10.5

资产总额（万元）：26

0338 康县阳坝信息服务站

注 册 地：陇南市康县阳坝镇街道村

主营业务：互联网上网服务

从业人员数（人）：4

销售额（万元）：10.5

资产总额（万元）：38

0339 康县王坝信息服务站

注 册 地：陇南市康县王坝乡街道村

主营业务：互联网上网服务

从业人员数（人）：2

销售额（万元）：5.2

资产总额（万元）：22

0340 康县三河信息服务站

注 册 地：陇南市康县三河乡街道村

主营业务：互联网上网服务

从业人员数（人）：2

销售额（万元）：4.5

资产总额（万元）：16.5

0341 康县白杨信息服务站

注 册 地：陇南市康县白杨乡街道村

主营业务：互联网上网服务

从业人员数（人）：1

销售额（万元）：5.5

资产总额（万元）：16.5

0342 中国电信股份有限公司文县分公司

注 册 地：陇南市文县

主营业务：基础电信业务，因特网数据传送业务、国际数据通信业务、公众电报和用户电报业务、26GHz 无线接入业务、国内通信设施服务业务；经营 3.5GHz 无线接入业务。增值电信业务：经营第二类基础电信业务中的国内甚小口径终端地球站（VSAT）通信业务、固定网国内数据传送业务、无线数据传送业务、用户驻地网业务、网络托管业务；第一类增值电信业务中的在线数据处理与交易处理业务、国内因特网虚拟专用网业务、因特网数据中心业务；第二类增值电信业务中的语音信箱业务、传真存储转发类业务、X.400 电子邮件业务、呼叫中心业务、因特网接入服务业务和信息服务业务（含固定网电话信息服务业务、互联网信息服务业务和移动网信息服务业务）。一般经营项目：经营与通信及信息业务相关的系统集成、技术开发、技术服务、技术培训、技术咨询、信息咨询、设备及计算机软硬件等的生产、销售、安装和设计与施工；房屋租赁；通信设施租赁；安全技术防范系统的设计、施工和维修；广告业务。

从业人员数（人）：85

0343 中国电信股份有限公司文县铁楼营业厅

注 册 地：陇南市文县

主营业务：基础电信业务，第二代数字蜂窝移动通信业务和CDMA2000 第三代数字蜂窝移动通信业务话业务（限于 phone—to—phone）、卫星国际专线业务、因特网数据传送业务、国际数据通信业务、26GHz 无线接入业务、国内通信设施服务业务；经营 3.5GHz 无线接入业务。固定网国内数据传送业务、无线数据传送业务、用户驻地网业务、网络托管业务；第一类增值电信业务中的在线数据处理与交易处理业务、国内因特网虚拟专用网业务、因特网数据中心业务；因特网接入服务业务和信息服务业务（含固定网电话信息服务业务、互联网信息服务业务和移动网信息服务业务）。一般经营项目：经营与通信及信息业务相关的系统集成、技术开发、技术服务、技术培训、技术咨询、信息咨询、设备及计算机软硬件等的生产、销售、安装和设计与施工；房屋租赁；通信设施租赁；安全技术防范系统的设计、施工和维修；广告业务。

从业人员数（人）：5

0344 中国电信股份有限公司永靖分公司

注 册 地：临夏州永靖县

主营业务：基础电信业务，经营固定网本地电话业务（含本地无线环路业务）、固定网国内长途电话业务、固定网国际长途电话业务、IP 电话业务（限于 phone—to—phone）、卫星国际专线业务、因特网数据传送业务、国际数据通信业务、公众电报和用户电报业务、26GHz 无线接入业务、国内通信设施服务业务；经营 3.5GHz 无线接入业务。

主要产品：在本省行政区域内经营 800MHz

CDMA 第二代数字蜂窝移动通信业务和 CDMA2000 第三代数字蜂窝移动通信业务。

从业人员数（人）：30

销售额（万元）：150

资产总额（万元）：200

简　　介：中国电信股份有限公司永靖分公司在网络、品牌、技术、人才等方面独具优势，位列全临夏州前茅。

0345 中国移动通信甘肃有限公司永靖县公司

注 册 地：临夏州永靖县

主营业务：基础电信业务和增值电信业务，寻呼业务。

从业人员数（人）：34

销售额（万元）：140

资产总额（万元）：200

简　　介：中国移动通信集团甘肃有限公司永靖县公司，成立于 2004 年 9 月 9 日。主要提供在本省内经营 GSM 数字移动通信业务，IP 电话业务，因特网接入服务业务，因特网骨干网数据传送业务，从事移动通信，IP 电话和因特网等网络的设计，投资和建设，移动通信，IP 电话和因特网等设施安装，工程施工和维修，经营与移动通信，IP 电话和因特网业务相关的系统集成，漫游结算清算，技术开发，技术服务，广告业务，设备销售，以及其他电信及信息服务，出售出租移动电话终端设备，IP 电话设备，因特网设备及其配件，并提供售后服务，业务培训，会议服务，（以上所列项目涉及许可证的凭许可证经营）等产品和服务。

0346 山东金点子广告传媒有限公司合作分公司

注 册 地：甘南州

主营业务：为用户提供广告宣传、房屋租售、招聘求职、汽车租售、宠物票务、旅游交友、餐饮娱乐、商家查号台、二手物品买卖等众多本地生活信息及商务服务信息。

从业人员数（人）：6

销售额（万元）：6

资产总额（万元）：2

简　　介：山东金点子广告传媒有限公司合作分公司成立于 2009 年 8 月，合作金点子广告传媒公司隶属于山东金点子传媒公司，从小到大逐步发展为合作 DM 广告的领航者，引领合作 DM 广告走向规范发展、规模发展、品牌发展，成长为一个全国性的知名品牌，特别是在全国广告行业中家喻户晓。经过多年的发展《金点子传媒广告》报覆盖整个合作市和部分县，为用户提供广告宣传、房屋租售、招聘求职、汽车租售、宠物票务、旅游交友、餐饮娱乐、商家查号台、二手物品买卖等众多本地生活信息及商务服务信息。公司始终坚持"以诚做事，以信经商，管理出效益，服务显价值，"的经营理念，以"客户为中心，质量为保障"的服务宗旨。

0347 甘南雪域高科网络信息有限公司

注　册　地：甘南州

主营业务：是集惠普品牌电脑销售、网络安装、软硬件维修及网站建设服务的一体化科技公司。

主要产品：通过给企事业单位制作网站，搭建网络信息共享平台，使其形象及甘南本土藏族文化在互联网上得以宣传推广，让外界了解甘南。

从业人员数（人）：2

销售额（万元）：12

资产总额（万元）：20

简　　介：甘南雪域高科网络信息有限公司成立于 2008 年 1 月 29 日，注册资金 20 万元，坐落于甘南州合作市玛曲路，是集惠普品牌

电脑销售、网络安装、软硬件维修及网站建设服务的一体化科技公司。经过了 5 年多的艰苦奋斗与发展，现有员工 2 人，2012 年度营业额 12 万元。通过给企事业单位制作网站，搭建网络信息共享平台，使其形象及甘南本土藏族文化在互联网上得以宣传推广，让外界了解甘南。

0348 山西生活向导广告有限公司甘南分公司

注　册　地：甘南州

主营业务：为甘南各族人民群众搭建了纸上和网上信息交流的平台，为大家的经济和生活提供了极大的方便。

主要产品：《生活向导》

从业人员数（人）：8

销售额（万元）：16.8

资产总额（万元）：2

简　　介：公司成立八年来，为甘南各族人民群众搭建了纸上和网上信息交流的平台，为大家的经济和生活提供了极大的方便；《生活向导》成为甘南各族人民经济和生活必不可少的查询工具；促进了就业，为甘南经济的发展也注入了活力，做出了一定的贡献。2012 年营业额 16.8 万，从业人员 8 人。

0349 甘南盛客网络信息技术有限公司

注　册　地：甘南州合作市

主营业务：经营范围为系统集成、网络组建、网站开发、软件开发、数据恢复、网站维护、计算机网络维护、信息通信技术服务、计算机软硬件产品、网络产品、数码产品及相关耗材销售。

从业人员数（人）：11

销售额（万元）：27

资产总额（万元）：9.9

简　　介：甘南州盛客网络信息技术有限公司于 2008 年 7 月注册成立，法人代表（负

责人）：张静，地址位于甘南州东四路粮油公司家属楼下，经营范围为系统集成、网络组建、网站开发、软件开发、数据恢复、网站维护、计算机网络维护、信息通信技术服务、计算机软硬件产品、网络产品、数码产品及相关耗材销售。

0350 宁夏金旗广告传媒有限公司舟曲分公司

注 册 地：甘南州舟曲县

主营业务：设计、制作、代理、发布国内各类广告（不含网络广告）。

主要产品：设计、制作、代理、发布各类广告

从业人员数（人）：5

销售额（万元）：78

资产总额（万元）：15

简 介：宁夏金旗广告传媒有限公司舟曲分公司是，宁夏金旗广告传媒有限公司的一个分公司，成立于 2014 年 7 月 10 日，注册资金 50 万元，法人代表杨水花，公司经营地址在甘肃省甘南州舟曲县城关镇西街 8 号楼二楼南面，经营面积 25 平方米；经营范围：设计、制作、代理、发布国内各类广告（不含网络广告），现主要经营彩印生活广告报。年营业额 72 余万元，年上缴税额 0.96 万元。

0351 青峰建设集团舟曲县青峰文化传媒广告公司有限公司

注 册 地：甘南州舟曲县

主营业务：设计、制作、代理、发布各类广告；承接各类商业策划宣传；车载媒体、影视制作、景观设计、各种亮化装饰工程 LED 安装；大型商业演出、庆典礼仪策划、出租舞台音响设备。

主要产品：设计、制作、发布各类广告；车载媒体、景观设计、各种亮化装饰工程 LED

安装；庆典礼仪策划。

从业人员数（人）：6

销售额（万元）：10

资产总额（万元）：50

简 介：舟曲县青峰文化传媒广告有限公司是舟曲县青峰建设集团有限责任公司的一个子公司，成立于 2012 年 11 月 30 日，注册资金 100 万元，法人代表孟伟，公司经营地址在甘肃省甘南州舟曲县峰迭新区，经营面积 200 平方米；经营范围：设计、制作、代理、发布各类广告；承接各类商业策划宣传；车载媒体、影视制作、景观设计、各种亮化装饰工程 LED 安装；大型商业演出、庆典礼仪策划、出租舞台音响设备。年营业额 85 余万元，年上缴税额 1.8 万元。

0352 甘肃省广播电视网络股份有限责任公司卓尼县分公司

注 册 地：甘南州卓尼县工商局

主营业务：广播电视网络设计、建设、监理、开发、运营、管理和维护；利用有线电视网络资源开展数据信息、移动多媒体及"三网融合"国家容许的通信、互联网等新业务的开发。

从业人员数（人）：6

销售额（万元）：11.9

资产总额（万元）：258

简 介：卓尼县广播电视网络股份有限公司原为服务于政府，惠利于广大群众的公众性事业单位。2011 年根据国家、省上的有关要求转型为国有企业，是为党委、政府的文化产业。目前共有正式职工 1 人，临聘人员 5 人。有线网络主干线和支干线覆盖全县及乡镇的大部分区域。除早晚定时播放卓尼自办台外，每天 24 小时转播中央台、各地方台电视节目共 125 套，广播节目 12 套。

0353 甘肃省广播电视网络有限责任公司临潭县分公司

注 册 地：甘南州临潭县

主营业务：本地有线电视网络传输

从业人员数（人）：8

销售额（万元）：40

资产总额（万元）：382

简　　　介：临潭县文广局原网络中心经企业改制，于 2012 年 6 月 12 日成立甘肃广播电视网络有限责任公司临潭县分公司，划分了人员，核定了资产，实现了企业化运营和管理，现有员工 8 人。2010 年投资 382 万对全县有线电视进行了数字化整体转换。截至目前，发展数字用户 2594 户，冶力关有模拟电视用户 320 户，现进行整体改造于 2013 年底完成数字化整体转换，公司业务运行正常。

甘肃省文化资源名录

第三十七卷

文化产业、传媒 II

文化休闲娱乐服务

0001 甘肃建荣文化旅游发展有限公司

注　册　地：兰州市城关区

主营业务：文化、旅游项目的投资咨询；旅游项目的策划；旅游商品的开发销售（以上国家禁止及须取得专项许可的除外）；园林绿化工程；旅游景区配套设施的施工（以上凭资质证经营）。

主要产品：兰州建荣极地海洋世界

从业人员数（人）：40

销售额（万元）：5000

资产总额（万元）：15000

简　　　介：兰州建荣极地海洋世界位于兰州市七里河区建西东路179号（省博物馆向南500米）兰州海德堡庄园住宅小区地下一层，占地22663.50平方米，总建筑面积111186平方米，其中海洋世界总建筑面积14000平方米。兰州建荣极地海洋世界是跟传统海洋馆行驶有极大区别的海洋主题科普馆，突破传统水族馆的规划理念，并参考主题游乐园之游客行为模式，让科普游览游乐并行，与园区内其他项目相得益彰、聚集人气，并可取得良好的经济效益。海洋科普世界是根据儿童心理特征设计的，通过科学的立体组合形成一个集娱乐、运动、科普、游览为一体的第四代海洋馆，让儿童在游览过程中观赏各种奇趣的海洋生物的同时，学习到丰富的海洋生物知识，并通过场馆内的各种互动游乐设施，是儿童和家长玩的开心，使孩子们更加健康快地成长，并促进儿童与家长的亲子关系。并且作为孩子的科普基地、学校的第二课堂发挥越来越重要的作用。拟建的海洋世界主要共设置12个生物展区，以及科普区、游戏区、还是剧场等展区。

0002　大众网络俱乐部

注　册　地：兰州市

主营业务：网络服务

从业人员数（人）：2

销售额（万元）：5

资产总额（万元）：100

0003　友佳台球俱乐部

注　册　地：兰州市

主营业务：台球娱乐

从业人员数（人）：1

销售额（万元）：5

资产总额（万元）：150

0004　丽人休闲娱乐商务

注　册　地：甘肃兰州

主营业务：娱乐休闲

从业人员数（人）：1

销售额（万元）：3

资产总额（万元）：20

0005 甘肃黄河剧院

注 册 地：兰州市城关区

主营业务：电影、文艺演出

从业人员数（人）：62

销售额（万元）：13

资产总额（万元）：640

简　　介：甘肃黄河剧院建于1954年，2009年2月拆除重建，位于兰州市城关区皋兰路8号。新建剧院观众席976座，既是演出场所，同时也是西北地区目前最大的巨幕电影放映厅。剧院内另设3D电影厅5个（其中贵宾厅1个12坐席，1号厅和2号厅各86个坐席，3号厅78个坐席，4号厅74个坐席）共336个席位，放映设备是国内目前最先进的美国巴可品牌。

0006 甘肃省歌剧院

注 册 地：兰州市

主营业务：编排歌剧组织专题晚会等

主要产品：七场歌剧《红花渠畔》、五幕歌剧《月亮湾》、六场歌剧《红色医生》、大型五场歌剧《向阳川》、花儿剧《牡丹月里来》、歌剧《红雪》等；专题晚会：《黄河之恋》、《金色的十月》、《金色的伊力特》、《世纪回顾》、《拥抱新世纪》、《太阳礼赞》等。

从业人员数（人）：259

资产总额（万元）：2800

简　　介：甘肃省歌剧院（原名甘肃省歌剧团）的前身是一九三九年在三边分区成立的"七七剧社"，1942年剧社改编为"三边分区文工团"。1949年随军进驻宁夏，改称"宁夏文工团"，1954年甘宁两省合并，剧团迁驻兰州，命名为"甘肃省歌剧团"。中华人民共和国成立以后，甘肃省歌剧院主要演出的作品有：七场歌剧《红花渠畔》、五幕歌剧《月亮湾》、六场歌剧《红色医生》等。特别是1965年创作演出的大型五场歌剧《向阳川》，把甘肃省的歌剧事业推向了一个新的高潮。该剧是以西北地区广为流行的民歌花儿为音乐基调，创作的一部具有西北民族风貌和地域风格特色的歌剧。该剧在赴京津沪等地巡回演出并参加西北五省区现代戏观摩演出，受到广泛关注和热情赞扬。1965年赴北京为中央领导同志汇报演出，毛泽东主席和中央主要领导在人民大会堂接见了全体演职人员，并留影纪念。周恩来总理先后两次观看，给予了很高评价："好歌剧比较少，现在西北又出来一个向阳川"，"这个戏很有生命力"。盛赞《向阳川》"是继《白毛女》、《刘胡兰》、《洪湖赤卫队》之后的又一出好戏"。

0007 甘肃兴陇农业旅游开发有限公司

注 册 地：兰州市

主营业务：农业旅游及开发

主要产品：薰衣草相关产品、旅游项目经营

从业人员数（人）：22

资产总额（万元）：2000

0008 兰州象狮山生态文化旅游开发有限公司

注 册 地：兰州市

主营业务：生态文化旅游景区开发建设、管理及推广、百合文化旅游示范基地创意产业开发建设、管理及推广、森林地质公司旅游景区开发建设、管理及推广、养老养生文化产业示东基地开发建设、管理及推广、马家窑文化创意产业示范基地开发建设、管理及推广；现代特色生态林业、农业种植；畜禽养殖示范基地开发建设、管理及推广；生态休闲、旅游观光、户外活动、体育活动；避暑度假等示范基地开发建设、管理及推广（以上各项国家禁止及须取得专项许可的除外）。

主要产品：百合文化旅游示范基地创意产业

开发建设、管理及推广森林地质公司旅游景区开发建设、管理及推广、养老养生文化产业示东基地开发建设、管理及推广、马家窑文化创意产业示范基地开发建设、管理及推广。

从业人员数（人）：6

销售额（万元）：6300

资产总额（万元）：200

简　　介：兰州象狮山生态文化旅游开发有限公司，位于七里河区南部山区，七道梁北麓。距市区22公里。是一处集森林生态旅游观光、休闲度假、会议培训、丁香花、百合花观赏、果园采摘、登山探险、攀岩、露营户外活动为一体的旅游胜地。深山流泉园中园，绿野幽谷天外天，公司旗下百合园旅游度假村依山而建，错落有致，山道弯弯，曲径通幽，浓荫遮日，水流潺潺，鸟语花香，掩映在原生态森林中。精致、典雅、时尚、鲜润。站在远处瞭望，群山环抱中，"万绿丛中一点红"，散发出迷人的光芒。初具规模，现已建成餐厅、酒店、多功能会议厅、棋牌娱乐厅、人文茶楼、南山书院、温室生态园、生态休闲广场、观光果园等，接待床位100余张，餐厅可一次性接纳500人用餐。

0009　城关区庆阳路爱诺婚庆策划服务中心

注　册　地：兰州市城关区广场南路4-6号

主营业务：婚庆服务

从业人员数（人）：2

销售额（万元）：7

资产总额（万元）：20

0010　玛曲县河曲旅游文化有限公司

注　册　地：甘南藏族自治州玛曲县

主营业务：旅游文化产业开发；景区策划、景区创意规划、旅游景区景观设计、旅游活动策划、旅游品牌系统设计；民族工艺品、

旅游产品、纪念品开发与销售。

从业人员数（人）：6

销售额（万元）：7

资产总额（万元）：1000

0011　玛曲县雪域香巴拉文化旅游有限公司

注　册　地：甘南藏族自治州玛曲县

主营业务：土特产、旅游纪念品销售，民族传统文化宣传，宾馆、餐饮业。

从业人员数（人）：4

销售额（万元）：4

资产总额（万元）：100

0012　玛曲县吉郎文体旅游有限公司

注　册　地：甘南藏族自治州玛曲县

主营业务：文化、体育、娱乐、旅游农家乐

从业人员数（人）：5

销售额（万元）：4

资产总额（万元）：300

0013　玛曲县三缘文化旅游有限责任公司

注　册　地：甘南藏族自治州玛曲县

主营业务：景区策划、景区创意规划、旅游景区景观设计、旅游活动策划、旅游品牌系统设计，民族工艺品、旅游纪念品开发与销售。

从业人员数（人）：4

销售额（万元）：3

资产总额（万元）：100

0014　甘肃梵轮文化产业有限公司

注　册　地：兰州市城关区永昌路360号

主营业务：文化产品设计及包装、模型设计与制作、旅游景区管理服务、企业形象策划、会议及展览服务、文化艺术策划、交流及咨

询服务；工艺美术品的设计、销售。（以上经营范围国家法律法规规定限制的除外，需许可证的凭许可证在有效期内经营）

0015 甘肃会展文化传播有限责任公司

注 册 地：兰州市城关区北滨河路东 1 号
主营业务：会展中心建筑群室内外广告营销、资源开发、咨询、代理发布服务；国内各类广告的策划设计制作、工艺品设计制作及礼品服务；多媒体及影视设计制作；三维及动漫设计制作；婚庆庆典、模特及礼仪服务；摄影摄像、会议、展览展示服务；文化艺术交流及公关活动，企业形象策划；明星经纪及演出，舞台艺术造型策划；舞台器材及设备租赁（不含融资租赁）。（涉及行政许可及资质项目，凭有效许可证、资质证经营）
销售额（万元）：317
资产总额（万元）：214

0016 甘肃省文化产业发展基金有限公司

注 册 地：兰州市城关区曹家巷 1 号
主营业务：新闻出版和发行、动漫游戏、广播影视、影视院线、文化艺术、文化科技、文化休闲、网络文化、文化旅游等文化产业项目及文化产业专项基金的投资（凡涉及行政许可或资质经营项目，凭有效许可证、资质证经营）。

0017 甘肃飞天数字传媒科技有限公司

注 册 地：甘肃省兰州市城关区曹家巷 1 号
主营业务：互联网信息技术服务（包括信息系统平台建设、信息系统集成服务、信息技术咨询、信息网络系统维护等）；出版物及文化产品和旅游产品的电子商务业务；数字教育产品的研发、生产及推广销售；数字出版物的研发、加工、生产和销售；数字出版

产品的版权贸易及产品的加工销售；文化资源数字化、网络化展示平台研发及应用；基于互联网技术条件的广告传播业务。
主要产品：互联网信息技术服务。

0018 甘肃乡村俱乐部

注 册 地：兰州市城关区永昌路北段 246 号
主营业务：文化娱乐

0019 甘肃众汇文化传媒有限责任公司

注 册 地：兰州市城关区九州中路 64 号
主营业务：文化艺术交流策划、展览；文化宣传活动的策划、设计；企业形象设计；公关活动、市场营销策划；企业年会策划、组织；商务会议、会展的组织与服务；电脑图文、普通音视频设计、制作；设计制作发布代理国内各类广告；庆典、礼仪、产品发布会的策划、组织、咨询服务；企业管理咨询服务；摄影、摄像、制片服务；文化用品、工艺品的销售。

0020 甘肃太空梭文化娱乐有限公司

注 册 地：兰州市城关区中山路 237 号
主营业务：自控飞机类游艺机、电子文化娱乐设备的批发零售。

0021 甘肃鼎易文化传播有限公司

注 册 地：兰州市
主营业务：文化艺术交流策划（不含演出）、文化教育信息咨询；会务、礼仪、婚庆、展览展示、公关活动组织策划、企业管理咨询服务；商务信息咨询服务（不含证券）；旅游项目文化推介、咨询服务；设计、制作、代理、发布各类国内各类广告（国家限制的广告除外）；图文设计制作、企业营销形象策划；室内外建筑装饰装修工程、环保工程的设计及施工（凭资质证）；摄影器材及技术的咨询服务。

0022 甘肃利宸文化传媒有限公司

注 册 地：兰州市城关区张掖路 81 号中环广场 D

主营业务：文化艺术交流策划服务、企业管理咨询服务、市场营销策划、礼仪服务、摄影服务、商务信息咨询服务（不含证券）、会务会展服务；设计、制作、发布、代理国内各类广告（国家行政许可限定的广告除外）；网站的建设与维护。

0023 兰州宁卧庄名人俱乐部有限责任公司

注 册 地：兰州市天水路 238 号

主营业务：游泳、健身、桑拿、保健按摩、文化娱乐、饮食服务，理发美容，艺术品拍卖、典当，百货，其它食品的批发零售。

0024 甘肃星军影视文化传播有限公司

注 册 地：兰州市城关区庆阳路 169 号

主营业务：影视咨询服务，摄影图片展示，企业文化形象设计。

0025 甘肃省民族民间艺术品公司

注 册 地：兰州市农民巷 55 号

主营业务：民族民间艺术品产、供、销，各类艺术装潢，少数民族特需用品，摄影。

0026 中艺国际精品推广有限公司甘肃分公司

注 册 地：兰州市城关区皋兰路 120 号

主营业务：金属材料(不含贵金属)、建筑材料、装饰材料、感光材料、五金交电（不含进口摄录像机）、摄影器材、化工产品（不含危险品）、日用百货、针纺织品、化妆品、玩具、工艺美术品（不含金银首饰），摄影冲印。

主要产品：金属材料(不含贵金属)、建筑材料、装饰材料、感光材料、五金交电（不含进口摄录像机）、摄影器材、化工产品（不含危险品）、日用百货、针纺织品、化妆品、玩具、工艺美术品（不含金银首饰），摄影冲印。

0027 甘肃省旅游投资管理有限公司

注 册 地：兰州市城关区南昌路 1716 号

主营业务：授权经营管理国有资产，负责全省旅游重大项目建设的投资；重要旅游资源开发、全省旅游景区、星级旅游饭店、旅游商品研发企业、旅游车船公司等重大旅游项目开发建设的投资和管理。

资产总额（万元）：24568.46

0028 甘肃省广告美术摄影中心

注 册 地：兰州市金昌路 8 号

主营业务：摄影，装潢，制做各种镜框、奖品；设计，制作，发布国内各类广告。

0029 甘肃陇之翼航空俱乐部

注 册 地：兰州市城关区嘉峪关东路 42 号

主营业务：使用小型或限制类适航证的航空器从事私用飞行驾驶执照培训、航空运动训练飞行、航空运动表演飞行、航空运动竞赛飞行、个人娱乐飞行。

0030 天马旅游开发与管理有限责任公司甘肃分公司

注 册 地：兰州市天水路 365 号

主营业务：摄影器材及原材料、旅游用品、纪念品的批发零售，摄影，旅游信息服务。

0031 甘肃省电子商务人才开发服务有限公司

注 册 地：兰州市城关区东岗西路 695 号

主营业务：电子商务服务及人才培训与开发，电子产品、软件设计与开发，网络工程设计，企业信息化，网站设计与开发，网页制作软件销售，网络技术支持服务，培训、企业营销策划、企业形象策划，市场调研，鲜花礼仪服务、婚庆服务、美术设计，清洁服务，摄影服务，广告设计、制作、发布、代理。

0032 甘肃广电网络文化旅游投资管理有限公司

注 册 地：兰州市城关区东岗西路 226 号
主营业务：文化地产、文化商业综合、文化旅游综合业务、文化娱乐中心、智慧城市项目、数字影城的投资、开发；景区景点投资和经营管理、文化旅游衍生产品开发营销；房屋托管等。

0033 甘肃中广传播有限公司

注 册 地：兰州市城关区东岗西路 226 号甘肃广电网络大厦 20 层
主营业务：移动多媒体广播电视接入服务；经营移动多媒体广播电视业务；移动多媒体广播电视业务的系统集成、漫游结算、清算、技术开发、技术服务和设备销售；出租、出售移动多媒体终端设备；广告设计、制作、代理、发布；广播电视节目制作经营；相关经济信息的咨询服务（凭有效许可证件经营）。
主要产品：移动多媒体广播电视接入服务。
销售额（万元）：1119
资产总额（万元）：1450

0034 甘肃绿叶文化传播有限责任公司

注 册 地：兰州市东岗西路 316 号
主营业务：设计，制作，发布，代理国内各类广告，承办展览，咨询服务，摄影，室内装饰，企业形象策划，照像器材，百货，五金交电（不含进口摄录像机）的批发零售。
销售额（万元）：15.3
资产总额（万元）：65.9

0035 甘肃东方红图片影印社

注 册 地：兰州市城关区皋兰路 135 号
主营业务：彩扩摄影。

0036 甘肃粤兰建设设计咨询公司

注 册 地：兰州市段家滩 199 号
主营业务：工业与民用建筑设计、市政工程设计、建设咨询，室内装饰装修，餐饮娱乐。
销售额（万元）：0.48
资产总额（万元）：36

0037 甘肃宝迪健身俱乐部有限公司

注 册 地：兰州市城关区民主西路 198 号
主营业务：休闲健身娱乐；体育用品、文具用品的批发零售。

0038 甘肃金盾证件器材公司

注 册 地：兰州市黄河沿后街 16 号
主营业务：制作各种证件及器材、原材料供应、技术服务、摄影。

0039 甘肃科业达科技开发有限公司大风歌录音棚

注 册 地：兰州市城关区民主东路 198 号
主营业务：娱乐、录音服务。
销售额（万元）：3343
资产总额（万元）：316

0040 甘肃同兴文化娱乐有限责任公司

注 册 地：兰州市城关区和平新村 16 号
主营业务：棋牌娱乐、音乐茶座，食品、饮料的批发零售。

0041 兰州弗兰德技术开发部

注 册 地：兰州市城关区东岗西路 225 号
主营业务：微机技术开发、照相扩印、通讯器材、照相器材、化工原料、有色金属、百

文化休闲娱乐服务

货、农副产品、金属材料、矿产品（不含金、银、锡、锑、钨及离子型稀土矿产品）、家用电器（不含进口摄录像机），饮食。

0042 甘肃世纪情缘婚庆服务有限责任公司

注 册 地：兰州市城关区闵家桥 43 号

主营业务：婚礼庆典服务，摄影，照相器材、百货、服装鞋帽、针纺织品的批发零售。

0043 甘肃浩迪信息科技技术有限公司

注 册 地：兰州市城关区白银路街道安定门外 10 号

主营业务：商务信息咨询（不含证券）、会议会展咨询、市场调研、礼仪庆典服务、保洁服务、服务干洗、摄影服务、绿化服务、汽车装潢服务；室内外装饰工程、水电安装工程、环保工程、通信工程、网络工程施工（凭资质证）；化工新材料（不含国家限制产品）、机电一体化、能源与环保、现代运输装备、民用核能技术的研究。

0044 甘肃绿色世界餐乐有限公司

注 册 地：兰州市城关区张掖路 158 号

主营业务：餐饮，娱乐

0045 甘肃摄影艺术中心图片社

注 册 地：兰州市城关区庆阳路 78 号

主营业务：摄影、照像器材、文化用品

0046 甘肃敦煌旅游股份有限公司

注 册 地：兰州市天水路 601 号

主营业务：旅游资源开发、旅游服务、旅游交通运输、旅游餐饮住宿、旅游商品生产、批发零售，旅游娱乐服务以及与旅游业务相关的服务业。

0047 甘肃梁军棋社

注 册 地：兰州市城关区永昌路 126 号

主营业务：象棋培训，象琪娱乐及比赛

0048 甘肃视新文化传媒有限公司

注 册 地：兰州市城关区甘南路 35 号

主营业务：影视广告、二维、三维动画、企业宣传片、标志设计、画册设计、电脑图文设计制作；企业形象策划、展览展示服务、市场营销策划、摄影服务、资料翻译服务、礼仪服务、赛事活动策划、公关活动策划、婚庆礼仪服务。

0049 甘肃三宝娱乐有限责任公司

注 册 地：兰州市城关区南昌路 289 号

主营业务：娱乐活动

销售额（万元）：30.27

资产总额（万元）：75.91

0050 甘肃夏日塔拉旅游投资开发有限公司

注 册 地：兰州市城关区甘南路 58 号

主营业务：旅游项目投资；旅游信息咨询服务；计算机技术开发；工艺品、家用电器、办公设备、日用品的批发零售。

0051 甘肃时代旅游产业投资开发有限公司

注 册 地：兰州市城关区永昌路 290 号时代广场

主营业务：旅游资源开发、建设、销售；房地产投资、开发、销售；观光农业，生态农业开发。

资产总额（万元）：1000

0052 甘肃景远生态旅游投资管理有限责任公司

注　册　地：兰州市城关区庆阳路 3 号
主营业务：生态旅游开发及投资管理

0053 兰州天乐集团有限责任公司

注　册　地：兰州市城关区中山路 179 号
主营业务：游泳、健身、停车、住宿、餐饮、文化娱乐、（以上项目限分支机构经营）；物业管理，房地产开发、商品房销售；五金交电、化工原料及产品（不含有毒及化学危险品）、针纺织品、百货的批发零售；房屋租赁。

0054 兰州火吧餐饮文化有限公司

注　册　地：兰州市城关区武都路
主营业务：餐饮业
从业人员数（人）：24
销售额（万元）：200
资产总额（万元）：500

0055 兰州新宇物业管理有限责任公司兰热俱乐部

注　册　地：兰州市城关区嘉峪关东路 145 号
主营业务：室内游泳馆
从业人员数（人）：10
销售额（万元）：90
资产总额（万元）：63

0056 甘肃阳光国会餐饮娱乐有限公司

注　册　地：兰州市城关区庆阳路 428 号
主营业务：餐饮服务，KTV 歌厅娱乐，烟酒零售，（以上项目凭许可证有效期限经营）百货零售，餐饮娱乐管理咨询。
从业人员数（人）：4
资产总额（万元）：600

0057 兰州文利文化传播有限公司

注　册　地：兰州市城关区段家滩 149 号
主营业务：文化产业活动和相关项目的进行
从业人员数（人）：2
销售额（万元）：50
资产总额（万元）：50
简　　　介：该公司 2008 年成立，主要经营文化产业活动和相关项目的进行，办公地址兰州市城关区段家滩 149 号。从业人数 2 人，年销售额 50 万。

0058 兰州五星军乐礼仪有限责任公司

注　册　地：兰州市上沟 71 号
主营业务：演出
销售额（万元）：3
资产总额（万元）：50

0059 兰州铁路工人文化宫

注　册　地：兰州市城关区和政路 77 号
主营业务：体育馆、游泳馆、图书馆、水上游乐、停车场服务，预包装食品零售。
从业人员数（人）：38
销售额（万元）：395
资产总额（万元）：902.09
简　　　介：兰州铁路工人文化宫位于甘肃省兰州市城关区和政路 77 号，注册资金 42 万元，主要经营体育馆、游泳馆、图书馆、水上游乐、停车场服务，预包装食品零售业务，兼营其他文体活动服务及咨询，房屋场地租赁，会务服务，体育广告，服装、文化体育用品的零售。

0060 兰州乔公馆

注　册　地：兰州市城关区南城巷聚丰大厦
主营业务：文化娱乐
从业人员数（人）：30
销售额（万元）：100

资产总额（万元）：2000

0061　唐怡涟人文茶楼

注　册　地：兰州市城关区酒泉路

主营业务：餐饮娱乐

从业人员数（人）：28

销售额（万元）：100

资产总额（万元）：8000

0062　兰州市城关区天庆嘉园金莎茶艺

注　册　地：兰州市城关区

主营业务：棋牌茶艺

从业人员数（人）：6

销售额（万元）：60

资产总额（万元）：10

0063　胖胖老年活动中心

注　册　地：兰州市城关区大砂坪 438 号

主营业务：棋牌娱乐

从业人员数（人）：3

销售额（万元）：5

资产总额（万元）：10

0064　兰州华艺商务策划有限公司

注　册　地：兰州市城关区东岗东路街道天水路 417 号

主营业务：文艺演出

从业人员数（人）：30

销售额（万元）：100

资产总额（万元）：50

0065　陕西康大体育设施有限公司兰州分公司

注　册　地：兰州市城关区东岗东路 302 号

主营业务：塑胶跑道、人造天然草坪运动场、室内运动木地板、蓝排网球场、运动场地配套设备的设计、施工；体育赛事的策划、咨询；体育俱乐部策划。

资产总额（万元）：非独立核算

简　　　介：陕西康大体育设施有限公司位于中国十三朝古都西安，成立于 2001 年 3 月 5 日，注册资金 1500 万，是国内一家较早从事体育场地配套设施设计、施工及安装的专业公司，也是西北地区首家获得建设厅颁发的《体育场地设施工程专业承包一级》资质证书的体育场地建造公司。公司主营业务为室内外运动场地的设计、施工、地面弹性材料的研发和生产。同时代理和推广国内外相关产品，是德国波利坦、法国特福德嘉等国际顶级运动品牌的区域合作商。公司拥有健全的组织结构，有经验丰富的设计和技术管理班子。拥有技术精良、纪律严明、善打硬仗的专业施工队伍。由国内顶级的运动场地专家常年担任顾问，同时也是建筑科技大学大学生实习基地。可承接各类大型室内外运动场地工程。

0066　兰州高山文化传媒

注　册　地：兰州市城关区

主营业务：文化演艺、开业庆典、歌舞音乐等

从业人员数（人）：3

销售额（万元）：10

资产总额（万元）：30

0067　兰州龙头山林场森林生态园

注　册　地：兰州市城关区左家湾 126 号

主营业务：餐饮服务、棋牌娱乐、预包装食品的零售。

从业人员数（人）：16

资产总额（万元）：12

简　　　介：龙头山森林生态园位于兰州市城关区大沙坪 126 号（六公里），是洮河林业局斥巨资打造的全国首家森林生态园，全国首家清真生态园，全省首家无公害、无污染、

食品标准化，集餐饮、休闲于一体的大型餐饮企业。总经营面积一万平方米，五十余间风格各异的包房和五十余张绿荫掩映的散台，可同时容纳一千五百人就餐。由全国著名造园设计大师夏岩先生全程设计和管理。园内配置纯净水供应系统，空气水帘过滤系统，空气更换系统，温度适宜，卫生条件一流，园内环境全市一流。主要经营的清真菜系有：港式粤菜、川菜、东北菜、南北海鲜及本地菜等。拥有二百个车位的大型停车场。龙头山森林生态园让宾客吃得安全、吃得放心；吃出健康、吃出品味

0068　甘肃夏林文化音像有限公司

注　册　地：兰州市城关区东郊巷

主营业务：文艺演出、音像制品。

从业人员数（人）：3

销售额（万元）：500

资产总额（万元）：10.77

0069　甘肃超然摄影设计有限责任公司

注　册　地：兰州市白银路 47-8 号

主营业务：摄影设计；计算机软件应用；五金交电（不含进口摄录像机）、建筑材料、机电产品（不含小轿车）、农副产品（不含粮、油）的批发零售。

0070　甘肃瀚丽斯冰上运动有限公司

注　册　地：兰州市七里河区西津东路 1 号

主营业务：水冰场、水冰运动的咨询服务，水冰运动护具、服装、鞋帽及户外用品的批发零售。

0071　甘肃巴斯格伯体育文化有限公司

注　册　地：兰州市七里河区安西路 143 号

主营业务：体育项目策划、组织、承办、交流服务、体育健身服务及相关产品的咨询服务（国家有专项许可的除外）；体育用品、服装、器材的代理批发零售。

0072　静怡莲茶楼

注　册　地：兰州市七里河区

主营业务：茶艺

从业人员数（人）：12

销售额（万元）：30

资产总额（万元）：300

0073　凤栖梧茶楼

注　册　地：兰州市七里河区

主营业务：茶艺

从业人员数（人）：12

销售额（万元）：25

资产总额（万元）：300

0074　碧海银沙茶楼

注　册　地：兰州市七里河区

主营业务：茶艺

从业人员数（人）：4

销售额（万元）：10

资产总额（万元）：100

0075　玉嘉木茶楼

注　册　地：兰州市七里河区酒水、餐饮

主营业务：茶艺

从业人员数（人）：10

销售额（万元）：15

资产总额（万元）：350

0076　甘肃一洋健身有限公司

注　册　地：兰州市七里河区

主营业务：健身

从业人员数（人）：3

销售额（万元）：28

资产总额（万元）：340

0077 兰州居缘山庄文化服务有限公司

注 册 地：兰州市七里河区侯家峪 22 号

主营业务：休闲垂钓服务，果蔬采摘

从业人员数（人）：4

资产总额（万元）：50

0078 上和逸品人文茶楼

注 册 地：兰州市七里河区

主营业务：茶艺

从业人员数（人）：8

销售额（万元）：8

资产总额（万元）：110

0079 禾禾居茶楼

注 册 地：兰州市七里河区

主营业务：茶艺

从业人员数（人）：3

销售额（万元）：5

资产总额（万元）：100

0080 广州市伊能演艺制作有限公司兰州分公司

注 册 地：兰州市七里河区武威路 188 号

主营业务：舞台场景布置、舞台灯光及音响设备、舞台美术、展览布置；礼仪策划服务。

从业人员数（人）：5

0081 甘肃关山文化旅游产业发展股份有限公司

注 册 地：兰州市西固区关山护林站

主营业务：文化旅游项目投资、开发建设与管理；旅游资源和文化创意产业规划、设计、建设、管理；文化旅游传媒艺术活动的组织策划与推广；餐饮娱乐；会务接待；宾馆住宿；土特产加工、代理及销售。主要产品：文化旅游项目投资、开发建设与管理；旅游资源和文化创意产业规划、设计、建设、管理；文化旅游传媒艺术活动的组织策划与推广；餐饮娱乐；会务接待；宾馆住宿；土特产加工、代理及销售。

0082 金塔县神舟文化旅游有限公司

注 册 地：酒泉市金塔县

主营业务：文化艺术交流、文化发展、传播、休闲文化娱乐、农家乐度假旅游、中餐服务

从业人员数（人）：5

销售额（万元）：60

资产总额（万元）：100

0083 健艺数码

注 册 地：兰州市先锋路

主营业务：照相扩印

从业人员数（人）：1

销售额（万元）：5

资产总额（万元）：3

0084 新农特产业园

注 册 地：兰州市西固区达川乡

主营业务：农业产业园观光游览

主要产品：番茄、南瓜、辣椒等各类蔬菜瓜果

从业人员数（人）：4

销售额（万元）：10

资产总额（万元）：60

简 介：达川乡投入资金 60 万元，分别新建了"岔路村委会——三江口"、"供销社门口——码头——三江口山庄园区"两条道路 1700 米和新奇特农作物观赏区，种植南瓜、葫芦、番茄、辣椒、菜花等特色蔬菜瓜果 4 大类 24 个品种和花卉（薰衣草）一个品种，形成了发展乡村文化旅游和增加群众收入的双赢局面。

0085 雅士琪照相馆

注 册 地：兰州市西固区临洮街中街社区沿

街商铺

主营业务：照相、印务

从业人员数（人）：1

销售额（万元）：1

资产总额（万元）：2

0086 童星园儿童摄影

注 册 地：兰州市西固区先锋路

主营业务：摄影

从业人员数（人）：3

销售额（万元）：13

资产总额（万元）：20

简 　 介：童星园儿童摄影位于福利东路527 号，诞生于 2000 年，占地面积 100 多平米，从业人员 3 人，主要从事专业儿童摄影服务，童星园儿童摄影位于福利东路 527 号，诞生于 2000 年，占地面积 100 多平米，从业人员 3 人，主要从事专业儿童摄影服务。

0087 甘肃鸿安生态文化创意园有限公司

注 册 地：兰州市西固区石头坪森林公园

主营业务：餐饮休闲娱乐、家常菜、烤全羊、烧烤。

从业人员数（人）：30

销售额（万元）：150

资产总额（万元）：300

0088 兰州金典永恒婚庆服务有限公司

注 册 地：兰州市西固区西固中路 515 号

主营业务：婚庆策划

从业人员数（人）：10

销售额（万元）：45

资产总额（万元）：50

0089 桃花缘山庄

注 册 地：兰州市西固区

主营业务：餐饮、休闲娱乐

从业人员数（人）：5

销售额（万元）：4

资产总额（万元）：10

简 　 介：桃花缘山庄位于西固区广家坪，提供农家乐餐饮、棋牌、麻将等休闲娱乐服务，可同时容纳 150 人就餐。

0090 西固区山丹街上品山庄

注 册 地：兰州市西固区四季青街道毛茨坪

主营业务：农家乐休闲娱乐

从业人员数（人）：10

销售额（万元）：70

资产总额（万元）：150

0091 古道茶庄

注 册 地：兰州市西固区

主营业务：农家乐餐饮、休闲娱乐、自助烧烤

从业人员数（人）：5

销售额（万元）：6

资产总额（万元）：20

简 　 介：占地 500 平米，设施齐全、环境优美。设茶座 20 余张，可同时容纳 200 人就餐，提供棋牌、麻将等娱乐设施。

0092 美辰生态园

注 册 地：兰州市西固区

主营业务：农家乐餐饮、休闲娱乐

从业人员数（人）：20

销售额（万元）：20

资产总额（万元）：400

0093 元泰生态园

注 册 地：兰州市西固区

主营业务：农家乐餐饮、休闲娱乐

从业人员数（人）：16

销售额（万元）：150

资产总额（万元）：1000

0094 西固区苗圃休闲茶园

注 册 地：兰州市西固区生产街46号

主营业务：休闲、娱乐

从业人员数（人）：10

销售额（万元）：60

资产总额（万元）：100

0095 芦庐山庄

注 册 地：西固区杏胡台221号

主营业务：餐饮娱乐

从业人员数（人）：15

销售额（万元）：120

资产总额（万元）：20

0096 新城富野生态园

注 册 地：兰州市西固区

主营业务：农家乐餐饮、休闲娱乐

从业人员数（人）：15

销售额（万元）：25

资产总额（万元）：280

0097 兰州林怡轩健体生态园

注 册 地：兰州市西固区

主营业务：餐饮、休闲娱乐、农事体验、健身

从业人员数（人）：13

销售额（万元）：20

资产总额（万元）：200

简　　介：兰州林怡轩健体生态园位于西固区石头坪，提供农家乐餐饮、棋牌、麻将、儿童淘气堡、卡丁车、球场等服务设施、可同时容纳400人就餐、有30张床位，可提供短期住宿。

0098 绿野仙踪

注 册 地：兰州市西固区

主营业务：农家乐餐饮、休闲娱乐、自助烧烤

从业人员数（人）：6

销售额（万元）：6

资产总额（万元）：20

简　　介：占地500平米，设施齐全、环境优美。设茶座20余张，可同时容纳200人就餐，提供棋牌、麻将等娱乐设施。

0099 润远堂文化艺术发展中心

注 册 地：兰州市西固区新城桥头东侧

主营业务：古玩字画展销

从业人员数（人）：2

销售额（万元）：30

资产总额（万元）：100

0100 三江源休闲庄园

注 册 地：兰州市西固区

主营业务：农家乐餐饮、休闲娱乐、农事体验

从业人员数（人）：10

销售额（万元）：12

资产总额（万元）：150

简　　介：总占地面积4亩，总投资150万元，集农家乐餐饮、休闲娱乐、农事体验为一体。

0101 西固神瑶渡生态园

注 册 地：兰州市西固区杏胡台村

主营业务：休闲娱乐

从业人员数（人）：20

销售额（万元）：200

资产总额（万元）：400

0102 浓情金秋婚庆

注 册 地：兰州市西固区新城桥头

主营业务：摄影、摄像、照片冲印

从业人员数（人）：2

销售额（万元）：3

资产总额（万元）：10

简　　介: 浓情金秋婚纱摄影位于新城桥头，服务辐射范围为新城镇、河口乡。从业人员2人，年利润约2万元左右。

0103　鸿安生态度假村

注　册　地: 兰州市西固区石头坪

主营业务: 休闲娱乐、文化餐饮、儿童娱乐设施、烧烤自助等。

从业人员数（人）: 50

销售额（万元）: 500

资产总额（万元）: 800

0104　银鑫茶庄

注　册　地: 兰州市西固区

主营业务: 休闲娱乐

从业人员数（人）: 2

销售额（万元）: 5

资产总额（万元）: 80

0105　磨石湾山庄

注　册　地: 兰州市西固区金沟乡熊子湾村

主营业务: 休闲娱乐

从业人员数（人）: 5

销售额（万元）: 50

资产总额（万元）: 35

0106　兰州石化公司南山生态园

注　册　地: 兰州市西固区兰炼南山林场

主营业务: 文化休闲娱乐

从业人员数（人）: 20

销售额（万元）: 200

资产总额（万元）: 400

0107　兰州兴川休闲垂钓有限公司

注　册　地: 兰州市西固区东川镇

主营业务: 休闲娱乐、垂钓、棋牌

从业人员数（人）: 50

销售额（万元）: 3187.5

资产总额（万元）: 3200

0108　兰州腾顺达龙泉生态园

注　册　地: 兰州市西固区金沟乡

主营业务: 休闲娱乐、农家家常菜、自助烧烤等。

从业人员数（人）: 6

销售额（万元）: 30

资产总额（万元）: 50

0109　上品山庄

注　册　地: 兰州市西固区

主营业务: 农家乐餐饮、休闲娱乐、农事体验

从业人员数（人）: 12

销售额（万元）: 20

资产总额（万元）: 300

简　　介: 总投资300万元，2013年建成，占地15亩，设施齐全、环境优美。提供棋牌、麻将等娱乐设施。

0110　黄土高坡农家乐

注　册　地: 兰州市西固区

主营业务: 农家乐餐饮、住宿、休闲娱乐

从业人员数（人）: 8

销售额（万元）: 15

资产总额（万元）: 170

简　　介: 位于陈坪街道芦草山302林场，总占地面积3亩，总投资170万元，集农家乐餐饮、住宿、休闲娱乐为一体。

0111　兰州环宇数码影像有限公司

注　册　地: 兰州市西固区

主营业务: 摄影扩印服务

从业人员数（人）: 3

销售额（万元）: 1.5

资产总额（万元）: 15

0112 茶道

注 册 地：兰州市西固区

主营业务：休闲、品茶

从业人员数（人）：2

销售额（万元）：4

资产总额（万元）：15

0113 关山森林公园避暑山庄

注 册 地：兰州市西固区

主营业务：餐饮、休闲娱乐

从业人员数（人）：5

销售额（万元）：5

资产总额（万元）：15

简　　介：关山森林公园避暑山庄位于西固区金沟乡关山森林公园内，经营农家乐餐饮、棋牌、麻将的休闲娱乐活动。有 50 张床位，可同时容纳 200 人就餐，环境优美、是理想的夏季避暑圣地。

0114 野猪岭山庄

注 册 地：兰州市西固区杏胡台 221 号

主营业务：家常菜、农家家禽等绿色食品、休闲娱乐等。

从业人员数（人）：6

销售额（万元）：30

资产总额（万元）：40

0115 西固区鸿景园生态园

注 册 地：兰州市西固区西路 18 号

主营业务：休闲娱乐餐饮

从业人员数（人）：20

销售额（万元）：200

资产总额（万元）：300

0116 磨石湾山庄

注 册 地：兰州市西固区

主营业务：农家乐餐饮、休闲娱乐、农事体验

从业人员数（人）：4

销售额（万元）：3

资产总额（万元）：10

0117 大足神农服务企业管理有限公司

注 册 地：兰州市西固区

主营业务：娱乐休闲服务

从业人员数（人）：32

销售额（万元）：56.8

资产总额（万元）：500

简　　介：大足神农服务企业管理有限公司位于西固区公园路 123 号，是一家从事保健和足浴按摩休闲服务的企业，总资产 500 万元。

0118 兰州私享文化传媒有限公司

注 册 地：兰州市西固区西固中路 22 号

主营业务：国内广告设计、制作；文体用品、工艺礼品、日用品、服装鞋帽的批发零售。

从业人员数（人）：5

销售额（万元）：3

资产总额（万元）：3

0119 鸿安生态园玫瑰园三号闻香园

注 册 地：兰州市西固区石头坪

主营业务：特色小吃、休闲娱乐

从业人员数（人）：10

销售额（万元）：120

0120 新农特产业园

注 册 地：兰州市达川乡

主营业务：农业产业园观光游览

从业人员数（人）：4

销售额（万元）：10

资产总额（万元）：60

简　　介：达川乡投入资金 60 万元，分别新建了"岔路村委会—三江口"、"供销社

门口—码头—三江口山庄园区"两条道路
1700 米和新奇特农作物观赏区，种植南瓜、
葫芦、番茄、辣椒、菜花等特色蔬菜瓜果 4
大类 24 个品种和花卉（薰衣草）1 个品种，
形成了发展乡村文化旅游和增加群众收入的
双赢局面。

0121　下川水车园

注 册 地：兰州市西固区新城镇下川村黄河
边水车

主营业务：钓鱼、餐饮

从业人员数（人）：7

销售额（万元）：4

资产总额（万元）：16

简　　介：下川水车园位于西固区新城镇下
川村黄河边，毗邻省级文物保护单位下川水
车。依托下川水车，经营钓鱼业务。同时在
客观上承担起一定的养护水车的作用。

0122　无名山庄

注 册 地：兰州市西固区茹刺坪

主营业务：餐饮、娱乐休闲

从业人员数（人）：8

销售额（万元）：90

资产总额（万元）：22

0123　芦林山庄

注 册 地：兰州市西固区

主营业务：餐饮、休闲娱乐

从业人员数（人）：5

销售额（万元）：6

资产总额（万元）：25

0124　兰州林怡轩健体生态园

注 册 地：兰州市西固区

主营业务：餐饮、休闲娱乐、农事体验、健身

从业人员数（人）：13

销售额（万元）：20

资产总额（万元）：200

简　　介：兰州林怡轩健体生态园位于西固
区石头坪，提供农家乐餐饮、棋牌、麻将、
儿童淘气堡、卡丁车、球场等服务设施、可
同时容纳 400 人就餐、有 30 张床位，可提
供短期住宿。

0125　兰州鑫旺水运有限责任公司

注 册 地：兰州市西固区河口乡咸水村

主营业务：水上游乐、休闲、餐饮、娱乐

从业人员数（人）：8

销售额（万元）：50

资产总额（万元）：100

0126　兰州石化公司南山生态园

注 册 地：兰州市西固区兰炼南山林场

主营业务：文化休闲娱乐

从业人员数（人）：20

销售额（万元）：200

资产总额（万元）：400

0127　兰州长业餐饮娱乐有限公司

注 册 地：兰州市先锋路

主营业务：餐饮，住宿

从业人员数（人）：160

销售额（万元）：103.6

资产总额（万元）：4700

简　　介：兰州长业餐饮娱乐有限公司位于
西固区公园路 436 号，于 2002 年 6 月开业，
经营面积 6700 平米，长业酒店集酒店餐饮
一起，引领高端，食尚饮食文化。多功能会
议厅是商务洽谈、文艺汇演的最佳场所。集
南北菜系之长，健康营养为先，创新菜品，
完美品味。缔造浪漫婚礼，宣扬中华孝道寿
宴文化。

0128　兰州腾顺达龙泉生态园

注　册　地：兰州市西固区金沟乡

主营业务：休闲娱乐、农家家常菜、自助烧烤等。

从业人员数（人）：6

销售额（万元）：30

资产总额（万元）：50

0129　兰州春阳餐饮娱乐有限公司

注　册　地：兰州市西固区

主营业务：农家乐餐饮、棋牌、麻将、茶座、住宿。

从业人员数（人）：15

销售额（万元）：20

资产总额（万元）：200

简　　介：兰州春阳餐饮娱乐有限公司位于西固区石头坪，提供农家乐餐饮、棋牌、麻将、小型会议接待、住宿等服务。提供会议室、KTV等服务设施。可同时容纳120人就餐、有20张床位。

0130　方亭照相馆

注　册　地：兰州市先锋路

主营业务：照相扩印

从业人员数（人）：1

销售额（万元）：2

资产总额（万元）：4

简　　介：方亭照相馆成立时间悠久，以热情周到的服务接待每一位顾客。

0131　康乐路社区活动中心

注　册　地：兰州市兰州西固

主营业务：棋牌服务

从业人员数（人）：1

销售额（万元）：2

资产总额（万元）：10

0132　桂亭照相馆

注　册　地：兰州市先锋路

主营业务：摄影，扩洗照片

从业人员数（人）：3

销售额（万元）：4

资产总额（万元）：5

简　　介：桂亭照相馆成立于1986年，由丰桂亭老人以自己的姓名命名注册成立，以热情周到的服务接待每一位顾客。

0133　濡绮驿站茶楼

注　册　地：兰州市安宁区

主营业务：饮茶、棋牌

从业人员数（人）：3

销售额（万元）：6

资产总额（万元）：100

0134　景花之春钓鱼岛

注　册　地：兰州市安宁区

主营业务：包括渔家乐旅游、花家乐旅游，是充分利用自然绿色生态食物，体现农村文化及农民家庭平常生活等内容，以农村特色、农民参与、农民受益为宗旨，充分利用田园景观、自然生态、农村文化及农民房舍等资源，让旅客吃农家饭、住农家屋、干农家活、享受农家乐的乡村旅游休闲食宿地方。

主要产品：以"吃农家饭、品农家菜、住农家屋、干农家活、享农家乐、购农家品"为主要经营项目。

从业人员数（人）：5

销售额（万元）：10

资产总额（万元）：50

0135　兰州宁静苑生态农业休闲娱乐有限公司

注　册　地：兰州市安宁区

主营业务：休闲娱乐

从业人员数（人）：21

销售额（万元）：51.6

资产总额（万元）：434

0136 兰机健安保龄球馆

注 册 地：兰州市安宁区

主营业务：保龄球娱乐

从业人员数（人）：2

销售额（万元）：2.5

资产总额（万元）：9

0137 寿山大院

注 册 地：兰州市安宁区

主营业务：包括渔家乐旅游、花家乐旅游，是充分利用自然绿色生态食物，体现农村文化及农民家庭平常生活等内容，以农村特色、农民参与、农民受益为宗旨，充分利用田园景观、自然生态、农村文化及农民房舍等资源，让旅客吃农家饭、住农家屋、干农家活、享受农家乐的乡村旅游休闲食宿地方。

从业人员数（人）：10

销售额（万元）：10

资产总额（万元）：100

0138 安宁文化娱乐龙会俱乐部

注 册 地：兰州市安宁区

主营业务：KTV 娱乐

从业人员数（人）：9

销售额（万元）：20

资产总额（万元）：80

0139 兰州卧龙滩河畔风情开发有限公司

注 册 地：兰州市红古区

主营业务：娱乐休闲园

从业人员数（人）：40

销售额（万元）：220

资产总额（万元）：380

简 介：兰州卧龙滩河畔风情开发有限公司公司位于红古区，是一家耗资 2 千万元打造的大型休闲园。拥有专业的管理团队，训练有素的服务团队。

0140 兰州糖果童星摄影有限公司

注 册 地：兰州市红古区

主营业务：儿童摄影服务

从业人员数（人）：15

销售额（万元）：80

资产总额（万元）：150

简 介：糖果童星摄影以一流的水准作为标杆，无论从营业面积、专业技术、服务理念，全部定位于打造一流的儿童摄影品牌。

0141 兰州海派婚纱摄影生活馆

注 册 地：兰州市红古区

主营业务：摄影、婚庆服务

从业人员数（人）：22

销售额（万元）：90

资产总额（万元）：110

0142 兰州新天地影像服务中心

注 册 地：兰州市红古区

主营业务：摄影扩印

从业人员数（人）：15

销售额（万元）：80

资产总额（万元）：110

0143 兰州 7 号公馆娱乐有限公司

注 册 地：兰州市红古区

主营业务：室内休闲娱乐服务

从业人员数（人）：40

销售额（万元）：334

资产总额（万元）：400

简 介：七号公馆乐有限公司位于红古区

中心，是一家耗资 220 万元打造的顶级商务会所，采用全套德国进口音响，装修精致，拥有专业管理的团队和服务团队。

0144 兰州唐会娱乐有限公司

注 册 地：兰州市红古区

主营业务：休闲娱乐

从业人员数（人）：44

销售额（万元）：220

资产总额（万元）：380

简　　介：唐会娱乐有限公司位于红古区步行街，是一家耗资 220 万元打造的顶级商务会所，采用全套德国进口音响，装修精致，包厢内皇家欧式风格。

0145 兰州溪龙谷文化旅游开发有限公司

注 册 地：兰州市红古区

主营业务：游乐场

从业人员数（人）：44

销售额（万元）：330

资产总额（万元）：400

简　　介：位于红古区国道旁，是一家耗资 1.1 亿元缔造的顶级商务会所，是集水上乐园、茶餐厅、采摘园、健身中心、住宿为一体的休闲娱乐场所。

0146 榆中清溪沟旅游开发有限公司

注 册 地：兰州市榆中县城关镇分豁岔村

主营业务：旅游开发

从业人员数（人）：6

销售额（万元）：2

资产总额（万元）：20

简　　介：榆中玉宝山庄位于榆中县西南，毗邻国家 4A 级自然风景保护区兴隆山，距榆中县中心仅十分钟车程，途中田野风光尽收眼底，享受休闲观光乐趣。山庄占地面积

12 亩，建筑面积 3.1 亩，山庄周围绿树环绕。这里风光秀丽、空气清新，野趣醉人。

0147 兰州雪龙体育休闲娱乐公司

注 册 地：兰州市榆中县城关镇兴隆山村

主营业务：滑雪运动

从业人员数（人）：133

销售额（万元）：123

资产总额（万元）：2100

简　　介：榆中县滑雪场即兰州兴隆山滑雪场距兰州市区 38 公里，位于兰州市兴隆山脚下，是兰州乃至甘肃省唯一一家配套齐全的高山国际滑雪场，雪场占地 227 亩，现已建成二条中初级学道和雪圈道一条，全长 1500 米，雪道垂直落差 85 米，最大坡度 30 度，平均坡度 16 度，非常适合中初级滑雪爱好者进行滑雪运动，雪场还设有雪地骑马、马拉爬犁、雪圈和雪地摩托等娱乐项目。雪场可同时接待 2000 人进行雪上项目娱乐活动。先进的电子收费系统，全方位的优质服务，让您享受到更多人性化关怀。雪场长年聘用国家级滑雪教练亲临教授。

0148 兰州绿色文化博览园

注 册 地：兰州市皋兰县忠和镇王家坪

主营业务：2013 年，绿博园管理处将通过积极申报国家生态文明建设示范基地、国家环保科普基地和兰州 2A 级旅游景区，继续加大对外宣传力度，开展多层次、全方位的宣传活动，提升绿博园的知名度与社会影响力，提高广大市民的生态保护意识。

主要产品：南山绿化园、城乡绿锦园、航空育种蔬菜大棚和配套建设园林游览景点。

从业人员数（人）：25

销售额（万元）：156

资产总额（万元）：5933.94

简　　介：兰州绿色文化博览园为展视兰州人民改善生态环境所走过的艰难历程和为兰州人民提供休闲、娱乐、教育为一体的休闲场所。

0149 甘肃天晨文化传播有限公司

注 册 地：兰州市皋兰县石洞镇国芳国际金色花园

主营业务：文化、体育和娱乐业。

主要产品：文化艺术活动交流策划、会议和展览服务。

从业人员数（人）：6

资产总额（万元）：100

简　　介：甘肃天晨文化传播有限公司注册成立于2014年6月28日，是一家主要从事产品项目形象包装、公关活动策划、书法艺术交流、品牌推广、展览展示、会议会展、庆典礼仪等为一体的多元化企业。

0150 兰州文兴鼓子文化传播有限公司

注 册 地：兰州市皋兰县

主营业务：兰州鼓子、秦腔的推广

从业人员数（人）：10

销售额（万元）：50

资产总额（万元）：100

简　　介：兰州文兴鼓子文化传播有限公司成立于2013年3月。公司团队由热爱兰州鼓子、秦腔等艺术并熟悉其艺术市场与媒体运作的爱好者组成。公司致力于兰州鼓子、秦腔等艺术的推广，紧紧依托鼓子传习所培育壮大协会队伍，提升兰州鼓子、秦腔等艺术创作演练水平。通过文艺演出、研究及交流活动、媒体运作等方式，让兰州鼓子、秦腔等艺术走向成熟，作品为市场接纳。

0151 甘肃凯天文化传媒有限公司

注 册 地：甘肃省兰州市皋兰县什川镇长坡村

主营业务：文化影视投资、公共设施投资；金属材料、矿产品、纸浆、纸及纸制品的销售；商品的包装服务；建筑装潢工程承包。

从业人员数（人）：20

销售额（万元）：100

资产总额（万元）：1000

0152 皋兰古梨园生态文化旅游发展有限公司

注 册 地：兰州市皋兰县石洞镇兰泉路

主营业务：景区景点建设、文化旅游基础设施建设。文化旅游项目开发、文化旅游产品研发、销售。

从业人员数（人）：20

销售额（万元）：100

资产总额（万元）：50

简　　介：皋兰古梨园生态文化旅游发展有限公司成立于2014年7月，属于国有控股企业，由皋兰县县国资局和皋兰县创业投资公司合资成立，由皋兰县文化旅游发展局指导开展经营。注册资本50万元。公司成立的目的主要是为充分利用和挖掘我县文化旅游资源，发挥市场在资源配置中的基础作用，做大做强我县文化旅游产业，公司主营业务包括：景区景点建设、文化旅游基础设施建设、文化旅游项目开发、文化旅游商品研发、销售等。

0153 甘肃九源红色文化传播有限责任公司

注 册 地：兰州市皋兰县什川镇上车村

主营业务：红色文化传播与艺术创作，红色歌舞演出，红色纪念品展览，红色旅游度假服务，餐饮服务。

销售额（万元）：50

资产总额（万元）：100

简　　介：甘肃九源红色文化传播公司成立于2004年，以研究、传播、弘扬、发展中国优秀传统文化和以毛泽东思想为主导的红色文化。其主要任务是：中国红色文化的研究、开发和创新发展；红色艺术（文学、歌舞、影视）的创作、演出和制作；红色文物、纪念品的交流与展览；红色旅游产业、项目的开发与服务。

0154 永登县公园管理所

注 册 地：兰州市永登县

主营业务：景区游览服务

从业人员数（人）：42

销售额（万元）：26

资产总额（万元）：1000

0155 兰州青龙婚纱摄影有限公司

注 册 地：兰州市永登县

主营业务：婚纱摄影

从业人员数（人）：24

销售额（万元）：120

资产总额（万元）：2004

0156 永登药水沟温泉疗养度假村有限责任公司

注 册 地：兰州市永登县

主营业务：休闲娱乐

从业人员数（人）：28

销售额（万元）：84

资产总额（万元）：120

0157 永登艺洋设计服务中心

注 册 地：兰州市永登县

主营业务：摄影服务

从业人员数（人）：10

销售额（万元）：51

资产总额（万元）：74

简　　介：永登艺洋设计服务中心地处永登县城关镇，主要业务活动是摄影制作等。

0158 永登县鸿森农林开发有限公司

注 册 地：兰州市永登县

主营业务：休闲、娱乐、观光、旅游

从业人员数（人）：16

销售额（万元）：45

资产总额（万元）：56

0159 鸿盛源生态园

注 册 地：兰州市永登县柳树乡复兴村

主营业务：农家菜和虹鳟鱼系列佳肴

从业人员数（人）：10

销售额（万元）：100

资产总额（万元）：150

简　　介：鸿盛源生态园地处柳树乡复兴村，地理位置优越，区域优势明显，自建成以来，客源稳定，生意兴隆，主要经营农家菜和虹鳟鱼系列佳肴。

0160 永登圣陶玫瑰种植有限公司

注 册 地：兰州市永登县

主营业务：景区游览服务

从业人员数（人）：23

销售额（万元）：45

资产总额（万元）：100

0161 盛祥顺生态园

注 册 地：兰州市永登县城关镇北街村

主营业务：农家菜和地方特色小吃

从业人员数（人）：20

销售额（万元）：80

资产总额（万元）：80

简　　介：盛祥顺农家院地处城关镇北街村，地理区域优越，环境优美，自建成以来，客源稳定，生意兴隆，累计投入80万元，年营业额达80万元，从业人员20人，主要经营农家菜和地方特色小吃，2011年被评定为三星级农家乐。

0162 兰州巧姑娘山生态观光农业开发有限公司

注　册　地：兰州市永登县

主营业务：休闲、娱乐、观光、旅游等。

从业人员数（人）：15

销售额（万元）：56

资产总额（万元）：74

0163 永登花海留香玫瑰文化产业园

注　册　地：兰州市永登县

主营业务：休闲娱乐

从业人员数（人）：30

销售额（万元）：82

资产总额（万元）：210

0164 永登县起航生态农林有限公司

注　册　地：兰州市永登县

主营业务：休闲、娱乐、观光旅游

从业人员数（人）：18

销售额（万元）：45

资产总额（万元）：65

0165 甘肃永登鲁土司衙门博物馆

注　册　地：兰州市永登县

主营业务：旅游服务

从业人员数（人）：35

销售额（万元）：20

资产总额（万元）：1000

0166 永登县红城镇康乐苑文化服务中心

注　册　地：兰州市永登县

主营业务：休闲娱乐服务

从业人员数（人）：16

销售额（万元）：82

资产总额（万元）：230

0167 兰州猪驮山旅游发展有限公司

注　册　地：兰州市永登县

主营业务：景区旅游

从业人员数（人）：30

销售额（万元）：50

资产总额（万元）：1000

0168 永登武胜驿镇川原文化产业园

注　册　地：兰州市永登县

主营业务：歌舞娱乐活动

从业人员数（人）：30

销售额（万元）：32

资产总额（万元）：56

0169 兰州天润植物开发有限公司

注　册　地：兰州市永登县

主营业务：游览服务等

从业人员数（人）：12

销售额（万元）：51

资产总额（万元）：82

0170 玫乡风情生态园

注　册　地：兰州市永登县苦水镇苦水街村

主营业务：地方特色菜和农家菜肴，提供采摘、垂钓等农事体验活动。

从业人员数（人）：20

销售额（万元）：80

资产总额（万元）：758

简　　　介：玫乡风情生态园地处苦水镇，交通便利，风景秀美，文化底蕴深厚，旅游资源丰富。玫乡风情生态园规模较大，环境优美，经营农家特色菜和地方小吃，提供采摘、垂钓等活动。

0171 永登县园林绿化管理所

注　册　地：兰州市永登县

主营业务：景区管理

从业人员数（人）：26
销售额（万元）：30
资产总额（万元）：200

0172　天翔生态园

注 册 地：兰州市永登县河桥镇
主营业务：农家菜
从业人员数（人）：6
销售额（万元）：28
资产总额（万元）：25
简　　介：天翔生态园地处永登县河桥镇，风景秀美，文化底蕴深厚，主要经营农家菜和地方小吃。

0173　兰州湾玫瑰生态园

注 册 地：兰州市永登县苦水镇苦水街村
主营业务：农家菜和特色菜肴
从业人员数（人）：20
销售额（万元）：120
资产总额（万元）：200
简　　介：兰州湾玫瑰生态园地处永登县苦水镇，地理位置优越，规模较大，环境幽静，自建成以来，客源稳定，生意兴隆，以永登地方风味小吃和土家菜为主，该院内设包厢，承包大型酒席，2011年被推荐评定四星级。

0174　兰州吐鲁沟国家森林公园

注 册 地：兰州市永登县
主营业务：景区游览
从业人员数（人）：34
销售额（万元）：100
资产总额（万元）：2100

0175　大通河生态游乐园

注 册 地：兰州市永登县河桥镇河桥村
主营业务：农家菜肴和地方特色小吃
从业人员数（人）：20

销售额（万元）：80
资产总额（万元）：500
简　　介：大通河生态游乐园坐落在八宝川腹地，大通河畔左岸湿地，永登县河桥镇河桥村上河滩，地理位置优越，景色优美，气候宜人，主营农家菜肴和地方特色小吃，提供住宿，娱乐等活动。

0176　永登县河桥镇金鳌文化产业园

注 册 地：兰州市永登县
主营业务：休闲娱乐
从业人员数（人）：33
销售额（万元）：120
资产总额（万元）：368

0177　永登通河之珠路有服务有限公司

注 册 地：兰州市永登县
主营业务：休闲、娱乐、旅游等服务
从业人员数（人）：16
销售额（万元）：64
资产总额（万元）：110

0178　玫瑰旅游服务中心

注 册 地：兰州市永登县苦水镇
主营业务：农家菜和地方特色小吃
从业人员数（人）：15
销售额（万元）：100
资产总额（万元）：120
简　　介：玫瑰旅游服务中心地处旅游景区苦水镇，交通便利，风景秀美，文化底蕴深厚，自建成以来，客源稳定，生意兴隆，主要经营农家菜和地方小吃，提供垂钓、采摘等农事体验活动。

0179　酒泉米兰摄影品牌管理有限公司

注 册 地：酒泉市肃州区南大街70号主营
主营业务：彩扩、摄影服务；摄影、化妆、

数码设计的培训服务；相册、电脑图片的制作、销售；工艺相框、照相器材、感光材料销售；礼服出租、销售；婚庆服务；微电影拍摄服务；影楼装修策划。

从业人员数（人）：5

资产总额（万元）：100

0180 酒泉市金夫人婚纱影楼有限公司

注　册　地：酒泉市肃州区肃州路1号楼综合楼

主营业务：摄影、出租婚纱礼服。

从业人员数（人）：5

销售额（万元）：100

0181 酒泉吴琢婚纱影楼

注　册　地：酒泉市肃州区南大街48号

主营业务：摄影、扩印服务

从业人员数（人）：5

资产总额（万元）：100

0182 酒泉阿吉婚纱摄影有限公司

注　册　地：酒泉市肃州区西文化街1号

主营业务：照相、摄影服务；摄影器材销售；婚庆服务；婚庆用品的销售和出租；鲜花销售；摄影、化妆培训服务。

从业人员数（人）：5

资产总额（万元）：30

0183 酒泉福文化礼仪传播有限公司

注　册　地：酒泉市肃州区肃州路22号

主营业务：文化艺术表演策划（不含演出）；图文设计制作；公关、礼仪培训服务；会议及展览服务；摄影、摄像服务；演出设备租赁；婚礼庆典服务；企业专题拍摄制作。

从业人员数（人）：5

资产总额（万元）：28

0184 酒泉乔林旅游发展有限公司

注　册　地：酒泉市肃州区酒银路1公里处

主营业务：旅游项目开发；花卉苗木的生产、销售；文化传媒、车辆停放。

从业人员数（人）：5

销售额（万元）：100

资产总额（万元）：1000

0185 酒泉富康梦天堂文化旅游有限公司

注　册　地：酒泉市肃州区

主营业务：为游人提供休闲、观光、游玩、度假的各类自然景观、人文景观、人造景观和其他景观；旅游项目的策划服务、大型活动组织服务、公司礼仪服务；工艺美术品、旅游产品、文化体育用品、办公用品的销售。

从业人员数（人）：2

资产总额（万元）：1000

0186 酒泉酒文化博览园有限公司

注　册　地：酒泉市肃州区西郊工业园

主营业务：文化休闲健身娱乐活动；室内体育场所管理；会议及展览服务；贸易洽谈服务；各类项目策划服务；旅游服务、酒店管理；餐饮；住宿；洗浴；保健按摩服务；（以上经营项目凭有效期内许可证经营）工艺礼品、旅游用品、日用百货销售；人力资源培训。

从业人员数（人）：5

销售额（万元）：100

资产总额（万元）：450

0187 新起跑线练歌厅

注　册　地：酒泉市玉门市新市区

主营业务：歌舞娱乐

从业人员数（人）：3

销售额（万元）：30

资产总额（万元）：38

简　　介：新起跑线练歌厅成立于2010年，位于新市区步行街中段，现有从业人员3人，你营业额30余万元。

0188　玉门铁人苑餐饮文化有限公司

注 册 地：酒泉市玉门市工商行政管理局
主营业务：大型餐馆（不含生食海产品、裱花蛋糕）、旅游纪念品销售。
从业人员数（人）：17
销售额（万元）：10
资产总额（万元）：1800
简　　介：玉门市铁人王进喜纪念馆简介玉门市铁人王进喜纪念馆于2006年8月25日经玉门市政府批准建设，经过两年的建设于2008年11月15日正式对外开馆。

0189　红茶楼茶艺社

注 册 地：酒泉市玉门市新市区
主营业务：歌舞娱乐
从业人员数（人）：3
销售额（万元）：18
资产总额（万元）：20

0190　玉门市赤金峡旅游文化有限责任公司

注 册 地：酒泉市玉门市工商行政管理局
主营业务：旅游产品销售、开发、旅游咨询服务。
从业人员数（人）：52
销售额（万元）：2400
资产总额（万元）：7600
简　　介：玉门赤金峡风景区位于玉门市东北50公里的石油河中游峡谷中，距嘉安高速公路赤金（东）、低窝铺（西）两个出入口15公里，是甘肃省疏勒河管理局花海灌区管理处依托赤金峡水库水利工程，通过省局支援、单位自筹、投工投劳、社会捐助等

筹资兴建的国家AAAA级旅游景区。景区于2002年动工建设，2002年8月投入运行，2004年6月评为国家水利风景区，2007年11月评为国家AAA级旅游景区，2013年1月评为国家AAAA级旅游景区。

0191　瓜州县榆林文化旅游服务有限责任公司

注 册 地：酒泉市瓜州县县府街81号
主营业务：旅游信息咨询服务、会务会展服务、组织文化艺术交流活动、承办展览展示活动、旅游产品开发、文化用品、民族特色工艺礼品、特色农产品销售、清真食品、餐饮.
从业人员数（人）：15
销售额（万元）：60
资产总额（万元）：800
简　　介：瓜州县榆林文化旅游服务有限责任公司是2012年4月在瓜州县工商行政管理局注册成立的一家文化旅游服务公司，注册资金800万元，主要经营业务为旅游信息咨询服务、会务会展服务、组织文化艺术交流活动、承办展览展示活动、旅游产品开发、文化用品、民族特色工艺礼品、特色农产品销售、清真食品、餐饮。该公司经营项目的实施为我县承办会务会展、民族文化艺术交流等活动提供场地及服务，既方便少数民族群众，又能满足各层次客户的需求，更能带动民族文化服务产业发展。

0192　甘肃玄奘之路文化发展有限公司

注 册 地：酒泉市瓜州县
主营业务：以"玄奘之路"系列文化体验活动为核心开展的组织与经营活动。
从业人员数（人）：15
销售额（万元）：1500
资产总额（万元）：200
简　　介：甘肃玄奘之路文化发展有限公司

成立于 2011 年 10 月，是北京行知探索文化传播有限公司的全资子公司，是一家以文化创意设计并结合深度体验式产品实现为主业的文化公司。其原创的文化活动包括"玄奘之路商学院戈壁挑战赛"、"戈壁成人礼"、"刀锋领导力自主实践营"、"八百流沙极限赛"、"戈壁音乐节"、"戈壁创业论坛"等，已设计文化产品并组织实施各类活动超过 60 期，参与人数超过四万人，年收入超过壹仟万元，是瓜州县文化企业的典型代表。

0193 瓜州县元通饮食文化娱乐有限公司

注 册 地：酒泉市瓜州县公园路东侧 1 号
主营业务：大型餐饮（单纯火锅、含凉菜，不含裱花蛋糕、不含生食海产品）；住宿；电影放映；KTV 娱乐；广告制作、发布；卷烟、雪茄烟零售。
从业人员数（人）：50
销售额（万元）：615
资产总额（万元）：500
简 　 介：瓜州县元通饮食文化娱乐有限公司成立于 2012 年，隶属甘肃盛大元通商贸有限公司旗下。

0194 嘉峪关市银都冲印图片社

注 册 地：嘉峪关市新华南路 30-6 号
主营业务：彩扩、照相、广告制作；打字复印、摄影器材销售及光盘制作。
从业人员数（人）：6
销售额（万元）：17.6
资产总额（万元）：8

0195 陶然居茶馆

注 册 地：金昌市
主营业务：休闲娱乐
从业人员数（人）：1

销售额（万元）：6
资产总额（万元）：2.5

0196 醉仙居人文酒馆

注 册 地：金昌市
主营业务：酒水娱乐
从业人员数（人）：1
销售额（万元）：9
资产总额（万元）：3

0197 永兴茶社

注 册 地：金昌市
主营业务：棋牌娱乐
从业人员数（人）：2
销售额（万元）：8
资产总额（万元）：10

0198 天水市秦州区森林体验教育中心

注 册 地：天水市
主营业务：引导森林体验教育实践活动；森林体验教育培训工作。
简 　 介：天水市秦州森林体验教育中心分为信息中心和探险通道两部分。森林体验教育中心以"森林，与生命共脉动"为主题，将"认知森林、森林功能、人林和谐"作为展厅的设计主线。一层：立足天水，认知森林，从森林演变历史，现代森林里的动植物着手，普及与"森林"相关的知识，运用现代陈列形式，融入科技艺术手法，将森林知识贯穿其中，探寻森林奥秘。
从业人员数（人）：21
资产总额（万元）：12000

0199 天水市麦积区道北梦幻国度儿童照相馆

注 册 地：天水市麦积区
主营业务：儿童照相、证件照相

从业人员数（人）：2

资产总额（万元）：8

0200 麦积区环宇影视中心

注 册 地：天水市麦积区

主营业务：影视放映（不含网络及录像放映）服务。

从业人员数（人）：3

资产总额（万元）：3.72

0201 麦积区道南龙摄影中心

注 册 地：天水市麦积区

主营业务：摄影服务（国家禁止的除外）；照相器材的销售；婚纱出租。

从业人员数（人）：5

资产总额（万元）：5

0202 麦积区道南艾派摄影店

注 册 地：天水市麦积区

主营业务：摄影服务

从业人员数（人）：5

资产总额（万元）：10

0203 麦积区三岔乡唯美婚纱影楼

注 册 地：天水市麦积区

主营业务：婚纱摄影服务

从业人员数（人）：1

资产总额（万元）：5

0204 麦积区道南阿门金镜头影楼

注 册 地：天水市渭滨工商所

主营业务：照相服务

从业人员数（人）：2

资产总额（万元）：0.4

0205 麦积区中滩镇羲源风情影楼

注 册 地：天水市中滩工商所

主营业务：照相服务

从业人员数（人）：2

资产总额（万元）：0.5

0206 麦积区道南金巴黎婚纱摄影店

注 册 地：天水市麦积区

主营业务：婚纱摄影服务

从业人员数（人）：2

资产总额（万元）：8

0207 马跑泉浪漫新娘婚纱影楼

注 册 地：天水市麦积区

主营业务：摄影服务、婚纱出租

从业人员数（人）：2

资产总额（万元）：7

0208 天水市麦积区巴黎风情婚纱影楼

注 册 地：天水市麦积区

主营业务：照相服务；照相器材零售；彩扩、写真、喷绘、摄像、转刻 VCD 服务。

从业人员数（人）：4

资产总额（万元）：50

0209 甘肃省小陇山林业实验局金龙山省级森林公园

注 册 地：天水市工商行政管理局麦积分局

主营业务：金龙山森林公园区旅游（凭有效许可证经营）。

简　　介：甘肃省小陇山林业实验局金龙山省级森林公园位于麦积区东岔镇大沟村，经营范围为金龙山森林公园区旅游。

0210 麦积区马跑泉镇越翔溜冰场

注 册 地：天水市麦积区

主营业务：旱冰场、台球服务（涉及许可经营的凭有效许可证经营）

从业人员数（人）：1

资产总额（万元）：6

简　　介：麦积区马跑泉镇越翔溜冰场，从业人员1人，经营范围：旱冰场、台球服务（涉及许可经营的凭有效许可证经营）。

0211 天水市麦积区道北私人定制婚礼会馆

注　册　地：天水市麦积区

主营业务：照相、扩印及婚庆服务

从业人员数（人）：3

资产总额（万元）：3

0212 麦积区道南麦积扩印中心

注　册　地：天水市麦积区

主营业务：照相、相片冲印、摄像服务；照相器材、烟、酒的零售。

从业人员数（人）：4

资产总额（万元）：22.8

0213 麦积区龙龙摄影新人世界店

注　册　地：天水市麦积区

主营业务：摄影服务

从业人员数（人）：2

资产总额（万元）：10

0214 麦积区道南唯一视觉婚纱影楼

注　册　地：天水市麦积区

主营业务：摄影服务、婚纱出租

从业人员数（人）：2

资产总额（万元）：8

0215 麦积区渭南春艺摄影部

注　册　地：天水市中滩工商所

主营业务：照相服务

从业人员数（人）：2

资产总额（万元）：0.21

简　　介：麦积区渭南春艺摄影部，位

于麦积区渭南市场，成立于2000年04月09日。

0216 麦积区马跑泉庐峰艺术装饰部

注　册　地：天水市麦积区

主营业务：婚纱摄影，玻璃绘画、工艺美术品、装饰材料、美术字的零售。

从业人员数（人）：3

资产总额（万元）：3

0217 麦积区道南黑光婚纱摄影楼

注　册　地：天水市麦积区

主营业务：婚纱摄影、儿童摄影服务

从业人员数（人）：4

资产总额（万元）：5

0218 麦积区龙鑫摄影部

注　册　地：天水市麦积区

主营业务：照相、摄影服务

从业人员数（人）：2

资产总额（万元）：3

0219 桥南凯歌国际商务会所

注　册　地：天水市麦积区

主营业务：文化休闲娱乐服务

从业人员数（人）：20

销售额（万元）：78

资产总额（万元）：10

0220 麦积区伯阳镇真情数码摄影部

注　册　地：天水市麦积区

主营业务：照相、摄像

从业人员数（人）：3

资产总额（万元）：0.5

0221 天水陇上大花轿婚纱摄影

注　册　地：天水麦积区

主营业务：婚纱出租、化妆、照相服务

从业人员数（人）：4

资产总额（万元）：3

0222 九朝音乐吧

注 册 地：天水市麦积区

主营业务：文化休闲娱乐服务

从业人员数（人）：15

销售额（万元）：300

0223 麦积区道北喜洋洋儿童情景摄影馆

注 册 地：天水市麦积区

主营业务：摄影扩印服务

从业人员数（人）：1

资产总额（万元）：5

0224 麦积区晶晶照相馆

注 册 地：天水市麦积区

主营业务：照相、摄像服务

从业人员数（人）：2

资产总额（万元）：5

0225 麦积区道北小崔完美影像摄影工坊

注 册 地：天水市道北工商所

主营业务：摄影、摄像服务

从业人员数（人）：2

资产总额（万元）：0.52

0226 麦积区甘泉镇喜洋洋婚纱摄影部

注 册 地：天水市麦积区

主营业务：婚纱摄影、礼服出租

从业人员数（人）：2

资产总额（万元）：5

0227 天水市麦积区桥南壹捌玖伍电影公社工作室

注 册 地：天水市麦积区

主营业务：摄像制作服务

从业人员数（人）：3

资产总额（万元）：5

0228 麦积区真爱宝贝摄影部

注 册 地：天水市麦积区

主营业务：摄影服务

从业人员数（人）：2

资产总额（万元）：3.5

0229 麦积区道南喜梦扩印部

注 册 地：天水市道南工商所

主营业务：照片扩印服务

从业人员数（人）：2

资产总额（万元）：1

0230 麦积区社棠天地摄影艺术中心

注 册 地：天水市麦积区

主营业务：摄影、摄像、婚庆服务、摄影作品的展览展示（国家禁止的除外）。

从业人员数（人）：2

资产总额（万元）：7

0231 天水市麦积区甘泉缘爱婚纱摄影婚典

注 册 地：天水市麦积区

主营业务：婚纱摄影服务，婚庆用品、婚庆装饰租赁；（浏阳）B、C、D级烟花爆竹零售。

从业人员数（人）：2

资产总额（万元）：2.8

0232 甘谷县简爱婚纱影楼

注 册 地：天水市甘谷县

主营业务：婚纱摄影

从业人员数（人）：20
销售额（万元）：45
资产总额（万元）：189
简　　介：简爱摄影，源自台湾知名婚纱影楼品牌。经过十五年的成长蜕变，以沉稳的姿态、成熟的经验强势进驻甘谷。从独特的画意摄影风格到专业的服务理念，简爱摄影都成功走在了张掖婚纱摄影的前列。

0233 甘谷县巴黎春天婚纱摄影

注　册　地：天水市甘谷县
主营业务：婚纱摄影
从业人员数（人）：25
销售额（万元）：70
资产总额（万元）：253

0234 甘谷县缘爱婚纱摄影

注　册　地：天水市甘谷县
主营业务：婚纱摄影
从业人员数（人）：20
销售额（万元）：62
资产总额（万元）：240

0235 武山县贵夫人婚纱摄影店

注　册　地：天水市武山县城关镇北滨河路
主营业务：摄影服务
从业人员数（人）：20
销售额（万元）：200
资产总额（万元）：20

0236 武山县台北新娘婚纱影楼

注　册　地：天水市武山县城关镇宁远大道
主营业务：婚纱摄影
从业人员数（人）：10
销售额（万元）：120
资产总额（万元）：60

0237 甘肃省小陇山林业实验局卧牛山森林公园

注　册　地：天水市武山县滩歌镇陈儿峪村
主营业务：旅游服务
从业人员数（人）：30
销售额（万元）：100
资产总额（万元）：50
简　　介：卧牛山森林公园位于小陇山林业实验局滩歌林场境内，距离武山县城35公里，总面积7448公顷，森林垂直分布带明显，风光旖旎，景色诱人，通讯、交通便利。公园自然景观和人文景观异常丰富。有河流3条，溪流16条，挂山瀑布4处，山腰喷泉2处，植物种类2100多种，动物300多种，还有200多种天然药物。景区以"奇峰、喷泉、飞云"为三大奇观，景色秀美，气候宜人，设施齐全，是休闲避暑的绝佳胜地！自然景观以西秦岭森林垂直分布带为依托，依次形成雪峰、草甸、峡谷、幽泉、碧潭、飞瀑、奇峰、怪石等大小景点130多个。尤以太皇山大草原、松椽玉大峡谷、南沟瀑布、妖精潭、七女峰、相思洞、王子登科、天爷山雪峰、南天第一门、八盘山云海日出、瘦驴脊梁峰、干沟冰瀑、冰挂及雨庵奇松、丁香山等景色享誉陇上。人文景观有明清一条街、摩崖石碑、万花寺、牛舌将军庙、滩歌旋鼓等。

0238 武山宁远旅游咨询有限公司

注　册　地：天水市武山县城关镇渭北小区
主营业务：旅游咨询服务
从业人员数（人）：5
销售额（万元）：50
资产总额（万元）：10
简　　介：武山宁远旅游咨询有限公司成立于2009年，是经武山县工商局注册成立的具有独立法人资格的个体公司。公司位于武山渭北小区，主要以旅游咨询、旅游线路设计、旅游客源市场评估、旅游产品营销、团队散客接待等业务为主，现有职工5人，注册资金10万元。近年来，公司立足于武山旅游市场，推陈出新，打造了一批具有武山地域特色的精品旅游产品，向对外展示武山地域风情起到了积极的推动作用，其影响力和业务也逐渐扩展到周边县区。作为武山本土企业，公司以打造、开发武山独有的旅游产品，宣传武山为运营宗旨，将宣传和营销紧密结合，深入拓展武山旅游市场，加强自身品牌建设，现正朝武山旅游业龙头企业迈进。

0239 天乙生态园

注 册 地：武威市凉州区

主营业务：休闲娱乐

从业人员数（人）：136

销售额（万元）：21.6

资产总额（万元）：800

简　　介：天乙生态园位于凉州区武南工业园区、312国道古永高速公路武南收费站东侧，总占地面积160亩。园区定位以生态旅游、餐饮、节水示范为主体，充分体现文化内涵，山、石、水、鸟等特色。目前已建好的景点有占地面积10000平方米以展示南国雨林风情、名贵花木、观赏鱼群、花卉盆景、休闲美食为主的百花园；占地4000平方米以展示珍奇异石的的奇石馆和占地12000平方米以繁育、观赏名犬藏獒为主的藏獒馆。生态园的规划及表现形式以汉代建筑风格为主，入口和大门围墙及园内建筑均用汉代建筑风格的门楼、窗户体现；园区绿化更以突出自然、生态、健康为主旨，用花草、林木营造园区的优美环境，使园区自然生态艺术与休闲娱乐有机结合，小桥、流水、山坡、石峰等景观布局错落有致，体现别样园林风情，形成人、动物、植物和谐统一的综合景

观。现为国家AA级景区。

0240 黄羊河休闲农业旅游区

注 册 地：武威市凉州区

主营业务：休闲农业

从业人员数（人）：1600

销售额（万元）：76.2

资产总额（万元）：267927

简　　介：黄羊河生态观光旅游农业景区是2011年被评为国家AAA级旅游景区。根据它的地理特点及功能作用，划分为七个功能区。即：中心服务区、现代农业展示区、葡萄长廊观光区、黄羊河工业园区、餐饮娱乐区、明、汉长城遗址沙漠旅游区、时令果蔬采摘区。

0241 武威文庙景区

注 册 地：武威市凉州区

主营业务：收藏、展览文物，弘扬民族文化。文物征集、鉴定、登编、修复、保管、展览、复制、文物研究、相关研究，文物宣传。

从业人员数（人）：63

销售额（万元）：91.7

资产总额（万元）：1232.24

简　　介：文庙（武威市博物馆），国家4A级旅游景区，位于甘肃省武威市区东南部，座北向南。始建于明正统二至四年（公元1437年至1439年），南北长198米，东西宽152米，占地面积30000多平方米。武威文庙被誉为"陇右学宫之冠"，由儒学院、孔庙、文昌宫三部分组成。西边为儒学院，仅存忠烈、节孝、范公三祠；中部孔庙以大成殿为中心，前有泮池、状元桥、棂星门，后有尊经阁；东边文昌宫以桂籍殿为中心，前有山门、戏楼、后有崇圣祠。形成了规模宏大、气势雄伟、布局严谨、雍容典雅的古建筑群。武威市博物馆就设在此，现有馆藏

文物 4.5 万余件（套），其中一级文物 168 件（含国宝文物 2 件），二级文物 268 件，三级文物 573 件，是甘肃省第二大历史博物馆。

0242 雷台汉文化博物馆

注 册 地：武威市凉州区

主营业务：收藏、展览文物，弘扬民族文化，丰富人民群众文化生活，汉文化保护展示。收藏、研究、教育开展，雷台汉墓保护与管理，设施维护与刮泥，科普及宣传教育。

从业人员数（人）：75

销售额（万元）：128.3

资产总额（万元）：5862

简　　介：武威雷台景区（雷台汉文化博物馆）位于武威市城区北关中路，是中国旅游标志马踏飞燕的出土地，国家 AAAA 级旅游景区，省级爱国主义教育基地，甘肃省"游客最满意的旅游景区"、甘肃省十二大王牌景区（点）、甘肃省 2013 "十佳旅游景区"。馆内有全国重点文物保护单位雷台汉墓和省级文物保护单位雷台观，主要景点有汉式大门、音乐喷泉、汉代风格大型浮雕、四神图腾柱、整体放大 6 倍的 99 件铜车马仪仗俑阵列、汉墓、雷台观、汉文化展览馆等。武威市雷台汉文化博物馆是一座集考古、收藏、研究、教育于一体的专题博物馆，总占地面积 12.7 万平方米。2009 年雷台汉文化博物馆免费开放后，年接待观众达 35 万人次以上。

0243 神州荒漠野生动物园

注 册 地：武威市凉州区

主营业务：沙漠生态旅游开发

主要产品：野生动物观赏、沙产业展馆、素质拓展训练、游乐服务

从业人员数（人）：51

销售额（万元）：39

资产总额（万元）：740

简　　介：国家林业局甘肃濒危动物保护中心是 1987 年经原国家林业部和甘肃省人民政府批复成立的县级事业单位。2002 年加挂"神州荒漠野生动物园"牌子，2005 年与钱学森沙产业中心实验室合署，主要从事濒危动物保护繁育研究、沙漠生态综合治理等工作。

0244 武威市时尚人像数码影像服务中心

注 册 地：武威市凉州区东大街 50 号

主营业务：摄影、照相、彩扩、摄影器材销售。

从业人员数（人）：8

销售额（万元）：39.8

资产总额（万元）：58.3

简　　介：武威市时尚人像数码影像服务中心是经武威市凉州区工商行政管理局凉州分局于 2006 年 11 月批准成立的个人独资企业，注册资金人民币十万元整。主要从事：摄影、照片制作及加工、彩扩、摄影器材销售、目前，中心拥有专业技术人员 6 人，拥有先进的彩扩设备，拥有专业化，高素质的团队。

0245 沙漠旋风越野基地

注 册 地：武威市凉州区

主营业务：旅游服务

从业人员数（人）：3

销售额（万元）：2

资产总额（万元）：300

简　　介：沙漠旋风越野基地：位于武威阳光生态休闲旅游示范区的长城乡腾格里沙漠腹地，是凉州区招商引资，旋风沙漠越野俱乐部投资开发的沙漠生态治理旅游项目。2006 年初正式投资建设，占地面积五十万平方米。主要开展的主题活动有：动力伞滑翔

活动、滑沙、沙漠野营、汽车拉力赛、摩托车拉力赛、徒步越野赛等旅游活动和沙漠生态治理活动。已与全国多家汽车自驾车俱乐部合作，先后多次组织国内外自驾车爱好者进行汽车沙漠越野比赛，在全省乃至全国产生了很大的影响，现已正式向游人开放，是一个集生态旅游、科普教育、沙漠观光、沙漠探险、休闲娱乐为一体的旅游胜地。

0246 凉州植物园

注　册　地：武威市凉州区

主营业务：公园管理

从业人员数（人）：60

销售额（万元）：150

资产总额（万元）：2173.84

简　　　介：凉州植物园位于武威城区东北隅，东依二环路杨家坝河，南邻复兴路，西接兴胜路，北靠金羊镇新鲜村，是武威城区内最大的一片绿色宝地。凉州植物园原为清朝末年凉州知府陈润生的私人花园，1936 年被国民党骑五军军长马步青扩建为马家花园，解放后，收归公有，在原马家花园的基础上于1956 年改建为国营园艺场，命名为东关园艺场，1997 年，由原市农牧局移交原武威市建委管理，同年东关园艺场更名为东关花园筹建处，2007 年 7 月正式定名为凉州植物园。凉州植物园总占地面积 977 亩，其中南园面积约 670.9 亩北园面积 306.1 亩，植被覆盖率达 70% 左右。现已向游客开放区域约 300亩（可供万余名游客在园内休闲、纳凉、游览、餐饮等）。

0247 海藏公园

注　册　地：武威市凉州区

主营业务：公园管理

从业人员数（人）：65

销售额（万元）：82.3

资产总额（万元）：256.25

简　　　介：海藏公园位于城西北 2.5 公里处，总面积 600 多亩，北邻海藏寺，南至尹夫人台，海藏河贯穿园内，自南缓缓北流，蜿蜒而下。公园建筑座落在海藏河西侧，因与古刹海藏寺于一体而得名。海藏公园始建于 1983 年12 月，现分为南北两湖。南湖占地 498 亩，于 1995 年 11 月开始开发，目前以大片林木和天然草坪等原始地貌为主。北湖占地 104亩，其中人工湖面 42 亩。以一条引路为界，纵贯湖心，将湖面分为东西两湖，东曰广泽，西曰消夏。引路设玉帝桥两座，串东西湖为一水。湖中现有岛屿 6 处（清源岛、观景岛、夕阳岛、玉波岛、东大岛、湖心小岛），还有亭榭 5 处（滨湖亭、清源亭、玉波亭、水榭亭、泄水亭），湖水绕岛而行，迂回曲折。隆冬之际，东湖冰结盈尺，可滑冰嬉戏；西湖波光粼粼，能泛舟垂钓，颇具四季风韵，堪称一大奇观。

0248 磨嘴子神泉山庄

注　册　地：武威市凉州区

主营业务：鳟鱼养殖

从业人员数（人）：10

销售额（万元）：15

资产总额（万元）：210

简　　　介：磨嘴子神泉山庄位于武威市凉州区古城镇小河村十组，距武威城区 18 公里，总面积 58 亩。这里地处祁连山东部山川滩地交汇地带，毗邻省级重点文物保护单位磨嘴子汉墓群、出土西夏珍贵文物的亥母洞及宋代爱国名将杨家将杨满堂征西营寨遗址等。这里气候适宜，道路便利，荒山滩地广阔，自然条件独特优越，尤其是水资源十分丰富。日流量 400 多立方米的天然矿泉水、人间奇葩——神泉，水流汩汩，自然天成，泉水常年不竭，且冬季不结冰。山庄隶属于武威市利昇农林渔有限责任公司，现已成为集养殖、垂钓、餐饮、观光、休闲、度假、娱乐和文化传承为格局的理想旅游胜地。

0249 亥母洞

注　册　地：武威市凉州区

主营业务：宗教

从业人员数（人）：2

销售额（万元）：1

资产总额（万元）：100

简　　介：武威（古称凉州）是丝绸之路重镇，亦是藏传佛教空行母圣地。位于武威市城南十五公里处的新花乡、缠山村金刚亥母洞，山形似弥勒佛自身像，从头到脚的距离需不行半天，亥母洞处弥勒自生像的头朝南，面向东，远处眺望可清晰看到右侧卧的佛像。

0250 武威莲花山

注　册　地：武威市凉州区

从业人员数（人）：2

销售额（万元）：0.1,

资产总额（万元）：200

0251 古浪县战役纪念馆

注　册　地：武威市古浪县

主营业务：旅游

从业人员数（人）：6

资产总额（万元）：129

0252 马路滩沙漠生态旅游区

注　册　地：甘肃省旅游局

从业人员数（人）：51

资产总额（万元）：3200

0253 古浪县朝阳文化产业发展有限公司

注　册　地：武威市古浪县

主营业务：体育健身训练，文化艺术培训

从业人员数（人）：27

资产总额（万元）：153.6

简　　介：古浪县朝阳文化体育产业发展有限公司简介古浪县朝阳文化体育产业发展有限公司，位于古浪县城步行街南口，建筑面积3600平方米，现有员工27名，教练13名。该公司文化体育产业发展项目基础工程于2014年2月启动建设2014年5月完成第一期工程并运行使用。2014年6月正式启动运营白兰朵国标舞艺术训练、朝阳体适能训练、朝阳文化艺术培训、朝阳桌球、朝阳氧吧等文化产业项目体育运动。

0254 民勤县启元文化旅游商贸有限公司

注　册　地：武威市民勤县

主营业务：歌舞厅娱乐活动，餐馆服务

从业人员数（人）：18

销售额（万元）：120

资产总额（万元）：1200

0255 民勤县经典龙摄影楼

注　册　地：武威市民勤县东大街4号

主营业务：摄影及扩印服务

从业人员数（人）：16

销售额（万元）：12

资产总额（万元）：30

0256 民勤县民影照相馆

注　册　地：武威市民勤县城北大街

主营业务：摄影、摄像服务、照相器材零售

从业人员数（人）：4

销售额（万元）：2

资产总额（万元）：20

简　　介：民勤县民影照相馆简介民勤县民影照相馆原名民勤照相馆，至今已 50 余年，系照相行业最早的老字号照相馆，也是最早的个体工商户。该照相馆字成立以来以高效、优质、价廉的服务态度赢得了民勤四街八巷群众的好评，现有资产 20 万元，从业人员 4 人，其中技术人员 3 人。照相馆多年来有力地推动了地方摄影业的发展，并且深受广大客户的信赖。

0257　山丹县花都生态园中心

注　册　地：张掖市山丹县工商局

主营业务：餐饮，附设卡拉 ok 点歌系统

从业人员数（人）：4

销售额（万元）：10

资产总额（万元）：20

简　　介：山丹县花都生态园中心位于山丹县南湖公园北门附近。该场所设立于 2013 年 2 月，占地面积 300 ㎡，投资 40 万元，设有点歌系统的包厢 10 个，是一家以餐饮娱乐为一体的经营场所，附设有卡拉 ok 点歌系统。法人代表花锦钟。

0258　民乐县扁都口文化体育娱乐开发有限公司

注　册　地：张掖市民乐县南丰乡永丰村

主营业务：滑雪场项目的筹建（筹建期间不得开展生产经营活动）。

从业人员数（人）：5

销售额（万元）：100

资产总额（万元）：1600

简　　介：民乐县扁都口文化体育娱乐开发有限公司成立于 2012 年 3 月 30 日，投资 1600 万元，是目前国内最具专业的冰雪娱乐、水上乐园项目规划设计建设技术领先的滑雪场之一，是甘肃省内配套齐全的第 3 家高山

国际滑雪场，占地 32 万平方米，有 2000 平方米的多功能大厅，包括电子游戏区、祁连温泉区、民族演艺区、雪具区、更衣区、客房部。雪道长达 700 米，包括初高级雪道、雪圈道、雪地摩托车道。

0259　高台县东风婚纱摄影

注　册　地：张掖市高台县

主营业务：摄影扩印服务

从业人员数（人）：6

销售额（万元）：83.6

资产总额（万元）：213.6

简　　介：高台县东风婚纱摄影位于高台县城关镇人民东路，法定代表人张引怀，企业主要从事摄影扩印服务，全部从业人员平均人数为 6 人，联系电话 18693610218。

0260　高台县新天地婚纱摄影

注　册　地：张掖市高台县

主营业务：婚纱摄影服务

从业人员数（人）：12

销售额（万元）：327.3

资产总额（万元）：967.2

0261　高台县黎山绿园现代化农庄有限公司

注　册　地：张掖市高台县

主营业务：旅游观光服务

从业人员数（人）：30

销售额（万元）：154.6

资产总额（万元）：860

简　　介：高台县黎山绿园现代化农庄有限公司位于高台县合黎镇六二村，法定代表人刘兴专，企业主要从事观光旅游服务。

0262　高台县经典龙婚纱摄影

注　册　地：张掖市高台县

主营业务：婚纱摄影服务

从业人员数（人）：10

销售额（万元）：136.4

资产总额（万元）：971.5

0263 高台县巴黎春天婚纱摄影名店

注 册 地：张掖市高台县

主营业务：婚纱摄影服务

从业人员数（人）：6

销售额（万元）：92

资产总额（万元）：890

0264 高台县大湖湾文化旅游发展有限公司

注 册 地：张掖市高台县

主营业务：水产养殖、农业灌溉、旅游度假、休闲娱乐。

从业人员数（人）：38

销售额（万元）：312.6

资产总额（万元）：2156

简　　介：大湖湾文化旅游风景区主要由水面湖区、湿地公园和台子寺风景区三部分组成，景区面积2.6万亩，其中水域面积7500亩，是一处集水产养殖、农业灌溉、旅游度假、休闲娱乐为一体的自然湿地景区。2006年被评为国家"AAA"级旅游风景区，今年已申报创建"AAAA"级景区。

0265 高台县月牙湖公园

注 册 地：张掖市高台县

主营业务：旅游服务

从业人员数（人）：13

销售额（万元）：4.2

资产总额（万元）：1780

简　　介：湖光山色，小桥流水，风景秀丽，曲径道幽，月牙湖公园是全县人民休闲娱乐的好场所。

0266 天益婚纱影楼

注 册 地：张掖市高台县

主营业务：婚纱摄影服务

从业人员数（人）：2

销售额（万元）：52.3

资产总额（万元）：287.6

简　　介：高台县天益婚纱影楼位于高台县城关镇人民东路，法定代表人为曲建波，主要从事婚纱摄影服务，全部从业人员平均人数为3人。

0267 高台县金蒙娜丽莎婚纱摄影店

注 册 地：张掖市高台县

主营业务：婚纱摄影服务

从业人员数（人）：14

销售额（万元）：98

资产总额（万元）：723.5

0268 高台县多媒体演示厅

注 册 地：张掖市高台县

主营业务：网络服务活动

从业人员数（人）：2

销售额（万元）：23.1

资产总额（万元）：123

0269 高台县维纳斯至尊婚纱摄影会馆

注 册 地：张掖市高台县

主营业务：婚纱摄影服务

从业人员数（人）：6

销售额（万元）：112.3

资产总额（万元）：826.3

0270 白银喜聚派对汇文化娱乐有限公司

注 册 地：白银区

主营业务：歌舞娱乐

从业人员数（人）：24

销售额（万元）：122.9

资产总额（万元）：299.5

0271 白银黄湾多好旅游资源开发有限责任公司

注 册 地：白银市平川区工商行政管理局

主营业务：旅游景区开发和管理服务

从业人员数（人）：8

销售额（万元）：36

资产总额（万元）：50

0272 白银市平川区鑫晖金色童年文化传媒部

注 册 地：白银市平川区工商行政管理局

主营业务：摄影

从业人员数（人）：8

销售额（万元）：45

资产总额（万元）：60

0273 白银华美商贸有限公司

注 册 地：白银市工商行政管理局

主营业务：摄影扩印

从业人员数（人）：15

销售额（万元）：56

资产总额（万元）：80

简　　介：华美商贸有限责任公司成立于2005 年 5 月，位于白银市平川区大桥路 17 号，注册资本 50 万元。自成立以来，公司以人为本，以服务为基本点，从事人像摄影、摄影器材零售、扩印照片为一体。尤其婚纱摄影在本地域受到新人的认可欢迎。

0274 会宁驮营金源文化服务中心

注 册 地：白银市会宁县郭城驿镇新堡子北大街

主营业务：专门从事民间红白喜事婚庆礼仪，大型文艺演出，开业庆典，老人过寿，小孩满月等业务。

从业人员数（人）：6

销售额（万元）：10

资产总额（万元）：60

简　　介：会宁驮营金源文化服务中心于2014 年 3 月 20 日正式挂牌成立，专门从事民间红白喜事婚庆礼仪，大型文艺演出，开业庆典，老人过寿，小孩满月等业务。

0275 会宁县嘉韵秦腔文化传播有限责任公司

注 册 地：白银市会宁县工商行政局

主营业务：综合文艺表演（凭有效许可证经营）。

从业人员数（人）：45

销售额（万元）：100

资产总额（万元）：300

简　　介：会宁县嘉韵秦腔文化传播有限公司是会宁县唯一一家大型的演艺公司，于2012 年 5 月份正式挂牌。每年组织下乡演出300 多场次，完成演出收入 110 万元，取得了良好的社会效益和经济效益。

0276 甘肃康之源蒙古风情文化旅游生态有限责任公司

注 册 地：白银市会宁县工商行政局

主营业务：风情文化信息宣传、文化遗产保护、展览、旅游观光、休闲娱乐；农林生态开发及种植、栽培、销售（凭有效许可证经营）。

从业人员数（人）：10

资产总额（万元）：1000

简　　介：甘肃康之源蒙古风情文化旅游生态有限责任公司成立于 2014. 年 7 月。注册资金壹仟万元。公司利用当地自然环境和人文环境，以郭城驿镇蒙古民族风情文化旅游为主线。打造昂空文化体验区，北坡牧草牧场区，旱沟湿地保护区，黑虎民居民俗提升区，农耕文化体验区等六大局域。创建以蒙古民族风情生态文化为核心的文化旅游胜地，为振兴当地文化旅游产业发展支持龙头带动作用。

0277 会宁县新声文化传媒演艺团

注 册 地：白银市会宁县工商行政局

主营业务：秦腔、歌舞、文艺演出、剧目制作、节目录制、广告设计（凭有限许可证经营）。

从业人员数（人）：39

销售额（万元）：7

资产总额（万元）：200

0278 靖远新龙摄影婚纱会馆

注 册 地：白银市靖远县乌兰镇钟鼓楼东侧

主营业务：婚纱摄影、婚庆服务、照相及彩色扩印服务等。

从业人员数（人）：5

销售额（万元）：5

资产总额（万元）：8

0279 靖远生生照相馆

注 册 地：白银市靖远县乌兰镇东大街

主营业务：婚纱摄影、婚庆服务、照相及彩色扩印服务等。

从业人员数（人）：1

销售额（万元）：2.5

资产总额（万元）：5

0280 靖远蒙娜丽莎婚纱摄影部

注 册 地：白银市靖远县工商行政管理局

主营业务：摄影扩印服务及照相器材批发零售

主要产品：婚纱摄影

从业人员数（人）：10

销售额（万元）：5

资产总额（万元）：20

简 介：靖远蒙娜丽莎婚纱摄影部成立

于 2006 年，位于靖远县南大街，主要从事摄影扩印服务及照相器材批发零售，现有从业人员 10 人。我们的专业水平，对时尚的敏锐触觉，以及对艺术的鉴赏能力，保证引领最新的理念，抓住潮流脉搏。对蒙娜丽莎摄影来讲，您的满意是唯一标准，在对您的服务中，我们将提供一对一的 VIP 精致服务，为每一对新人提供量身定做、独一无二的拍摄方案，在共同分享着一对对新人的愉悦的同时，透过我们镜头，把个性、自然、生动的瞬间变成您一张张此生难忘的记忆。

0281 靖远县龙凤婚纱影楼

注 册 地：白银市靖远县商业步行街 2-2-129 号

主营业务：摄影扩印、礼服出租服务

从业人员数（人）：8

销售额（万元）：12

资产总额（万元）：30

0282 靖远巴黎经典婚纱摄影楼

注 册 地：白银市靖远县商业步行街 6-3-23、24 号

主营业务：摄影扩印服务及照相器材零售

从业人员数（人）：2

销售额（万元）：5

资产总额（万元）：8

0283 靖远宝贝精灵儿童摄影城

注 册 地：白银市靖远县工商行政管理局

主营业务：摄影扩印服务及摄影器材批发

从业人员数（人）：3

销售额（万元）：1

资产总额（万元）：6

简 介：靖远宝贝精灵儿童摄影城自 2010 年成立以来，一直致力于为 0-12 岁宝宝提供专业摄影服务，不断寻求创新，成为儿童

数码摄影、专业儿童特色相册制作、儿童摄影技术创新为一体的综合性儿童摄影机构。有专业的百天影棚，儿童摄影棚不分春夏秋冬摄影棚温度适中。以精致、全面、个性化的服务为顾客提供满意的摄影作品。

0284 靖远县艺海照相馆

注 册 地：白银市靖远县工商行政管理局

主营业务：彩扩摄影服务

从业人员数（人）：5

销售额（万元）：5

资产总额（万元）：15

0285 景泰平贵旅游发展有限公司

注 册 地：白银市景泰县工商行政管理局

主营业务：旅游项目计划、开发、建设、旅游咨询、服务（国家限制经营的项目除外）。

从业人员数（人）：28

销售额（万元）：800

资产总额（万元）：3907

简　　介：景泰平贵旅游发展有限公司简介景泰平贵旅游发展有限公司于 2010 年 6 月成立。公司制定了完善的内部财务控制办法和黄河石林旅游索道的各项规章制度。为进一步开发景泰黄河石林旅游资源，提升旅游品位，公司将全面引进国内外先进的旅游景区管理模式，创新管理观念，采用科学的管理手段，努力管理好已开发的项目，配合景区管委会做好各项旅游工作。

0286 景泰县神农旅游服务有限责任公司

注 册 地：白银市景泰县

主营业务：平流水域水上客游服务；旅游服务咨询；谷物、豆类、薯类、瓜果、蔬菜、油类、坚果种植销售；初级农产品加工销售。

从业人员数（人）：14

销售额（万元）：70

资产总额（万元）：300

简　　介：简介景泰县神农旅游服务有限责任公司成立于 2012 年，设经营、安检员、财务。主经营在景泰县黄河石林平流水域从事水上客游服务。已有船只五艘、单次载客 160 人。

0287 泾川县太平乡唯美摄影部

注 册 地：平凉市泾川县工商局南塬分局

主营业务：照像、摄影、刻碟。

从业人员数（人）：1

销售额（万元）：2

资产总额（万元）：3

0288 泾川县高平镇幸福新娘婚纱摄影室

注 册 地：平凉市泾川县高平镇街道

主营业务：摄影、摄像、扩印、光碟制作、婚庆礼仪。

从业人员数（人）：1

销售额（万元）：3

资产总额（万元）：5

0289 泾川县世纪新娘婚纱影楼

注 册 地：平凉市泾川县工商行政管理局城关放假吗

主营业务：摄影服务

从业人员数（人）：2

资产总额（万元）：4

0290 泾川县神州数码图文工作室

注 册 地：平凉市泾川县工商行政管理局城关分局

主营业务：数码摄像、照相；数码产品及电脑耗材销售。

从业人员数（人）：1

资产总额（万元）：3

0291 泾川县田家沟生态资源综合开发有限责任公司

注 册 地：平凉市泾川县城关镇东庵村田家沟

主营业务：游览景区管理；种植、养殖；水利水保工程设计、施工；水土资源开发、利用；旅游纪念品零售。

0292 泾川县海鸥数码婚纱影楼

注 册 地：平凉市泾川县工商行政管理局城关分局

主营业务：照像、扩印、冲洗、照像器材零售

从业人员数（人）：2

资产总额（万元）：15

0293 泾川县蒙娜丽莎婚纱影楼

注 册 地：平凉市泾川县工商行政管理局城关分局

主营业务：摄影、摄像

从业人员数（人）：2

销售额（万元）：1

资产总额（万元）：10

0294 泾川县圆梦照相馆

注 册 地：平凉市泾川县工商局南塬分局

主营业务：照相、摄像

从业人员数（人）：1

销售额（万元）：2

资产总额（万元）：3

0295 泾川县金夫人婚纱摄影部

注 册 地：甘肃省泾川县工商行政管理局城关分局

主营业务：摄影服务

从业人员数（人）：1

资产总额（万元）：10

0296 泾川县鼎韵文化艺术传播有限责任公司

注 册 地：平凉市泾川县南大街影剧院

主营业务：文化艺术培训、文艺演出、礼仪庆典、艺术品挖掘整理批发零售。

0297 泾川县荔堡镇天生缘照像馆

注 册 地：平凉市泾川县荔堡工商所

主营业务：照像、摄像、婚庆服务

从业人员数（人）：1

销售额（万元）：1

资产总额（万元）：2

0298 泾川县黄金海岸婚纱摄影部

注 册 地：平凉市泾川县工商行政管理局城关分局

主营业务：照相、摄像服务

从业人员数（人）：4

资产总额（万元）：15

0299 泾川县新新娘婚纱摄影有限责任公司

注 册 地：平凉市泾川县北新街

主营业务：婚纱、艺术、其他摄影；数码照相扩印、电脑加工图片、照片翻制、放大、婚庆服务。

0300 泾川县茶麻古道休闲吧

注 册 地：平凉市泾川县西环路城关镇

主营业务：茶、啤酒、饮料、咖啡、棋牌服务

0301 泾川县新新娘婚纱摄影丰台店

注 册 地：平凉市泾川县丰台乡街道

主营业务：摄影服务

从业人员数（人）：1

销售额（万元）：20

资产总额（万元）：5

0302 泾川县玉都镇天马照相馆

注　册　地：平凉市泾川县工商局玉都工商所

主营业务：照相、摄像服务

资产总额（万元）：4

0303 泾川县高平镇曹师高雅相馆

注　册　地：平凉市泾川县工商局南塬分局

主营业务：照相、摄像

从业人员数（人）：2

销售额（万元）：5

资产总额（万元）：6

0304 泾川县西王母浴苑游泳馆

注　册　地：平凉市泾川县温泉开发区

主营业务：游泳

0305 泾川县鑫兰照相馆

注　册　地：平凉市泾川县工商行政管理局

主营业务：照相

从业人员数（人）：1

资产总额（万元）：3

0306 泾川县映画影像工作室

注　册　地：平凉市泾川县工商行政管理局城关分局

主营业务：摄影、照相；电脑、安防监控设备、网络耗材、手机配件销售；电脑维修。

从业人员数（人）：2

资产总额（万元）：8

0307 泾川县现代经典婚纱影楼

注　册　地：平凉市泾川县工商行政管理局城关分局

主营业务：摄影、摄像。

从业人员数（人）：3

资产总额（万元）：5

0308 崇信县影剧院

注　册　地：平凉市崇信县崇信县影剧院

主营业务：电影放映，承接文化演出

从业人员数（人）：4

销售额（万元）：30

资产总额（万元）：600

简　　　介：新影剧院成立于 2008 年元月，剧院长 60 米，宽 21.6 米，高 13.65 米，建筑面积 1979.55 平方米，可容纳观众 588 人。该工程由平凉设计院规划设计，泾川永安建筑公司第九分公司承建。08 年底投入使用，内外装修舒适，座椅，音响，灯光及放映设备齐全，是县城承接大型文化演出重要场地。

0309 新新娘数码婚纱摄影

注　册　地：平凉市崇信县青年路

主营业务：证件照片、婚纱摄影、相机、器材附件销售。

从业人员数（人）：6

销售额（万元）：10

资产总额（万元）：30

0310 百合人像馆

注　册　地：平凉市崇信县团结路

主营业务：艺术、婚纱摄影、人像写真、彩色放大、黑白照相、数码快照、证件翻拍、冷裱过塑、外出拍照、婚纱礼服、电子相册、照相器材。

从业人员数（人）：2

销售额（万元）：5

资产总额（万元）：3

简　　　介：百合人像馆，在县城团结路繁华地段，交通便利，服务热情周到，能为顾客提供高质量的艺术、婚纱摄影，人像写真，彩色照片放大，黑白照相，数码快照，证件翻拍，冷裱过塑，外出拍照摄影，婚纱礼服出租，电子相册制作，照相器材零售等业务。

0311 新天地影楼
注 册 地：平凉市崇信县团结西路
主营业务：证件照片、婚纱摄影
从业人员数（人）：1
销售额（万元）：2
资产总额（万元）：1

0312 创艺印务
注 册 地：平凉市崇信县新西街
主营业务：胶印彩印、广告条幅、喷绘写真、打字复印、胸卡证件、电脑刻绘、书刊杂志、宣传材料、丝网印刷、装订资料、门头制作、表格票据。
从业人员数（人）：2
销售额（万元）：10
资产总额（万元）：7

0313 华亭县亲密爱人影楼
注 册 地：平凉市华亭县
主营业务：婚纱摄影
从业人员数（人）：10
销售额（万元）：23
资产总额（万元）：15

0314 华亭县水若轩茶艺休闲会所
注 册 地：平凉市华亭县西大街世纪嘉园
主营业务：茶艺娱乐
从业人员数（人）：10
销售额（万元）：13
资产总额（万元）：30

0315 华亭县Ａ柒咖啡厅
注 册 地：平凉市华亭县华都宾馆一楼
主营业务：简餐加工销售兼咖啡茶饮服务
从业人员数（人）：10

销售额（万元）：12
资产总额（万元）：10

0316 华亭县睿缘咖啡馆
注 册 地：平凉市华亭县南大街33号
主营业务：简餐、咖啡、饮品加工销售
从业人员数（人）：12
销售额（万元）：17
资产总额（万元）：100

0317 华亭县君悦茶艺休闲会所
注 册 地：平凉市华亭县西大街26号
主营业务：简餐、奶茶、茶艺、棋牌娱乐服务
从业人员数（人）：20
销售额（万元）：20
资产总额（万元）：30

0318 华亭县华粮聚丰实业有限责任公司
注 册 地：平凉市华亭县华庄路
主营业务：餐饮、住宿、歌舞娱乐、卷烟、酒、茶座、火锅、足浴、日用品销售。
从业人员数（人）：20
销售额（万元）：15
资产总额（万元）：50

0319 华亭县金梦达数码摄影有限责任公司
注 册 地：平凉市华亭县
主营业务：婚纱摄影
从业人员数（人）：12
销售额（万元）：42
资产总额（万元）：20

0320 西峰区梦缘摄影部
注 册 地：庆阳市西峰分局
主营业务：照相

从业人员数（人）：5

销售额（万元）：12

资产总额（万元）：8

0321　西峰区人之初专业儿童摄影

注　册　地：庆阳市西峰分局

主营业务：照相摄影

从业人员数（人）：6

销售额（万元）：24

资产总额（万元）：30

0322　西峰区张丽娟人像摄影部

注　册　地：庆阳市西峰分局

主营业务：照相

从业人员数（人）：2

销售额（万元）：8

资产总额（万元）：10

0323　西峰区艺豪摄影部

注　册　地：庆阳市西峰分局

主营业务：照相

从业人员数（人）：2

销售额（万元）：16

资产总额（万元）：10

0324　芮正乾照相馆

注　册　地：庆阳市西峰区肖金镇南街

主营业务：照相服务

从业人员数（人）：1

销售额（万元）：9

资产总额（万元）：5

0325　徐海聪照相馆

注　册　地：庆阳市西峰区肖金镇南街

主营业务：照相、摄像服务

从业人员数（人）：3

销售额（万元）：7

资产总额（万元）：4

0326　西峰区玛奇朵儿童写真摄影部

注　册　地：庆阳市西峰区圣鼎步行街

主营业务：摄影服务

从业人员数（人）：1

销售额（万元）：12

资产总额（万元）：7

0327　西峰区浓情婚纱摄影部

注　册　地：庆阳市北大街

主营业务：婚纱摄影

从业人员数（人）：2

销售额（万元）：1

资产总额（万元）：3

0328　庆阳市西峰区蒙娜丽莎婚纱摄影

注　册　地：庆阳市北大街

主营业务：婚纱摄影服务

从业人员数（人）：10

销售额（万元）：20

资产总额（万元）：50

0329　西峰区圆梦摄影部

注　册　地：庆阳市北部商城

主营业务：摄影

从业人员数（人）：1

销售额（万元）：1

资产总额（万元）：5

0330　庆阳市西峰区兰峰照像馆

注　册　地：庆阳市解放西路

主营业务：照像服务

从业人员数（人）：2

销售额（万元）：1

资产总额（万元）：3

0331 庆阳市西峰区孙杰摄影室

注 册 地：庆阳市北大街佰通食府

主营业务：照像

从业人员数（人）：2

销售额（万元）：4

资产总额（万元）：10

0332 高翔照相馆

注 册 地：庆阳市西峰区肖金镇东街

主营业务：照相服务

从业人员数（人）：2

销售额（万元）：7

资产总额（万元）：4

0333 庆阳市时尚纽约婚纱摄影有限公司

注 册 地：庆阳市北大街60号

主营业务：婚纱摄影、婚纱礼服出租、礼仪庆典服务、照片扩印、化妆品销售；广告设计、制作、代理发布。

从业人员数（人）：21

销售额（万元）：80

资产总额（万元）：300

0334 西峰区巴黎最爱摄影

注 册 地：庆阳市西峰区什社乡

主营业务：摄影服务

从业人员数（人）：2

销售额（万元）：1

资产总额（万元）：10

0335 庆阳市西峰区枫照相馆

注 册 地：庆阳市西峰区安定西路

主营业务：照相摄影服务

从业人员数（人）：1

销售额（万元）：10

资产总额（万元）：5

0336 徐海瑾照相馆

注 册 地：庆阳市西峰区肖金东街

主营业务：照相服务

从业人员数（人）：2

销售额（万元）：8

资产总额（万元）：5

0337 西峰区福缘婚纱影楼

注 册 地：庆阳市西峰区什社乡

主营业务：摄影服务

从业人员数（人）：2

销售额（万元）：1

资产总额（万元）：10

0338 正宁县调令关森林旅游服务有限公司

注 册 地：庆阳市正宁县中湾林场

主营业务：餐饮、住宿、酒、预包装、散装食品零售。日用品、工艺品的零售，森林旅游、林产品加工，停车。

从业人员数（人）：48

销售额（万元）：120

资产总额（万元）：64

0339 华池县饮食有限责任公司东方红照相馆

注 册 地：庆阳市华池县中心商城

主营业务：照相、冲洗服务，材料零售

从业人员数（人）：2

销售额（万元）：42

资产总额（万元）：50

0340 华池县昱昊摄影部

注 册 地：庆阳市华池县城教育路

主营业务：摄影、图片制作服务

从业人员数（人）：1

销售额（万元）：3

资产总额（万元）：4

0341 华池县春暖人间摄影部

注 册 地：庆阳市华池县益盛商场二楼

主营业务：摄影、图片制作服务；摄影器材销售。

从业人员数（人）：3

销售额（万元）：7

资产总额（万元）：5

0342 华池县悦乐镇开心数码照像馆

注 册 地：庆阳市华池县悦乐镇南街

主营业务：照像服务

从业人员数（人）：1

销售额（万元）：4

资产总额（万元）：4

0343 华池县同心缘婚纱摄影部

注 册 地：庆阳市华池县南梁乡街道

主营业务：照相、摄像服务

从业人员数（人）：2

销售额（万元）：5

资产总额（万元）：4

0344 合水县浪漫经典婚纱影楼

注 册 地：庆阳市合水县工商局

主营业务：照相服务

从业人员数（人）：2

销售额（万元）：5

资产总额（万元）：10

0345 合水县喜盈门照相馆

注 册 地：庆阳市合水县工商局

主营业务：照相服务

从业人员数（人）：1

销售额（万元）：3

资产总额（万元）：6

0346 合水县肖咀乡贵夫人影楼

注 册 地：庆阳市合水县工商局

主营业务：照相、摄像服务

从业人员数（人）：1

销售额（万元）：5

资产总额（万元）：6

0347 合水县钟爱一生婚纱摄影部

注 册 地：庆阳市合水县工商局

主营业务：照相服务

从业人员数（人）：2

销售额（万元）：7

资产总额（万元）：18

0348 合水县薇薇新娘婚纱摄影店

注 册 地：庆阳市合水县工商局

主营业务：照相服务

从业人员数（人）：3

销售额（万元）：6

资产总额（万元）：10

0349 合水县蒙娜丽莎婚纱影楼

注 册 地：庆阳市合水县工商局

主营业务：照相服务

从业人员数（人）：4

销售额（万元）：8

资产总额（万元）：15

0350 宁县蟠溪生态旅游服务有限公司

注 册 地：庆阳市宁县春荣乡王台村

主营业务：生态旅游景观开发建设、园林艺术、民俗演艺、茶艺、餐饮住宿、养生泳馆、水产家禽养殖、垂钓。

从业人员数（人）：23

销售额（万元）：600

资产总额（万元）：1000

简　　介：宁县蟠溪生态旅游服务有限公司位于宁县春荣乡王台村，公司以小城镇化建设为契机，以保护生态环境为前提，以统筹人与自然和谐为准则，以良好的自然生态环境和独特的人文生态系统为依托，利用政策上的优惠，积极抢占开发项目。公司毗邻宁县县城，交通便利，这里是河、山、林、田、村一体化的旅游处女地，自然景观独特，气候宜人，历史文化底蕴丰厚，是人们寻觅已久的生态休闲最佳去处，该公司已经获得生态旅游景观开发建设、园林艺术、民俗演艺、茶艺、餐饮住宿、养生泳馆、水产家禽养殖、垂钓等20多个项目。

0351　宁县浩星摄影农民专业合作社

注 册 地：庆阳市宁县春荣乡街道

主营业务：摄影服务、书画装裱

从业人员数（人）：8

销售额（万元）：65

资产总额（万元）：50

简　　介：宁县浩星摄影农民专业合作社位于宁县春荣乡街道，成立于2010年7月。主要经营婚纱照、艺术照、儿童照、工作照、团体照、全家福照、生日照、生活照及各种庆典活动的摄影摄像、影像编辑、书画装裱等业务。

0352　宁县曼谷风情照相馆

注 册 地：庆阳市宁县早胜街

主营业务：照相

从业人员数（人）：2

销售额（万元）：10

资产总额（万元）：20

0353　宁县老虎沟文化旅游有限公司

注 册 地：庆阳市宁县新庄镇下肖村

主营业务：旅游景观开发建设、园林艺术、水产、家禽养殖销售、垂钓服务、土特产销售、民俗文化演艺。

从业人员数（人）：25

销售额（万元）：500

资产总额（万元）：1000

0354　宁县杜丽锋摄影部

注 册 地：庆阳市宁县九岘乡街道

主营业务：照相服务

从业人员数（人）：1

销售额（万元）：5

资产总额（万元）：3

0355　环县兴艺秦剧团

注 册 地：庆阳市环县环城镇十八里村

主营业务：戏剧演出服务（凭许可证许可的范围及有效期经营）。

从业人员数（人）：26

销售额（万元）：120

资产总额（万元）：50

0356　环县星怡堂文化传媒有限公司

注 册 地：庆阳市环县县城西滩开发区

主营业务：歌舞、文艺演出（凭许可证经营），庆典活动服务，舞台LED灯光及显示屏的制作、安装，文艺演出策划、设计，舞台设备租赁。

从业人员数（人）：12

销售额（万元）：400

资产总额（万元）：880

0357　环县夜明珠道情皮影传播有限公司

注 册 地：庆阳市环县县城北关

主营业务：皮影销售、演出

从业人员数（人）：15

销售额（万元）：160

资产总额（万元）：600

0358 环县艺龙道情皮影演出有限公司

注 册 地：庆阳市环县环城镇中街 55 号

主营业务：道情皮影戏剧演出（凭许可证有效期经营）、皮影工艺品制作与销售。

从业人员数（人）：12

销售额（万元）：120

资产总额（万元）：20

简 介：环县艺龙道情皮影演出有限公司注册于 2012 年 12 月 6 日，属有限责任公司（国有独资），法人李城忠。

0359 环县北地民俗文化产业有限责任公司

注 册 地：庆阳市环县县城广场路 72 号

主营业务：文艺表演及文艺晚会策划，庆典礼仪、婚庆司仪服务；工艺美术品收藏、销售，专业舞台设计、安装与灯光音响租赁，香包、刺绣、剪纸制作、销售。

从业人员数（人）：9

销售额（万元）：160

资产总额（万元）：100

简 介：环县北地民俗文化产业有限责任公司注册于 2013 年 3 月 28 日，属有限责任公司（自然人独资），法人王玲。

0360 定西市光与影数码图形制作有限责任公司

注 册 地：定西市工商行政管理局安定分局

主营业务：数码冲印彩扩、专业婚纱摄影、儿童艺术快照，影像制作。

从业人员数（人）：6

销售额（万元）：38.8

资产总额（万元）：49

0361 定西市乐凯摄影冲印中心

注 册 地：定西市工商行政管理局

主营业务：摄影、彩扩

从业人员数（人）：8

销售额（万元）：48.5

资产总额（万元）：138

0362 定西市宏运照摄像科技开发有限公司

注 册 地：定西市工商行政管理局安定分局

主营业务：摄影、扩印

从业人员数（人）：3

销售额（万元）：29.5

资产总额（万元）：153

0363 通渭县何把式皮影戏演艺有限公司

注 册 地：定西市通渭县

主营业务：皮影戏的创作与表演

从业人员数（人）：2

销售额（万元）：1

资产总额（万元）：6

0364 通渭县群英演艺有限公司

注 册 地：定西市通渭县

主营业务：秦腔、小曲的创作与表演

从业人员数（人）：2

销售额（万元）：1

资产总额（万元）：6

0365 通渭县玉锦小曲演艺有限公司

注 册 地：定西市通渭县

主营业务：小曲的创作与表演

从业人员数（人）：2

销售额（万元）：1

资产总额（万元）：5

0366 通渭县刘氏承盛皮影戏演艺有限公司

注 册 地：定西市通渭县

主营业务：皮影戏的创作与表演

从业人员数（人）：2

销售额（万元）：1

资产总额（万元）：6

0367 通渭县朱氏与民同乐皮影戏演艺有限公司

注 册 地：定西市通渭县

主营业务：皮影戏的创作与表演

从业人员数（人）：2

销售额（万元）：1

资产总额（万元）：6

0368 通渭县义岗宏艺皮影戏演艺有限公司

注 册 地：定西市通渭县

主营业务：皮影戏的创作与表演

从业人员数（人）：2

销售额（万元）：1

资产总额（万元）：6

0369 通渭县家家乐演艺有限公司

注 册 地：定西市通渭县

主营业务：小曲的创作与表演

从业人员数（人）：2

销售额（万元）：1

资产总额（万元）：6

0370 通渭县寺子川乡友谊演艺有限公司

注 册 地：定西市通渭县

主营业务：小曲、戏曲演出

从业人员数（人）：2

销售额（万元）：1.5

资产总额（万元）：10

0371 通渭县金牛演艺有限公司

注 册 地：定西市通渭县

主营业务：皮影戏的创作与表演

从业人员数（人）：2

销售额（万元）：1

资产总额（万元）：6

0372 通渭县马营镇刘国天皮影艺术演出有限公司

注 册 地：定西市通渭县

主营业务：文艺创作与表演

从业人员数（人）：2

销售额（万元）：2

资产总额（万元）：20

0373 通渭县秦艺戏曲演艺有限公司

注 册 地：定西市通渭县

主营业务：文艺创作与表演

从业人员数（人）：2

销售额（万元）：1

资产总额（万元）：5

0374 通渭人家演艺有限责任公司

注 册 地：定西市通渭县

主营业务：秦腔

从业人员数（人）：46

销售额（万元）：80

资产总额（万元）：160

0375 通渭县春晖小曲演艺有限公司

注 册 地：定西市通渭县

主营业务：文艺创作与表演

从业人员数（人）：2

销售额（万元）：1

资产总额（万元）：6

0376 通渭县常河镇永忠皮影戏演艺有限公司

注 册 地：定西市通渭县

主营业务：皮影戏创作与表演

从业人员数（人）：2

销售额（万元）：1

资产总额（万元）：5

0377 通渭县马营小曲文渊演艺有限公司

注 册 地：定西市通渭县

主营业务：小曲的创作与表演

从业人员数（人）：2

销售额（万元）：1

资产总额（万元）：6

0378 通渭县艺苑曲艺演出有限公司

注 册 地：定西市通渭县

主营业务：文艺创作与表演

从业人员数（人）：2

销售额（万元）：1

资产总额（万元）：10

0379 通渭县建胜皮影戏演艺有限公司

注 册 地：定西市通渭县

主营业务：皮影戏的创作与表演

从业人员数（人）：2

销售额（万元）：1

资产总额（万元）：6

0380 通渭县艺馨源演艺有限公司

注 册 地：定西市通渭县

主营业务：小曲的创作与表演

从业人员数（人）：2

销售额（万元）：1

资产总额（万元）：6

0381 通渭县乐华演艺有限公司

注 册 地：定西市通渭

主营业务：小曲演出

从业人员数（人）：2

销售额（万元）：5

资产总额（万元）：50

0382 通渭县李店田氏皮影戏演艺有限公司

注 册 地：定西市通渭

主营业务：皮影戏、秦腔的创作与表演

从业人员数（人）：2

销售额（万元）：1

资产总额（万元）：6

0383 通渭县凯歌演艺有限公司

注 册 地：定西市通渭县

主营业务：小曲的创作与表演

从业人员数（人）：2

销售额（万元）：1

资产总额（万元）：6

0384 漳县中隆民俗文化开发有限责任公司

注 册 地：定西市漳县工商行政管理局

主营业务：文化产业开发、民俗文化展示、旅游产品开发、土特产销售、休闲娱乐（钓鱼）、房地产开发销售（涉及前置许可的凭许可证经营）。

从业人员数（人）：3

资产总额（万元）：1000

0385 成县世纪新娘婚纱摄影店

注 册 地：陇南市成县

主营业务：婚纱摄影

从业人员数（人）：6

销售额（万元）：68

资产总额（万元）：32

简　　介：成县世纪新娘婚纱摄影店系个体工商户，负责人仲明辉，经营范围：婚纱摄影。

0386　成县贵夫人婚纱摄影店

注　册　地：陇南市成县

主营业务：婚纱摄影

从业人员数（人）：14

销售额（万元）：100

资产总额（万元）：60

简　　介：成县贵夫人婚纱摄影店系个体工商户，负责人：李伟，经营范围：婚纱摄影。

0387　成县依丽莎白婚纱摄影店

注　册　地：陇南市成县

主营业务：婚纱摄影

从业人员数（人）：4

销售额（万元）：80

资产总额（万元）：20

0388　成县巴黎春天婚纱摄影店

注　册　地：陇南市成县

主营业务：婚纱摄影

从业人员数（人）：6

销售额（万元）：60

资产总额（万元）：30

0389　成县城关新新娘婚纱影楼

注　册　地：陇南市成县

主营业务：婚纱摄影

从业人员数（人）：7

销售额（万元）：59

资产总额（万元）：31

0390　成县城关玛雅婚纱摄影店

注　册　地：陇南市成县

主营业务：婚纱摄影

从业人员数（人）：6

销售额（万元）：64

资产总额（万元）：19

0391　天赐一秀文化产业园

注　册　地：陇南市徽县

主营业务：餐饮、娱乐、会展、动漫制作、工艺美术品深加工。

从业人员数（人）：100

销售额（万元）：2000万

资产总额（万元）：1.1亿

0392　西和县龙摄影婚纱影楼店

注　册　地：陇南市西和县

主营业务：婚纱摄影

从业人员数（人）：13

销售额（万元）：29

资产总额（万元）：72

0393　图腾电子娱乐公司

注　册　地：陇南市西和县

主营业务：电子游戏

从业人员数（人）：3

销售额（万元）：18

资产总额（万元）：30

0394　华宇电子娱乐公司

注　册　地：陇南市西和县

主营业务：电子游戏

从业人员数（人）：3

销售额（万元）：21.6

资产总额（万元）：30

0395 西和金夫人婚纱摄影店

注　册　地：陇南市西和县

主营业务：婚纱摄影

从业人员数（人）：12

销售额（万元）：18

资产总额（万元）：54

简　　介：中国金夫人集团旗下机构西和金夫人——位于甘肃省西和县城二马路西和金夫人优秀团队强势登陆陇南西和，追求时尚引领潮流，金夫人婚纱摄影【西和分店】投资近百万，营业面积达 200 多平米，独家现创仿真实景影棚，拥有美丽晚霞湖外景，是目前陇南西和境内规模最大专业技术最强档次最高等级影楼。

0396 宕羌文化娱乐有限责任公司

注　册　地：陇南市宕昌县

主营业务：文化宣传，电影播放，科技展览

销售额（万元）：30

资产总额（万元）：300

0397 羌藏文化旅游传媒有限责任公司

注　册　地：陇南市宕昌县

主营业务：接待游客，宣传文化

从业人员数（人）：12

销售额（万元）：25.3

资产总额（万元）：100

0398 华昱生态园

注　册　地：临夏州康乐县附城新集村

主营业务：集餐饮、住宿、娱乐

从业人员数（人）：46

销售额（万元）：120

资产总额（万元）：500

简　　介：康乐县华昱生态园位于康乐县附城镇新集村，距省城兰州 100 公里，相邻冶力关、松鸣岩两个 4 A 能景区。总投资 3000 万元，占地 21300 多平方米于县城连成一个整体。绿色植被保存良好、环境优雅、堪称西北小江南。生态休闲餐饮区建设内容包括 2500 平方米绿色生态餐饮大厅一处，景观凉亭 10 个、名俗文化四合院 2 处，儿童游乐园一座，1000 平方米停车场一处，花卉种植区和休闲花园一座，园区主要包括生态休闲餐饮区和生态养生度假区。生态园集餐饮、娱乐、休闲于一体的配套服务功能和基础设施建设，依托康乐旅游资源丰富环境优美的大环境，以华昱农业循环园生产的无公害畜禽产品和农产品为原料，打造一流的集自然养生休闲、生态餐饮、旅游度假为一体的旅游度假基地。

0399 黄河三峡旅游股份有限公司

注　册　地：临夏州永靖县刘家峡镇川南路 9 号

主营业务：授权经营管理国有资产，负责永靖县旅游重大项目建设投资；旅游地产开发；重要旅游资源开发、旅游景区、旅游饭店、旅游商品研发、旅游车船等重大旅游项目开发建设的投资和管理，旅游服务；投资与资产管理。（涉及行政许可或资质的，凭有效许可证、资质证经营）

资产总额（万元）：15001

0400 永靖县什字新新娘婚纱摄影

注　册　地：临夏州永靖县

主营业务：婚纱摄影、婚礼摄像、婚庆服务

从业人员数（人）：15

销售额（万元）：150

资产总额（万元）：100

简　　介：永靖县什字新新娘婚纱摄影是由香港国际新新娘婚纱摄影连锁集团带领的一支最优秀的团队，新新娘婚纱摄影名店是以个性婚纱摄影及艺术写真为主题的婚纱影楼。

0401 甘肃腊子口国家森林公园

注 册 地：甘南州迭部县

主营业务：旅游住宿餐饮娱乐

从业人员数（人）：27

0402 玛曲县宅娜仓文化旅游传播有限责任公司

注 册 地：甘南州玛曲县

主营业务：搜集、整理宅娜仓游牧文化；藏文化传播演出；旅游；餐饮；藏服饰零售。

从业人员数（人）：5

销售额（万元）：3

资产总额（万元）：100

0403 玛曲县壤仓文化旅游有限责任公司

注 册 地：甘南州玛曲县

主营业务：住宿、餐饮、牧家乐、旅游接待、纪念品销售。

从业人员数（人）：4

销售额（万元）：4

资产总额（万元）：600

0404 玛曲县当热生态旅游开发有限责任公司

注 册 地：甘南州玛曲县

主营业务：乡村旅游观光开发、生态开发建设、生态餐饮、住宿、民族艺术品、文化产业、旅游服务。

从业人员数（人）：4

销售额（万元）：6

资产总额（万元）：1980

甘肃省文化资源名录

第三十七卷 文化产业、传媒 II

工艺美术品的生产

0001 甘肃金坐标黄金珠宝首饰有限公司

注　册　地：兰州市城关区庆阳路 105 号

主营业务：黄金饰品销售；珠宝首饰、玉器的批发零售；黄金、铂金、白银的收购及加工；钟表、美术工艺品、字画的销售。

0002 甘肃三和居红木家具有限公司

注　册　地：甘肃省兰州市雁北路中广宜景湾尚城

主营业务：红木家具、家居饰品、珠宝玉器、字画、工艺品、茶艺用品、日用品、办公用品、装饰材料、建筑材料批发零售；室内外装饰工程施工。

0003 甘肃柏升金业商贸有限公司

注　册　地：兰州市城关区

主营业务：珠宝玉器、工艺品、黄金、白银的收购加工及销售；金属材料、农副产品（不含国家限制产品）、矿产品（不含特种矿产品）的收购及销售。

0004 甘肃汉韵文化传播有限公司

注　册　地：兰州市城关区东岗西路街道农民巷 8 号

主营业务：文献资料整理、开发；会议及展览服务；字画装裱；工艺品、金银饰品、文化用品、办公用品、科教器材、普通劳保用品、农副产品（不含粮油）、日用品、电子产品（不含卫星地面接收设施）的批发零售；计算机网络工程施工；设计、制作、代理、发布国内各类广告。

0005 甘肃省洮砚开发公司

注　册　地：兰州市城关区旧大路 5 号

主营业务：洮砚开发、生产销售，服装加工、销售，文化用品、文物，旅游产品的销售。

主要产品：洮砚

资产总额（万元）：30

0006 甘肃恒生园林装饰工程有限公司

注　册　地：兰州市城关区拱星墩街道嘉峪关西路

主营业务：园林工程设计及施工，建筑装饰业；苗木、花卉、草坪的种植；机械设备（不含小轿车），装饰材料，化工原料（国家限制经营的除外），工艺品的批发零售。

从销售额（万元）：4.9

资产总额（万元）：981

0007 甘肃文辉进出口贸易有限公司

注　册　地：兰州市七里河区上西园 276 号

主营业务：珠宝玉器、工艺品的批发零售；黄金、白银的收购加工及销售。

0008 甘肃恒真数字文化科技有限公司

注　册　地：兰州市城关区南滨河东路 522 号

主营业务：石窟、寺庙、墓葬壁画、馆藏画数字化；彩塑三维建模；动漫制作；工艺设计与开发；出版物经营；工艺品销售。

0009 甘肃雷鸟环境艺术设计有限公司

注　册　地：兰州市城关区周家庄 33 号

主营业务：环境艺术、园林艺术设计、咨询服务、工艺美术品（不含金、银、饰品）、装饰材料、农副产品的批发零售。

0010 甘肃盛世贵金属经营有限公司

注　册　地：兰州市城关区皋兰路 191 号

主营业务：黄金白银、金银制品、铂金、工艺品的批发零售；企业管理咨询，企业形象策划，市场营销策划，商务信息咨询，会展服务；投资及投资咨询。

资产总额（万元）：1017

0011 甘肃八和堂文化传媒有限公司

注　册　地：甘肃省兰州市城关区广武门后街96 号

主营业务：书画作品展览销售、书画作品收藏咨询（以上不含文物）；保健养生知识推广及咨询服务；文化艺术交流服务、文化活动策划、组织（不含演出）；工艺品、文化用品、体育用品、电子产品（不含卫星地面接收设施）销售；设计、制作、代理、发布国内各类广告。

0012 甘肃翠龙轩珠宝有限公司

注　册　地：兰州市城关区定西路 486 号

主营业务：黄金首饰、珠宝玉器、眼镜、钟表、工艺品、办公家具的批发零售。

销售额（万元）：1.5

资产总额（万元）：1000

0013 甘肃西北文化艺术品产权交易中心有限公司

注　册　地：兰州市城关区庆阳路 350 号

主营业务：文化艺术品、工艺品、珠宝首饰、金属材料的销售；企业管理咨询；经济信息咨询服务（不含证券）；组织文化艺术交流活动（不含演出）；承办展览展示活动；会议组织服务；设计、制作、代理、发布国内各类广告（不含国家限制广告）。

0014 甘肃玮珍文化艺术发展有限公司

注　册　地：兰州市城关区陇西路 45 号

主营业务：陶瓷、陶器、玉器、艺术品、工艺品的批发零售；文化艺术交流策划、舞台艺术造型策划、企业形象策划、会务会展服务；设计、制作各类广告（国家行政许可限定的广告除外）；文化产业投资咨询服务。

主要产品：陶瓷、陶器、玉器、艺术品、工艺品的批发零售。

0015 甘肃陇萃堂营养保健食品有限公司

注　册　地：兰州市

主营业务：文化旅游产品、土特产品

从业人员数（人）：318

销售额（万元）：10233

资产总额（万元）：11572

0016 甘肃金泰盛礼文化投资有限公司

注　册　地：兰州市城关区庆阳路 115 号

主营业务：文化市场（古玩城、花鸟、书画、艺术品）、动漫产业、文化教育科技培训场所规划、设计、投资及开发；文化艺术交流信息咨询，国内及国际贸易、展览、展示服务，提供政府及企业顾问服务，商务咨询；工艺美术品、办公用品、家用电器、数码产品、电子产品（不含卫星地面接收设施）、金银饰品、家饰家纺产品、服饰品、劳保用品、小五金、工艺品、文化礼品的设计、开发及销售。

从业人员数（人）：2

0017 甘肃鼎鑫文化传播有限公司

注 册 地：兰州市

主营业务：文化产品

主要产品：皮影、香包、陇秀、剪纸、唐卡、洮砚、夜光杯、铜奔马、刻葫芦、雕漆、砖雕、敦煌飞天等。

从业人员数（人）：48

销售额（万元）：1930.59

资产总额（万元）：8005.29

0018 兰州天祥明商贸有限公司

注 册 地：兰州市

主营业务：玉石、珠宝

从业人员数（人）：8

销售额（万元）：1146

资产总额（万元）：154

0019 兰州永宏太平鼓文化旅游产业发展有限公司

注 册 地：兰州市

主营业务：太平鼓演出、太平鼓工艺

主要产品：二龙戏珠、狮子滚绣球、世纪太平鼓、兰州太平鼓灯笼等。

从业人员数（人）：120

销售额（万元）：1894

资产总额（万元）：862

0020 甘肃万博金城珠宝古玩城有限公司

注 册 地：兰州市城关区张掖路

主营业务：古玩、艺术品收藏市场

从业人员数（人）：850

销售额（万元）：4000

资产总额（万元）：5200

简　　介：甘肃万博金城珠宝古玩城位于兰州市张掖路大众市场金城大剧院院内，是2005年经甘肃省文物局批准成立的省内规模最大、档次最高的古玩市场，属2005年兰州市商贸委招商引资项目。2006年，甘肃省文化厅将金城古玩城列为文化产业支持推广单位，同时经中华全国工商联合会古玩业总商会考察，正式成为其理事单位。2012年成为全国古玩城联盟常务理事单位。通过积极参与中华全国工商联合会古玩业商会和全国古玩城联盟组织的各项活动，甘肃万博金城珠宝古玩城在全国各地古玩市场行业已经具有相当知名度，全国行业综合排名第9位，是甘肃文化创意产业协会常务理事单位和甘肃文化产业协会理事单位。

0021 甘肃敦煌风文化艺术有限公司

注 册 地：兰州市

主营业务：工艺美术品的设计、制作及销售；文化艺术咨询服务；企业公共活动的创意、策划；会议及展览服务。

从业人员数（人）：5

销售额（万元）：4

资产总额（万元）：180

0022 兰州欢喜制砚有限公司

注 册 地：兰州市城关区草场街五一山新村78号

主营业务：砚台制作、销售

主要产品：砚台

从业人员数（人）：6

销售额（万元）：5

资产总额（万元）：5

0023 兰州金式黄金珠宝有限公司

注 册 地：兰州市城关区中山路 476 号桥门大厦

主营业务：黄金，珠宝

从业人员数（人）：35

销售额（万元）：138

资产总额（万元）：120

0024 兰州成功美术馆

注 册 地：兰州市城关区民主西路 97 号 13 楼

主营业务：文化艺术交流、会议会展；字画、工艺美术品的销售。

从业人员数（人）：2

资产总额（万元）：6

0025 兰州顺福工艺品有限公司

注 册 地：兰州市城关区曹家巷 23 号

主营业务：标牌、工艺品、包装袋、设计、制作、销售。

从业人员数（人）：3

销售额（万元）：40.94

资产总额（万元）：43.52

0026 甘肃华晨文化发展有限公司

注 册 地：兰州市城关区广场南路统办楼三号楼

主营业务：各类丝绸之路文化产品，工艺品、围巾、手串。

从业人员数（人）：15

销售额（万元）：150

资产总额（万元）：150

简 介：华晨艺术坊成立与 1999 年，成立之初即立足于原创设计，以丝绸之路文化甘肃段为载体的民族风情工艺品，旅游商品。迄今为止，已相继面世并批量生产 20 类产品。有 3 款产品先后被外交部，文化部选用，

作为外事民族文化礼品馈赠。有 5 款产品分获国家、省、市旅游局旅游商品金、银、铜奖。

0027 兰州黄绿蓝雕塑艺术有限公司

注 册 地：兰州市城关区南滨河东路 58 号

主营业务：雕塑制品、石材雕刻、园林景观艺术品制作、工艺品的加工、制作、销售。

从业人员数（人）：23

销售额（万元）：1000

资产总额（万元）：200

简 介：兰州黄绿蓝雕塑艺术有限公司，经营范围广泛，现以各类材质雕塑设计制作安装为主，建筑装潢设计、景观设计、园林设计、建筑装潢材料领域内的技术开发、企业形象策划等业务。

0028 甘肃省文物商店

注 册 地：兰州市七里河区

主营业务：社会流散文物的收集

从业人员数（人）：12

销售额（万元）：713.6

资产总额（万元）：750.4

0029 兰州铭泉艺术文化传播有限责任公司

注 册 地：兰州市七里河区黄峪乡王官营车家坝 17 号

主营业务：园林景观设计，艺术交流，会展服务，手工艺品的制作、设计及批发零售。

主要产品：砂岩石工艺品、旅游纪念品、家居饰品。

从业人员数（人）：8

销售额（万元）：18

资产总额（万元）：15

简 介：砂岩石一种新兴生态环保石材，砂岩工艺品以其雍容典雅的独特装饰效果正日益受到大众的喜爱，目前已广泛用于高档

酒店、会所、别墅、办公室等室内陈设，同时，也是亲朋好友之间相互馈赠的佳品。岩旭工坊集设计、生产、加工、销售砂岩工艺品为一体，成立于 2007 年，本工坊拥有专业的艺术设计团队和经验丰富的技师队伍，能够生产制作各种人物、动物、环艺雕塑、装饰摆设、工艺品家居饰品、仿古艺术家私、风景等数百种不同类型的产品，兼具素雅温馨与华贵大气的风格，深受消费者喜爱。我们愿以专业的设计理念、精良的制作和优质服务提供客户满意的产品，以使砂岩工艺品走入千家万户，为生活增色添彩。

0030　兰州天瑞彩宝珠宝有限公司

注　册　地：兰州市七里河区

主营业务：首饰销售

从业人员数（人）：2

销售额（万元）：15

资产总额（万元）：35.6

0031　兰州东方工艺美术装饰部

注　册　地：兰州市七里河区

主营业务：工艺美术品零售

从业人员数（人）：1

销售额（万元）：12.8

资产总额（万元）：18.7

0032　兰州荣浩商贸有限责任公司

注　册　地：兰州市七里河区

主营业务：油墨的销售

从业人员数（人）：3

销售额（万元）：498.2

资产总额（万元）：125.2

0033　兰州宝光珠宝有限公司七里河店

注　册　地：兰州市七里河区

主营业务：黄金饰品

从业人员数（人）：21

销售额（万元）：3984.2

资产总额（万元）：248.1

0034　甘肃西湖黄金珠宝首饰有限公司

注　册　地：兰州市七里河区

主营业务：黄金饰品

从业人员数（人）：19

销售额（万元）：1639.8

资产总额（万元）：713.9

0035　振昇时尚工艺玻璃

注　册　地：兰州市先锋路

主营业务：工艺玻璃、软体装饰

从业人员数（人）：2

销售额（万元）：5

资产总额（万元）：5

0036　兰州汇必达商贸部

注　册　地：兰州市西固区国芳百盛超市负一楼

主营业务：手工艺品，民族、创意、编制手工艺品销售

从业人员数（人）：5

资产总额（万元）：20

0037　东亚商贸

注　册　地：兰州市西固区先锋路

主营业务：经营雕漆艺术品、工艺礼品、办公用品的销售。

从业人员数（人）：20

销售额（万元）：3

资产总额（万元）：500

0038　兰州创艺雕塑有限公司

注　册　地：兰州市西固区环行东路 55 号

主营业务：创意雕塑制作及出售

从业人员数（人）：3

销售额（万元）：20
资产总额（万元）：20

0039 妹子手工十字绣家和万事兴十字绣

注 册 地：兰州市西固区福利路
主营业务：工艺品、十字绣
从业人员数（人）：5
销售额（万元）：50
资产总额（万元）：25

0040 隆玉艺术玻璃店

注 册 地：兰州市西固区先锋路
主营业务：工艺玻璃
从业人员数（人）：2
销售额（万元）：2.5
资产总额（万元）：2

0041 兰州花诺儿绣品坊

注 册 地：兰州市西固区西固中街 57 号
主营业务：十字绣零售
从业人员数（人）：4
销售额（万元）：20
资产总额（万元）：15

0042 兰州三和锦绣刺绣店

注 册 地：兰州市西固区福利西路 457-5 号
主营业务：十字绣、表框
从业人员数（人）：5
销售额（万元）：10
资产总额（万元）：15

0043 怡香园十字绣超市

注 册 地：兰州市西固区西固中街
主营业务：工艺品、十字绣与销售
从业人员数（人）：6
销售额（万元）：45

资产总额（万元）：24

0044 兰州彩丝汇刺绣店

注 册 地：兰州市西固区玉门街 372 号
主营业务：十字绣装裱与销售
从业人员数（人）：5
销售额（万元）：15
资产总额（万元）：20

0045 望云斋艺术工作室

注 册 地：兰州市西固区
主营业务：文化艺术工艺品的制作与销售
从业人员数（人）：4
销售额（万元）：2
资产总额（万元）：6

0046 兰州市西固区雅思工艺品制作中心

注 册 地：兰州市西固区玉门街医药公司 1 号
主营业务：工艺品制作材料、十字绣及装裱、粘贴画、零售等产品和服务
从业人员数（人）：4
销售额（万元）：25
资产总额（万元）：50

0047 兰州市西固区河青源景观水车制造厂

注 册 地：兰州市西固区新冶路 7 号
主营业务：水车制造
主要产品：景观水车
从业人员数（人）：10
销售额（万元）：45
资产总额（万元）：100
简 介：河青源景观水车制造厂注册成立于 2013 年 5 月 17 日，主要从事景观水车的制作、销售。其景观水车按照省级文物下川水车的构件按比例缩小后制作，聘请原水车

做头的传人为主要技工及技术指导。其制作的景观水车具有很高的艺术及收藏价值。

0048 兰州七彩坊刺绣店

注 册 地：兰州市西固区西固巷 52-504 号
主营业务：十字绣的表框，制作与销售
从业人员数（人）：5
销售额（万元）：10
资产总额（万元）：15

0049 兰州点亮空间商贸中心

注 册 地：兰州市西固区西固中街 567 号
主营业务：十字绣手工编织、批发零售
从业人员数（人）：4
销售额（万元）：20
资产总额（万元）：15

0050 兰州花花刺绣店

注 册 地：兰州市西固区临洮街 92 号
主营业务：十字绣的表框，制作与销售
从业人员数（人）：5
销售额（万元）：15
资产总额（万元）：20

0051 西部之旅丝绸手绘艺术旅游图

注 册 地：兰州市西固区
主营业务：艺术丝巾旅游图、精品唐卡的销售
从业人员数（人）：4
销售额（万元）：3
资产总额（万元）：20

0052 兰州利华十字绣装裱店

注 册 地：兰州市西固区雅新小区 8-1-601 号
主营业务：十字绣制作、装裱
从业人员数（人）：5
销售额（万元）：20
资产总额（万元）：30

0053 兰州恒河之迷民族手工艺品有限公司

注 册 地：兰州市西固区国美华都天韵 28 楼
主营业务：民族、创意、编制手工艺品销售
从业人员数（人）：5
销售额（万元）：20
资产总额（万元）：30

0054 兰州市西固区兰天福利金属工艺厂

注 册 地：兰州市西固区环形路 9 号
主营业务：工艺品加工
从业人员数（人）：8
销售额（万元）：45
资产总额（万元）：80

0055 兰州美丽岛框艺加工制造有限公司

注 册 地：兰州市西固区益民市场
主营业务：字画装裱
从业人员数（人）：4
销售额（万元）：40
资产总额（万元）：30

0056 兰州华美冰晶艺术有限责任公司

注 册 地：兰州市西固区西固中路 118 号
主营业务：工艺美制造
主要产品：玻璃制品、水晶制品
从业人员数（人）：5
销售额（万元）：20
资产总额（万元）：40

0057 甘肃马太洮砚文化科技有限公司

注 册 地：兰州市安宁区
主营业务：砚台
从业人员数（人）：5
销售额（万元）：30

资产总额（万元）：100

0058 甘肃溯源雕塑景观工程有限公司

注　册　地：兰州市安宁区

主营业务：石雕工艺品

从业人员数（人）：9

销售额（万元）：22.5

资产总额（万元）：50

0059 兰州闰启古陶艺文化交流中心

注　册　地：兰州市红古区

主营业务：各类陶器工艺品加工

从业人员数（人）：21

销售额（万元）：222

资产总额（万元）：258

0060 兰州裕绮绣艺加工厂

注　册　地：兰州市红古区

主营业务：各类刺绣加工制造

从业人员数（人）：12

销售额（万元）：111

资产总额（万元）：222

0061 兰州千年阁龙源字画有限公司

注　册　地：兰州市红古区

主营业务：工艺品加工销售

从业人员数（人）：12

销售额（万元）：120

资产总额（万元）：150

0062 兰州贝宁刺绣加工厂

注　册　地：兰州市红古区

主营业务：工艺品制造

从业人员数（人）：18

销售额（万元）：121

资产总额（万元）：222

0063 兰州昌昇文化旅游有限公司

注　册　地：兰州市红古区

主营业务：工艺品制造

从业人员数（人）：12

销售额（万元）：123

资产总额（万元）：321

0064 兰州金明黑陶传承中心

注　册　地：兰州市红古区

主营业务：黑陶工艺品制造加工

从业人员数（人）：20

销售额（万元）：125

资产总额（万元）：241

0065 兰州坤煜工贸有限公司

注　册　地：兰州市红古区

主营业务：工艺品加工制造销售

从业人员数（人）：12

销售额（万元）：120

资产总额（万元）：152

0066 甘肃玉米电子商务有限公司

注　册　地：兰州市红古区

主营业务：工艺品加工制造销售

从业人员数（人）：18

销售额（万元）：111

资产总额（万元）：251

0067 兰州小青蛙工艺品制品有限公司

注　册　地：兰州市红古区

主营业务：工艺品加工制造

从业人员数（人）：10

销售额（万元）：150

资产总额（万元）：233

0068 兰州天韵七彩文化传播有限公司

注　册　地：兰州市红古区

主营业务：各类古玩奇石工艺品加工制造

从业人员数（人）：42

销售额（万元）：500

资产总额（万元）：4700

0069 兰州鼎兴黑陶商贸有限公司

注 册 地：兰州市红古区

主营业务：工艺品加工

从业人员数（人）：12

销售额（万元）：80

资产总额（万元）：90

0070 兰州连海民族手工艺品雕刻加工厂

注 册 地：兰州市红古区

主营业务：各类手工艺雕刻

主要产品：炭雕

从业人员数（人）：38

销售额（万元）：120

资产总额（万元）：200

0071 兰州千禧婚庆有限公司

注 册 地：兰州市红古区

主营业务：工艺品制造

从业人员数（人）：12

销售额（万元）：120

资产总额（万元）：130

0072 甘肃南山文化艺术发展有限公司

注 册 地：兰州市榆中县

主营业务：艺术交流、策划、推广；旅游咨询服务；文化艺术品展览。

从业人员数（人）：35

销售额（万元）：0

资产总额（万元）：3000

简 介：甘肃南山文化发展有限责任公司，是顺应中央关于文化体制改革，推动社会主义文化的发展大繁荣政策和精神，注册成立的有限责任公司，甘肃旨在紧紧抓住国家文化改革发展的政策机遇，依靠榆中县兴隆山优美的自然环境，积极打造文化艺术创作平台和交流平台，初步规划3－5年的努力，使李家庄村和南山画院成为甘肃省一流、领先西北地区的主流文化艺术创作、发展、学术交流基地。

0073 甘肃雅成汉毯局有限责任公司

注 册 地：兰州市

主营业务：地毯加工销售

主要产品：挂毯，地毯

从业人员数（人）：30

销售额（万元）：115

资产总额（万元）：50

0074 酒泉金龙珠宝有限公司

注 册 地：酒泉市肃州区鑫利商城一层

主营业务：金银首饰、珠宝、玉器的加工、批发、零售；工艺美术品和黄金饰品来料加工。

从业人员数（人）：2

资产总额（万元）：100

0075 酒泉昊沃生态园林绿化有限公司

注 册 地：酒泉市肃州区

主营业务：园林设计、园林绿化、园林养护；喷泉、假山雕塑设计；园林绿化工程、室内外装饰装修工程；生态旅游观光；观赏植物及盆景的生产、花木制品的种植、销售；苗木、花卉、园林机械、建筑装饰材料的销售。

从业人员数（人）：12

资产总额（万元）：1000

0076 酒泉锦秀园林绿化工程有限责任公司

注 册 地：酒泉市肃州区

主营业务：园林绿化工程、园林景观工程、建筑安装工程、土石方工程、市政工程、室内外装饰装修工程、防水工程、水利水电工程、公路工程的设计与施工；苗木、花卉种植；建材的批发及零售。

资产总额（万元）：500

0077 酒泉市环美园林有限责任公司

注 册 地：酒泉市盘旋西路 15 号

主营业务：环境、园林美化技术服务；艺术喷泉、园林雕塑的设计、制作、维护。

从业人员数（人）：2

资产总额（万元）：20

0078 酒泉市美玉夜光杯玉器有限责任公司

注 册 地：酒泉市酒火路立交桥南侧

主营业务：夜光杯、玉器、工艺美术品、工艺品、办公用品的批发、零售。

从业人员数（人）：3

销售额（万元）：20

资产总额（万元）：30

0079 酒泉晶玉工艺美术有限公司

注 册 地：酒泉市肃州区

主营业务：生产、加工、销售夜光杯和玉雕工艺品。

主要产品：夜光杯、玉雕工艺品

从业人员数（人）：32

销售额（万元）：600

资产总额（万元）：500

0080 美佳瑞奇石古玩市场

注 册 地：酒泉市肃州区

主营业务：奇石、玉器加工，珠宝、古玩、字画销售。

从业人员数（人）：30

销售额（万元）：1000

资产总额（万元）：5000

0081 酒泉市美佳瑞珠宝有限责任公司

注 册 地：酒泉市肃州区南郊工业园区大得利路 12 号

主营业务：珠宝、玉器加工、销售；奇石打磨、配座、包装销售；古玩、字画、根雕、艺术品销售；电子商务服务；会展服务。

从业人员数（人）：5

销售额（万元）：300

资产总额（万元）：300

0082 肃北汗青格勒文化传媒有限责任公司

注 册 地：酒泉市肃北县

主营业务：婚庆服务；文化培训服务；影视广告设计，蒙元文化设计；横幅、牌匾、展板设计、制作；蒙古翻译服务。

从业人员数（人）：6

销售额（万元）：8

资产总额（万元）：20

0083 肃北县温格金民族贸易有限公司

注 册 地：酒泉市肃北县

主营业务：金丝彩砂画、银器银具、民族工艺品、蒙元文化特色装饰、木雕、木质家具、灯架、灯罩及民族装饰材料及销售。

主要产品：金丝彩砂画民族工艺品、蒙元文化特色装饰、民族工艺木雕、工艺家具、民族工艺灯架、灯罩。

从业人员数（人）：16

销售额（万元）：200

资产总额（万元）：30

简 介：肃北县温格金民族贸易有限责任公司位于沙肃公路 7 公里处。公司成立于 2011 年，注册资金 30 万元，主要经营金丝彩砂画、银器银具、民族工艺品、蒙元文化特色装饰、木雕、木质家具、灯架、灯罩及民族装饰材料及销售等，现有员工 16 人。2014 年，温格金民族贸易有限责任公司自筹资金 100 余万元购置加工车床等设施设备加工制作金丝彩砂画民族工艺品、蒙元文化特色装饰、民族工艺木雕、工艺家具、民族工艺灯架、灯罩 600 余件，截至目前已销售 80%，销售利润 200 万元。在今后的工作中，肃北县温格金民族贸易有限责任公司将结合肃北县实际情况根据经营内容开展业务，为肃北县经济社会发展贡献力量。

0084 肃北县搏骏马头琴文化传播研发有限公司

注 册 地：酒泉市肃北县工商局

主营业务：马头琴的生产及销售

主要产品：马头琴

从业人员数（人）：12

销售额（万元）：15

资产总额（万元）：170

0085 嘉峪关市笃道雕塑艺术有限公司

注 册 地：嘉峪关市雍和街 29-1-7 号

主营业务：雕塑设计制作；园林规划；美术、书法培训；家具制造及零售；工艺品零售。

从业人员数（人）：3

销售额（万元）：10

0086 嘉峪关市博古轩艺术品有限责任公司

注 册 地：嘉峪关市康乐公寓 2-2 号

主营业务：工艺品、矿产品、机电产品、通讯器材、化工产品、金属材料、五金交电、橡胶制品、电线电缆、耐火材料、建筑材料、计算机软件及辅助设备、办公用品、日用百货的批发零售。

从业人员数（人）：2

销售额（万元）：410

资产总额（万元）：287

0087 嘉峪关三禾雄关奇石有限公司

注 册 地：嘉峪关市商业步行街

主营业务：奇石、玉器、家具、工艺品、字画批发兼零售。

销售额（万元）：3.64

资产总额（万元）：233.39

0088 嘉峪关银泉珠宝有限责任公司

注 册 地：嘉峪关市新华中路 942-4 号

主营业务：金银饰品、珠宝玉器的零售；农副土特产品（不含粮油）、建筑材料、办公用品、服装鞋帽、皮革制品、化妆品的零售。

从业人员数（人）：8

销售额（万元）：36

资产总额（万元）：115.46

0089 嘉峪关金利福珠宝有限公司

注 册 地：嘉峪关市新华北路 388 号

主营业务：珠宝首饰、玉器的零售

从业人员数（人）：6

销售额（万元）：12.11

资产总额（万元）：94.48

0090 嘉峪关西玉工艺品有限公司

注 册 地：嘉峪关市文化旅游景区

主营业务：工艺品的加工、批发、零售；土特产品的批发、零售。

从业人员数（人）：10

销售额（万元）：319857

资产总额（万元）：389267

0091 金昌市大漠飞天书画院

注　册　地：金昌市

主营业务：工艺美术品生产制作

从业人员数（人）：4

销售额（万元）：33.7

资产总额（万元）：30

0092 金昌市银宝首饰有限责任公司

注　册　地：金昌市

主营业务：工艺美术品生产制作

从业人员数（人）：10

销售额（万元）：16

资产总额（万元）：367

0093 甘肃云步菁文化艺术有限责任公司

注　册　地：金昌市

主营业务：工艺美术品生产制作单位

从业人员数（人）：6

销售额（万元）：20

资产总额（万元）：80

简　　　介：甘肃金昌云步楼艺术发展有限公司，专业从事书法、篆刻、大型石材、木刻艺术的创作展销和交流，承接家庭、办公楼及展览馆的装修装饰设计工程。举办古玩、字画、收藏品展销及艺术家交流活动。自成立以来，为政府、学校、展览馆、度假村、酒店、家庭等处创作完五千余幅刻字艺术作品，产生独特的品牌效应，成为河西地区引人瞩目的文化艺术窗口。 2009 年，云步楼在甘肃兰州成立华中刻字艺术研究院，以精雕细琢的刻字艺术为发展方向，重点推出校园文化系列刻字艺术；政府机关文化系列刻字艺术；宾馆、酒店、家庭系列刻字艺术；收藏级刻字艺术作品系列，以文化艺术为基础，传播文化，弘扬艺术，创作优秀艺术作品，打造一流艺术空间。

0094 李长秀地毯加工部

注　册　地：金昌市永昌县城关镇西岚路

主营业务：地毯加工

主要产品：手工地毯

从业人员数（人）：2

销售额（万元）：5

资产总额（万元）：14

0095 永昌县居美地毯有限公司

注　册　地：金昌市永昌县环城西路 073 号

主营业务：地毯加工，毛纱染色及销售

从业人员数（人）：15

销售额（万元）：33

资产总额（万元）：50

0096 永昌县河西堡镇国槐书画院

注　册　地：金昌市永昌县河西堡镇河雅路（镇排水所二楼）

主营业务：书画作品创作、销售

从业人员数（人）：1

销售额（万元）：1

资产总额（万元）：3

0097 武玉花地毯加工店

注　册　地：金昌市永昌县城关镇环城东路

主营业务：地毯加工、销售

从业人员数（人）：6

销售额（万元）：16

资产总额（万元）：2

0098 永昌飞天工艺品有限责任公司

注　册　地：金昌市永昌县城关镇东大街 155 号

主营业务：工艺品加工、销售，地毯加工、销售，轻纺、电子电器产品、日用品、建材、冶金产品、化工产品销售。

从业人员数（人）：3

销售额（万元）：5

资产总额（万元）：48

0099 永昌县骊靬地毯有限责任公司

注 册 地：金昌市永昌县城关镇环城东路 5 号
主营业务：地毯、工艺品、劳保用品加工及销售。
从业人员数（人）：18
销售额（万元）：6
资产总额（万元）：30

0100 天水天玺商贸有限公司

注 册 地：天水市秦州区伏羲路步行街 3 号
主营业务：玉器的加工销售、礼品、工艺美术品、办公用品批发、零售。
从业人员数（人）：3
销售额（万元）：9.8
资产总额（万元）：11.6
简 介：天水莹豪鸳鸯玉开发有限公司，始建于 2003 年，公司下属企业四家；武山莹豪鸳鸯玉产业文化研发中心、天水天玺商贸有限公司、天水玉宝斋直销部、武山罡正石料厂。公司下属企业主要是以矿山开采、加工、生产、研发、销售鸳鸯玉夜光杯系列产品的专业生产企业。公司在全国设有销售网点五十六个，销售网点遍布全国。公司在 2003 年被天水市政府评定为天水市旅游产品定点生产企业、被甘肃省政府评定为甘肃省特色文化产业艺术制品业重点实验基地。

0101 天水三星有限公司

注 册 地：天水市秦州区罗玉小区
主营业务：旅游产品、工艺品
资产总额（万元）：1793
简 介：天水三星有限公司，位于天水市秦州区罗玉小区，是集工、商、科、贸、房地产开发、旅游服务为一体的综合经济实体。公司成立于一九九二年，为股份制企业，实

有总资产陆千多万元，下属 18 个分支机构，员工 468 人。

0102 天水飞天雕漆工艺家俱有限责任公司

注 册 地：天水市
主营业务：雕漆工艺品制作、家具的生产销售。
从业人员数（人）：110
销售额（万元）：6218
资产总额（万元）：7050
简 介：天水飞天雕漆工艺家俱有限责任公司是天水雕漆行业的龙头企业，公司位于天水市秦州区东十里铺工业示范园区，占地面积 52.17 亩，总投资 5600 多万元，其中综合楼建筑面积约 10000 平方米，综合楼后建有面积约 16800 平方米的现代化园林式厂区。天水飞天雕漆工艺家具有限责任公司被国家商务部确定为首批"中华老字号"企业。"飞天雕漆"又被入选首批国家级非物质文化遗产名录。公司所生产的"飞天牌"漆器荣获国家工艺美术品百花奖金杯奖和银杯奖，同时还荣获轻工业部优秀出口产品"金龙腾飞"奖，被评为甘肃省名牌产品和甘肃省著名商标。公司为全国工艺美术协会常务理事单位之一、全国漆器协会常务理事单位、漆器专业委员会主任委员单位、全国重点旅游产品生产企业，被评为国家轻工产品出口创汇先进企业，是最具天水地方特色的传统民族工业。

0103 天水新天丝毯有限公司

注 册 地：天水市秦州区吕二南路 33 号
主营业务：丝毯、人棉丝毯、羊毛毯、艺术挂毯。
从业人员数（人）：90
销售额（万元）：894
资产总额（万元）：1691
简 介：天水新天丝毯有限公司是一家有

着多年生产手工丝毯系列产品的专业化企业，公司占地面积 7933 平方米，现有员工 90 人，其中专业技术人员 16 人。公司拥有专用、通用设备 470 台（套）。公司生产丝毯，选用优质原料，具有很高的室内装饰及收藏价值。

0104 天水杜根成木雕艺术传习所

注 册 地：天水市秦州区

主营业务：木雕产品

主要产品：方桌、条桌、卷桌、太师椅、木雕沙发、罗汉床、花架、挂屏、插屏、博古架、屏风、木雕、电视柜、佛堂、香机。

从业人员数（人）：6

销售额（万元）：60

资产总额（万元）：150

0105 天水宾乐地毯有限公司

注 册 地：天水市秦州区建设路 201 号

主营业务：纯羊毛地毯的生产与销售

主要产品：纯羊毛地毯

从业人员数（人）：50

销售额（万元）：138.6

资产总额（万元）：439.9

简　　介：天水宾乐地毯有限公司（天水市地毯厂）始建于 1958 年，系甘肃省地毯行业骨干企业之一，为甘肃省二级企业，是生产地毯专业厂家。

0106 天水景晟轩漆艺有限公司

注 册 地：天水市秦州区

主营业务：雕漆产品及工艺品制造、销售

从业人员数（人）：30

销售额（万元）：60

资产总额（万元）：100

简　　介：天水景晟轩漆艺有限公司成立

于 2000 年，主要从事雕漆工艺品制造、销售，位于甘肃省天水市秦州区天水郡长仪路 38 号。设计生产的的雕漆工艺品深受广大消费者的喜爱。成为了天水旅游品销售品牌的领头羊。

0107 天水市麦积区桥南佳利装饰品经营部

注 册 地：天水市麦积区

主营业务：工艺画、工艺陶瓷、艺术花瓶、艺术干花、家居饰品的零售。

从业人员数（人）：3

资产总额（万元）：3

0108 麦积区神美雕塑艺术馆

注 册 地：天水市麦积区

主营业务：雕塑工艺品制作与销售

从业人员数（人）：5

资产总额（万元）：6

0109 天水市麦积区桥南钰莱工艺礼品店

注 册 地：天水市麦积区

主营业务：工艺礼品的批发、零售

从业人员数（人）：2

资产总额（万元）：3

0110 天水汉唐麦积山艺术陶瓷有限公司

注 册 地：天水市麦积区麦积镇

主营业务：花盆、琉璃瓦、各种陶瓷包装、麦积山雕塑艺术仿制品、雕塑、画廊、大地湾彩陶仿制品生产、开发育花肥料、铜铸雕塑、花卉、盆景、根雕。

主要产品：仿麦积山雕塑、仿大地湾彩陶，工艺品，美术品。

从业人员数（人）：56

销售额（万元）：1000

资产总额（万元）：3355

简　　介：国家文化产业示范基地——天水汉唐麦积山艺术陶瓷有限公司位于中国四大石窟之一的天水麦积山石窟脚下，国家5A级风景名胜区——麦积山景区内，公司周边风景秀丽，环境优美，冬无严寒，夏无酷暑。

0111　麦积区桥南鹏辉框业店

注　册　地：天水市麦积区

主营业务：字画装裱

从业人员数（人）：1

资产总额（万元）：3

0112　天水市麦积区桥南秦风古玩经销店

注　册　地：天水市麦积区

主营业务：字画、古玩、杂项的批发、零售

从业人员数（人）：2

资产总额（万元）：3

0113　天水市麦积区桥南雅韵绣庄饰品经销部

注　册　地：天水市麦积区

主营业务：工艺画、刺绣的批发、零售

从业人员数（人）：2

资产总额（万元）：3

0114　天水市麦积区桥南墨缘轩书画装裱店

注　册　地：天水市麦积区

主营业务：字画装裱、十字绣销售

从业人员数（人）：1

资产总额（万元）：2

0115　天水东宏工艺品有限公司

注　册　地：天水市工商行政管理局麦积分局

主营业务：工艺品（不含文物）、家具饰品、民用电子产品、办公用品、五金交电、建筑材料及装饰材料的销售。

资产总额（万元）：3

0116　天水市麦积区桥南集雅斋古玩经销店

注　册　地：天水市麦积区

主营业务：书画、古玩的收藏、批发、零售

资产总额（万元）：2

0117　麦积区桥南文轩框业店

注　册　地：天水市麦积区

主营业务：字画装裱

从业人员数（人）：2

资产总额（万元）：3

0118　天水市麦积区桥南花梨居古玩店

注　册　地：天水市麦积区

主营业务：古玩、书画的批发、零售

从业人员数（人）：2

资产总额（万元）：3

0119　天水市麦积区桥南玉袭堂古玩店

注　册　地：天水市麦积区

主营业务：古玩、杂项的批发、零售

从业人员数（人）：2

资产总额（万元）：3

0120　天水市麦积区桥南康辉画廊

注　册　地：天水市麦积区

主营业务：字画的批发、零售

从业人员数（人）：2

资产总额（万元）：2

0121 天水市麦积区桥南龙腾银饰经销部

注 册 地：天水市麦积区

主营业务：银饰、黄金、玉器的批发、零售。

从业人员数（人）：2

资产总额（万元）：3

0122 天水慧源旅游服务有限责任公司

注 册 地：天水市工商行政管理局麦积分局

主营业务：工艺美术品、百货、服装、鞋帽的零售。

资产总额（万元）：3

0123 天水开元旅行社有限公司

注 册 地：天水市工商行政管理局麦积分局

主营业务：国内旅游业务，旅游工艺美术品的销售。

资产总额（万元）：30

0124 麦积区道南佳源花店

注 册 地：天水市麦积区渭滨工商所

主营业务：工艺美术品、鲜花、婚庆用品、文化体育用品、五金家电的零售及家电修理服务。

从业人员数（人）：2

资产总额（万元）：0.4

0125 天水市麦积区道南四海美术设计部

注 册 地：天水市麦积区

主营业务：牌匾制作、美术设计

从业人员数（人）：2

资产总额（万元）：2

0126 麦积区花牛镇伟艺精雕刻厂

注 册 地：天水市麦积区

主营业务：各种木雕花格、挂件屏风、仿古木雕门窗、线条、牌匾的加工销售。

从业人员数（人）：1

资产总额（万元）：6

0127 天水市麦积区道南撷趣轩字画零售店

注 册 地：天水市麦积区

主营业务：字画装裱及零售；玉器、手工艺品的零售（以上不含国家禁止项目）。

从业人员数（人）：2

资产总额（万元）：2

0128 天水市麦积区桥南玲珑轩古玩经销店

注 册 地：天水市麦积区

主营业务：古玩、字画、杂项的批发、零售

从业人员数（人）：2

资产总额（万元）：3

0129 天水市麦积区桥南玉石缘玉器经销部

注 册 地：天水市麦积区

主营业务：玉器、各种木串的批发、零售

从业人员数（人）：2

资产总额（万元）：2

0130 天水秦之旅旅行社有限公司秦州分公司

注 册 地：天水市工商行政管理局麦积分局

主营业务：国内旅游，美术工艺品、旅游纪念品、土特产品零售。

0131 天水市麦积区道南齐玉轩玉器店

注 册 地：天水市麦积区

主营业务：玉器、奇石、首饰、挂件的零售

从业人员数（人）：2

资产总额（万元）：2

0132 麦积区恒雅堂装裱行

注 册 地：天水市麦积区

主营业务：书画装裱、精装相框

从业人员数（人）：2

资产总额（万元）：5

0133 天水市麦积区桥南谷雨斋古玩经销店

注 册 地：天水市麦积区

主营业务：字画、古玩、杂项的批发、零售

从业人员数（人）：2

资产总额（万元）：3

0134 天水市麦积区道南瑞雪精品屋

注 册 地：天水市麦积区

主营业务：工艺品、饰品的零售

从业人员数（人）：2

资产总额（万元）：3

0135 天水市麦积区鹏辉文化经销部

注 册 地：天水市麦积区

主营业务：字画装裱、镜框的零售

从业人员数（人）：3

资产总额（万元）：40

0136 天水市麦积区桥南金山玉器经营部

注 册 地：天水市麦积区

主营业务：玉器的零售

从业人员数（人）：2

资产总额（万元）：20

0137 天水市麦积区道南鑫紫金饰品店

注 册 地：天水市麦积区

主营业务：银饰、玉器、活性炭、阳机泥的零售，金银回收、提纯服务，含金银的各种废料的加工。

从业人员数（人）：1

资产总额（万元）：5

0138 天水市麦积区道南祥云轩书画装裱店

注 册 地：天水市麦积区

主营业务：书画装裱服务

从业人员数（人）：1

资产总额（万元）：2

0139 天水市麦积区天华木雕厂

注 册 地：天水市工商行政管理局麦积分局

主营业务：家具、木雕工艺品的加工、销售

资产总额（万元）：50

0140 天水市麦积区桥南艺品阁工艺礼品店

注 册 地：天水市麦积区

主营业务：工艺礼品的批发、零售

从业人员数（人）：2

资产总额（万元）：3

0141 清水县万通农牧有限责任公司

注 册 地：天水市清水县工商局

主营业务：农副产品、食用油料作物的种植销售；中药材、苗木花卉的种植、种养、销售；辉绿岩（庞公玉）的开采、加工、销售；办公用品的销售、广告宣传制作；工艺美术品制造、销售。

主要产品：庞公玉的制造、销售

从业人员数（人）：86

销售额（万元）：1720

资产总额（万元）：500

简　　介：清水县万通农牧有限责任公司坐落在陇山脚下，渭河支流、牛头河畔的清水县草川路，这里历史文化厚重，公司沐浴着五千年的人类历史和灿烂的轩辕文化，是一家专业从事民俗文化开发、设计和生产的企业，主营"中华一绝——庞公奇石"。公司成立于1999年12月，占地面积7000多平方米。

0142 秦安县金石刻字锦印工艺有限公司秦安店

注 册 地：天水市秦安县

主营业务：石刻、刻章、锦印制品

从业人员数（人）：5

销售额（万元）：20

资产总额（万元）：10

简　　介：秦安县金石刻字锦印工艺有限公司秦安店位于秦安县中线广场兴国商城二楼，始建于2000年5月，占地面积30平方米，主要生产橡胶印章、牛角印章、原子印章、发票章、业务章、税号章、卡通章等，公司长期致力于开发、引进国内外先进刻章、印章材料和技术。

0143 秦安县金峰旅游工艺品有限责任公司

注 册 地：天水市秦安县

主营业务：草编织品、旅游工艺品

主要产品：草编织品，各式提篮、花篮、娃娃篮，各式坐垫、靠垫、杯垫、桌垫、果盘、地席等。

从业人员数（人）：48

销售额（万元）：100

资产总额（万元）：600

简　　介：秦安县金峰旅游工艺品有限公司地处秦安县中心广场以南新华街1号，始建于2002年12月，于2003年3月正式投产，占地面积4.9亩，建筑面积1886平方米，产品主要有各式提篮、花篮、娃娃篮，各式坐垫、靠垫、杯垫、桌垫、果盘、地席等，曾先后获国家轻业部"优秀出口产品银质奖"和"全

国星火计划优质奖"称号。

0144 甘谷德祥阁

注 册 地：天水市甘谷县

主营业务：书画装裱

从业人员数（人）：1

销售额（万元）：1.6

资产总额（万元）：15

0145 甘谷文德斋

注 册 地：天水市甘谷县

主营业务：书画装裱

从业人员数（人）：1

销售额（万元）：4

资产总额（万元）：20

0146 甘谷卧云轩

注 册 地：天水市甘谷县

主营业务：书画装裱

从业人员数（人）：1

销售额（万元）：1

资产总额（万元）：12

0147 甘谷伏羲画院

注 册 地：天水市甘谷县

主营业务：书画装裱

从业人员数（人）：1

销售额（万元）：1.5

资产总额（万元）：22

0148 甘谷柳城画廊

注 册 地：天水市甘谷县

主营业务：书画装裱

从业人员数（人）：1

销售额（万元）：2

资产总额（万元）：15

0149 少文画廊

注 册 地：天水市甘谷县

主营业务：书画装裱

从业人员数（人）：1

销售额（万元）：1

资产总额（万元）：15

0150 甘谷汇古阁

注 册 地：天水市甘谷县

主营业务：古玩，工艺美术品

从业人员数（人）：1

销售额（万元）：22

资产总额（万元）：169

0151 甘谷艺雅斋

注 册 地：天水市甘谷县

主营业务：书画装裱

从业人员数（人）：1

销售额（万元）：1.9

资产总额（万元）：23

0152 甘谷县艺馨轩

注 册 地：天水市甘谷县

主营业务：书画装裱，古玩

从业人员数（人）：1

销售额（万元）：1.6

资产总额（万元）：20

0153 甘谷县云龙脊兽

注 册 地：天水市甘谷县

主营业务：脊兽、琉璃瓦件等

从业人员数（人）：12

销售额（万元）：120

资产总额（万元）：365

0154 甘谷冀闽古玩行

注 册 地：天水市甘谷县

主营业务：古玩字画，工艺美术品

从业人员数（人）：1

销售额（万元）：23

资产总额（万元）：260

0155 甘谷碧玉斋

注 册 地：天水市甘谷县

主营业务：书画装裱

从业人员数（人）：1

销售额（万元）：1

资产总额（万元）：20

0156 甘谷雪鸿轩

注 册 地：天水市甘谷县

主营业务：书画装裱

从业人员数（人）：1

销售额（万元）：1

资产总额（万元）：10

0157 甘谷县聚艺阁

注 册 地：天水市甘谷县

主营业务：书画装裱，古玩

从业人员数（人）：1

销售额（万元）：1.8

资产总额（万元）：22

0158 甘谷典雅斋

注 册 地：天水市甘谷县

主营业务：书画装裱

从业人员数（人）：1

销售额（万元）：1.5

资产总额（万元）：19

0159 甘谷县宏刚木雕工艺厂

注 册 地：天水市甘谷县

主营业务：甘谷县宏刚木雕工艺厂主要以各类木雕制作加工出售及木材加工。木雕器材设施出租出售。

从业人员数（人）：12

销售额（万元）：7

资产总额（万元）：26

0160 甘谷朵金轩

注 册 地：天水市甘谷县

主营业务：书画装裱

从业人员数（人）：1

销售额（万元）：13.2

资产总额（万元）：60

0161 甘谷三友斋

注 册 地：天水市甘谷县

主营业务：书画装裱

从业人员数（人）：1

销售额（万元）：2.3

资产总额（万元）：20

0162 甘谷县博雅斋

注 册 地：天水市甘谷县

主营业务：书画装裱

从业人员数（人）：1

销售额（万元）：2

资产总额（万元）：16

0163 甘谷墨武堂

注 册 地：天水市甘谷县

主营业务：书画装裱

从业人员数（人）：1

销售额（万元）：1.1

资产总额（万元）：22

0164 甘谷鸿瑞画廊

注 册 地：天水市甘谷县

主营业务：书画装裱

从业人员数（人）：1

销售额（万元）：1.9

资产总额（万元）：26

0165 甘谷翰泉斋

注 册 地：天水市甘谷县

主营业务：书画装裱

从业人员数（人）：1

销售额（万元）：1

资产总额（万元）：14

0166 甘肃大漠行文化产业发展有限公司

注 册 地：天水市甘谷县

主营业务：麻编纤维制品生产

主要产品：麻鞋

从业人员数（人）：230

销售额（万元）：15000

资产总额（万元）：8000

简　　介：甘谷县大漠行麻编鞋业有限公司是一家专门从事麻编工艺制品研制开发和生产的出口型企业。其产品主要有麻凉鞋、麻拖鞋、休闲鞋，各种帽、包、座垫、装饰腰带，衣架、缆绳等 1000 多个品种，形成了以大青麻为主要原材料的系列化产品。

0167 武山县莹豪鸳鸯玉产业文化研发有限公司

注 册 地：天水市武山县山丹乡加油站旁

主营业务：玉器的加工销售

主要产品：鸳鸯玉器

从业人员数（人）：50

销售额（万元）：150

资产总额（万元）：200

简　　介：武山莹豪鸳鸯玉产业文化研发有限公司是莹豪玉业的下属公司，是一家立足文化健康领域的新型企业，致力于全球领先的玉器雕刻工艺的研发、生产、推广与销售。

主要产品为武山鸳鸯玉工艺品、美术品、夜光杯、装饰品。

0168 武山县车川玉器有限公司

注　册　地：天水市武山县山丹乡车川村

主营业务：玉器的加工销售

主要产品：玉器

从业人员数（人）：15

销售额（万元）：50

资产总额（万元）：20

0169 武山县琦荣民俗文化产业发展有限公司

注　册　地：天水市武山县城关镇南滨河路

主营业务：彩陶工艺品、鸳鸯玉制品、书画、古玩、皮影、麦秆画的批发和零售。

从业人员数（人）：40

销售额（万元）：200

资产总额（万元）：800

简　　　介：本公司是在甘肃打造华夏文明传承创新区的历史机遇下在武山成立的文化产业发展公司，武山是文化大县，历史文化积淀丰富，不仅是西北最早的现代人化石"武山人"的出土地，也是石岭下文化的发祥地，县内文化遗址众多，文化底蕴深厚，同时还是国家命名为"中国民间艺术之乡"、"书画之乡"，利用华夏文明传承创新区的历史机遇和武山丰富的文化资源，武山县琦荣民俗文化产业发展有限公司试图用专业化、产业化的方式对武山的文化市场进行营销推广，为武山的文化产业 做贡献。主要经营：书画、古玩、石岭下彩陶工艺品、鸳鸯玉制品、皮影、麦秆画等艺术品，是全面展现武山的文化成就与文化底蕴，集展示、营销、宣传为一体的文化产业发展有限公司。

0170 武威夏王陶瓷工艺制品有限公司

注　册　地：武威市凉州区

主营业务：集陶瓷研发、设计、生产、加工、制造、销售为一体的综合性陶瓷企业。

从业人员数（人）：150

销售额（万元）：500

资产总额（万元）：3000

简　　　介：武威夏王陶瓷工艺制品有限公司成立于2013年，地处铜奔马的故乡——甘肃武威，是一家年产500万件陶瓷酒瓶、陶瓷工艺品的生产企业。公司注册资金为1000万，是集陶瓷研发、设计、生产、加工、制造、销售为一体的综合性陶瓷企业。公司拥有一批从设计、生产、加工、制造一条龙的专业技术人才、先进设备和成套生产流水线。

0171 武威聚精文化创意产业发展有限公司

注　册　地：武威市凉州区

主营业务：文化产品设计；文化市场推广；大型会展设计布展；民俗文化产品、特色旅游工艺品、纪念品研发、生产、销售。

主要产品：西夏碑丝绸长卷、西夏碑手抄册页、魏文帝凉州葡萄诏炭雕、中国葡萄酒城炭雕、武威重刻剪纸系列、竹简系列、其他炭雕产品等。

从业人员数（人）：8

销售额（万元）：19

资产总额（万元）：220

简　　　介：武威聚精文化创意产业发展有限公司成立于2013年5月，主要从事文化产品设计、文化市场推广、大型会展设计布展、民俗文化产品、特色工艺品和销售。公司位于武威市凉州区崇文街武威十中西侧，前身为门窗加工厂，2013年，该公司积极响应国家大力发展文化产业，增强文化软实力的号召，与市博物馆达成技术合作协议，利用市博物馆现有文物资源和专业技术人员的优势，着手研发、生产了文物复仿制品和特色工艺品 30 多种，很好地填补了我市特色工艺品、纪念品的空缺。

0172 武威市博物馆文物复制厂

注　册　地：武威市凉州区文庙

主营业务：铜奔马的复制

从业人员数（人）：3

销售额（万元）：5

资产总额（万元）：9

简　　　介：武威市博物馆文物复制厂下属于武威市博物馆，是一家专业复制生产铜奔马的企业，成立于 1979 年 5 月，企业生产和销售地均位于文庙内，企业法人为马玉彪。

0173 武威市兴达铜字标牌厂

注　册　地：武威市凉州区

主营业务：铜字标牌的生产和电脑刻绘

从业人员数（人）：5

销售额（万元）：18

资产总额（万元）：20

简　　　介：武威市兴达铜字标牌厂是一家专门从事铜字标牌生产和电脑刻绘的私营独资企业，企业位于凉州区东大街文庙社区文昌路上（十中东北角），法人代表是文福山。

0174 武威市旅游开发公司工艺品复制部

注　册　地：武威市

主营业务：主要生产开发以马踏飞燕为主的文化旅游产品

主要产品：铜奔马复制品

从业人员数（人）：28

销售额（万元）：10

资产总额（万元）：30

简　　　介：该公司成立于 1994 年 3 月，生产

车间 2015 平方米，现有员工 28 人，其中工艺雕塑师 2 人，特种技工 3 人。主要生产开发以马踏飞燕为主的文化旅游产品，2002 年 7 月注册为雷台牌，截止目前生产稳定，经营正常。主要奖项有：1997 年 8 月兰洽会最受欢迎产品奖，2003 年 10 月中国北京国际艺术博览会最佳工艺奖，2009 年 5 月中国浙江义乌国际旅游商品博览会铜奖，2011 年 8 月甘肃省旅游商品十佳品牌。2013 年 9 月企业被武威市旅游局、工商局、文广局、质监局联合挂牌为"品牌马踏飞燕定点生产企业"。

0175 民勤县苏山地毯有限责任公司

注　册　地：武威市民勤县城东环路

主营业务：地毯及其系列产品、鞋、手套的加工、销售，农副产品（棉粮除外）购销。

主要产品：地毯、床毯、沙发坐垫、艺术挂毯

从业人员数（人）：50

销售额（万元）：33

资产总额（万元）：482

简　　　介：民勤县苏山地毯有限责任公司简介民勤县苏山地毯有限责任公司是在原民勤县地毯厂的基础上改制而成的一家生产企业，产品有"苏山"牌纯羊毛手工打结拉绞地毯、床毯、沙发坐垫、汽车坐垫和艺术挂毯。该系列产品已荣获"甘肃省名牌产品"称号，产品行销国内外，深受消费者青睐。

0176 民乐县玉缘商贸有限公司

注　册　地：张掖市民乐县南丰乡玉带村

主营业务：玉石工艺品的加工、销售

从业人员数（人）：8

销售额（万元）：20

资产总额（万元）：270

简　　　介：民乐县玉缘商贸有限公司成立于 2013 年 3 月份，位于民乐县南丰乡政府北侧，是张掖市首家自己生产、加工、销售玉

器的公司。公司邀请北京、河南等地有名的玉器雕刻师，从事大中小各类石雕、观赏石打磨、玉器设计与定做；来料加工、雕刻打磨、抛光、经验丰富技艺精湛。出售青海祁连玉、青海昆仑玉、南阳玉，其中主要加工出售祁连玉。

0177 临泽鲁忠周文化雕塑创意开发工作室

注　册　地：张掖市临泽县

主营业务：人物、动物、标志性雕塑、抽象创意雕塑等。

主要产品：《向往》、《腾飞》、《勤奋》、《韵》、《人才摇篮》，群雕"西路军魂"等雕塑作品。

从业人员数（人）：5

销售额（万元）：50

资产总额（万元）：100

简　　介：临泽鲁忠周文化雕塑创意开发工作室，设立在临泽县蓼泉镇双泉村，其作品涉及人物、动物、标志性雕塑、抽象创意雕塑等，所用的材料有泥、水泥、不锈钢、抛光铝板、蜡、硅胶等。

0178 临泽县守望者文化创意有限公司

注　册　地：张掖市临泽县

主营业务：将范制、雕刻、火绘、拼接等工艺组合融为一体，形成了独特的葫芦器工艺。其作品呈深、浅褐色，古朴典雅，清晰秀丽，所刻葫芦肌理变化具有一定的浮雕效果，别具一格。擅长人物、山水、花鸟、动物的葫芦雕刻技艺。

主要产品：人物、山水、花鸟、动物等葫芦雕刻技艺。

从业人员数（人）：5

销售额（万元）：30

资产总额（万元）：50

0179 高台县黄金珠宝店

注　册　地：张掖市高台县

主营业务：珠宝首饰零售

从业人员数（人）：4

销售额（万元）：236.8

资产总额（万元）：1360

0180 高台县银海金店

注　册　地：张掖市高台县

主营业务：珠宝首饰零售

从业人员数（人）：3

销售额（万元）：263.4

资产总额（万元）：1023

0181 高台县人民金行珠宝店

注　册　地：张掖市高台县

主营业务：珠宝首饰零售

从业人员数（人）：4

销售额（万元）：247.5

资产总额（万元）：1245

0182 高台县民生寄卖行有限责任公司

注　册　地：张掖市高台县

主营业务：工艺美术品及收藏品零售服务

从业人员数（人）：6

销售额（万元）：132.4

资产总额（万元）：926.1

0183 高台县红色文化艺术发展有限公司

注　册　地：张掖市高台县

主营业务：工艺美术品的创作与加工

从业人员数（人）：24

销售额（万元）：1123

资产总额（万元）：891.7

0184 肃南县马蹄寺飞天刺绣农民专业合作社

注 册 地：张掖市肃南县

主营业务：手工刺绣民族工艺品

主要产品：手工刺绣唐卡、挂画、颈椎、腰椎按摩枕、荷包、绣球等。

从业人员数（人）：52

销售额（万元）：110

资产总额（万元）：165

0185 肃南裕固族自治县祁连玉文化产业园

注 册 地：张掖市肃南县

主营业务：祁连玉工艺美术品生产销售

主要产品：祁连玉雕件、挂件

从业人员数（人）：196

销售额（万元）：1200

资产总额（万元）：22000

简　　介：总规划面积3000亩（2平方公里），由西安麟德旅游规划设计研究院规划设计，总投资22.4亿元，工程建设期3年，计划2013年年底完工。其中建筑面积18.9万㎡，道路面积7.8万㎡，广场面积12.7万㎡，水域面积42.8万㎡，绿化面积108万㎡。在空间布局上形成"一核一带五大园区"。2011年被中国观赏石协会命名为"中国观赏石之乡"、"祁连玉石之乡"。2012年，祁连玉文化产业园（玉水苑）已被国家文化部命名为国家文化产业示范基地。

0186 肃南县尧熬尔文化传承有限责任公司

注 册 地：张掖市肃南县

主营业务：裕固族民族工艺品挖掘、研发、生产、销售。

主要产品：裕固族民族工艺品

从业人员数（人）：25

销售额（万元）：350

资产总额（万元）：420

简　　介：肃南裕固族自治县尧熬尔原生态文化传承有限责任公司是唯一从事裕固族民族工艺品挖掘、研发、生产、销售为一体的综合性企业。收集、整理、保护、开发裕固族民族、民间文化是企业之本，随之而不断延伸开发生产的具有浓郁裕固族民族特色的工艺产品，深受广大游客的青睐。

0187 肃南裕固族自治县富达民族服饰有限责任公司

注 册 地：张掖市肃南县

主营业务：开发、制作、销售民族服饰及民族手工艺品。

从业人员数（人）：20

销售额（万元）：220

资产总额（万元）：285

简　　介：公司创办于2008年4月，注册资金120万元，现有厂房6间，营业网点3间，机械设备共50多台（件），成品半成品商品总价值220多万元，可开发民族服饰及民族手工艺品500余件，总资产达285万元。目前，公司的经营范围已由单一的民族服饰制作逐步向制作具有裕固族特色旅游工艺品区域发展，良好的信誉、精湛的技术和创新的理念是富达民族服饰工艺在市场中自我发展的能力越来越强。

0188 张掖市萨尔玛商贸有限责任公司

注 册 地：张掖市肃南县

主营业务：裕固族工艺美术品设计、制作、销售

从业人员数（人）：15

销售额（万元）：120

资产总额（万元）：180

简　　介：萨尔玛商贸有限责任公司成立于

2010 年，是集裕固族文化研究、设计、制作、销售和动漫创作为一体的文化产业开发公司。

0189 肃南县华鑫民族工艺地毯厂

注 册 地：张掖市肃南县

主营业务：地毯生产、加工、销售

从业人员数（人）：12

销售额（万元）：150

资产总额（万元）：480

简　　介：肃南县华鑫民族工艺地毯厂位于张掖市肃南县大河乡喇嘛湾村，总占地面积 1200 平方米，总投资 500 万元。是 2014 年列入肃南县城市建设规划的新建项目，建设内容主要以地毯生产、加工、销售为主的生产楼一幢三层，后工序加工（洗、染）生产用房（平房）6 间。

0190 白银银丽金银饰品有限公司

注 册 地：白银市白银区

主营业务：工艺品的销售

从业人员数（人）：10

销售额（万元）：130

资产总额（万元）：58

简　　介：白银银丽金银饰品有限公司位于白银区公园路 753 号，公司成立于 2002 年 7 月 3 日注册资金额为 50 万，占地面积 260 多平方米，进行金银珠宝销售服务。

0191 甘肃铜城铜业科技有限公司

注 册 地：白银市白银区

主营业务：工艺品的加工与销售

从业人员数（人）：35

销售额（万元）：210

资产总额（万元）：350

0192 白银珍宝琳艺术博览中心

注 册 地：白银市白银区

主营业务：工艺品销售

从业人员数（人）：20

销售额（万元）：187.8

资产总额（万元）：775

0193 白银林兰铜艺文化发展有限责任公司

注 册 地：白银市白银区

主营业务：铜工艺品制造

从业人员数（人）：22

销售额（万元）：586

资产总额（万元）：356

简　　介：白银林兰铜艺文化发展有限责任公司位于白银区银山路加油站北侧，成立于 2012 年 6 月 19 日，总投资 200 万元。该厂现已开发铸铜、书画至宝、铜质雕刻、铜版工艺、铜质建筑装饰、铜质饰品多个系列，60 多个类型 100 多个品种的工艺制品，同时也按客户需求进行设计加工各种铜质、银质等工艺制品。

0194 白银隆泰珠宝行

注 册 地：白银市白银区

主营业务：工艺品的销售

从业人员数（人）：15

销售额（万元）：320

资产总额（万元）：220

0195 白银林兰铜艺有限责任公司

注 册 地：白银市白银区

主营业务：铜工艺品制造

从业人员数（人）：22

销售额（万元）：586.7

资产总额（万元）：356

简　　介：白银林兰铜艺有限责任公司，成立于 2012 年 6 月 19 日，注册资本 110 万元整，位于白银市白银区银山路加油站北侧。公司总建筑面积 2 亩，现经营铜工艺品制造。

0196 白银铜城铜业科技有限公司

注 册 地：白银市白银区

主营业务：工艺品的加工与销售

从业人员数（人）：25

销售额（万元）：1300

资产总额（万元）：1020

0197 白银市平川区金宝珠宝首饰行

注 册 地：白银市平川区工商行政管理局

主营业务：珠宝首饰零售

从业人员数（人）：2

销售额（万元）：20

资产总额（万元）：30

0198 白银市平川区紫墨轩文化交流中心

注 册 地：白银市平川区

主营业务：工艺美术品及收藏品零售

从业人员数（人）：3

销售额（万元）：30

资产总额（万元）：60

0199 白银陇烨陶瓷有限公司

注 册 地：白银市平川区工商行政管理局

主营业务：陈设艺术陶瓷制造

从业人员数（人）：40

销售额（万元）：180

资产总额（万元）：2597

简 介：白银陇烨陶瓷有限公司成立于2005 年 8 月份，其前身为市属国有白银市靖远陶瓷厂。公司地处陶土资源丰富的白银市平川区，占地面积 12 万多平方米，建筑面积2 万多平方米，固定资产 4000 余万元，设备100 多台（套），试验仪器 50 多台（套）。

公司下设五个职能部门，一个陶瓷技术研究中心和两个生产车间。公司通过了质量管理体系认证，白银市科技型企业，现有专利九项，其中发明专利二项。主要产品有高档文化艺术陶瓷、日用陶瓷、特大发酵缸三大系列 200多个品种，产品主要销往西北、华北地区。

0200 白银霖冠农畜产品有限公司

注 册 地：白银市工商行政管理局

主营业务：地毯、挂毯制造

从业人员数（人）：10

销售额（万元）：60

资产总额（万元）：100

简 介：白银霖冠农畜产品公司创建于2003 年，坐落于甘肃省白银市平川中区开发区。占地面积 15000 平方米。是集原毛储运、贸易、毛纱纺织、马铃薯淀粉生产及专业开发生产毯业（地毯、床毯、挂毯、沙发垫、汽车手工垫、羊绒毯、机织毯）于一体的专业地毯轻工业企业。

0201 会宁世福工艺品文化交流中心

注 册 地：白银市会宁县

主营业务：工艺美术品制作、销售

从业人员数（人）：6

销售额（万元）：22

资产总额（万元）：6

0202 会宁县谦亚利古玩行

注 册 地：白银市会宁县会师镇会洲商贸城

主营业务：工艺美术品收藏及零售

从业人员数（人）：4

销售额（万元）：16

资产总额（万元）：20

0203 会宁县翰墨缘书画装裱店

注 册 地：白银市会宁县

主营业务：字画装裱

从业人员数（人）：3

销售额（万元）：12

资产总额（万元）：5

0204 会宁县黄土高原画派文化艺术传播中心

注 册 地：白银市会宁县会师门社区居委会

主营业务：工艺美术品制作、销售

从业人员数（人）：5

销售额（万元）：26

资产总额（万元）：10

0205 靖远雅集工艺美术装裱部

注 册 地：白银市靖远县乌兰镇会馆巷

主营业务：字画装裱服务

从业人员数（人）：2

销售额（万元）：3

资产总额（万元）：5

0206 靖远水云间十字绣艺裱部

注 册 地：白银市靖远县乌兰镇师范巷

主营业务：十字绣装裱服务及十字绣零售

从业人员数（人）：5

销售额（万元）：12

资产总额（万元）：20

0207 靖远县陶瓷美术工艺厂

注 册 地：白银市靖远县乌兰镇西大街

主营业务：瓷砖刻花服务及瓷砖零售

从业人员数（人）：1

销售额（万元）：6

资产总额（万元）：10

0208 景泰县汇丰金店

注 册 地：白银市景泰县一条山镇条山路

主营业务：黄金、珠宝、钯金、铂金、银玉、

手表、工艺礼品零售。

从业人员数（人）：4

销售额（万元）：60

资产总额（万元）：180

0209 平凉市正道文化艺术发展有限责任公司

注 册 地：平凉市崆峒区

主营业务：文艺艺术演出代理；经销纸织画，工艺艺术品，室内装饰，节会庆典，展馆，影视策划设计制作。

主要产品：平凉纸织画

从业人员数（人）：20

销售额（万元）：660

资产总额（万元）：280

简　　介：平凉市正道文化艺术公司1999年成立，注册资本880万元。二十多年来，先后为平凉及周边地区各部门研制各种文化礼品十多种；举办国家书协、美协、国家画院著名书画家笔会36场100多人次；为各级政府策划组织实施了大型节会庆典明星演唱会及专题晚会58场次；为社会公益事业捐资物80多万元，被市委市政府授予突出贡献单位奖；创出了中国平凉纸织画产品品牌，其工艺被列入省级非遗保护项目，产品荣获国家、省级多项金奖，中国文联，中国民间文化产业协会评审委员会2007年审核评定平凉纸织画和正道公司荣获中国制造·优秀品牌企业和珍贵艺术品，市政府指定平凉纸织画为市级接待用旅游文化礼品。

0210 崆峒文化艺术有限责任公司

注 册 地：平凉市崆峒区

主营业务：旅游文化产品的开发、销售和宣传

主要产品：崆峒纸织画系列；崆峒纪念币系列；崆峒雕漆系列；崆峒竹简系列；崆峒桃木制品系列；崆峒刺绣、香包系列；保健饮

料、保健醋、保健药酒系列；崆峒烙画、崆峒石板画系列；崆峒木鱼石制品系列；中国崆峒风景金箔画系列；崆峒玄武印章系列；崆峒皮影系列；崆峒剪纸系列；崆峒剑系列；崆峒山道教八十一化图解系列；崆峒养生茶系列；崆峒银币系列；崆峒药枕系列等十八个系列传统艺术珍品。

从业人员数（人）：26

销售额（万元）：114

资产总额（万元）：300

简　　介：崆峒文化艺术有限责任公司崆峒文化艺术有限责任公司成立于2006年，隶属于崆峒山管理局下属企业崆峒山旅游集团，是崆旅集团投巨资发展文化产业战略的运作实体，现有营销部、企业策划部、产品研发部等九大部门，2009年通过了ISO9001:2000标准质量管理体系认证。

0211 泾川县弘怡苑艺饰总汇

注　册　地：平凉市泾川县

主营业务：装饰画、旅游纪念品、艺术品销售

从业人员数（人）：1

资产总额（万元）：5

0212 泾川华润陶瓷有限公司

注　册　地：平凉市泾川县汭丰乡焦家会村

主营业务：日用陶瓷制品及包装物、园林陈设艺术制品制造、销售。

0213 泾川县卧云轩字画装裱店

注　册　地：平凉市泾川县工商行政管理局

主营业务：古玩、书画零售；字画装裱

从业人员数（人）：1

资产总额（万元）：10

0214 泾川县馨怡花屋

注　册　地：平凉市泾川县

主营业务：鲜花、工艺品零售，婚车装饰

从业人员数（人）：1

资产总额（万元）：3

0215 泾川县张霞民俗工艺有限公司

注　册　地：平凉市泾川县北新街

主营业务：古典面塑、仿真花卉、陶塑、刺绣、丝带绣制作、销售。

0216 泾川县西王母书画经销店

注　册　地：平凉市泾川县工商行政管理局

主营业务：工艺美术品、文化用品、古玩、字画零售。

从业人员数（人）：1

资产总额（万元）：3

0217 泾川县华兴古公司建筑艺术品有限

注　册　地：平凉市泾川县

主营业务：古建筑艺术品制造、销售

主要产品：古建筑房檐、飞檐、屋脊等

从业人员数（人）：8

资产总额（万元）：50

0218 泾川县王母文化画廊

注　册　地：平凉市泾川县

主营业务：工艺美术品及收藏品零售，字画材料零售。

从业人员数（人）：1

资产总额（万元）：2

0219 泾川县墨宝斋字画店

注　册　地：平凉市泾川县

主营业务：工艺美术品及收藏品零售

从业人员数（人）：1

资产总额（万元）：1

0220 泾川县博古斋画廊

注 册 地：平凉市泾川县

主营业务：字画、古玩零售

从业人员数（人）：1

资产总额（万元）：10

0221 泾川县高平镇文宝斋古玩店

注 册 地：平凉市泾川县高平镇街道

主营业务：工艺品、美术品

从业人员数（人）：1

销售额（万元）：2

资产总额（万元）：5

0222 华亭县无墨斋画廊

注 册 地：平凉市华亭县

主营业务：字画装表

从业人员数（人）：3

销售额（万元）：20

资产总额（万元）：15

0223 华亭县大千画廊

注 册 地：平凉市华亭县

主营业务：工艺礼品、美术品制作

从业人员数（人）：2

销售额（万元）：20

资产总额（万元）：5

0224 华亭县天工文化发展有限责任公司

注 册 地：平凉市华亭县

主营业务：工艺玻璃、旅游工艺品、名人字画

从业人员数（人）：3

销售额（万元）：30

资产总额（万元）：200

0225 华亭县巧爱手工作坊

注 册 地：平凉市华亭县

主营业务：钻石画、手工布花

从业人员数（人）：2

销售额（万元）：6

资产总额（万元）：4

0226 华亭县安口工艺美术陶瓷厂

注 册 地：甘肃华亭

主营业务：工艺、美术、日用陶瓷生产

从业人员数（人）：3

销售额（万元）：30

资产总额（万元）：15

0227 华亭县新力书画艺术有限公司

注 册 地：平凉市华亭县东华镇文化街

主营业务：艺术品、美术品、字画交流、装裱装框、文体用品销售、文化传媒、打字复印、广告牌制作、演艺娱乐、民间民俗工艺品生产销售、群众文化活动服务。

从业人员数（人）：15

销售额（万元）：10

资产总额（万元）：1000

0228 平凉亚平文化艺术有限公司

注 册 地：平凉市庄浪县

主营业务：木雕、根雕、泥金纸质画、庄浪书画制作与销售。

从业人员数（人）：20

销售额（万元）：200

资产总额（万元）：500

简　　　介：平凉亚平文化艺术有限公司是自然人魏亚平于 2012 年 4 月创办成立的，是今年扶植培育的重点文化企业，是庄浪书画的展览部和对外书画的交流部。

0229 庄浪县鑫鸿博古雕刻装饰有限责任公司

注 册 地：平凉市庄浪县

主营业务：木雕、根雕等制作与销售

从业人员数（人）：52

销售额（万元）：200

资产总额（万元）：500

简　　介：庄浪县鑫鸿博古雕刻装饰有限责任公司是借助庄浪传统工艺木雕技术，于 2011 年 11 月，通过多方考查论证，由自然人蒙建辉在庄浪县南坪乡大庄村落地并挂牌成立，注册资金 50 万元。在 2012 年第五届省文博会上，招商引资 1000 万元，用于该公司的改扩建。该改扩建项目位于庄浪县水洛镇西关村七社，总投资 1800 万元，占地面积 10000 平方米。现已投资 800 万元，新建砖混结构厂房 1280 平方米，成品展厅 640 平方米，二层办公楼 640 平方米，材料库 900 平方米，职工宿舍 140 平方米，目前厂房及办公楼正在建设中。其主做红木家具雕刻，年设计生产能力 2500 件套，年产值达 500 万元，是我县重点扶植和培育的文化企业之一。

0230　庄浪县正和文化产业发展有限责任公司

注 册 地：平凉市庄浪县

主营业务：雕塑工艺品制造

从业人员数（人）：60

销售额（万元）：1000

资产总额（万元）：5000

简　　介：庄浪县正和文化产业发展有限责任公司位于庄浪县韩店镇，由自然人贺恩泽于 2013 年 3 月创办成立，注册资金 1000 万元，企业性质是工艺美术品制造，从业人员 60 人，在第九届中国（深圳）国际文化产业博览交易会完成签约仪式，投资方为山东省菏泽骏驰电器有限责任公司（经理李德广），签约资金 12000 万元。

0231　庆阳天祥商贸有限公司

注 册 地：庆阳市西峰分局

主营业务：香包工艺品

主要产品：香包

从业人员数（人）：8

销售额（万元）：20

资产总额（万元）：38

0232　庆阳锐利剪纸艺术有限公司

注 册 地：庆阳市西峰市

主营业务：香包剪纸的制作与销售

主要产品：剪纸

从业人员数（人）：11

销售额（万元）：28

资产总额（万元）：60

0233　庆阳凌云服饰集团轩辕香包艺术有限公司

注 册 地：庆阳市西峰市

主营业务：香包的制作与销售

主要产品：香包

从业人员数（人）：35

销售额（万元）：40

资产总额（万元）：260

0234　庆阳美联营销有限公司

注 册 地：庆阳市西峰市

主营业务：香包工艺品的制作与销售

主要产品：香包

从业人员数（人）：8

销售额（万元）：10

资产总额（万元）：40

0235　庆阳御秀坊香包工艺有限责任公司

注 册 地：庆阳市西峰市

主营业务：香包的制作与销售

主要产品：香包

从业人员数（人）：5

销售额（万元）：25

资产总额（万元）：45

0236 庆阳润园绿化有限责任公司

注 册 地：庆阳市西峰区民族路 183 号

主营业务：园林植物开发、种植、销售；园林环境景观的设计、园林绿化工程施工、园林维护。

从业人员数（人）：6

销售额（万元）：195

资产总额（万元）：680

0237 庆阳荣幸工艺品农民专业合作社

注 册 地：庆阳市

主营业务：香包工艺品的制作与销售

主要产品：香包

从业人员数（人）：6

销售额（万元）：30

资产总额（万元）：50

0238 庆阳华德香包文化传播有限公司

注 册 地：庆阳市西峰市

主营业务：香包工艺品的制作与销售

主要产品：香包

从业人员数（人）：6

销售额（万元）：22

资产总额（万元）：40

0239 甘肃宏达集团庆阳市陇东文宝古玩城有限公司

注 册 地：庆阳市西峰区长庆大道 27 号

主营业务：首饰、工艺美术品、收藏品及其他文化用品展览及销售。

从业人员数（人）：9

销售额（万元）：4652

资产总额（万元）：17752

简　　介：甘肃宏达集团庆阳市陇东文宝古玩城有限公司成立于 2007 年 05 月 17 日，公司位于甘肃省庆阳市西峰区长庆大道 27 号，公司注册资本 4200 万元，公司经营范围是首饰、工艺美术品、收藏品及其他文化用品展览及销售。

0240 庆阳绣芳香包刺绣有限公司

注 册 地：庆阳市西峰市

主营业务：香包的制作与销售

主要产品：香包

从业人员数（人）：7

销售额（万元）：30

资产总额（万元）：60

0241 庆阳市庆林生态工程有限公司

注 册 地：庆阳市西峰区北大街 276 号

主营业务：造林工程设计及施工，果园规划建设，园林规划设计及工程施工（凭资质证经营），苗木、花卉、园林器械销售及技术咨询服务。

从业人员数（人）：8

销售额（万元）：58

资产总额（万元）：235

0242 庆阳香美轩工艺品有限公司

注 册 地：庆阳市西峰市区

主营业务：香包工艺品的制作与销售

主要产品：香包

从业人员数（人）：7

销售额（万元）：18

资产总额（万元）：36

0243 庆阳雅集民俗文化传播有限公司

注 册 地：庆阳市西峰区安定西路

主营业务：香包、刺绣、皮影、制作销售

主要产品：香包、刺绣、皮影

从业人员数（人）：2

销售额（万元）：35

资产总额（万元）：16

简　　介：庆阳集雅民俗文化传播有限公司，成立于 2012 年 3 月 14 日，该店位于庆阳市西峰区安定西路寨子乡文化站楼下，法定代表人为马荣。该公司是一家以手工刺绣为主导、手工香包系列产品为配套，集设计、开发、生产、销售于一体的生产销售公司。公司成立以来，以专业的队伍、严谨的管理、精湛的技术，着力打造庆阳手工香包和手工刺绣的新辉煌和新局面。

0244 庆阳马荣刺绣有限公司

注　册　地：庆阳市西峰区安定西路

主营业务：香包、刺绣、剪纸、设计制作销售

主要产品：香包、刺绣、剪纸

从业人员数（人）：2

销售额（万元）：36

资产总额（万元）：18

简　　介：庆阳马荣刺绣有限公司坐落于著名的香包之乡、西部名城庆阳市西峰区安定西路寨子乡文化站楼下，由马荣女士投资创建于 2002 年。是一家以手工刺绣为主导、手工香包系列产品为配套，集设计、开发、生销售于一体的生产销售公司。公司成立以来，以专业的队伍、严谨的管理、精湛的技术，着力打造庆阳手工香包和手工刺绣的新辉煌和新局面。

0245 庆阳浩然轩文化艺术有限公司

注　册　地：庆阳市西峰区北大街

主营业务：香包、刺绣、剪纸的制作与销售

主要产品：香包、刺绣、剪纸

从业人员数（人）：3

销售额（万元）：85

资产总额（万元）：200

0246 西峰区佳园福香包店

注　册　地：庆阳市西峰区安定西路

主营业务：香包刺绣零售

从业人员数（人）：2

销售额（万元）：35

资产总额（万元）：10

简　　介：庆阳市西峰区佳园福香包店坐落于西峰区安定西路。由张源泉投资创建于 2013 年。是一家以手工刺绣为主导、手工香包系列产品为配套，集设计、开发、生销售于一体的生产销售公司。公司成立以来，以专业的队伍、严谨的管理、精湛的技术，着力打造庆阳手工香包和手工刺绣的新辉煌和新局面。

0247 庆阳市翰墨斋刺绣香包有限公司

注　册　地：庆阳市西峰区安定西路

主营业务：香包、刺绣、剪纸、生产零售

从业人员数（人）：2

销售额（万元）：36

资产总额（万元）：19

简　　介：庆阳市翰墨斋刺绣香包有限公司坐落于西峰区安定西路寨子乡文化站楼下，由郭生金投资创建于 2012 年。是一家以手工刺绣为主导、手工香包系列产品为配套，集设计、开发、生销售于一体的生产销售公司。

0248 庆阳博艺香包刺绣有限公司

注　册　地：庆阳市西峰区北大街

主营业务：香包、刺绣、剪纸

从业人员数（人）：5

销售额（万元）：20

资产总额（万元）：50

简　　介：庆阳博艺香包刺绣有限公司创立

于 2011 年 08 月 08 日，位于西峰区北大街。

0249 西峰区宏伟古建筑陶艺制品厂

注 册 地：庆阳市肖金镇王庄南庄队

主营业务：艺术陶艺制品

从业人员数（人）：10

销售额（万元）：12

资产总额（万元）：7

0250 西峰区弘发民间香包刺绣经销部

注 册 地：庆阳市西峰区北部商城中六区 12 排

主营业务：香包、刺绣加工销售

从业人员数（人）：6

销售额（万元）：4

资产总额（万元）：6

简 介：西峰区弘发民间香包刺绣经销部成立于 2010 年 3 月，自成立以来致力于庆阳香包民俗文化产品的研发、香道研发、生产与销售、农耕民俗收藏。在生产经营方面，坚持收藏、保护、传承、创新的经营模式，积极带动周围群众就业，全市七县一区设有加工生产点，取得了较好的社会效益和经济效益。

0251 庆阳陇秀阁香包文化有限公司

注 册 地：庆阳市西峰区安定西路

主营业务：香包、刺绣、工艺品加工销售

从业人员数（人）：2

销售额（万元）：50

资产总额（万元）：20

简 介：庆阳陇秀阁香包文化有限公司坐落于西峰区安定西路，由石强投资创建于 2010 年。是一家以手工刺绣为主导、手工香包系列产品为配套，集设计、开发、生销售于一体的生产销售公司。公司成立以来，以专业的队伍、严谨的管理、精湛的技术，着力打造庆阳手工香包和手工刺绣的新辉煌和

新局面。

0252 庆阳陇韵文化传播有限公司

注 册 地：庆阳市西峰区北大街

主营业务：香包、刺绣、剪纸、皮影、字画的生产。

从业人员数（人）：10

销售额（万元）：1

资产总额（万元）：10

简 介：庆阳陇韵文化传播有限公司成立于 2012 年 04 月 06 日，主要生产香包刺绣工艺产品，如荷包、十二生肖立体挂件飞禽走兽刺绣挂件、绣花拖鞋、儿童虎头斗篷、虎头鞋、小盖被、刺绣宫灯系列产品、刺绣软裱卷轴画、装帧镜框等；生产民间传统生活用品。

0253 庆阳市西峰区弘华民间香包刺绣经销部

注 册 地：庆阳市西峰区

主营业务：香包、刺绣加工销售

从业人员数（人）：7

销售额（万元）：5

资产总额（万元）：10

0254 庆阳锦艺香包刺绣有限公司

注 册 地：庆阳市西峰区安定西路

主营业务：手工香包、刺绣、皮影、剪纸、制作销售。

主要产品：香包、刺绣、皮影、剪纸

从业人员数（人）：2

销售额（万元）：34

资产总额（万元）：15

0255 庆阳星豆香包刺绣有限公司

注 册 地：庆阳市西峰区安定西路

主营业务：手工香包、刺绣、皮影、剪纸、

制作销售。

从业人员数（人）：2

销售额（万元）：38

资产总额（万元）：20

0256 庆阳藏珍商贸有限公司

注 册 地：庆阳市西峰区安定西路

主营业务：香包、刺绣加工零售

主要产品：香包、刺绣。

从业人员数（人）：2

销售额（万元）：38

资产总额（万元）：50

0257 庆阳永祥陇绣传播有限公司

注 册 地：庆阳市西峰区北大街

主营业务：工艺品制作、销售

从业人员数（人）：30

销售额（万元）：75

资产总额（万元）：100

0258 西峰区品艺香包店

注 册 地：庆阳市西峰区安定西路

主营业务：香包、刺绣、皮影、剪纸零售

从业人员数（人）：2

销售额（万元）：30

资产总额（万元）：8

0259 庆阳群英香包有限公司

注 册 地：庆阳市西峰区后官寨乡南佐村白庄队 12 号

主营业务：香包、刺绣加工、销售

从业人员数（人）：13

销售额（万元）：60

资产总额（万元）：40

0260 马慧霞香包店

注 册 地：庆阳市西峰区安定西路

主营业务：香包、刺绣零售

从业人员数（人）：1

销售额（万元）：26

资产总额（万元）：5

0261 李保卫香包店

注 册 地：庆阳市西峰区安定西路

主营业务：香包、刺绣零售

从业人员数（人）：1

销售额（万元）：28

资产总额（万元）：5

0262 庆阳西部红香包有限公司

注 册 地：庆阳市西峰区北大街

主营业务：香包、刺绣、剪纸、皮影生产

从业人员数（人）：3

销售额（万元）：10

资产总额（万元）：50

0263 庆阳红秀坊民间工艺品有限公司

注 册 地：庆阳市西峰区安定西路

主营业务：香包、皮影、剪纸、刺绣设计、制作加工零售。

从业人员数（人）：2

销售额（万元）：28

资产总额（万元）：18

0264 西峰区仲满香包刺绣店

注 册 地：庆阳市西峰区安定西路

主营业务：香包、刺绣零售

从业人员数（人）：2

销售额（万元）：50

资产总额（万元）：25

0265 庆阳金艺香包刺绣有限公司

注 册 地：庆阳市西峰区北大街

主营业务：工艺品制作、销售

从业人员数（人）：3

销售额（万元）：13

资产总额（万元）：10

0266 西峰区惠德园林石雕工艺中心

注 册 地：庆阳市西峰区后官寨乡司官寨村郝岭队 67 号

主营业务：园林石景、石碑雕刻，大、中、小型石景设计及安装服务。

从业人员数（人）：7

销售额（万元）：15

资产总额（万元）：30

0267 西峰区绣艺缘刺绣店

注 册 地：庆阳市西峰区后官寨乡司官寨村柳树坳队。

主营业务：香包、刺绣加工、销售

从业人员数（人）：2

销售额（万元）：5

资产总额（万元）：6

0268 杨小龙香包店

注 册 地：庆阳市西峰区安定西路

主营业务：香包、刺绣零售

从业人员数（人）：2

销售额（万元）：27

资产总额（万元）：5

0269 庆阳锦绚香包刺绣有限公司

注 册 地：庆阳市西峰区民族南路 216 号

主营业务：香包、刺绣加工、销售

从业人员数（人）：2

销售额（万元）：50

资产总额（万元）：100

简　　介：庆阳锦绚香包刺绣有限公司，是集购、产、销为一体的香包、刺绣企业。公司以弘扬民族文化，挖掘民间工艺的经营思想，充分发挥本地传统的手工资源优势，在制作过程中加入现代设计理念，将古典情怀与时尚色彩有机融合使得件件产品成为精品中的精品，自己独特的创意和精美的工艺赢得了客户的高度赞誉，同时也为企业赢得了大批的定单。

0270 庆阳戴虹陇绣艺术品有限公司

注 册 地：庆阳市西峰区北大街

主营业务：工艺品加工、销售

从业人员数（人）：8

销售额（万元）：60

资产总额（万元）：50

0271 正宁县绣金匾香包刺绣有限公司

注 册 地：庆阳市正宁县城中街

主营业务：香包刺绣、工艺品加工、批发、对外贸易销售。

主要产品：香包刺绣、工艺品

从业人员数（人）：12

销售额（万元）：30

资产总额（万元）：70

简　　介：正宁县绣金匾香包刺绣有限公司简介正宁县绣金匾香包刺绣公司利用这一得天独厚的条件，专门从事香包、刺绣等民间工艺品的生产、销售、及研制开发。该企业是一所自主经营、自负盈亏的进出口贸易企业，采用"公司＋基地＋农户"的生产管理模式，开发民俗文化产品 300 余种，年生产 20 多万件。

0272 正宁县神韵红馆刺绣有限公司

注 册 地：庆阳市正宁县北环路

主营业务：香包、刺绣、工艺品加工销售

从业人员数（人）：50

销售额（万元）：20

资产总额（万元）：20

简　　介：正宁县神韵红馆香包刺绣有限公司正宁县神韵香包刺绣有限公司创办于 2008 年，位于正宁县城北环路，注册资本 10 万元，主要生产具有庆阳传统特色的绣制品，现已形成以婴幼儿用品为突破口，以儿童鞋子、儿童帽子、等为主要产品的生产线。2009 年在北京开办了第一家直营店批发零售并作为对外宣传口，同时开通了网络直营销售店铺，现已形成正宁生产部和北京市场部两个核心业务部。

0273 巧大娘香包有限公司

注　册　地：庆阳市正宁县董庄村二祖

主营业务：香包刺绣

主要产品：香包

从业人员数（人）：200

销售额（万元）：5

资产总额（万元）：5

简　　介：该企业是一所自由经营企业，采用"公司＋基地＋农户"的生产经营管理模式，产品畅销江苏、浙江、北京等 10 多个省市和地区，文化气息浓厚。六娃闹春、十二生肖、吉庆有余、四季花瓶、喜上眉梢等代表作品曾在中国。庆阳民俗文化节上获得金、银、铜奖。

0274 正宁县丹凤香包刺绣有限公司

注　册　地：庆阳市正宁县山河镇东关村三组

主营业务：香包、刺绣、工艺品加工、销售

从业人员数（人）：20

销售额（万元）：8

资产总额（万元）：30

简　　介：正宁县丹凤香包工艺公司简介丹凤公司法人代表郜爱娃，她发挥刺绣方面的才能，带动引导了好多妇女开始刺绣继承与创作。她的作品前后几年受到《中国民间工艺美术委员会》甘肃省文联"钢奖"第十五

届中国西部商品交易会第二届中国庆阳节刺绣"银奖"。

0275 正宁县祥和山核桃工艺品加工有限公司

注　册　地：庆阳市正宁县

主营业务：山核桃工艺加工销售

主要产品：核桃工艺

从业人员数（人）：20

销售额（万元）：88

资产总额（万元）：182

简　　介：正宁县祥和山核桃工艺品加工有限公司简介正宁县祥和山核桃工艺品加工有限公司，地处风景秀美的甘肃省正宁县内，该公司由王小平和彭会仙创办，是我省一家山核桃纯手工工艺品制造公司，公司占地 400 平方米，设备 10 台，员工 20 人，厂房 200 平方米，技术人员 3 人。产品销往兰州．西安等地。公司的产品以所产的野生山核桃为原料，利用野生山核桃独特的纹理和自然镂空的效果及坚硬的质地，在能工巧匠的仔细琢磨下，经过洗选、切片、剔果仁、干燥、粘接、定型、抛光、细雕等三十几道工序制作而成。由于整个加工过程系纯手工操作，因此，产品完整的保留了山核桃的原始外形和自然花纹，真正实现了将时尚与传统，古朴与典雅的巧妙结合。

0276 正宁县丛梅香包刺绣有限公司

注　册　地：庆阳市正宁县城北环路

主营业务：香包刺绣、工艺品加工销售

从业人员数（人）：50

销售额（万元）：20

资产总额（万元）：20

简　　介：正宁董庄从梅香包刺绣公司该公司是以赵从梅家庭刺绣发展起来的一家刺绣公司。自 1984 年以来，充分发挥专长，

精心制作香包工艺品。其题材广泛，内容丰富，造型精巧，寓意深刻。多年来，其作品达 140 多种，年产量上万件，年平均收入 50000 元。产品畅销于北京、苏杭、广州、海南等地。中央美术学院著名教授、民间艺术研究主任勒之林鉴赏她的作品，称赞不绝，并嘱"正宁香包香天下"之美誉。

0277　正宁县会琴香包刺绣有限公司

注 册 地：庆阳市正宁县周家下冯村

主营业务：香包、刺绣、工艺品加工、销售

从业人员数（人）：110

销售额（万元）：7.8

资产总额（万元）：30

简　　介：公司简介朱慧琴香包公司是正宁县周家乡下冯村妇女朱慧琴于 2003 年 3 月投资建办的集生产加工和组织销售为一体的经营实体，现有厂房 4 间，设有加工间、展销室等。公司开发耳枕、鱼枕、虎枕、狮枕、肚兜、绣鞋、鞋垫等各种香包刺绣五大类 160 多个品种，年生产加工 6000 余件，销售收入 7.8 万元，实现利润 2.6 万元，产品销售西安、兰州、广州、北京、深圳等大中城市。

0278　正宁县艺琳香包刺绣有限公司

注 册 地：庆阳市榆林子镇东街

主营业务：香包、刺绣、工艺品加工销售

主要产品：香包、刺绣、工艺品

从业人员数（人）：15

销售额（万元）：15

资产总额（万元）：50

简　　介：榆林子镇艺林香包公司简介榆林子镇艺林香包公司于 2008 年 11 月成立，坐落于榆林子东街，该基地在镇党委，政府领导下，面向全镇开展香包刺绣，剪纸，木雕等方面从业人员的技能培训。

0279　正宁县群艺书画有限公司

注 册 地：庆阳市正宁县榆林子镇

主营业务：书画装裱，工艺品、收藏品销售

从业人员数（人）：13

销售额（万元）：10

资产总额（万元）：500

简　　介：正宁县群艺书画有限公司，成立于 2014 年 8 月，设有办公室、展览部、外联部、策划部、教育培训中心，并有名人画廊，是集书画装裱，工艺美术品、收藏品加工销售于一身的文化公司。具有自主加工与学习培训相结合的能力。该公司位于庆阳市正宁县榆林子镇，占地面积 1500 平方米，建筑面积 400 平方米，总投资 500 万元。

0280　正宁县春秀阁香包刺绣有限公司

注 册 地：庆阳市正宁县宫河镇宫河村六组

主营业务：刺绣、香包、工艺品加工销售

主要产品：刺绣、香包

从业人员数（人）：400

销售额（万元）：126

资产总额（万元）：61.3

简　　介：企业基本情况说明春绣阁香包公司，是一家专业致力于设计、生产、销售各种香包、手腕香包、男女拖鞋、挂件、五毒肚兜、娃娃虎头鞋系列产品的公司。公司前期投资 50 万，以修建厂房、库房、车间、职工宿舍、食堂等 20 间。后期购进锈花机一台、缝纫机一台、拉货车一辆，以便送货。公司自 2007 年成立以来，积极吸纳各类民间艺人。

0281　正宁县七巧香包刺绣有限公司

注 册 地：庆阳市正宁县山河镇董庄行政村 08 号

主营业务：香包、刺绣、工艺品加工、销售

主要产品：香包、刺绣

从业人员数（人）：8

销售额（万元）：3

资产总额（万元）：10

简　　介：七巧香包刺绣公司简介庆阳市七巧香包公司成立于 2004 年，由七巧香包刺绣公司创办人 - 雷兰巧创办。自幼跟随祖母传统绣花技艺，钻研吸收湘、苏、蜀、粤四大名绣的艺术针法，创出了自己独特的刺绣技术。七巧香包刺绣主要经营，香包、刺绣，剪纸等民间工艺品，产品有绣花拖鞋、鞋垫、十二生肖，大小不同种类的孔雀灯，龙灯，等实用悦目的作品，产品受到专家及民间工艺品爱好者的好评。为人们展示了广泛的艺术欣赏空间。

0282 正宁县金如意香包刺绣有限公司

注　册　地：庆阳市正宁县湫头东街

主营业务：香包、刺绣、工艺品加工销售

主要产品：香包、刺绣

从业人员数（人）：16

销售额（万元）：2.6

资产总额（万元）：95

简　　介：正宁县金如意香包刺绣有限公司简介该公司于 2002 年举办"首届中国庆阳香包民俗文化节"时成立，是湫头乡文化站专干巩树科创建，原名"正宁县湫头乡民间香包刺绣研究开发公司"，2011 年 7 月 18 日正式注册为"正宁县金如意香包刺绣有限公司"，公司注册资金 10 万元，占地 0.6 亩，2013 年新建厂房 12 间（360 平方米），投入资金 85 万元。近年来公司生产文化产品 7200 多件套，产值 15 万多元，利润 2.9 万多元，为发展我县的文化产业取得了较好的经济效益和社会效益。

0283 华池县合琴香包刺绣有限公司

注　册　地：庆阳市华池县城壕乡街道

主营业务：香包、刺绣、剪纸制作、销售

主要产品：香包、刺绣、剪纸

从业人员数（人）：25

销售额（万元）：55

资产总额（万元）：30

0284 华池县民兴香包刺绣有限公司

注　册　地：庆阳市华池县上里塬乡

主营业务：香包、刺绣、剪纸制作、销售

主要产品：香包、刺绣、剪纸

从业人员数（人）：18

销售额（万元）：49

资产总额（万元）：26

0285 华池县永霞刺绣香包有限责任公司

注　册　地：庆阳市华池县东苑小区 1 号楼 7 号门面房

主营业务：香包、刺绣、剪纸、工艺品加工、销售。

主要产品：香包、刺绣、剪纸。

从业人员数（人）：20

销售额（万元）：85.1

资产总额（万元）：38

0286 华池县南梁红民间工艺品有限责任公司

注　册　地：庆阳市华池县花苑小区

主营业务：民间剪纸、刺绣、皮影、农民画制作、销售。

主要产品：民间剪纸、刺绣、皮影、农民画

从业人员数（人）：24

销售额（万元）：263.2

资产总额（万元）：28

0287 华池县锦逸雅绣艺有限责任公司

注 册 地：庆阳市华池县城关

主营业务：民间工艺刺绣制作、销售；刺绣工艺材料销售。

主要产品：民间工艺刺绣

从业人员数（人）：22

销售额（万元）：40

资产总额（万元）：41

0288 华池县新祥香包刺绣有限责任公司

注 册 地：庆阳市华池县山庄乡人民政府

主营业务：香包、剪纸、刺绣制作、销售

主要产品：香包、剪纸、刺绣

从业人员数（人）：15

销售额（万元）：24

资产总额（万元）：23

0289 华池县陇原情香包刺绣有限责任公司

注 册 地：庆阳市华池县东山广场

主营业务：香包、刺绣、剪纸、工艺品制作、销售。

主要产品：香包、刺绣、剪纸

从业人员数（人）：15

销售额（万元）：30

资产总额（万元）：20

0290 华池县绣彩轩刺绣有限公司

注 册 地：庆阳市华池县怀安乡

主营业务：香包、刺绣、剪纸制作、销售，书画展览。

主要产品：香包、刺绣、剪纸

从业人员数（人）：12

销售额（万元）：36

资产总额（万元）：38

0291 华池县锦绣坊香包刺绣有限公司

注 册 地：庆阳市华池县乔河乡虎洼村

主营业务：香包、刺绣、剪纸制作及销售；书画展览。

主要产品：香包、刺绣、剪纸

从业人员数（人）：16

销售额（万元）：15

资产总额（万元）：50

0292 华池县星萍民间工艺品有限责任公司

注 册 地：庆阳市华池县乔河乡火石沟门村

主营业务：民间剪纸、刺绣、香包、农民画、绣鞋制作及销售。

主要产品：民间剪纸、刺绣、香包、农民画、绣鞋

从业人员数（人）：120

销售额（万元）：286.7

资产总额（万元）：53.2

0293 华池县花儿香包刺绣有限责任公司

注 册 地：庆阳市华池县东关街

主营业务：香包、刺绣、剪纸制作、销售

主要产品：香包、刺绣、剪纸

从业人员数（人）：23

销售额（万元）：13

资产总额（万元）：30

0294 华池县华鑫首饰有限责任公司

注 册 地：庆阳市华池县城中街 16 号

主营业务：金银饰品零售，售后服务，玉饰品，工艺品零售。

从业人员数（人）：8

销售额（万元）：208

资产总额（万元）：140

0295 华池县南梁魅力香包刺绣有限责任公司

注 册 地：庆阳市华池县南梁乡街道

主营业务：香包、刺绣、剪纸制作、销售

主要产品：香包、刺绣、剪纸

从业人员数（人）：23

销售额（万元）：17

资产总额（万元）：50

0296 华池县悦华香包刺绣有限公司

注 册 地：庆阳市华池县悦乐镇悦乐村

主营业务：香包、刺绣、剪纸、皮影、工艺品制作、销售。

主要产品：香包、刺绣、剪纸、皮影

从业人员数（人）：16

销售额（万元）：16

资产总额（万元）：10

0297 华池县林锦民间工艺品有限责任公司

注 册 地：庆阳市华池县林镇乡

主营业务：香包、刺绣、剪纸、根雕、石雕的制作、销售；书画展览。

从业人员数（人）：15

销售额（万元）：40

资产总额（万元）：16

0298 华池县锦绣苑香包刺绣有限公司

注 册 地：庆阳市华池县王咀子乡

主营业务：香包、刺绣、剪纸制作、销售

主要产品：香包、刺绣、剪纸

从业人员数（人）：18

销售额（万元）：32

资产总额（万元）：45

0299 上海老凤祥银楼华池专卖店

注 册 地：庆阳市华池县城中街

主营业务：黄金，白金，珠宝，银饰，玉石零售。

从业人员数（人）：5

销售额（万元）：15

资产总额（万元）：12

0300 华池县华鑫首饰有限责任公司银楼首饰店

注 册 地：庆阳市华池县城中街 11 号

主营业务：银首饰、玉饰品、工艺品零售、售后服务。

从业人员数（人）：8

销售额（万元）：65

资产总额（万元）：290

0301 合水县福瑞香包刺绣店

注 册 地：庆阳市合水县

主营业务：香包刺绣批发零售

主要产品：香包刺绣

从业人员数（人）：3

销售额（万元）：6

资产总额（万元）：8

0302 合水县世艳刺绣农民专业合作社

注 册 地：庆阳市合水县

主营业务：刺绣制作及销售

主要产品：刺绣

从业人员数（人）：5

销售额（万元）：20

资产总额（万元）：50

0303 合水县宏鑫地毯农民专业合作社

注 册 地：庆阳市合水县

主营业务：地毯加工服务

主要产品：地毯

从业人员数（人）：6

销售额（万元）：6

资产总额（万元）：10

0304 合水县淑珍文化香包刺绣有限责任公司

注 册 地：庆阳市合水县

主营业务：香包刺绣的制作销售

主要产品：香包、刺绣。

从业人员数（人）：15

销售额（万元）：11

资产总额（万元）：15

0305 合水县庆和香包刺绣农民专业合作社

注 册 地：庆阳市合水县

主营业务：香包、刺绣制作及销售

主要产品：香包、刺绣

从业人员数（人）：5

销售额（万元）：3

资产总额（万元）：5

0306 合水县玉珍文化刺绣有限公司

注 册 地：庆阳市合水县

主营业务：香包、刺绣的制作销售

主要产品：香包、刺绣

从业人员数（人）：18

销售额（万元）：10

资产总额（万元）：10

0307 合水县天龙地毯农民专业合作社

注 册 地：庆阳市合水县

主营业务：地毯加工服务

主要产品：地毯

从业人员数（人）：0

销售额（万元）：6

资产总额（万元）：10

0308 合水县兴艺针织刺绣农民专业合作社

注 册 地：庆阳市合水县

主营业务：针织刺绣品生产及销售

主要产品：针织品、刺绣

从业人员数（人）：5

销售额（万元）：25

资产总额（万元）：50

0309 合水县翠峰文化专业合作社

注 册 地：庆阳市合水县

主营业务：香包刺绣的制作及销售

主要产品：香包刺绣

从业人员数（人）：6

销售额（万元）：25

资产总额（万元）：60

0310 合水县爱尔嘉地毯厂

注 册 地：庆阳市合水县

主营业务：地毯加工、销售

主要产品：地毯

从业人员数（人）：10

销售额（万元）：6

资产总额（万元）：10

0311 合水县黄河象民俗文化产业开发有限责任公司

注 册 地：庆阳市合水县

主营业务：香包、刺绣、剪纸、根雕、礼品加工销售。

主要产品：香包、刺绣、剪纸、根雕等

从业人员数（人）：68

销售额（万元）：50

资产总额（万元）：120

0312 合水县东升民俗文化产业农民专业合作社

注 册 地：庆阳市合水县

主营业务：香包刺绣等民俗文化产品的生产及销售

主要产品：香包、刺绣

从业人员数（人）：7

销售额（万元）：7

资产总额（万元）：13

0313 合水县祥瑞香包刺绣农民专业合作社

注 册 地：庆阳市合水县

主营业务：香包、刺绣制作及销售

主要产品：香包、刺绣

从业人员数（人）：5

销售额（万元）：3

资产总额（万元）：5

0314 合水县林源民俗文化产品有限责任公司

注 册 地：庆阳市合水县

主营业务：香包、刺绣、剪纸的制作销售

主要产品：香包、刺绣、剪纸

从业人员数（人）：10

销售额（万元）：8

资产总额（万元）：10

0315 合水县蟠蛟香包农民专业合作社

注 册 地：庆阳市合水县

主营业务：香包制作及销售

主要产品：香包

从业人员数（人）：5

销售额（万元）：30

资产总额（万元）：50

0316 合水县东阳书画院

注 册 地：庆阳市合水县

主营业务：书画交流、书画作品展示及销售

从业人员数（人）：4

销售额（万元）：10

资产总额（万元）：40

0317 合水县王庄民俗文化专业合作社

注 册 地：庆阳市合水县

主营业务：香包刺绣的制作及销售

主要产品：香包刺绣

从业人员数（人）：5

销售额（万元）：30

资产总额（万元）：100

0318 合水县大风堂书画装裱部

注 册 地：庆阳市合水县

主营业务：书画交流、装裱、艺术品生产收购及展销。

从业人员数（人）：1

销售额（万元）：20

资产总额（万元）：50

0319 合水县瑞珍香包刺绣农民专业合作社

注 册 地：庆阳市合水县

主营业务：香包刺绣制作及销售

主要产品：香包、刺绣。

从业人员数（人）：5

销售额（万元）：20

资产总额（万元）：60

0320 合水县庆合民俗文化专业合作社

注 册 地：庆阳市合水县

主营业务：香包刺绣的制作销售

主要产品：香包刺绣

从业人员数（人）：6

销售额（万元）：20

资产总额（万元）：80

0321 合水县锦绣民俗文化专业合作社

注　册　地：庆阳市合水县

主营业务：香包、刺绣制作及销售

从业人员数（人）：6

销售额（万元）：20

资产总额（万元）：60

0322 合水县根雕根艺轩农民专业合作社

注　册　地：庆阳市合水县

主营业务：根雕制作及销售

主要产品：根雕

从业人员数（人）：5

销售额（万元）：90

资产总额（万元）：20

0323 合水县淑珍香包加工店

注　册　地：庆阳市合水县

主营业务：香包加工

主要产品：香包

从业人员数（人）：3

销售额（万元）：12

资产总额（万元）：20

0324 合水县华阳书画有限责任公司

注　册　地：庆阳市合水县

主营业务：书画创作、装裱、销售、工艺品生产、收购及展销。

从业人员数（人）：3

销售额（万元）：5

资产总额（万元）：10

0325 合水县意浓文化产业农民专业合作社

注　册　地：庆阳市合水县

主营业务：香包刺绣等民俗文化产品生产及销售

主要产品：香包、刺绣

从业人员数（人）：8

销售额（万元）：12

资产总额（万元）：20

0326 合水县隆鑫民俗文化专业合作社

注　册　地：庆阳市合水县

主营业务：香包刺绣的制作销售

主要产品：香包刺绣

从业人员数（人）：6

销售额（万元）：30

资产总额（万元）：100

0327 合水县古今艺术品珍藏中心

注　册　地：庆阳市合水县

主营业务：工艺美术品零售

主要产品：工艺美术品

从业人员数（人）：1

销售额（万元）：3

资产总额（万元）：5

0328 宁县合和香包刺绣农民专业合作社

注　册　地：庆阳市宁县新宁镇辑宁路

主营业务：香包、刺绣加工销售、信息咨询服务。

主要产品：香包、刺绣

从业人员数（人）：5

销售额（万元）：10

资产总额（万元）：30

简　　　介：宁县合和香包刺绣农民专业合作

社主要经营手工刺绣、十字绣、专业装裱、制作出售各种刺绣图案及成品，采用真丝布线、手工刺绣加工工艺。合作社成立于2010年5月，位于宁县县城辖宁路，理事长及理事都长期从事刺绣工艺，积累了丰富的刺绣经验，技艺过人，多次举办培训班，培训刺绣学员，为农村妇女及下岗的就业和再就业开辟新路，使合作社成员一针一线绣出精彩人生，合作社产品绣工精湛，华贵典雅，精美绝伦，适用于各大宾馆、餐厅、居室挂饰，是馈赠宾客亲友的高档礼品。

0329 宁县秀宁刺绣农民专业合作社

注 册 地：庆阳市宁县春荣乡街道

主营业务：刺绣加工销售、信息咨询服务

主要产品：刺绣

从业人员数（人）：5

销售额（万元）：12

资产总额（万元）：60

简 介：宁县秀宁刺绣农民专业合作社主要经营手工刺绣、十字绣、专业装裱、制作出售各种刺绣图案及成品，采用真丝布线、手工刺绣加工工艺。合作社成立于2011年5月，位于宁县春荣乡街道，理事长及理事都长期从事刺绣工艺，积累了丰富的刺绣经验，技艺过人，多次举办培训班，培训刺绣学员。

0330 宁县中村民苑香包刺绣农民专业合作社

注 册 地：庆阳市宁县中村乡街道

主营业务：香包、刺绣加工销售、书画、石雕、信息咨询服务。

主要产品：香包、刺绣

从业人员数（人）：5

销售额（万元）：15

资产总额（万元）：50

0331 宁县巧媳妇香包刺绣农民专业合作社

注 册 地：庆阳市宁县新庄镇街道

主营业务：香包、刺绣、文化民俗产品的制作及销售、信息咨询及服务。

主要产品：香包、刺绣

从业人员数（人）：5

销售额（万元）：8

资产总额（万元）：70

0332 宁县厚生德书画农民专业合作社

注 册 地：庆阳市宁县春荣乡街道

主营业务：书画、刺绣装裱、销售、信息咨询服务。

主要产品：刺绣、书画

从业人员数（人）：5

销售额（万元）：15

资产总额（万元）：300

简 介：宁县厚生德书画农民专业合作社于2009年7月28日成立，位于宁县春荣乡街道，主要经营书画、刺绣装裱、销售、信息咨询服务。是一个集制作、收购、销售及技术服务为一体的专业合作组织。合作社社员结构为农村剩余劳动力、无业人员及下岗职工。

0333 宁县艺香苑刺绣农民专业合作社

注 册 地：庆阳市宁县新宁镇新宁村东山组

主营业务：刺绣加工、销售、信息咨询服务

主要产品：刺绣加工、销售

从业人员数（人）：5

销售额（万元）：10

资产总额（万元）：430

0334 宁县盛达书画艺术传媒农民专业合作社

注 册 地：庆阳市宁县和盛镇民乐东街 3 号

主营业务：书画创作、刺绣

主要产品：刺绣、书画创作

从业人员数（人）：5

销售额（万元）：10

资产总额（万元）：2

0335 宁县锦绣刺绣农民专业合作社

注 册 地：庆阳市宁县湘乐镇街道

主营业务：刺绣加工销售、信息咨询服务

从业人员数（人）：5

销售额（万元）：20

资产总额（万元）：500

0336 宁县印象刺绣农民专业合作社

注 册 地：庆阳市宁县春荣乡街道

主营业务：刺绣加工销售

主要产品：刺绣

从业人员数（人）：5

销售额（万元）：8

资产总额（万元）：200

0337 宁县雪霞剪纸农民专业合作社

注 册 地：庆阳市宁县瓦斜乡望宁村

主营业务：剪纸加工销售、信息咨询服务

主要产品：剪纸

从业人员数（人）：5

销售额（万元）：12

资产总额（万元）：15

0338 宁县炜丽香包刺绣农民专业合作社

注 册 地：庆阳市宁县新宁镇辑宁路

主营业务：香包、刺绣加工销售、信息咨询服务。

主要产品：香包、刺绣

从业人员数（人）：5

销售额（万元）：15

资产总额（万元）：10

0339 宁县花花刺绣农民专业合作社

注 册 地：庆阳市宁县春荣乡王台村

主营业务：刺绣加工销售、信息咨询服务

主要产品：刺绣

从业人员数（人）：5

销售额（万元）：8

资产总额（万元）：50

0340 宁县慧慧刺绣农民专业合作社

注 册 地：庆阳市宁县春荣乡宁春村

主营业务：刺绣加工销售、信息咨询服务

主要产品：刺绣

从业人员数（人）：5

销售额（万元）：6

资产总额（万元）：31

0341 宁县聚艺堂书法农民专业合作社

注 册 地：庆阳市宁县南义乡街道

主营业务：书法、刺绣、信息咨询服务

主要产品：刺绣、书画

从业人员数（人）：5

销售额（万元）：8

资产总额（万元）：11

0342 宁县伊人绣坊刺绣农民专业合作社

注 册 地：庆阳市宁县太昌乡联合村三组

主营业务：鞋、香包、刺绣、文化民俗产品的制作及销售，信息咨询与服务。

主要产品：香包、刺绣

从业人员数（人）：5

销售额（万元）：12

资产总额（万元）：30

0343 宁县庆隆香包刺绣农民专业合作社

注 册 地：宁县盘克镇街西村
主营业务：剪纸加工销售、信息咨询服务
主要产品：剪纸
从业人员数（人）：5
销售额（万元）：8
资产总额（万元）：20

0344 宁县百荟苑香包刺绣农民专业合作社

注 册 地：庆阳市宁县良平乡东街文化站
主营业务：香包、刺绣、加工销售、信息咨询服务。
主要产品：香包、刺绣
从业人员数（人）：5
销售额（万元）：10
资产总额（万元）：100

0345 宁县祥瑞香包刺绣农民专业合作社

注 册 地：庆阳市宁县金村乡崔庄村
主营业务：香包、刺绣加工销售、信息咨询服务。
主要产品：香包、刺绣
从业人员数（人）：5
销售额（万元）：8
资产总额（万元）：10

0346 宁县恒丰堂书画农民专业合作社

注 册 地：庆阳市宁县春荣乡宁春村
主营业务：书画装裱销售、信息咨询服务
主要产品：刺绣、书画
从业人员数（人）：5
销售额（万元）：10
资产总额（万元）：500

0347 庆城县凤宝斋文化发展有限公司

注 册 地：庆阳市庆城县
主营业务：香包刺绣产品、字画销售
主要产品：岐黄药枕系列、麻绳纳底绣花鞋、绣花拖鞋、虎枕系列、旅游纪念品及书画展览、香包等。
从业人员数（人）：176
销售额（万元）：52
资产总额（万元）：120
简　　介：公司成立于 2011 年 6 月并正式注册，现有固定资产 120 万元。

0348 庆阳市佳艺香包刺绣有限公司

注 册 地：庆阳市庆城县
主营业务：香包刺绣产品制作销售
主要产品：香包、挂件、花鸟刺绣绣花枕、绣花鞋、绣片。
从业人员数（人）：414
销售额（万元）：23
资产总额（万元）：141

0349 庆阳市兴玲香包刺绣有限责任公司

注 册 地：庆阳市庆城县
主营业务：香包刺绣产品生产与销售
主要产品：香包、绣花鞋、岐黄药枕枕、香包挂件挂件。
从业人员数（人）：147
销售额（万元）：26
资产总额（万元）：90

0350 庆城县岐伯药枕有限公司

注 册 地：庆阳市庆城县
主营业务：香包刺绣产品制作销售
主要产品：药枕、香包、绣片
从业人员数（人）：81
销售额（万元）：50

资产总额（万元）：152

0351 庆城县会香缘绣花鞋业有限公司

注 册 地：庆阳市庆城县

主营业务：香包刺绣产品制作销售

主要产品：各种绣花鞋

从业人员数（人）：300

销售额（万元）：61

资产总额（万元）：300

简　　介：庆城县会香缘绣花鞋业有限公司位于庆城北区香包刺绣城，注册成立于2009年5月，法人代表王巧惠。是一家专业从事各种绣花鞋、绣花拖鞋、民间手工刺绣制作、书画刺绣装裱的文化艺术品公司。公司管理制度完善，制作工艺齐全，对继承、推广、发展、弘扬陇东传统民间文化艺术有着相当的热忱和历史使命感。

0352 庆阳市庆春香包绣制开发有限责任公司

注 册 地：庆阳市庆城县

主营业务：香包刺绣产品制作销售

主要产品：香包、挂件、老虎枕、绣花鞋、布贴画。

从业人员数（人）：261

销售额（万元）：54

资产总额（万元）：390

简　　介：庆春香包绣制开发有限责任公司成立于2012年3月，注册资金60万元人民币，总投资120万元，由庆春香包编制培训中心转型升级而来。地点设在庆城县北区广场大十字东北角3楼。占地面积150平方米。

0353 庆城县奇明实业有限公司

注 册 地：庆阳市庆城县

主营业务：黄金首饰、工艺品的加工及销售

从业人员数（人）：30

销售额（万元）：1000

资产总额（万元）：3300

0354 庆城县锦绣江园刺绣有限责任公司

注 册 地：庆阳市庆城县

主营业务：刺绣山水画、花鸟画、绣花耳枕、鞋、帽、药枕、电脑腕枕制作销售。

主要产品：绣花鞋、绣花枕、香包

从业人员数（人）：48

销售额（万元）：21

资产总额（万元）：57

0355 庆城县双萍电脑香包刺绣有限公司

注 册 地：庆阳市庆城县

主营业务：香包刺绣产品图样绣制

主要产品：香包、绣花枕、孔雀灯

从业人员数（人）：76

销售额（万元）：29

资产总额（万元）：89

0356 庆城县雪宁刺绣有限责任公司

注 册 地：庆阳市庆城县

主营业务：香包刺绣产品制作销售

主要产品：香包、绣花鞋、绣花枕

从业人员数（人）：86

销售额（万元）：21

资产总额（万元）：108

0357 庆阳市爱玲香包刺绣有限公司

注 册 地：庆阳市庆城县

主营业务：香包刺绣产品制作销售

主要产品：香包、挂件、花鸟刺绣绣花枕、

绣花鞋、绣片。

从业人员数（人）：315

销售额（万元）：52

资产总额（万元）：400

0358 庆阳市彩云手工刺绣有限责任公司

注 册 地：庆阳市庆城县

主营业务：香包刺绣产品制作销售

主要产品：香包、挂件、绣花鞋，绣花抱枕

从业人员数（人）：270

销售额（万元）：41

资产总额（万元）：130

0359 庆城县前沿艺术开发有限责任公司

注 册 地：庆阳市庆城县

主营业务：香包刺绣产品制作销售

主要产品：香包、挂件、花鸟刺绣绣花枕、绣花鞋、绣片。

从业人员数（人）：135

销售额（万元）：37

资产总额（万元）：132

简 介：庆城县前沿艺术开发有限责任公司是一家专业从事香包、剪纸、刺绣、皮影、工艺品研发、生产、销售的私营企业。坐落于古老、文明、神奇、美丽的庆城县城内，具有得天独厚的地理优势。

0360 庆城县陇艳香包刺绣有限责任公司

注 册 地：庆阳市庆城县

主营业务：香包刺绣产品制作销售

主要产品：香包、挂件、绣花枕、绣花鞋、绣片。

从业人员数（人）：353

销售额（万元）：38

资产总额（万元）：170

0361 庆城县欣艺刺绣印染有限责任公司

注 册 地：庆阳市庆城县

主营业务：香包刺绣产品制作销售

主要产品：彩印、花样印刷，枕头、绣花鞋

从业人员数（人）：150

销售额（万元）：47

资产总额（万元）：160

简 介：庆城县欣艺刺绣印染有限责任公司的前身是庆城县精艺刺绣作坊，成立于2006年3月，2011年注册为欣艺刺绣印染有限责任公司，是一家集庆阳香包、民间刺绣、剪纸、皮影、布艺印染、生产与销售为一体的有限责任公司。公司主要以庆阳香包刺绣生产为主，并引进北京布艺印染设备。公司采用集中生产与分散加工相结合的形式。公司弘扬庆阳民间手工刺绣、传承岐黄文化，打造具有庆阳特色的民间刺绣精品。

0362 庆城县同乐艺术品有限公司

注 册 地：庆阳市庆城县

主营业务：香包刺绣产品制作销售

主要产品：绣花枕、绣花鞋

从业人员数（人）：67

销售额（万元）：12

资产总额（万元）：46

0363 庆城县言言香包刺绣有限公司

注 册 地：庆阳市庆城县

主营业务：香包刺绣产品制作销售

主要产品：绣花鞋、绣花枕

从业人员数（人）：280

销售额（万元）：41

资产总额（万元）：173

0364 庆阳市巧媳妇工艺编制有限公司

注 册 地：庆阳市镇原县城关镇东街 28 号

主营业务：刺绣、工艺编织，其他艺术品生产、销售。

从业人员数（人）：32

销售额（万元）：78

资产总额（万元）：35

简　　介：庆阳市巧媳妇工艺编织有限公司成立于 2007 年 6 月，是一家集手工工艺品研发、设计、培训、生产销售为一体的综合工艺品加工民营企业。公司设在镇原县开边镇中街，法人代表总经理李桂玲女士，为镇原县中原乡供销社原下岗职工，也是一名肢体二级残疾人士，省级民间艺术大师。

0365 镇原县彩霞剪民俗文化有限责任公司

注 册 地：庆阳市镇原县临泾乡包庄村委会

主营业务：剪纸、刺绣的制作与销售

从业人员数（人）：35

销售额（万元）：76

资产总额（万元）：62

简　　介：镇原县彩霞剪民俗文化有限责任公司成立于 2011 年 10 月，公司住所地为镇原县临泾乡街道，注册资金 10 万元，主要生产、经营剪纸、香包、刺绣，有职工 35 人。公司法定代表人为段彩霞，国家级民间文化艺术大师，国家非遗项目中国剪纸传承人。

0366 镇原县文苑工艺美术有限责任公司

注 册 地：庆阳市镇原县城关镇广场路 1 号

主营业务：民俗工艺品生产、销售

主要产品：民俗工艺品

从业人员数（人）：30

销售额（万元）：49

资产总额（万元）：38

0367 庆阳市富丽豪地毯有限公司

注 册 地：庆阳市镇原县新集乡唐塬行政村

主营业务：地毯加工

主要产品：地毯

从业人员数（人）：25

销售额（万元）：51

资产总额（万元）：98

0368 镇原县淑婷香包刺绣艺术品有限公司

注 册 地：庆阳市镇原县临泾乡席沟圈行政村惠沟自然村 83 号

主营业务：香包、刺绣制作销售

主要产品：香包、刺绣

从业人员数（人）：23

销售额（万元）：35

资产总额（万元）：61

0369 庆阳市华东刺绣工艺品有限公司

注 册 地：庆阳市镇原县孟坝镇王湾村委会

主营业务：刺绣、手工编织

从业人员数（人）：26

销售额（万元）：49

资产总额（万元）：66

简　　介：庆阳市华东刺绣工艺品有限公司成立于 2011 年 4 月份，注册资本 20 万元，主要从事刺绣加工。通过几年的诚信经营，公司由小到大，由弱到强，目前公司在镇原县孟坝镇西街租赁厂房综合楼 4 间 130 平方米，已拥有 20 多套刺绣设施，于 2008 年 8 月份投入生产，地理位置良好。

0370 庆阳市红杏子文化传播有限责任公司

注　册　地：庆阳市镇原县城关镇东街 30 号

主营业务：剪纸、香包生产、销售

主要产品：剪纸、香包

从业人员数（人）：36

销售额（万元）：63

资产总额（万元）：46

简　　　介：公司以弘扬、传承民族文化为重，拓展多种经营项目，年创作加工剪纸、包装工艺礼品、制作香包刺绣、装裱销售字画等达八万余幅（件），产品销往全国各地，对外也有部分产品销售，如日、美、法、韩等国。

0371 环县韩靖刺绣有限公司

注　册　地：庆阳市环县环洲路

主营业务：香包、刺绣制作、销售

主要产品：香包、刺绣

从业人员数（人）：5

销售额（万元）：60

资产总额（万元）：30

0372 环县亚平民俗文化产业有限责任公司

注　册　地：庆阳市环县曲子镇中街

主营业务：香包、刺绣、剪纸、皮影、鞋类制作及销售。

从业人员数（人）：6

销售额（万元）：90

资产总额（万元）：10

0373 庆阳红芳刺绣文化产业有限责任公司

注　册　地：庆阳市环县曲子镇街道

主营业务：刺绣、香包、剪纸、皮影制作、销售及技术培训服务。

从业人员数（人）：22

销售额（万元）：120

资产总额（万元）：10

0374 庆阳黄土民俗文化产业有限责任公司

注　册　地：庆阳市环县环城镇灵武路 97 号

主营业务：皮影系列产品开发、销售，皮影工艺品、剪纸、香包、刺绣、字画销售，装潢材料、亮化灯具销售；广告设计制作

从业人员数（人）：18

销售额（万元）：100

资产总额（万元）：30

0375 环县彩梅香包刺绣有限责任公司

注　册　地：庆阳市环县环城镇红星村北关 31 号

主营业务：香包、刺绣制作、销售

从业人员数（人）：19

销售额（万元）：180

资产总额（万元）：20

0376 环县百灵文化产业开发有限责任公司

注　册　地：庆阳市环县县城台州商业街 5B-01

主营业务：刺绣、香包、剪纸、皮影制作、销售及技术培训服务。

从业人员数（人）：16

销售额（万元）：200

资产总额（万元）：100

0377 甘肃省环县龙影文化产业开发有限责任公司

注　册　地：庆阳市环县县城西滩工业园区

主营业务：皮影系列产品开发、销售，皮影戏剧演出，技术人员培训，皮影工艺品、剪纸、香包、刺绣销售及进出口业务，本企业自产产品研究、开发（国家限定公司经营或禁止进口的商品及技术除外）。

主要产品：皮影、剪纸、香包、刺绣等

从业人员数（人）：46

销售额（万元）：320

资产总额（万元）：500

0378 环县巧琴文化产业有限责任公司

注 册 地：庆阳市环县曲子镇中街

主营业务：香包、刺绣、剪纸、皮影、鞋类制作及销售。

从业人员数（人）：8

销售额（万元）：120

资产总额（万元）：20

0379 环县八珠金香玉文化产业有限责任公司

注 册 地：定西市环县八珠街道文化站

主营业务：刺绣、皮影、字画、雕刻、泥塑、剪纸的加工及零售，文化娱乐、网络文化服务。

从业人员数（人）：6

销售额（万元）：60

资产总额（万元）：150

0380 定西玉泽金店

注 册 地：定西市工商行政管理局

主营业务：金银首饰销售

从业人员数（人）：7

销售额（万元）：150

资产总额（万元）：79.08

0381 定西市陇中剪纸艺术馆

注 册 地：定西市安定区

主营业务：剪纸的制作

主要产品：剪纸

从业人员数（人）：2

销售额（万元）：4

0382 甘肃剑之澜工贸有限公司

注 册 地：定西市安定区

主营业务：文化用品、工艺品、古玩、玉器、书画销售。

从业人员数（人）：20

销售额（万元）：30

资产总额（万元）：200

0383 通渭县艺飞麦秆画工艺品有限公司

注 册 地：定西市通渭县

主营业务：主营业务麦秆画创作、装裱，拍卖，展览，销售、文化艺术交流。

从业人员数（人）：15

销售额（万元）：20

资产总额（万元）：30

简 介：该公司成立于2012年12月，主营业务麦秆画创作、装裱，拍卖，展览，销售、文化艺术交流，固定从业人员15人。在市场中的地位：企业属于新组建的民营企业，在通渭市场中发展迅速，效益明显，形象良好。

0384 甘肃德艺工艺美术有限公司

注 册 地：定西市通渭县

主营业务：内画工艺品制作、销售；书画销售

从业人员数（人）：1

销售额（万元）：10

资产总额（万元）：200

0385 漳县玉泉古玩店

注 册 地：定西市漳县工商局城关分局

主营业务：奇石、古玩

从业人员数（人）：1

销售额（万元）：6

资产总额（万元）：2

0386 漳县贵清山书画艺术交流中心

注　册　地：定西市漳县工商局城关分局

主营业务：奇石、古玩、书画交流、艺术画廊

从业人员数（人）：1

销售额（万元）：10

资产总额（万元）：30

0387 漳县东泉奇石馆

注　册　地：定西市漳县工商局城关分局

主营业务：奇石、根雕、工艺品

从业人员数（人）：1

销售额（万元）：5

资产总额（万元）：4

0388 徽县鑫核缘山核桃手工艺品加工专业合作社

注　册　地：陇南市徽县高桥乡高桥村许庄社

主营业务：山核桃手工艺品、根雕、奇石、盆景等工艺品加工、制作及销售，采购、销售社员所需的加工原料；开展工艺品加工技术的交流与培训。

主要产品：特大双耳双环瓶、大赏瓶、大小扁肚美术瓶、大小观音瓶、天鹅瓶、孔雀瓶、石榴瓶、仿马踏飞燕、形象艺术老虎、各种挂件等。

从业人员数（人）：30

销售额（万元）：180

资产总额（万元）：288

简　　　介：徽县鑫核缘山核桃手工艺品加工专业合作社地处徽县高桥乡高桥村。企业主要从事山核桃手工艺品创造和开发，2008 年成立，充分利用当地有利资源，变废为宝，一来为当地群众带来了经济效益，而且填补了徽县文化产业的空白。现已规模生产并销售。

0389 泓茂艺术馆

注　册　地：陇南市西和县

主营业务：字画装裱

从业人员数（人）：2

销售额（万元）：12

资产总额（万元）：10

0390 砚润居

注　册　地：陇南市西和县

主营业务：字画装裱、文具、文化用品

从业人员数（人）：2

销售额（万元）：7

资产总额（万元）：4

0391 向阳艺联

注　册　地：陇南市西和县

主营业务：十字绣销售

从业人员数（人）：4

销售额（万元）：10

资产总额（万元）：20

0392 康县金银聚国达文化发展有限公司

注　册　地：陇南市康县

主营业务：根雕、奇石等工艺品加工及销售

从业人员数（人）：4

销售额（万元）：15

资产总额（万元）：10

0393 陇南麋鹿文化产业开发有限责任公司

注　册　地：陇南市康县

主营业务：根雕、草编等工艺品加工及销售

从业人员数（人）：2

资产总额（万元）：10

0394 临夏砖雕

注　册　地：临夏州

主营业务：主要生产传统手工砖雕、水泥仿砖雕、砖雕工艺品、古建筑屋顶装饰构建、

砖雕制品等，产品主要用于建筑构件、建筑及园林装饰、民居装饰、工艺品摆件、挂件、仿古建筑等。

从业人员数（人）：1980

销售额（万元）：1746

资产总额（万元）：50000

0395 临夏县祥泰工艺品有限责任公司

注　册　地：临夏州临夏县土桥镇

主营业务：手工砖雕雕刻、机械砖雕雕刻

主要产品：手工砖雕

从业人员数（人）：262

销售额（万元）：2600

资产总额（万元）：700

简　　　介：临夏县祥泰工艺品有限责任公司是一家集传统砖雕、木雕、古典建筑安装、工艺品生产及农民工职业技能培训为一体的民营实体企业。座落于素有"万顷塬"之称的临夏县北塬土桥镇经济开发新区。

0396 临夏县万发木制品有限公司

注　册　地：临夏经济开发区

主营业务：木制品

从业人员数（人）：45

销售额（万元）：500

资产总额（万元）：1200

简　　　介：我公司座落在临夏县尹集镇马九川村，临合二级公路南，占地27300平方米，公司总投资1200万元，拥有各种设备20件套，其中基础设施及各种生产设备、原材料贮备、加工车间及库房修投入900万元，300万元做为本公司的流动资金。

0397 临夏州兆美民族刺绣文化有限公司

注　册　地：临夏州

主营业务：民族民间手工刺绣的挂件、绣花鞋、鞋垫、服装服饰、床上用品、室内外布衣等刺绣制品、丝绸及刺绣技术培训。

从业人员数（人）：63

销售额（万元）：580

资产总额（万元）：998

简　　　介：临夏州兆美民族刺绣文化有限公司原为临夏县尹集镇文化站河州民族刺绣培训中心（1997年3月成立），于2012年4月注册成立，注册资金200万元。目前，拥有固定资产500多万元。公司以"挖掘、传承、弘扬民族刺绣艺术"为己任。

0398 临夏能成古典建筑装饰工程有限责任公司

注　册　地：临夏州临夏县黄泥湾乡

主营业务：手工砖雕雕刻

主要产品：手工砖雕

从业人员数（人）：160

销售额（万元）：6000

资产总额（万元）：4000

简　　　介：公司始建于1979年，经过三十多年的不断发展壮大，目前，公司下设五个分公司，即"临夏市枹罕铜匠庄古典建筑装饰构件公司"、"临夏县双城砖雕文化产业园"、"临夏县黄泥湾手工砖雕雕刻基地"、"新疆昌吉分公司"、"陕西省西安分公司"。

0399 临夏县锦绣工艺品有限公司

注　册　地：临夏州临夏经济园区

主营业务：河州巧姑牌"千层底"布鞋、民间刺绣。

主要产品：河州巧姑牌"千层底"布鞋、工艺布鞋、布拖鞋、橡筋鞋、一带鞋、耐磨鞋、休闲鞋、儿童鞋系列传统手工布鞋，谦营刺绣鞋垫、民间刺绣及小挂件等系列。

从业人员数（人）：60

销售额（万元）：60

资产总额（万元）：150

简　　介：临夏县锦绣工艺品有限公司创建于 2002 年，是一家具有 10 多年纯手工加工、销售布鞋历史的民营企业，其前身为临夏县兴林鞋厂，2012 年 10 月，临夏县兴林鞋厂通过改制，变更注册成立临夏县锦绣工艺品有限公司。注册资本 30 万元，主要生产河州巧姑牌"千层底"布鞋、工艺布鞋、布拖鞋、橡筋鞋、一带鞋、耐磨鞋、休闲鞋、儿童鞋系列传统手工布鞋，并为特种鞋需求者提供定制服务。谦营刺绣鞋垫、民间刺绣及小挂件等系列民俗特色产品。

0400　临夏县飞龙木雕有限公司

注　册　地：临夏州临夏县桥寺乡江川村
主营业务：木雕研发制作、木材加工与销售
从业人员数（人）：30
销售额（万元）：300
资产总额（万元）：200

简　　介：临夏县飞龙木雕有限公司成立于 2013 年 7 月，占地 5600 平方米，注册资金 200 万元，集木雕研发制作、木材加工与销售为一体的木雕产业支柱企业。公司位于桥寺乡江川村临三公路沿线，交通便利。

0401　临夏青韵砖雕有限公司

注　册　地：临夏州临夏县
主营业务：砖雕产品的研发销售
主要产品：砖雕
从业人员数（人）：350
销售额（万元）：258
资产总额（万元）：1172

简　　介：临夏青韵砖雕有限公司成立于 2012 年初，是一家从事砖雕研发、生产、销售的股份制公司。公司现已与甘肃临夏经济开发区达成征地合同，在该开发区新型建材

加工区 I 区 04 单元 02 号街坊征用土地 60 亩，专业从事砖雕生产及其文化艺术的传承保护工作。

0402　临夏神韵砖雕有限公司

注　册　地：临夏州临夏县黄泥湾乡
主营业务：手工砖雕雕刻、水泥砖雕雕刻
主要产品：手工砖雕，水泥砖雕
从业人员数（人）：186
销售额（万元）：5010
资产总额（万元）：1099

简　　介：临夏神韵砖雕有限公司成立于 2006 年，是目前甘肃省规模最大的以传统工艺为主的专业砖雕公司，是省委、省人民政府确定的甘肃省重点文化产业基地（甘办发 [2012]31 号文件）、甘肃省文化产业骨干企业、临夏砖雕产业龙头企业、富民型重点民族文化产业企业，也是国家确认的"三上"企业。

0403　临夏县柏居艺藏式家具有限公司

注　册　地：临夏州临夏县新集镇夹塘村孙下社
主营业务：藏式家具、实木家具、木雕装饰线条等订做加工及销售。
从业人员数（人）：20
销售额（万元）：500
资产总额（万元）：1000

简　　介：临夏县"柏居艺"藏式家具有限公司建立于 2010 年 8 月份，是一家特色实木家具制作企业。创办人充分挖掘地方民间木雕、彩绘、等传统工艺，结合现代先进的电脑雕刻技术，研发、生产各类有鲜明的汉、回、藏、等名族文化特色的家具及装饰品。

0404　康乐县宣艺斋

注　册　地：临夏州康乐县
主营业务：字画装裱

从业人员数（人）：2
销售额（万元）：1.2
资产总额（万元）：1

0405 康乐县怡心斋

注　册　地：临夏州康乐县

主营业务：字画装裱

从业人员数（人）：2

销售额（万元）：1.5

资产总额（万元）：0.8

0406 康乐县博文书画展示交流中心

注　册　地：临夏州康乐县县城东街 8 号

主营业务：字画、洮河石

从业人员数（人）：3

销售额（万元）：5

资产总额（万元）：20

0407 广河县齐家龙玲工艺彩陶有限公司

注　册　地：临夏州广河县

主营业务：制造销售陶器、玉器、修补与展览彩陶。

从业人员数（人）：12

销售额（万元）：10

资产总额（万元）：13

简　　　介：广河县齐家龙玲工艺彩陶有限公司成立于 2009 年，是一家以集彩陶的烧制、绘图、修复工艺为一体的纯手工彩陶制作民营企业，产品工艺精细、造型规整、胎薄体轻、品类繁多、图案复杂，绚丽的彩色不易脱落，具有较佳的观赏和收藏价值。

0408 永靖县光瑞木雕工艺有限公司

注　册　地：临夏州永靖县

主营业务：古典建筑

从业人员数（人）：15

销售额（万元）：100

资产总额（万元）：30

0409 永靖县华艺轩艺术品店

注　册　地：临夏州永靖县

主营业务：洮砚雕刻、字画装裱

主要产品：洮砚

从业人员数（人）：5

销售额（万元）：20

资产总额（万元）：60

简　　　介：永靖县华艺轩艺术品店简介永靖县华艺轩艺术品店成立于 2004 年经过多年的顽强拼搏，规模逐渐发展壮大，由洮砚加工和销售来全面推动中国洮砚艺术的发展，同时经销甘肃夜光杯、玉器、铜奔马及名人书画等。

0410 甘肃云发雕刻有限责任公司

注　册　地：临夏州和政县工商局

主营业务：砖雕、木雕、水泥制品制作、加工、销售、绘画。

从业人员数（人）：45

销售额（万元）：3131

资产总额（万元）：500

简　　　介：甘肃云发雕刻有限责任公司成立于 2013 年 3 月，注册资本 500 万元，公司拥有总资产 1277 万元，2013 年实现销售收入 3131 万元，利润 609 万元，上缴税金 152 万元。公司拥有标准化厂房 6 座，机电化砖雕、木雕车间 2 个，在鸿瑞佳苑滨河路设置展厅一个，引进机电设备 1 台，吸纳机电技术人才 30 人。手工砖雕车间 2 个，吸纳技术人才 8 人。通过引进计算机辅助设计技术，建立分类齐全、配置合理的雕刻图案库，提高设计水平和设计效率，现代技术与民间文化相结合，制作各种砖雕门楼、照壁、漏窗、壁画及各式古典风格的砖雕、木雕制品。其中砖雕有金桥福禄、四扇屏、高风亮节、福如东海等，木雕有和政羊、铲齿象、平坐马等。

0411 甘南州羚城藏族文化科技开发有限责任公司

注 册 地：甘南州合作市

主营业务：藏族文化特需产品的研发，唐卡、藏香、艺术品的销售，藏羌文化创意设计，印刷，广告的制作发布。

从业人员数（人）：80

销售额（万元）：1100

资产总额：（万元）：2560

简 介：公司成立于1998年，现已发展成为集印刷、制香、唐卡绘制等产业的文化产业企业。公司下属甘南州羚城印刷厂、甘南州羚城藏香厂、甘南州羚城唐卡艺术中心、公司现有职工80余人。本公司2012年被国家文化部命名为国家级文化产业示范基地，2012年由甘肃省委、省政府列为甘肃省重点文化产业示范园区，甘肃省唐卡产业基地，甘南州文化产业示范基地。

0412 卓尼鼎元艺术品开发有限责任公司

注 册 地：甘南州卓尼县工商局

主营业务：洮砚的加工生产、民族特需商品及销售。

主要产品：洮砚工艺品、卓尼特色产品、木雕加工产品，唐卡、泥塑等。

从业人员数（人）：27

销售额（万元）：215

资产总额（万元）：259

简 介：卓尼鼎元艺术品开发有限责任公司成立于2009年3月，注册资金50万元，是一家拥有独立法人资格，以开发加工销售民族特需商品、工艺品为主的私营企业。公司坚持"将诚信、重质量、做品牌"的服务宗旨。

0413 卓尼县喇嘛崖洮砚开发有限公司

注 册 地：甘南州卓尼县工商局

主营业务：洮砚工艺品的加工生产及销售

主要产品：洮砚工艺品

从业人员数（人）：52

销售额（万元）：82

资产总额（万元）：300

0414 卓尼洮河绿石砚有限责任公司

注 册 地：甘南州卓尼县工商局

主营业务：洮砚的加工生产及销售

主要产品：洮砚工艺品

从业人员数（人）：23

销售额（万元）：165

资产总额（万元）：800

简 介：卓尼洮河绿石砚有限责任公司是由原县办《绿源洮砚有限责任公司》于2004年转产为完全独的立个体的新型洮砚开发公司。洮砚是中华民族文化中的文房四宝之一，与举世著称的广东端砚，安微歙砚齐名。洮砚的名贵之处，一是艺术价值；二是使用价值，以砚石天工造物之艺术形式，博采众长、鬼斧神工，在方寸之间，赋无数情感于其中，龙飞凤舞，花鸟鱼虫，自然美景，人物形象，千姿百态，争奇斗艳，妙趣无穷，给人以无穷尽的艺术享受；洮石纹路清晰，质的细润，贮水不耗，历寒不冰，湿不留笔，滑不拒墨，发墨快，墨质佳，古人称赞："洮河石贵双赵璧，端州歙州无此色"。

0415 临潭冶力关爱光旅游工艺品开发有限公司

注　册　地：甘南州临潭县

主营业务：专业纯手工制作仿古根雕、古树根雕室外休闲家具，根雕家具，根雕茶几，根雕花架，根雕托盘，根雕花瓶，根雕花盆。

主要产品：仿古根雕、古树根雕室外休闲家具，根雕家具，根雕茶几，根雕花架，根雕托盘，根雕花瓶，根雕花盆。

从业人员数（人）：14

销售额（万元）：130

资产总额（万元）：150

简　　　介：临潭冶力关爱光旅游工艺品开发有限公司多年来长期从事根雕艺术和洮河奇石的开发经营，专业纯手工制作仿古根雕、古树根雕室外休闲家具，根雕家具，根雕茶几，根雕花架，根雕托盘，根雕花瓶，根雕花盆。

0416 临潭县华艺轩工艺馆

注　册　地：甘南州临潭县

主营业务：洮砚加工

主要产品：洮砚

从业人员数（人）：20

销售额（万元）：300

资产总额（万元）：150

简　　　介：临潭县华艺轩工艺馆是集洮砚原材料开采、收购、雕刻、销售为一体的个体企业，年产量达300多件，产品大小种类不一。企业自建有石料厂、雕刻厂、成品储藏室、细加工室及销售展厅。洮河绿石砚，简称"洮砚"。其石材产于古称洮州的甘肃南部洮河中游区域。它与广东端砚、安徽歙砚并称为中国三大名砚。早在唐宋时期，洮砚已盛名于世，成为皇宫珍品，并深受文人、墨客及收藏家的亲青睐。洮砚石材以墨绿色为主，俗称鹦鹉绿、鸭头绿；并有紫红色、黄色和

鸳鸯石等极品。

0417 临潭县伊华服饰有限公司

注　册　地：甘南州临潭县

主营业务：生产民族服饰、装饰品

主要产品：生产民族服饰、帽子、刺绣工艺品等。

从业人员数（人）：24

销售额（万元）：80

资产总额（万元）：360

0418 迭部县赛昀唐卡工作室

注　册　地：甘南州迭部县

主营业务：唐卡制作销售

主要产品：唐卡

从业人员数（人）：1

销售额（万元）：2

资产总额（万元）：1

0419 玛曲县安泰旅游产品有限责任公司

注　册　地：甘南州玛曲县

主营业务：旅游纪念品生产销售

从业人员数（人）：3

销售额（万元）：3

资产总额（万元）：26

0420 玛曲县吐蕃藏经石刻石雕有限公司

注　册　地：甘南州玛曲县

主营业务：藏经石刻、石雕、石碑制作及销售（涉及行政许可项目的凭许可经营证）。

从业人员数（人）：1

销售额（万元）：3

资产总额（万元）：100

0421 玛曲县贡赛卡木道喇嘎实益旅游文化艺术传播有限公司

注 册 地：甘南州玛曲县

主营业务：唐卡制作、藏式素描绘画、藏族服饰加工销售、藏式生活用品、旅游纪念品销售。

从业人员数（人）：2

销售额（万元）：6

资产总额（万元）：1300

工艺美术品的生产

/ 后 记 /

在甘肃进行全面性的文化资源普查属于首次，将普查成果汇编成大型的文化资源名录在国内也属于前列。《甘肃省文化资源名录》是按照《甘肃省文化提升行动协调推进领导小组工作方案》和《甘肃省文化资源普查和分类分级评估工作实施方案》要求推出的重要成果。经过甘肃省文化资源普查和分类分级评估工作领导小组办公室组织40多名专家学者，在甘肃省文化资源普查平台数据库基础上，历时两年精心编排，终于完成书稿，这是参与全省文化资源普查的所有工作人员集体智慧的结晶。

甘肃省委原常委、省委宣传部原部长连辑，甘肃省委常委、省委组织部部长梁言顺，甘肃省委常委、省委宣传部部长陈青，先后领导和部署了本名录的编辑出版工作。省委宣传部原副部长、省社科院原院长范鹏研究员协调推进了本名录的编写。甘肃省社科院院长王福生研究员组织实施了本名录的策划设计、内容编排、审定并最终定稿。甘肃省社科院副院长马廷旭研究员负责了审稿、统稿和出版发行事宜。刘玉顺同志全程负责了书稿编排工作。

在《甘肃省文化资源名录》面世之际，感谢甘肃省文化提升行动协调推进领导小组各位领导的大力支持与关心，感谢参与普查工作的各市（州）县（区）、有关省直厅局的鼎力相助，感谢参与普查的专家学者和基层工作人员的辛勤付出，感谢中国书籍出版社为本名录的出版所做的努力，感谢所有关心关注本名录的人们。《甘肃省文化资源名录》是从盘清全省文化资源家底的角度入手，收录范围极其宽泛，有部分内容还存在缺项，有的资源没有资源简介，有的资源缺图片等等，给该书的出版留下了遗憾（该套丛书普查数据截至2012年12月31日）。同时，由于我们的水平有限，可能还有错讹疏漏之处，恳请读者随时批评指正，以便在将来进一步完善和修订。

甘肃省社会科学院

2017 年 7 月

甘肃省文化资源名录
总书目

甘肃省文化资源名录
总书目